鈴木公啓 編 Tomohiro Suzuki

Personality Psychology

要説

パーソナリティ心理学

性 格 理 解 へ の 扉

ナカニシヤ出版

はじめに

　この本は，パーソナリティ（性格）心理学の知見をまとめたものである。古今東西，人は自他のパーソナリティについて興味を抱いてきたと言える。そのパーソナリティについて，科学的に，そして心理学的観点からその性質や特徴を明らかにしようとしてきたのが，パーソナリティ心理学である。

　本書はパーソナリティ心理学について，幅広い内容を扱い，説明を試みている。パーソナリティ心理学は，単独の領域としてだけでなく，社会心理学や発達心理学，教育心理学や感情心理学，そして臨床心理学などの極めて多くの領域と密接に絡み合っている。本書は，パーソナリティそのものについてだけでなく，そのような幅広い領域やテーマから，パーソナリティの性質や特徴を説明しているという特徴がある。歴史や概念を確認することから始まり，どのような理論があるのか，遺伝と発達の影響はどうなっているのか，そして，対人関係でどのような意味があるのか，病理ともつながりがあるのか，どうやって知る（測定する）のか……。

　本書が，読者のパーソナリティ心理学の学習に有用であることは間違いないであろう。入門書ではないので，読み応えもあると思う。また，各著者の主義主張も感じられるであろう。ぜひとも，じっくりと味わっていただきたい。序章でパーソナリティの概念やこれまでの諸理論について概観した上で，第1章から第5章は，パーソナリティ心理学の核となる部分についての説明を行う。そして，第6章から第14章は，パーソナリティが密接に関わる心理学諸領域におけるパーソナリティの役割について説明を行う。そして，第15章は，パーソナリティの測定について説明を行う。

　パーソナリティ心理学を勉強することは，人の心や行動を理解することにつながる。それは，自分を知り，他者を知り，そして，良い関係を築くことに役立つ。本書によって，パーソナリティ心理学の学習が深まり，日常生活における何かしらの助けにもなれば幸いである。

　さて，それでは広くて深いパーソナリティ心理学の世界に足を踏み入れていただこう。読み終わった後に，この世界の面白さを感じていただけることを期待している。

目　　次

■　**序　章　概念および従来の諸理論**‥‥‥‥‥‥‥‥‥‥‥**1**

0. パーソナリティ〈性格〉を理解する？　　1

1. パーソナリティとは　　1

2. 従来の諸理論　　3

3. ま と め　　8

■　**第1章　近年の主要な諸理論―ビッグファイブとその周辺,**
　　　　　　パーソナルコンストラクト‥‥‥‥‥‥‥‥‥‥**13**

0. パーソナリティを表すさまざまな言葉　　13

1. ビッグファイブ　　13

2. ビッグファイブ以外の辞書的研究に基づくモデルとビッグ
　 ファイブの発展形　　20

3. ビッグファイブ以外の質問紙研究に基づくモデル　　21

4. ケリーのパーソナル・コンストラクト理論　　22

5. ま と め　　25

■　**第2章　相互作用論**‥‥‥‥‥‥‥‥‥‥‥‥‥‥‥‥‥**27**

0. 「変わってる」は「普通？」　　27

1. 「人」と「状況」をめぐる問題　　27

2. 相互作用論的アプローチ　　30

3. お わ り に　　35

■　**第3章　遺　　伝**‥‥‥‥‥‥‥‥‥‥‥‥‥‥‥‥‥‥**37**

0. 1人1人のパーソナリティの違いはなぜ生じるか？　　37

1. パーソナリティの遺伝と環境　　37

2. パーソナリティと分子遺伝学　　43

3. パーソナリティの個人差を生み出す遺伝と環境の相互作用
　 44

4. パーソナリティにおける遺伝的多様性　　46

5. ま と め　　48

■ **第4章　発達（青年期まで）**························· **51**

0. 個性の違い　51
1. 気質の種類　51
2. 気質とパーソナリティの発達　54
3. パーソナリティの発達と適応　57
4. ま　と　め　61

■ **第5章　発達（成人期以降）**························· **63**

0. パーソナリティの変化に関する問い　63
1. 変化を調べる　63
2. パーソナリティの変化を調べる　66
3. パーソナリティをコントロールする　72
4. おわりに　72

■ **第6章　友人関係・恋愛関係**························· **75**

0. 対人関係は人それぞれ　75
1. 人と人との結びつき　75
2. ビッグファイブと友人関係や恋愛関係　77
3. 接近・回避動機づけと友人関係や恋愛関係　80
4. 「キャラ」としてコミュニケーションに用いられるパーソナリティ　83
5. おわりに　84

■ **第7章　対人関係（家族）**························· **87**

0. 家族とは　87
1. 家族になる―結婚　87
2. 夫婦関係を営む―より良い関係の構築　90
3. 子育てをする―次世代への橋架け　92
4. 夫婦関係が終わる―離婚　96
5. ま　と　め　98

■ **第8章　対人関係（組織内）**························· **99**

0. 「組織」を織りなすパーソナリティ　99
1. 組織における対人関係と適応　99
2. 組織内コミュニケーションと対人関係の構造　102
3. 組織内の対人関係とポジティブな心理要因　108

4. まとめ　111

■　**第9章　潜在的認知**…………………………………………**113**

0. 自分と他人の見え方の違い　113

1. これまでの測定法の成果と課題　113

2. 潜在的測定法によるパーソナリティの測定　116

3. 顕在的測度と潜在的測度の予測する対象　118

4. おわりに　122

■　**第10章　自己意識的感情**…………………………………**125**

0. 社会的な場面で感じるさまざまな感情　125

1. 自己意識的感情とは　125

2. パーソナリティ特性としての自己意識的感情　127

3. 自己意識的感情の表出と他者からのパーソナリティ評価
131

4. 自己意識的感情とパーソナリティの検討の際の留意点
133

5. まとめ　134

■　**第11章　感　　情**…………………………………………**137**

0. 感情とパーソナリティの関係　137

1. 感情とは何か　137

2. 感情に関する個人差　143

3. パーソナリティと感情の関係　146

4. まとめ　147

■　**第12章　健　　康**…………………………………………**149**

0.「病は気から」　149

1. 不適応的なパーソナリティ　150

2. 適応的なパーソナリティ　154

3. パーソナリティの両面性と多次元性　157

4. まとめ　159

■　**第13章　犯罪・非行**………………………………………**163**

0. 犯罪・非行はパーソナリティで理解できる？　163

1. 犯罪・非行とは　163

　　　2．犯罪・非行へのアプローチ　167

　　　3．犯罪・非行とパーソナリティ心理学の関係　170

第 14 章　病　　理 ………………………………………………**173**

　　　0．パーソナリティか？　病いか？　173

　　　1．パーソナリティの病理に関する研究　173

　　　2．パーソナリティの正常と異常　174

　　　3．パーソナリティの病理の諸側面　176

　　　4．パーソナリティの病理とその背景　183

　　　5．ま と め　184

第 15 章　測定―質問紙法・面接法・観察法・投影法 …………**187**

　　　0．パーソナリティを測るとは　187

　　　1．質問紙法　188

　　　2．投 影 法　191

　　　3．パーソナリティの測定における信頼性と妥当性　193

　　　4．面 接 法　193

　　　5．観 察 法　195

　　　6．おわりに　196

引用文献　197／おわりに　217／索　引　218

Column

1　パーソナリティ心理学の研究によく出てくる統計用語　　10

2　完全主義は適応的か不適応的か―成功・失敗への選択的注意バイアスを通して　26

3　自尊感情とパーソナリティの切っても切れない関係　49

4　パーソナリティと動機づけ　62

5　同一人物を追跡する縦断研究の歴史　74

6　恋人を欲しいと思わない若者たち　85

7　アタッチメント形成を促進させる生得的なシステム　93

8　潜在的シャイネスの変容可能性の検討　123

9　パーソナリティとしての価値観によって感動が決まる　135

10　新型コロナウイルス禍と曖昧さ耐性　161

11　パーソナリティ障害の心理療法　185

序章

概念および従来の諸理論

■ 0. パーソナリティ〈性格〉を理解する？

> 「○○さんってやさしいよね」「△△って何にでもチャレンジするよね」「□□って，ちょっと神経質だよね」「どうして自分はこんなに消極的なんだろう」

　日々の生活において，私たちは個々人（自分も含む）の行動の特徴について何かしらの方法で把握し，そしてそれを口にしたりすることがある。

　本章では，人のパーソナリティ（性格；その人らしさ）とはいったいどのようなものなのか，また，心理学がそれをどのように扱い理解しようとしてきたのか概観し，以降の章の理解のための基本的な内容について説明する。

■ 1. パーソナリティとは

1-1　構成概念

　冒頭にあるように，私たちはその人らしさについて言及することがある。「やさしい」や「消極的」など，さまざまな言葉でその人らしさを表現することがあるであろう。「明るい」や「神経質」という言葉で表現することもあるかもしれない。

　ところで，「明るい」で考えてみた場合，なぜその人は明るい性格と判断されているのであろうか。物理的な明るさは機械で計測し数値として示すことができるが，人の性格はそれとは異なり，直接には見ることもできなければ，単純に計測することもできない。これは，「やさしさ」であっても「神経質」であっても同様である。

　このような，そのもの自体を実際に目にすることはできず，また，計測することもできない，理論的に構成された概念を構成概念という。そして，人の個人差（容姿や持ち物や社会的地位や経済力など）の中で，その人の行動の個人差を生み出すとされるものを「パーソナリティ」という。

　パーソナリティは構成概念であり，直接目に見えないし触ることもできないため，本当は，他者のパーソナリティは把握しようがない。自分のパーソナリティも同様である。しかし，私たちは，まるで見ているかのように，他者（または自分）のパーソナリティを思い浮かべることが可能である。それは，行動からの推測によって成り立っている。

　私たちが見ているのは，「明るさ」などのパーソナリティではなく，「いつもニコニコしている」「面白い会話をする」といった行動であり，パーソナリティそのもの

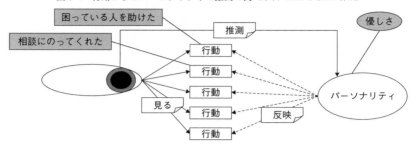

図 0-1　行動からのパーソナリティの推測の例（鈴木，2018 をもとに作成）

は見ていない。つまり，行動を見ることによって，その人のパーソナリティを推測
しているにすぎない。このような推測は，「人の行動は個人の内的な傾向（パーソ
ナリティ）を反映している」という一種の信念を人々がもっているために成り立っ
ている。しかし，行動はパーソナリティを反映している，という信念は正しいわけ
ではない。たとえば，初めて会った人が，神経質的な行動（頻繁に視線を時計に向
けるなど）を行っており，そこから，「神経質」といったパーソナリティを推測する
ことがあるかもしれない。しかし，その人はあなたに会う直前に家族のトラブルの
メールを受け，本当は一刻も早く家族の元に向かいたい状況にあったのかもしれな
い。その人は，ふだんはむしろのんびりした行動をとる人なのかもしれないが，そ
のような状況ではのんびりとした行動ではなくせわしない行動をとることは十分あ
りうるであろう。このように，行動には状況などのパーソナリティ以外のものが大
きく影響する。つまり，行動から単純にその人のパーソナリティを推測することに
は間違いが生じる可能性がある。

　そもそも，場面によって行動の表出パターンが異なることはある。たとえば，職
場での振る舞いと，自宅での振る舞い，つまり，会社の上司や同僚や部下の前と，
家族の前では振る舞いが異なることは珍しいことではない。むしろ普通である。そ
のため，ある場面での当人の行動だけで，その人のパーソナリティを決めつけるの
は危険と言えよう。とはいえ，場面による行動の表出のパターンは，それ自体は比
較的一貫していると考えられる。それは首尾一貫性という。これらについては，第
2 章を参照されたい。

　さらに，意図的に行動を変化させて他者によるパーソナリティの推測を調整しよ
うということもありうる。面接場面で，より自分を積極的なパーソナリティと評価
してもらう，詐欺師が詐欺の相手に誠実な印象をもってもらう，などがありうる。
これは，自己呈示という。もちろん，この場合も目に見える行動から推測したパー
ソナリティは，実際のものと異なってくることになる。

　私たちが見ているのは行動であり，また，パーソナリティを推測する際にその推
測が常に正しいわけではないことを，忘れないようにしておくことが大事である。
また，首尾一貫性という行動の表出パターンの存在を理解しておくことも重要であ
る。

1-2　類似した用語の整理

　心理学の世界では，性格のことをパーソナリティ（personality）ということが多
い。以前は，国内においては，性格や人格という用語が個人のその人らしさを表す
用語として用いられてきた。しかし，今は，パーソナリティという用語がその人ら

しさを示すのに使われている。

　気質という用語もあるが，これは，遺伝的・神経学的・生物学的に規定される行動面・心理面の個人差を表す言葉である。つまり，生まれながらにもっている特徴というニュアンスが含まれている。なお，近年では乳幼児期にみられる行動の個人差を表す言葉として用いられている。

　そして，特性という用語もある。これは，パーソナリティを構成する心理的特徴のことである。その人らしさを構成する要素ということもできる。基本的には，誰もがもっていて人によってその程度が違っている。パーソナリティの記述のために用いられ，個人の行動傾向の違いの記述のためにも用いられる。これについては，次節の「特性論」の箇所にて説明する。なお，特性は，比較的持続的な心理的特徴を記述するための概念である。一時的な特徴である感情とは異なり，ある程度の時間が経っても安定しているものを示す。

　たとえば不安の感じやすさで考えてみたい。場面によって，不安を感じる人もいれば，感じない人もいる。つまり，人によって不安を感じやすい場面は異なっているであろう。そして，不安を感じる場面が多い人と少ない人がいる。さらに，感じる不安の強さも，人によって異なっている。そのような中で，比較的頻繁に，そして強く不安を感じる傾向がある人が，特性としての不安が高い人ということになる。そして，その傾向は，昨日今日のものではなく，何年も前から，もしくは小さいころからのものであったりするのである。なお，場面場面での不安の程度は状態を表していることになり，感情と言い換えることもできる。まとめると，比較的長期間における不安の感じやすさが特性であり，そのときそのときの不安の程度が状態である。逆に，状態の積み重ねが特性ということも可能である（多くの場面で不安が高い状態の人は，特性として不安が高いということになる）。

■ 2. 従来の諸理論

2-1　類 型 論

　第2節では，これまでパーソナリティをどのようにして扱い記述しようとしてきたのか，その主立ったものを簡単に説明する。まず，類型論についてである。

　物事をタイプ分けするということは昔から行われてきたことであり，それは人に対しても同様であった。人の全体的な特徴を表すいくつかの典型的な「類型（タイプ）」を準備し，その類型でその人らしさを表すことができるとする考え方を，パーソナリティの類型論という。つまり，類型論は，基準となる類型を見つけ出し，それに人を当てはめることによってその人らしさを表現することを目的としている。

　人は，ほどよい数の型に対象を分類して理解しようとする傾向がある。なぜかと言うと，人はできるだけ負荷が少ないように物事を処理しようとするからである（認知的倹約家）。常に物事を新しいモノとして細かく捉えるのは，認知的に負荷がかかる。そのため，できるだけ負荷がかからないように，普段はざっくりと既存のカテゴリーに当てはめて処理しようとするのである。

　パーソナリティの場合，たとえば，人に「体育会系」といったラベルをつけてその人の特徴を表そうとすることはないであろうか。これは，あらかじめ準備していた類型に人を当てはめていることになる。つまり，「体育会系」と「文化系」という類型を準備した上で，Aさんを「体育会系」に当てはめることによってAさんのその人らしさを表現しようとしているのである。

　類型論においては，どのような切り口でのいくつの類型が人の記述に必要かといったことを探索し続けてきた。野菜で考えてみるとわかりやすいが，収穫の時期で分けることもできれば，生食ができるかどうかという観点で分けることもできる。地面の下にできるのか上にできるのかといった分類も可能である。人においても同様であり，さまざまな観点からの分類が可能である。趣味や嗜好による分類がよいという人もいれば，対人関係のあり方による分類がよいという人もいるかもしれない。また，数も3個で十分という人もいれば，12個なければ十分ではないという人もいるであろう。

　ここでは，類型論の代表的なものをいくつかみていくことにする。まず，クレッチマー（Kretschmer, E.）の類型論である。クレッチマーは，パーソナリティを分裂気質と循環気質と粘着気質の3つの類型に分類できるとした。これは，精神疾患と体型に関連があるという考えに基づき，その対応関係について検討を行った際に見出されたものである（Kretschmer, 1955）。統合失調症（古くは早発性痴呆）と躁鬱病の患者には，それぞれ，細長の体型と肥満型の体型が特に認められ，細長の体型には非社交的といった分裂気質が，肥満型の体型には親しみやすいといった循環気質がそれぞれ対応していると考えた。後には，てんかんの場合には闘士（筋骨）型の体型が認められるとし，几帳面といった粘着気質が対応していると考えた。彼の理論に対する問題点の指摘は少なくない。たとえば，統合失調症は若いころは発症しやすく，そして，若いころは中高年に比べ痩せていることが多いといった，年齢と体型のそもそもの関連性などについては考慮されていない。また，ヨーロッパの人にみられる体型の特徴が前提になっているという問題もある。現在は彼の理論は支持されているとは言い難いが，今でも分野によっては見かけることもある。

　また，ユングの類型論も知られている。ユングは，「一般的な構えのタイプ」として，外向型と内向型の2つのタイプを考えた。外向とは客観的経験への指向性であり，内向とは主観的体験への指向性である。さらに「機能タイプ」として，思考型，感情型，感覚型，直観型の4つの機能によるタイプを考えた。そして，これらを組み合わせたタイプ（内向的感覚型，外向的直観型など）による分類を行っている（Jung, 1921）。

　人を類型的に捉える方法については，複数の類型の中間の場合はどうなるのかといった問題や，人をたった数種類のタイプに分けられるわけがないという批判もある。現在では，類型論はパーソナリティ理解のための主要な理論とは言い難い。しかし，パーソナリティの個人差をどのようにして表現するかの1つの方法を示したという点で意義があったと言える。

2-2　特　性　論

　人の特徴を細かく分けた特性の組み合わせによりその人らしさがつくられるという考え方を，パーソナリティの特性論という。つまり，特性論は，表現に必要な特性をみつけ出し，そのそれぞれの特性の程度の組み合わせでその人らしさを表すことを目的としている。

　特性論では，それぞれの特性がどの程度であるかを数値化し，その値の程度によってその人らしさを表現するといったやり方を行う。たとえば，3つの特性，「やさしさ」「自分勝手さ」「積極さ」を準備し，それぞれの人において3つの特性がどのくらいであるかを数値化する。Bさんの「やさしさ」は7，「自分勝手さ」は2，「積極さ」は3，Cさんの「やさしさ」は6，「自分勝手さ」は7，「積極さ」は7と

いったようにである。このように，決めておいたいくつかの特性の程度によって個性を表現する。ある特性が各個人でどの程度であるか，そして，個々人の間でどのように異なるかといったことからその人の特徴を表現することを目的としているのが特性論なのである。

特性論においては，どのような次元がその人らしさの表現に必要かといったことを探索し続けてきた。つまり，やさしさ，冷たさ，積極さ，そして他に何が必要かといったことである。やさしさと積極さの2つだけでよいとする人もいれば，20ぐらいないと十分に説明できないという人もいるであろう。ここでは，特性論の代表的（かつ古典的）なものをいくつかみていきたい。

まず，キャテル（Cattell, R. B.）の特性論である。キャテルは，パーソナリティに関して得られたデータの分析から，特性概念である因子（観察可能な行動などをもとに理論的に構成された概念）を明らかにしようとした。そして，主要なパーソナリティは言語で表されるといった考えに基づいて，その整理によりパーソナリティの因子を知ろうとした（詳細は第1章を参照）。パーソナリティ表現の用語からなるリストを作成し，それに対する評定を求め，それによって得られたデータを分析することで，12の因子を抽出している（Cattell, 1965）。さらに，その後の調査によって，今度は16個の因子を見出している。

キャテルは，人の行動は特性と環境の相互作用によって生じるといった人の心のダイナミクスを想定し，広い観点からパーソナリティについて客観的に検討を行った。当時の分析方法の限界もあり，因子の数や内容がその後再現されていないという問題も指摘されている。とはいえ，評定から因子を見出してそれで個人差を記述しようとした試みは，パーソナリティ研究の発展に貢献し，また，現在の特性論の源流になったと言えるであろう。

アイゼンク（Eysenck, H. J.）の特性論（Eysenck, 1944）も重要な位置付けを有している。アイゼンクは，「内向性－外向性」と「神経症傾向－安定性」の2つによってその人らしさを表現できるとした[1]。前者は，社会との関わりに関するもので「意識が自分に向いているか周りに向いているか」，後者は情動的反応に関するもので「神経質であるかないか」の程度を表す軸である。アイゼンクは，この2つがパーソナリティの主要な特性であり，また，それぞれ独立しているという仮説のもとに，生物的な背景を仮定してその生物学的基盤と特性との関連性についての研究を積極的に行った。内向的な人は，静かで内省的な傾向があり，外向的な人は，社交的で他者と関わるのが好きな傾向がある。この違いは，大脳皮質と関連しているとされている。内向性の高い人は覚醒レベルが高く，刺激に反応しやすい。そのため，少しの刺激でも過度に反応してしまい，刺激を回避する傾向がある。外向性の高い人はその逆であり，刺激を求めて活動的となる。アイゼンクはこのように，生理的な基礎を仮定していた。

「内向性－外向性」，そして，「神経症傾向－安定性」のどちらの軸も両極的で連続的である。そして，人は，その2つの軸上のどこかに位置づけられることになる。たとえば，「内向性－外向性」の場合，人々は極めて内向的な人から極めて外向的な人までのどこかに位置づけられ，内向性が高い人はすなわち外向性が低いということになる。「神経症傾向－安定性」についても同様の特徴を有する。アイゼンクはこの2つの類型水準を組み合わせることにより，4つの領域に分け，それによっ

1）なお，アイゼンクは後に，3つ目の次元である「精神病質傾向」を加えている。これは，衝動的であるとか，創造的であるとか，社会的規範意識が低いといった特徴がある。

図 0-2　パーソナリティの次元と 4 領域（Eysenck & Rachman, 1965　黒田訳 1967 などをもとに作成）

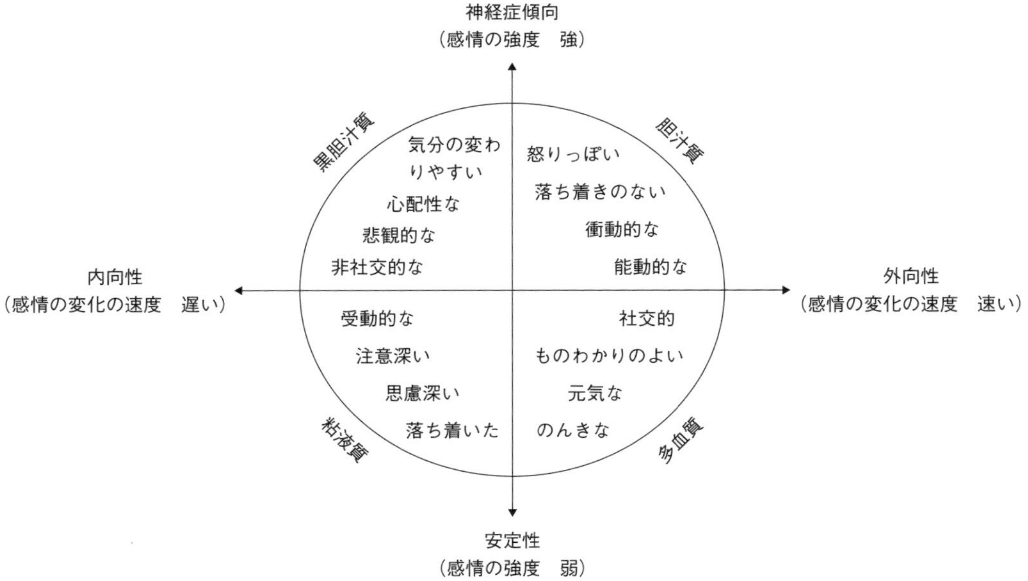

注. 括弧内はヴントによる解釈。円外はガレノスの 4 気質。円内は各領域の特徴の例。

て人の特徴を記述することができるとした。そして，そこに古代ローマのガレノス
による古典的な体液による 4 気質を対応させた（図 0-2）。たとえば，外向性が高く
神経症傾向も高い人は胆汁質であり，落ち着きが無く衝動的であるといった特徴を
有しているということになる。なお，同様の分類は実験心理学者として有名なヴン
ト（Wundt, W. M.）によっても行われている。

　アイゼンクは，パーソナリティと精神病理の関連について検討しようとした。つ
まり，病前性格というものを考えていたのである。そして，彼の研究は，科学とし
ての臨床心理学の発展に寄与したと言える。

　このほかにも，グレイ（Gray, 1970）の神経科学とパーソナリティの関連につい
ての研究など，多くの特性論の研究が行われてきたが，現在は，ビッグファイブ／
主要 5 因子理論という考え方が特性論研究の主流になっている。これは 5 つの基本
的な次元で個人差を記述しようとするものである。これについては，第 1 章で改め
て説明を行う。そして，昨今は，ダークトライアド（マキャベリアニズム，サイコ
パシー傾向，自己愛傾向の 3 つの「悪い性格」）といったネガティブな特性（e.g.,
Paulhus & Williams, 2002）に焦点をあてた研究も行われるようになってきている。

　特性論といってもさまざまな考え方がある。研究者の考え方の違いが，アプロー
チの違いにも結びついている。特性論では，遺伝や環境の影響，状況との相互作用，
力動的側面，測定や記述の方法など，幅広い内容について検討がなされてきており，
現在でもパーソナリティの理論の主たるものであると言える。

2-3　その他の理論

　他にもパーソナリティの理論がある。ここでいくつか取り上げて説明を行うこと
とする。

　オルポート（Allport, G. W.）は，有名なパーソナリティ研究者の 1 人で，神学や
哲学など数多くの学問の知見をもとに，パーソナリティ（その人らしさ）を理解し

ようとした（Allport, 1937）。彼は，自己が統合されたものとしてパーソナリティを位置づけた。つまり，やさしさや誠実さなどの個々の特徴のことではなく，より大きな個人の総体，つまり人そのものとしてパーソナリティを考えていたようである。そして，その人らしさとはその人独特のものであり，その人自身を表す個別特性を明らかにしようとした。一方，すべての人が共通してもっている特徴である共通特性にはあまり興味をもっていなかった。つまり，キャテルやアイゼンクをはじめとする特性論の研究者が扱っていたものとは異なるものに重きを置いていた。その点で，オルポートはいわゆる特性論の研究者という枠組みに入らないとも言える。なお，オルポートは，心理辞書的研究を行ったことでも有名である（詳しくは第1章を参照）。この方法は，キャテルなども行い，またビッグファイブにも受け継がれている。

　レヴィン（Lewin, K.）は，ゲシュタルト心理学の研究者であり，グループダイナミクスの研究者であるが，パーソナリティ心理学にも影響を与えている。レヴィンは，人の内的状態と，知覚している社会的状況との相互作用，つまり，人と環境の相互作用のモデルを提唱した。このモデルは，有名な B = f（P, E）の公式で表される（Lewin, 1935）。B は行動（behaviour），P は人（person），そして E は環境（environment）である。これは，ある環境（E）におけるある人（P）においてその行動（B）がなぜ生じるのか，といったその時々の全体事態を関数として示したものである。つまり，行動は人間と状況（環境）の組み合わせにより生じるということを意味している。

　このような，行動と状況の組み合わせにより行動を説明しようとする枠組みを相互作用論という。レヴィンに限らず，多くの研究者が，人と環境の相互作用の上で行動が生じると考えていた。先述のキャテルも，上記と同様の公式で人の行動を表している。彼らの枠組みは古典的な相互作用論と言われるが，現在は新相互作用論として，モデルの構築や方法論の開発が行われている。これについては，第2章にて改めて説明する。

　なお，レヴィンは，個人差について，分化度の差異や構造の型の差異，素材の差異などのいくつかの側面から説明している（Lewin, 1935）。たとえば，分化度の差異とは，生活領域（職場，家庭，友人関係など）や欲求の分化の程度であり，幼い子どもより大人の方が分化している。構造の型の差異とは，構造全体の調和の程度のことであり，パーソナリティの各部分のどの部分が強く発達し，どの部分が弱く発達しているか，といったものである。素材の差異とは，弾力性や流動性などの変化のしやすさの程度のことである。このほかにも，体系における緊張状態，体系の意味内容の差異などがパーソナリティの差異を生じさせるとしている。

　ケリー（Kelly, G. A.）は，パーソナルコンストラクト理論（個人的構成概念理論）を提唱した（Kelly, 1955）。この理論は，人々は個人のなかに事象を理解するための構成概念（コンストラクト）を形成し，その構成概念によって事象を予測し，統制しようとしているというものである。そして，個人により構成概念体系は異なっており，その独自の構成概念体系がパーソナリティに相当する。これについては，第1章であらためて説明する。

　また，マックアダムス（McAdams, 2015）は，パーソナリティは3つの層が積み重なって形成されていくという考えを提唱している。それは，遺伝的要素や学習による「形成としての特性」による行動の層，個々人の「目標や価値」による行動の層，そして，自身が著者として作り出した人生である「人生物語」による行動の層

の 3 つであり，順に上に積み重なっていく。そして，年齢が低いと「形成としての特性」の影響が大きく，発達に伴い「目標や価値」の影響が強くなり，そして，青年期になったころには「人生物語」の影響が強くなるとしている。人生物語は個々人における物語であり，世界の捉え方などは個人によって異なってくる。ただし，その物語は個人によって一貫性をもっているものと言える。これらの層によって個人差が生じると考えられている。

　他にも，フロイトによる理論などもある。精神分析の創始者であるフロイト（Freud, S.）は，分野を超えて 20 世紀の思想に影響を与えた精神医学者であり，無意識の過程や性的衝動であるリビドーなどを提唱した。無意識の過程としての，イド，自我や超自我といった心的装置によるパーソナリティの説明などが有名である（Freud, 1933）。

■ 3.　ま　と　め

　パーソナリティ理解のために，さまざまな理論が提唱され，また，研究が行われてきた。それらは，互いに影響を与えながら発展してきたと言える。パーソナリティは，社会心理学や臨床心理学，発達心理学，教育心理学など，極めて多くの心理学領域とも密接に関連している。これまでどのようにパーソナリティ研究が行われてきたのか，そして，パーソナリティとはどのようなものなのかを理解することは，心理学全般についての理解にも寄与するであろう。同時に，日常生活におけるわれわれ自身の一層の理解につながるのみならず，他者の一層の理解にも寄与するであろう。

　ここで，パーソナリティの定義について確認しておきたい[2]。パーソナリティの概念は複雑である。また，内容は多様なものと言える。パーソナリティの定義の数はパーソナリティ研究者の数だけあると言われることもある。とはいえ，ある程度の共通認識がなされており，オルポート（Allport, G. W.）のものが前提とされていると言えよう。オルポートは特性論の研究者とされているが，パーソナリティそのものについて非常に深い考察を行っている。そして彼は，パーソナリティについて，「パーソナリティとは，環境への独自の適応を決定する個人内のダイナミックな心理的生理的体制である（Allport, 1937）」と定義している。この定義がパーソナリティの定義として引用されることが多い。彼は，自己が統合されたものとしてパーソナリティを位置づけ，そして，一つの力動的全体として絶えず変化し成長し続けるものとみなした。彼の考え方は，「心理学的に考えて，パーソナリティとは真にその人であるもの（Allport, 1937）」にも表れている。人は，常にダイナミックに環境と相互作用しながら適応し続けており，そこには，個性があり，そして個人差があるのである。

　そして，その個人差を構成する要素がパーソナリティ特性である。ビッグファイブなどの特性論で扱っているのがそれである。現在のパーソナリティ心理学，また，関連する心理学領域においては，パーソナリティ特性を扱い，そして，その組み合わせによって個人差を記述したり，場合によっては個性を記述したりしている。

　パーソナリティは状況と相互作用しながら人の行動を生じさせている。先述のように，古典的にも環境とパーソナリティの相互作用は重要視されていた。そして，

2）パーソナリティの概念についての議論は，渡辺（2010）や若林（2009）などを参照いただくとよいかと思われる。

第2章で説明があるように，ミシェル（Mischel, 1968）によるパーソナリティという構成概念を扱うことの意義への批判をきっかけとして新相互作用論が生まれ，新たな枠組みによる検討が行われるようになってきている（e.g., Funder, 1999）。どのように膨大な変数を扱い実証していくかという問題はあるが，状況とパーソナリティがどのように行動を生み出しているのか，そのプロセスの検討が重要と言えよう。

Column 1

パーソナリティ心理学の研究によく出てくる統計用語

　心理学のほぼすべての領域において調査や実験が行われ，そしてそこで得られたデータに対して統計処理が行われる。それは，心理学が科学としての客観性を大事にしているからである。パーソナリティ心理学においてもそれは同様である。ここでは，本文に出てくる統計用語についてごく簡単に説明する。

1　分　　散
　分散とは，データの散らばり具合を示す指標である。平均値を基準としており，データが平均値の近くに集まっているか，離れているかを示すことができる。

2　相関分析とピアソンの積率相関係数
　相関分析は，2つの事象の関連の程度を明らかにするための分析手法である。そして，そこで算出される指標の1つであるピアソンの積率相関係数は，2つの連続変量間の関連の程度と方向性を示す指標である。マイナス1から1の間の値をとる。相関係数からは，関連の方向性を知ることができる。①「一方が大きいほどもう一方も大きい」場合は，正の相関と言い，相関係数の値はプラスになる。一方，②「一方が大きいともう一方は小さい」場合，もしくは「一方が小さいともう一方は大きい」場合は負の相関と言い，相関係数の値はマイナスになる（図）。

図　2つのデータの関連のグラフ

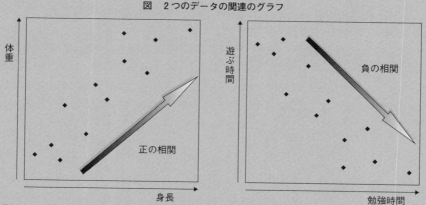

注．1つの◆が1人分のデータを示している。左は正の相関の例。右は負の相関の例。

　さらに，関連の強さ・弱さも知ることができる。関連が強いほどその絶対値は1に近づき，正の相関であればプラス1に，負の相関であればマイナス1に近づく。そして，関連が弱いほど値は0に近づく。

　なお，相関関係は因果関係とは異なり，明確な原因と結果の関係性は意味しない。その点には注意が必要である。

3　媒介分析と調整分析

　媒介分析とは，独立変数と従属変数の間を媒介するような変数（媒介変数）の媒介の効果を検討するための分析である。単純に「太っている」→「ダイエットをする」といった関係だけではなく，「太っている」→「メタボと言われるのが嫌だ」→「ダイエットをする」といった関係が成り立つかどうか，つまり，この「メタボと言われるのが嫌だ」を媒介させたことの影響が大きいか否かを検討することができる。

　調整分析とは，独立変数から従属変数への影響にさらに影響を及ぼすような変数の効果を検討するための分析である。たとえば，ファッションに興味がない場合は，お小遣いに余裕があってもなくてもショッピングにあまり出かけないが，ファッションに興味がある場合は，お小遣いに余裕があればあるほどショッピングに出かける，といった場合が成り立つか否かを検討することができる。なお，この場合は，お小遣いの余裕が調整変数ということになる。

4　交互作用

　複数の要因の組み合わせの効果のことを交互作用という。たとえば，スピーチ場面であがりにくい人は，聴衆の人数が少なくても多くてもあがらないが，あがりやすい人は，聴衆の人数が多ければ多いほど緊張する，といったように，Ｘ１（あがりにくい人）においてはＸ（聴衆の人数）の影響がないが，Ｘ２（あがりやすい人）においてはＸの影響があるといった場合，交互作用があるということになる。あくまでも，ある条件のときにもう一方の要因の影響が生じるというのが交互作用である。調整分析でみているのは交互作用である。

5　因子分析

　心理学では，複数の質問項目から構成された心理尺度を用いてデータを収集することがある（本文第15章参照）。そして，それらの質問項目への回答は，回答者のもつ特性が反映されていると考える。この回答傾向から背景にある因子（観察可能な行動などをもとに理論的に構成された概念）を想定しそれを抽出する。そのための方法が因子分析である。

　たとえば，「やさしい」「積極的な」「行動力のある」「心配りができる」「冒険心に富む」「道徳心がある」といった項目へ，どのくらい自分が当てはまるかの回答を求めたとする。そして，得られたデータに対して因子分析を行ったところ，2つの因子が抽出されたとする。1つめの因子には，(a)「やさしい」「心配りができる」「道徳心がある」が特に対応し，2つめの因子には(b)「積極的な」「行動力のある」「冒険心に富む」が特に対応していたとする。この場合，その2つの項目群の内容から，1つ目の因子は「人間性」，2つ目の因子は「活動性」と命名するとしたら，因子分析の結果，「人間性」と「活動性」の2つの因子が抽出されたということになる。

6　メタ分析

　1つの調査もしくは実験で得られたデータに対する統計分析ではなく，複数の調査や実験で得られた複数の分析結果に対してさらに行われる統計分析のことである。つまり，分析結果をデータとしてさらに分析を行う方法である。類似した内容を扱ったこれまでの研究の分析結果をまとめて，全体としての傾向を明らかにするために用いられる。

第**1**章

近年の主要な諸理論
ビッグファイブとその周辺，パーソナルコンストラクト

0. パーソナリティを表すさまざまな言葉

> 「いま，アルバイトの採用面接のために自己紹介の文章を書いてるんだけど，性格を表す言葉っていろいろあるよね」「そうだよね。明るい，暗い，細かい，真面目，好奇心旺盛，陽気…，少し考えるだけでも10個以上は出てくるね」「でも，内容を考えると似た言葉や反対語が多いよね。明るいと陽気はほぼ同じだし，明るくない人って暗いし」「そうだよね，うまくまとめられないのかなぁ」

　本章では，人のパーソナリティを測定し，表現するために用いられる近年の主要な理論を紹介する。前章で紹介されたようにさまざまな理論があり，測定方法も多様だが，なかでもビッグファイブと呼ばれる理論が多くの研究領域で用いられている。そこで，このビッグファイブを中心として主要な理論を紹介する。

　その前に，さきほどの会話の続きとして，みなさんもぜひ性格を表現すると考えられる言葉をできるだけ多く挙げてみて欲しい。そして，最後にその中から5つを選んでみよう。ただし，5つの言葉は互いにできるだけ独立であることを条件とする。たとえば，Aという性格であればたいていBでもある，という場合はAとBは独立でない（例，「明るい」と「陽気」）。また，反対語も方向を変えているだけで，内容はほぼ同じであるため独立ではない（例，「明るい」と「暗い」）。普段，人を評価したり批評するときに使っている言葉を多く思い出してから考えよう。そして，自分が選んだ互いに独立な5つの言葉と，以下で紹介されるビッグファイブを比べてみてほしい。

1. ビッグファイブ

　序章で紹介されたように，従来のパーソナリティの理論としては類型論と特性論が有名であるが，なかでも特性論から発展したビッグファイブと呼ばれる理論は1980年代に注目を集め，1990年代以降に急速に勢力を伸ばして多くの支持を得るものとなった。ここではその歴史的背景を2つの流れから説明する。

1-1　心理辞書的研究によるビッグファイブの発展
　ビッグファイブの基本的な考え方は，序章でも紹介された「パーソナリティを表

す特性語の心理辞書的研究」に基づいている。心理辞書的研究はオルポート（Allport, G. W.）によるものが有名であるが，その方法を最初に提案したのは個人差研究で有名なゴールトン（Golton, F.）であった。ゴールトンは「人のパーソナリティの違いは言語に表れているため，その言語をうまく分類・整理できればおのずと人間の主要なパーソナリティ特性が理解できる」と考え，1884 年に辞書的仮説として提唱した。この仮説を検証するために，1936 年にオルポートとオドバート（Odbert, H. S.）は実際に辞書からパーソナリティを表現する 17,953 語を収集および整理した。その後，内容を精査して 4 つのカテゴリーに分類したところ，これらの語は性格を科学的に記述するには不適切なカテゴリーに属するものがほとんどであり，①「一時的な状態や活動」を表す 4,541 語，②「社会的評価」を表す 5,226 語，③「心理的特徴と一般的に関連する身体的特徴，能力などを表すその他」の 3,682 語が除外された。性格を表すのに適していると考えられた唯一のカテゴリーに含まれたのは，④「観察可能で比較的永続的な特性」を記述した形容詞である 4,504 語のリストであった（Allport & Odbert, 1936）。このリストが含まれた論文はインターネット上で閲覧でき，4,504 語と 4 分類が 134 ページにわたって掲載されている。先人の苦労が伝わる大作（実質的には助手のオドバードが行ったと考えられている）であり，基本的なパーソナリティ特性が導かれる原点とも言える。

　こうして 4,504 語の特性語のリストができたものの，この数は多すぎて実用的でなく，中にはほぼ同じ意味の単語や反対語，使用頻度の低い単語も多く含まれていた。これを手頃なサイズのカテゴリーにまとめあげ，体系化することは困難な課題であり，後世の研究者にこの研究は引き継がれていくことになる。その際に，手作業による分類や整理も継続されたが，研究者の主観が影響して恣意的な分類となり再現性に欠けることが問題であったため，質問紙による調査研究を行って統計的に分類・整理する方法も用いられるようになった。質問紙調査は特性語やその語群を並べ，自分自身に当てはまるかどうかを多くの人に評価してもらうといったものであり，データを収集して分析すると単語同士の関連性を相関係数と呼ばれる統計指標によって表すことが可能となる。たとえば，「明るい」に当てはまる人は「陽気」にも当てはまりやすいという傾向があるが，「明るい」と「真面目」との間にはそのような傾向がない，といったことが相関係数から示される。さらに，この関連性を生かして多くの特性語がどのように分類できるのかを明らかにするために，因子分析と呼ばれる分析が用いられる。

　1940 年代からキャテル（Cattell, R. B.）は手作業によってこの 4,504 語の一部を除外したり，加えたりしながら最終的にそれぞれ約 13 語から構成された 171 の特性語群に集約した。次に，100 人の成人を対象として 171 の特性語群のそれぞれが対象者の性格をどれだけ表しているのか評価させ，171 の変数間の相関係数を算出した。この表は床に広げて検討しなければならないほどの大きさであり，キャテルの研究チームは文字通り床を這いずり回って相関係数を調べあげ，0.83 以上という高い関連性を示す値であればそれらを同一とみなし，中程度の 0.45 から 0.83 までの中程度の関連性を示す値であれば，同じであってもおかしくないほど似ている群とみなして分類していった。そして，171 個の群をまず 67 個まで減らし，その後も検討を重ねて最終的に 35 個の表面特性と呼ばれる同義語群を見出した。次に，キャテルはイリノイ大学初のコンピュータ「Illiac I」を使って，35 の同義語群に対する評価データに因子分析を行って，12 の根源特性（表面特性の背後にある潜在的な特性）を抽出した。その後の検討を経て，これに 4 因子を加えて最終的に 16 の

特性を測定する質問紙検査である 16PF が開発された（Cattell, 1965）。16PF は特性論に基づく初期の性格検査として広まったが，16 の因子は多すぎて複雑である，概念に重複がみられる，因子名が捉えにくい，因子分析の結果が再現できないといった問題があり，広く合意が得られた共通のモデルとはならなかった。キャテルやアイゼンク（Eysenck, H. J.）の研究以降に行われたパーソナリティの特性論研究では，特性の分類の基準や特性の次元数やその内容についての共通の見解が得られない状態が 1980 年代まで続くことになる。

　同時期に，フィスク（Fiske, D. W.）は，キャテルの用いた 35 の特性語群から 22 を選択し，簡略化して記述したものを用いたデータに対して因子分析を行い，5 因子の構造を見出した（Fiske, 1949）。歴史的にはこれが最初のビッグファイブとされている。また，タピスとクリスタル（Tupes, E. C., & Cristal, R. E.）はこの論文に影響を受けてキャテルの特性語群を用い，空軍軍人や養成校の学生を対象とした 4 種類のサンプルと先行研究でフィスクとキャテルが扱った 4 種類のサンプル，合計 8 種類の異なるサンプルから得られたデータに対して因子分析を行い，そのすべてにおいて「俊敏性（Surgency）」「協調性（Agreeableness）」「信頼性（Dependability）」「情緒的安定性（Emotional Stability）」「文化（Culture）」と名付けられた 5 因子が見出されることを明らかにした（Tupes & Cristal, 1961/1992）。

　その後，ノーマン（Norman, W. T.）は大学生を対象とした質問紙調査を行い，タピスとクリスタルの 5 因子が再現されたことを報告した上で（Norman, 1963），オルポートとオドバード表の改訂を試みた。辞書的研究が改めて最新の辞書を使って行われ，17,953 語に新たに 171 語が加えられた。その後，同じように特性の記述に不適当と判断される用語を削除したところ，2,800 の主要な特性語が選ばれた。さらに，大学生が理解できなかった用語を除外して 1,431 語まで減らしていった。そして，この 1,431 の用語を意味の類似性判断に基づいて，5 因子の観点から 75 のカテゴリーに整理した（Norman, 1967）。しかし，ノーマン表とも呼ばれるこの特徴的な特性語群を用いてノーマン自身が因子分析を行った結果は発表されなかった。1960 年代後半から 1970 年代にかけてはパーソナリティ評価に対する批判が起こり（第 2 章参照），こういった研究発表は事実上中止されたためである（Digman, 1996）。著名なパーソナリティ心理学者の一人であるホーガン（Hogan, R.）は，1960 年代から 1970 年代にかけてパーソナリティ測定研究への抵抗があり，彼が投稿した 13 本の論文はすべて査読されずに戻ってきたと報告している（Hogan & Foster, 2016）。その際には「パーソナリティ測定はうまくいかないことは誰もが知っていることであるから，この論文は査読しない」と言われたそうである。そして，ビッグファイブはこの危機を脱するために貢献することになる。

　1980 年代になると，パーソナリティ測定研究を発表する環境が徐々に改善されてきた。そして，ゴールドバーグ（Goldberg, L. R.）は過去のさまざまな特性論研究を調べると 5 つの共通した因子がみられると指摘し（Goldberg, 1981），これをビッグファイブと命名した。また，ディグマン（Digman, J. M.）も過去半世紀にわたる文献を調べると，パーソナリティには主要な 5 因子が存在することを示した（Digman, 1990）。そして，ゴールドバーグは大学生 187 名を対象としたノーマンの 75 カテゴリーの自己評定データに対して因子分析を行い，5 因子構造を確認したのである（Goldberg, 1990）。ゴールドバーグはビッグファイブが最も頑健で再現性のあるパーソナリティ特性のモデルであると主張し，5 因子を測定するためのマーカーとなる「100 個の個別の特性語」と，「両極の関係にある 35 組の特性語」によ

る 2 つの測定尺度を提案した（Goldberg, 1992）。さらに，国内外の研究者とともに研究を継続し，1990 年代後半からは特性語ではなく性格を表す短い文章による項目に焦点を当て（Goldberg, 1999），IPIP（International Personality Item Pool）と呼ばれる国際的なパーソナリティ測定のための項目を集めた公共のウェブサイトを作成した（Goldberg et al., 2006）。こういった研究の積み重ねによって，異なる国や文化の間でも 5 因子構造の頑健性が確認され，ビッグファイブは世界中に広がっていった。

　以上が心理辞書的研究から始まるビッグファイブ研究の歴史である。マックレ（McCrae, R. R.）とジョン（John, O. P.）は，このパーソナリティ特性を 5 つの因子で表すモデルについて，「ビッグファイブ（Big Five）」と「FFM（Five Factor Model）」という 2 種類の呼称を用い，5 因子モデルが 2 つの異なる歴史的経緯から生まれたと説明している（McCrae & John, 1992）。前者はこれまで説明してきた心理辞書的研究による経緯であり，後者は質問紙研究から発展した経緯である。もう一つの歴史の流れである後者については次節で説明する。

　ビッグファイブも FFM も内容的にはほぼ同じであるため，本書では統一してビッグファイブと呼ぶ。なお，これ以外にもビッグファイブは Big Five Model（B5M）と表記されたり，5 因子の頭文字を並べて OCEAN モデルと呼ばれることもある。

1-2　質問紙研究によるビッグファイブの発展

　辞書的研究に基づくビッグファイブはその存在基盤となる理論がないボトムアップ的な理論であり，それが時には欠点として指摘される（McAdams, 1992）。つまり，「パーソナリティ特性を表す用語を集めて因子分析をすると，5 因子に分類できる」という事実以外にその存在の根拠が示されていないことが問題視されたわけである。

　従来，パーソナリティ特性を測定するための質問紙研究の多くは，何らかの理論に基づいてその構成概念の測定が行われてきた（McCrae & John, 1992）。有名なパーソナリティの質問票をいくつか例に挙げると，アイゼンクは正常な人と犯罪者や精神病者とを区別する特徴について行動主義的・遺伝的・生理学的な理論を展開しており，その特徴を評価するために「アイゼンク人格目録」を作成した。シュプランガー（Spranger, E.）は職業選択において重要と考えられる 6 つの価値観の理論を提唱し，それらを測定するために SOV（Allport-Vernon-Lindzey Study of Values）を開発した。以上はごく一例であるが，それぞれの質問紙調査票やパーソナリティ検査はその背後に何らかの理論があり，それを基礎としてトップダウン的に作られていることが特徴である。そのため，キャテルをはじめとする多くの心理学者は，辞書的研究によって日常生活で用いられる言語から得られたパーソナリティ特性語の群は真に科学的なパーソナリティの説明としては不十分であると考えていた（McCrae, 1990）。ノーマンもゴールドバーグも当初は辞書的研究に懐疑的であり，それゆえにオルポートとオドバート表やノーマン表が何度も確認され，改訂されてきたわけである。

　一方，それぞれが独自の理論に基づいてさまざまなパーソナリティを測定する質問紙調査票を作成した結果，これらが実際に異なる概念を測定しているのか，それとも共通の何かを測定しているのかを確認することが困難となっていた。この混沌とした状況に秩序を与えたのがビッグファイブであり，コスタ（Costa, P. T., Jr.）

とマックレ（McCrae, R. R.）によって新しい質問紙調査票が作成されたことが契機
となった。コスタとマックレは，大規模な縦断的研究においてキャテルの 16PF を
用いていたが，この尺度が冗長で意味が重複しているものが含まれていると考えて
いた。そこで彼らは 16PF の項目を分類するためにクラスター分析（似ている対象
を集めて分類する統計手法）を行ったところ，3 つの項目群が見出された（Costa
& McCrae, 1976）。そのうちの 2 つは「神経症傾向」と「外向性」であり，これは
アイゼンクの研究にみられるようにパーソナリティ研究の歴史の中では馴染みの深
い因子であった。そして，3 番目の項目群として見出された「経験への開放性」は
これまでの文献ではほとんど取り上げられていなかった因子であった。これらの 3
因子をより有効に測定するために，彼らは独自の質問紙調査票を作成し，これを
NEO 調査票（NEO Inventory）と名付けた（McCrae & Costa, 1983）。

　その後，1978 年にコスタとマックレはボルチモアの国立老化研究所に赴任し，ボ
ルチモア老化縦断研究（BLSA）に参加することとなった。そこで彼らはディグマ
ンとゴールドバーグが 1980 年代初頭に発表した研究を知り，1983 年にボルチモア
にゴールドバーグを招いて研究会を行った。その際に紹介されたデータによってコ
スタとマックレは「同調性（Agreeableness）」と「誠実性（Conscientiousness）」が
重要な因子として存在することを認識し，彼らは NEO 調査票にこれらの 2 つの因
子を加え，計 5 因子に対して① Extraversion（外向性），② Agreeableness（同調
性・協調性・調和性），③ Conscientiousness（誠実性・勤勉性），④ Neuroticism
（神経症傾向），⑤ Openness to experience（経験への開放性）という呼称を与え[1]，
NEO 人格目録（NEO Personality Inventory; NEO-PI）を作成した（Costa &
McCrae, 1985）。その後，NEO-PI は改訂され，NEO-PI-R（NEO Personality
Inventory Revised）となった（Costa & McCrae, 1992）。

　NEO-PI と NEO-PI-R が出版されると，コスタとマックレの研究プロジェクトが
ビッグファイブを大きく躍進させ，パーソナリティ研究を大きく推進させることに
なった。先述の BLSA の参加者はすでに多くのパーソナリティ尺度の測定を終えて
おり，コスタとマックレは世界最大級の縦断データベースを有していたのである。
さらに，彼らは新しい質問票を BLSA の参加者に実施することができたため，
NEO-PI と NEO-PI-R の得点とほぼすべての主要なパーソナリティを測定する質問
票の得点の間の関連性を系統的に調べ，各質問票の比較検討を行うことができたの
である。その結果，ほぼすべての主要なパーソナリティを測定する質問票は，少な
くとも 5 因子の一部を測定していることが示され，5 因子以外の重要な情報をもた
らすものはほとんどないと報告された。

　こうしてビッグファイブは他のパーソナリティ尺度とも関連づけられたゴール
ド・スタンダードとなり，NEO-PI-R はパーソナリティ研究において広く使用され
ることとなった。また，異なるパーソナリティ尺度を用いた研究であっても研究結
果を統合したメタ分析なども行えるようになったのである。そして，コスタとマッ
クレが同調性と誠実性を組み込んだことによって，語彙研究の流れと質問紙研究の
流れは合流したのである。

　こうした歴史もあって，ビッグファイブは長年にわたって議論されてきたパーソ
ナリティの基本特性についての最終回答であるという主張もある。しかし，未解決
の問題が残っていないわけではない。たとえば，第 5 因子は「知性」とも「経験へ

　1）5 つの因子の名称は研究によって異なることもある。本書では，記載の際に，基本的にはそれぞれの出典にあわせた表
記とする。

の開放性」とも呼ばれたように，因子数については見解の一致がみられたものの，その名称や本質についてはまだ十分に共通の理解が存在していない部分もあり，構成概念妥当性に疑問が残っている。また，形容詞を用いた項目と文章を用いた項目はどちらが好ましいのか，これらの因子は単極性であるのか双極性であるのかといった問題についてはさらなる検討が必要である。なお，5つの因子をより小さいファセットと呼ばれる構成要素に分割して測定する方法や，逆に5つの因子をより高いレベルの超因子に結合する方法についても研究が続けられている。

1-3　日本におけるビッグファイブ研究と各因子の説明

　欧米と比較すると盛んではないものの，ビッグファイブの研究は本邦においても行われてきた。たとえば，心理辞書的研究としては，66,000語を収録した明解国語辞典から3,862語の特性語が抽出されたことが報告されている（青木，1971）。特性語によるパーソナリティの測定尺度としては和田（1996）によってビッグファイブ尺度が開発されており，FFMの流れを汲んだNEO-PI-Rについても日本語版が出版されている（下仲ら，1998）。また，ビッグファイブの代表的な語であるマーカーに関する研究も行われている（柏木ら，2005）。不十分なところはあるものの，全体的にはビッグファイブに関連する重要な研究報告はなされてきている状況である。

　ここでは，並川ら（2012）によるビッグ・ファイブ尺度短縮版の項目と選択肢，得点の算出例を示した上で，5つの特性について簡潔に説明する（表1-1）。この尺度は29項目の形容詞から構成されており，短時間で5つの特性を測定することができる尺度である。次の項目が自分自身にどの程度あてはまるのかを考えて，最も当てはまると思う数字を選択し，各項目への回答を合計することによって尺度得点を算出することができる。

　情緒不安定性は神経症傾向とも呼ばれ，情緒の敏感さや気分の落ち込みやすさを表している。得点が高い人ほど繊細で，不安やネガティブな感情を感じやすい傾向があるとされている。外向性は人や物事に対して積極的か，それとも控え目かという概念であり，この得点が高い人ほど活動的でポジティブな感情を感じやすいとされている。開放性は経験への開放性とも呼ばれ，外界の事物に対してどのくらい自分の認知が開かれているかを示している。この得点の高い人は興味関心が広く，好奇心が強いと考えられる。調和性は同調性や協調性とも呼ばれており，対人関係における優しさや寛大さを表しており，周囲への同調傾向が高い人ほどこの得点は高くなるとされている。誠実性は勤勉性とも呼ばれており，いわゆる真面目さを表している傾向である。得点が高い人ほど計画的で課題などに熱心に取り組むとされる。

1-4　ビッグファイブ研究の発展

　これまで述べたように，ビッグファイブは広く支持されるようになったが，このモデルはあくまで特性語を集めて因子分析をすると5因子に分類できること，そして他のパーソナリティ尺度との関連が認められること以外の根拠が不十分であった。そのため，見出された5因子がその意義を認められるために，「5因子パーソナリティ特性が何を予測するのか」という問題に研究の意義が見出されるようになった。

　オザーとベネットマルティネス（Ozer & Benet-Martínez, 2006）はパーソナリティ特性のもつ予測的妥当性に関して体系的にレビューを行い，パーソナリティ特性が予測する結果変数を（a）個人的な変数（主観的幸福感・身体健康・精神病理的な症状・アイデンティティなど），（b）対人的な変数（友人関係・家族関係・恋

表 1-1　ビッグ・ファイブ尺度短縮版と得点の計算方法（並川ら，2012）

以下の文は，あなたにそれぞれの程度あてはまると思いますか。「あてはまらない」から「あてはまる」までの中から 1 つ選び，数字に○をつけてください。

	あてはまらない	あまりあてはまらない	どちらともいえない	ややあてはまる	あてはまる			あてはまらない	あまりあてはまらない	どちらともいえない	ややあてはまる	あてはまる
1 無口な	5	4	3	2	1	16 外向的	1	2	3	4	5
2 いい加減な	5	4	3	2	1	17 怠惰な	5	4	3	2	1
3 不安になりやすい	1	2	3	4	5	18 緊張しやすい	1	2	3	4	5
4 多才の	1	2	3	4	5	19 頭の回転の速い	1	2	3	4	5
5 短気	5	4	3	2	1	20 寛大な	1	2	3	4	5
6 社交的	1	2	3	4	5	21 陽気な	1	2	3	4	5
7 ルーズな	5	4	3	2	1	22 計画性のある	1	2	3	4	5
8 心配性	1	2	3	4	5	23 憂鬱な	1	2	3	4	5
9 進歩的	1	2	3	4	5	24 興味の広い	1	2	3	4	5
10 怒りっぽい	5	4	3	2	1	25 自己中心的	5	4	3	2	1
11 話し好き	1	2	3	4	5	26 軽率な	5	4	3	2	1
12 成り行きまかせ	1	2	3	4	5	27 好奇心が強い	1	2	3	4	5
13 弱気になる	1	2	3	4	5	28 親切な	1	2	3	4	5
14 独創的な	1	2	3	4	5	29 几帳面な	1	2	3	4	5
15 温和な	1	2	3	4	5						

得点の計算方法
情緒不安定性…項目 3 ＋項目 8 ＋項目 13 ＋項目 18 ＋項目 23（平均値 = 17.84，標準偏差 = 3.97）
外向性…項目 1 ＋項目 6 ＋項目 11 ＋項目 16 ＋項目 21（平均値 = 15.95，標準偏差 = 4.13）
開放性…項目 4 ＋項目 9 ＋項目 14 ＋項目 19 ＋項目 24 ＋項目 27（平均値 = 18.19，標準偏差 = 3.48）
誠実性…項目 2 ＋項目 7 ＋項目 12 ＋項目 17 ＋項目 22 ＋項目 26 ＋項目 29（平均値 = 19.93，標準偏差 = 4.86）
調和性…項目 5 ＋項目 10 ＋項目 15 ＋項目 20 ＋項目 25 ＋項目 28（平均値 = 20.31，標準偏差 = 3.82）
上記の平均値と標準偏差は大学生を対象とした後藤・並川（2015）の調査結果を示している。

愛関係など），（c）社会的な変数（職業選択・職業達成・政治的態度・価値観・地域との関わり・犯罪など）という 3 つに分けた上で，パーソナリティ特性がさまざまな結果変数を予測することを示している。シャイナーら（Shiner et al., 2002）は，児童期のパーソナリティ特性が 10 年後や 20 年後の心理的適応・社会的適応・学業達成職業達成などと |.20| - |.40| 程度の相関をもつことを報告している。カスピ（Caspi, 2000）は，ニュージーランドのダニーディン研究データを用いて，3 歳時点における気質による 3 分類は，18 歳時点におけるパーソナリティ特性の得点プロフィールと整合的であり，21 歳時点における抑うつや不安などの精神病理的な症状もよく説明できると説明している。

　これ以外にも多くの研究によって，パーソナリティ特性は実にさまざまな結果変数を予測・説明することが可能であることが示されており，その効果は① 10 年や 20 年後といったかなり先の将来であっても，② IQ や社会経済地位を統制しても，③ |.10| - |.40| 程度の相関を有することが示されている。このような特徴を生かして早期介入や予防を目指す研究は疫学的パーソナリティ研究とも呼ばれており（高橋ら，2011），ビッグファイブを用いた研究は発展を続けている。

█ 2. ビッグファイブ以外の辞書的研究に基づくモデルとビッグファイブの発展形

　ビッグファイブは現在では最もよく知られるものとなったが，これ以外の辞書的研究に基づくモデルとして HEXACO と呼ばれる6因子モデルや，7因子モデルも知られている。辞書的研究に基づいたパーソナリティ研究にも引き続き検討すべき課題が残っていると言える。また，ビッグファイブの発展形として，高次因子を設定したモデルも存在するため，以下に紹介する。

2-1　ビッグファイブの高次2因子モデルと高次1因子モデル，双因子モデル

　ビッグファイブの5因子にさらに高次の因子を想定したモデルがあり，高次2因子モデルや高次1因子モデルが示されている（図1-1）。高次2因子モデルの場合，神経症傾向と調和性，誠実性が第1因子，外向性と経験への開放性が第2因子に統合される。第1因子の名称は，ディグマン（Digman, 1997）によるとα因子，ディヤングら（DeYoung et al., 2002）によると安定性因子（Stability）とされており，第2因子の名称は，ディグマンによるとβ因子，ディヤングらによると柔軟性因子（Plasticity）である。さらに，2因子の上位の階層を想定したモデルも提唱されており，この場合はα因子とβ因子をまとめてパーソナリティの一般因子（A General Factor of Personality; GFP）と呼んでいる（Philippe & Paul, 2008）。このパーソナリティの一般因子モデルについては，モデル2因子の上に高次1因子を設定するものもあるが（図1-1左図），すべての項目に共通する一般因子を想定するモデルもある（図1-1右図）。右図のモデルは双因子モデル（bi-factor model）による一般因子とされる。

2-2　HEXACO モデル（6因子モデル）

　辞書的アプローチによって見出されたパーソナリティの6次元モデルも提唱されている（Lee & Ashton, 2004）。これは，ビッグファイブに「正直さ（Honesty）」の次元を加えたものであり，各因子の頭文字から「HEXACO モデル」と呼ばれている。さまざまな言語圏において研究が進むうちに，英語圏以外の複数の辞書的研究において第6の因子の存在が指摘されるようになった。そして，ビッグファイブを見出した英語圏での自己評定データの再分析の結果でも正直さの存在が示唆され

図 1-1　ビッグファイブの高次因子モデル

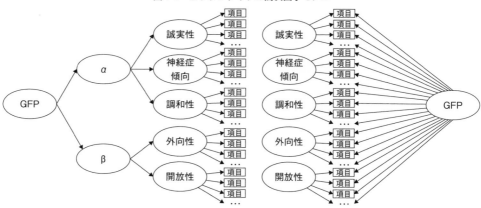

ている（Ashton et al., 2004）。

2-3　パーソナリティの7因子モデル

　辞書的研究に基づいた7因子モデルも複数の言語圏で報告されている（Almagor et al., 1995）。ビッグファイブに追加の因子として「ポジティブ誘発性（positive valence）」，「ネガティブ誘発性（negative valence）」が追加されたモデルである。ポジティブ誘発性は，「特別な」，「優れた」，といった特性語で構成され，ネガティブ誘発性は「不道徳」，「嘘つき」といった特性語で構成され，どちらかと言えば人物の評価を表すものである。従来の研究においては特性次元から評価的次元を切り離してきたが，7因子モデルでは評価的次元が加わっていることになる。我々の実生活においては，評価的な対人認知が重要な位置づけを占めるため，7因子モデルはビッグファイブよりも人々の日常のパーソナリティ認知に近い表現ができていると考えられている。

3.　ビッグファイブ以外の質問紙研究に基づくモデル

3-1　グレイの2因子モデル

　辞書的研究ではない質問紙研究の流れもある。たとえば，アイゼンクはパーソナリティの基盤に何らかの生物学的な要因と対応した因子構造を想定した3因子モデルを提唱している（Eysenck, 1967）。アイゼンクによると，パーソナリティ特性は階層的な構造をもち，その最上位にあるとされるのが，外向性（Extraversion; E），神経症傾向（Neuroticism; N），精神病傾向（Psychoticism; P）という3つの特性である。このアイゼンクの理論を継承して発展させたのがグレイの理論であり，外向性と神経症傾向の2次元モデルを45度回転したBISとBASの2次元に置き換えている（Gray, 1981）。アイゼンクのモデルとグレイのモデルの関連性は次のように示される（図1-2）。

　グレイによると，人間の行動はBehavioral Inhibition System（行動抑制系；以下BIS）とBehavioral Activation System（行動賦活系；以下BAS）という2つの動機づけシステムによって制御されている。BIS（不安）は罰への敏感さを示し，活性化することによってネガティブな感情が喚起され，行動を抑制される。一方，BAS（衝動性）は報酬への敏感さを示し，報酬に向かう行動を促進するように作用する。

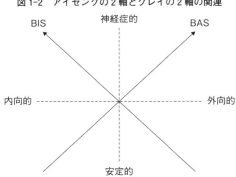

図1-2　アイゼンクの2軸とグレイの2軸の関連

3-2 クロニンジャーの7因子モデル

クロニンジャーの理論もアイゼンクと同様に精神疾患とパーソナリティの関連を神経学・生理学・遺伝学の観点から説明する中で構築された（Cloninger, 1987）。クロニンジャーは，パーソナリティが「気質」と「性格」から構成されているという考え方に立っている。気質は刺激に対する自動的な情緒反応にみられる傾向であり，遺伝要因に強く影響され，文化や社会的経験に関わらず安定しているとされている。気質は「新奇性追求（Novelty Seeking）」，「損害回避（Harm Avoidance）」，「報酬依存（Reward Dependence）」，「固執（Persistence）」と呼ばれる4因子から構成されている。性格は社会的経験を通して表れる個人差であり，気質と家族環境や経験の相互作用の結果として発達する。性格は「自己志向（Self Directedness）」「協調（Cooperativeness）」「自己超越（Self Transcendence）」と呼ばれる3次元から構成されている。クロニンジャーらの開発した TCI（Temperament and Character Inventory）では気質の4因子と性格の3因子を合わせた7因子によってパーソナリティを測定する（Cloninger et al., 1993）。

3-3 ズッカーマンの4因子モデル

ズッカーマンの理論は，刺激希求（Sensation Seeking; SS）に関する研究から始まっている（Zuckerman, 1994）。刺激希求の定義は，新奇で強い刺激や体験を求め，それらを体験するために危険を冒すことをいとわないことであり，この特性は刺激希求尺度（Sensation Seeking Scale; SSS）で測定ができる。SSS は，危険な活動などを求める「スリルと冒険（Thrill and Adventure; TAS）」，芸術や一般的でない生活スタイルなど求める「新規な経験（Experience Seeking; ES）」，飲酒やドラッグ，多数の相手との性的関係等などを求める「抑制の解放（Disinhibitiom; Dis）」，同じ活動の回避などを求める「繰り返しの嫌悪（Borden Susceptibility; BS）」という4つの下位尺度から構成されている。

3-4 ダーク・トライアド

近年，対人関係や問題行動と関連しやすいパーソナリティ特性の一群として，ダーク・トライアド（Dark Triad）というモデルも注目されている。ダーク・トライアドとは，マキャベリアニズム傾向，サイコパシー傾向，自己愛傾向の3因子から構成されており，代表的な反社会的なパーソナリティとされている（Paulhus & Williams, 2002）。

マキャベリアニズムは他者操作的，搾取的な特性であり（Christie & Geis, 1970），戦略性・計画性と関連があるとされている。サイコパシー傾向は利己性や希薄な感情，衝動性といった側面をもつ特性とされる（Hare, 2003）。自己愛傾向は賞賛や注目，名声を求め，他者に対して競争的で攻撃的な特性であり（Raskin & Hall, 1979），誇大性の維持と関連する特性である。ダーク・トライアドは教育場面における問題行動，短期的な恋愛関係志向，非生産的な職場行動，反社会的行動などと関連する特性群であると指摘されている（Furnham et al., 2013）。

■ 4. ケリーのパーソナル・コンストラクト理論

最後に，1950年代にケリー（Kelly, G.）によって提唱されたパーソナル・コンストラクト理論（Personal Construct Theory）を紹介する（Kelly, 1955）。欧米にお

けるパーソナリティに関する文献では重要な位置づけにあることが多く，後に大きな影響を与えた理論である。ケリーは当時盛んであった行動主義による S-R 理論に疑問を抱き，環境刺激による一般的な行動の変化よりも，その体験の認知の個人差や，行動のプロセスやその理由を明らかにすることを重要視し，パーソナル・コンストラクト理論を作り上げた。

4-1　パーソナル・コンストラクト

　パーソナル・コンストラクト理論は，個人のパーソナリティは，その人が出来事を解釈して，将来を予測するための独自の理論によって決まっている，というものである。ケリーは「人は誰もが自分なりの方法で世の中を理解しようとする科学者である」と述べており，人は未来の出来事を予測するために，世界がどのように機能しているのかについての独自の理論やモデルを常に構築し，改良していく存在だと考えた。たとえば，幼児は「泣くと母親が来てくれる」という法則を自ら発見して利用するように，幼児であっても科学者のように母親の行動に関する仮説を立て，それを検証して理論を構成しているわけである。そして，その理論は成長に伴って修正・検証されつづけていくことになる。ケリーの理論では，人は世界を意味づけるよう動機づけられており，経験した出来事を自分なりに解釈し，その経験を通して自分を含めた世界観を構築し，次の出来事を予測し，自分の人生をコントロールしようとする存在なのである。

　ケリーの理論の中心にある概念は個人が出来事を独自に解釈する認知の枠組みであり，パーソナル・コンストラクトと表現されている。たとえば，「良い‐悪い」といった認知や解釈は個人が出来事を考えるときによく利用されるコンストラクトである。コンストラクトは基本的には「良い‐悪い」といった両極性のものであり，人によってさまざまな両極が使用されると考えられている。たとえば「幸せ‐不幸せ」を使用する人もいれば，「幸せ‐悲しい」を使用する人もいる。各コンストラクトの両極の間の位置づけによって，さまざまな対象が特徴づけられる。たとえば，ある人が自分は幸せでもなく不幸でもない中間にいると捉えることもあれば，別の人は自分が幸せであって悲しくはないと認知することもある。コンストラクトは人が意識を向けるものであれば何に対しても適用可能であり，個人はそれぞれ異なるコンストラクトを構築し，独自に現実世界を解釈している。特に，その人の本質的なコンストラクトは，その人の強くて変えられない信念や自己の構造を表していると考えられる。

　自分だけでなく，他者に対するコンストラクトも構築され，その中には「あの人は考え方が柔軟ではなくて固い方だ」といったステレオタイプも多く含まれる。そこから「考えが固いから，新しい提案は受け入れることは少ない」という法則や理論を作って，将来の行動を予測したり，あるいは予測に基づいて現象をコントロールしようとするわけである。

4-2　コンストラクトの構造

　ケリーはコンストラクトを個人の認知プロセスの基礎となる中核的なコンストラクトや，特定の場面だけで用いられる周辺的なコンストラクトなどに分類をしている。たとえば，「良い‐悪い」は多くの場面で使用される中核的なコンストラクトであるのに対し，「柔軟‐強硬」は使用場面が限られているため周辺的なコンストラクトである。ただし，これにも個人差があり，ある人にとって中核的であっても，

別の人にとっては周辺的であることもある。

　さらに，他のコンストラクトを包括する上位のコンストラクトとそこに含まれる下位のコンストラクトといったような階層的な構造も想定されている。たとえば，心理的な価値判断としてある人物が「好き－嫌い」という上位のコンストラクトに，その好き嫌いの理由となる下位のコンストラクトとして「真面目－不真面目」が含まれることがある。このようにさまざまなコンストラクトが構造化されているが，その構造や複雑さも人によって異なっており，同一人物でも発達や学習に伴って変容することもあると考えられる。さらに，階層構造に含まれるすべてのコンストラクトが言語による両極のラベルをもっているわけではなく，非言語的なコンストラクトも存在していることが指摘されている。このようにコンストラクトの内容や構造は個人によって異なるが，文化や言語に影響を受けるため，同じ文化や社会，言語圏ではある程度の共通性もあると考えられる。

　個人のコンストラクト構造がパーソナリティであり，その基本的な構造は比較的安定しているが，周辺を含めた全体像はかなり柔軟で適応的である。安定した特性と不安定な状態の両方が存在していると考えられる。人はコンストラクトに基づいて同じように認知した状況では，同じように行動すると考えられる。そのため，個人の有する安定した行動傾向であるパーソナリティを理解するためには，個人のコンストラクト構造を理解すればよいということになる。また，中核的なコンストラクトは自分のアイデンティティの中心にもなっていると考えられる。

4-3　役割構成レパートリー・テスト

　ケリーは個人のコンストラクトの内容と構造を測定する技法として役割構成レパートリー・テスト（Role Construct Repertory Test: REP テスト）と呼ばれる検査を考案している。この検査の目的は，個人が自分の世界をどのように認知して，解釈しているかを理解することである。REP テストは個人が自分の言語を使って自己と他者を自由に記述することができる，個性記述的な測定方法である。

　手続きを簡単に説明すると，テストを受ける人はまず自分が個人的に知っているさまざまな人の名前を挙げることを求められ，次にそのリストの人たちを 3 人ずつのグループに分けて比較することが求められる。たとえば，「お母さん」，「お父さん」，「自分」について考え，3 人のうちの 2 人がお互いに似ていて，3 人目とは違うことを説明することが求められる。その回答は，楽しい／悲しい，開放的／閉鎖的，抑うつ的である／気楽であるといった両極の形式で行われ，そこで使用された両極的なコンストラクトの内容や多様性，数などから個人のコンストラクトの内容や構造が評価される。

4-4　パーソナル・コンストラクトの応用

　この理論は，臨床分野において幅広く応用され（Winter, 1992），さらには教育（Pope & Keen, 1981）や組織や社会心理学など他の分野でも用いられている。たとえば，臨床心理学ではコンストラクトがうまく機能している人は，世界を適切に理解して出来事の解釈をうまく形成したり修正したりしながら行動しているが，統合失調症の患者の場合は一貫して役に立たないコンストラクトを採用し続けていて不適応行動が続いていると解釈される。そのため，コンストラクトの再構築を促進することを目指した支援や治療が行われる。また，ケリーの考え方は認知的複雑性をはじめ，社会的認知研究などのさまざまな領域の研究に大きな影響を与えている。

認知的複雑性とは，個人が他者に対してどのくらい複雑な次元性を使用して捉えているかを表しており，たとえば「温かい‐冷たい」という次元だけで他者を判断する人は認知的複雑性が低く，これ以外にも「明るい‐暗い」など多くの次元を用いている場合は認知的複雑性が高いとされている。

5. ま と め

　本章では，人のパーソナリティを表す近年の主要な理論として，ビッグファイブとその周辺にあるさまざまなモデルを紹介した。ビッグファイブはパーソナリティ研究の重要な2つの歴史的な流れから誕生しており，その経緯からも人間の個性へのアプローチ方法を知ることができる。ビッグファイブは近年における有力な理論であるものの，未解決の問題や今後の研究の余地も多く残されており，さらなる研究の発展が望まれる。

Column 2

完全主義は適応的か不適応的か

成功・失敗への選択的注意バイアスを通して

「完全」であることは通常，望ましい状態であるが，それを常に達成しなければならないと考えると，不適応に陥る可能性がある。このような問題は，「完全主義」という用語で概念化されており，抑うつや摂食障害などの心理・生理的問題との関連が指摘されている。しかし，完全主義は単に不適応的な側面ばかりではなく，適応的な側面も有していることが知られている。たとえば，完全を望むあまり失敗を過度に恐れる「失敗懸念」の側面は不適応的なものである一方，自分に高い目標を設定しそれに向かって努力する「高目標設定」の側面は適応的なものである。このように，完全主義が適応的なのか不適応的なのかは単純な問題ではない。

さて，完全主義者はどのように不適応に陥るのであろうか。ここでは，一つの切り口として，特有の認知スタイルである「失敗への選択的注意バイアス」に着目する。不適応的な完全主義者は，成功や失敗の入り混じった現実から，失敗ばかりを拾い上げる偏った選択的注意を行う傾向を有することが臨床的な観察から示唆されている（Shafran et al., 2002）。

これを実証的に検討した研究としては，小堀・丹野（Kobori & Tanno, 2012），坪田・石井（2017），坪田・石井（2019）などがある。これらの研究では，質問紙によって測定された完全主義傾向と，課題における反応時間から推定された選択的注意バイアス傾向との関連が検討された。その結果，両者の関連が実際に確認され，完全主義者が失敗への選択的注意バイアスを有することが実証的にも示唆された。

一方で，これらの研究から得られた結果は，臨床的な観察から予測されたものばかりではない。たとえば，失敗だけでなく，成功への選択的注意バイアスも完全主義との正の関連がみられた。また，完全主義と選択的注意バイアスとの関連は男性でのみみられ，女性ではみられなかった。これらのことから，完全主義に関連する選択的注意バイアスも，不適応的なものばかりだとは断言できず，より複雑なものであることがうかがえる。

最後に，進化適応的に考えると，失敗や低いパフォーマンスが個体の生存や繁殖に著しくマイナスになる厳しい環境であれば，完全主義者が高い目標達成のために努力したり，失敗を恐れたり，成功・失敗を鋭敏にモニタリングする選択的注意バイアスを有したりすることは，どれも適応的であった可能性がある。一方で，実際には失敗がある程度許容される現代において，「完全でなければならない」と考えることは不合理な信念であり，現実とのミスフィットを生じさせる。結果として，完全主義は不適応になり，さまざまな心理・生理的問題を生じさせると考えられる。そのため，「何が適応的か」を議論する際には，環境とのマッチングを考慮する必要があると言えるだろう。

第**2**章

相互作用論

■ 0.「変わってる」は「普通？」

「ついさっきまで元気でおしゃべりだったと思ったのに，次の瞬間には無口でおとなしく，またその次の瞬間には，笑顔ですごい勢いで話し始める」もしこのような人物がいたとしたら，この人のパーソナリティをどのように理解することができるだろうか。たとえば，"不安定な性格"の人であるとか，あるいは"二重人格的"な人といったイメージが頭に浮かぶかもしれないし，そこまではいかないとしても，「少し変わった人」という印象をもつのではないだろうか。

しかしながら，「仲の良い友だちと遊んでいるときは元気でおしゃべりであるが，厳しい上司がいる職場で仕事をしているときは無口でおとなしい」としたらどうだろうか。このような人物については特におかしな印象は感じることなく，場合によっては自分自身や身の回りに実際にいる人々を思い浮かべることもできるかもしれない。

このように，私たちの日常生活におけるさまざまな行動はそのときどきの状況によって大きく影響を受ける。そういった意味においては，冒頭の例は特に珍しいケースではない。しかし，この「普通な人」のパーソナリティはどのようにして捉えたらよいのだろうか。おしゃべりな性格か，それとも無口な性格か，もしくはその両方であろうか。この章では，パーソナリティと状況をめぐる問題について取り上げ，それらを統合するアプローチについて紹介する。

■ 1.「人」と「状況」をめぐる問題

1-1　人間 − 状況論争

私たちが，人々のパーソナリティを理解する際に重視する要素の一つに，「一貫性（安定性）」を挙げることができる。たとえば序章で述べたように，ある人がたまたま頻繁に時計を確認しているのを目撃しても，普段はのんびりした行動をしている人であることを知っていれば，その人のことを神経質な性格だとは考えにくい。普段の様子から，神経質ではない人だと捉えることができるであろう。このように，ある特徴（特性）が安定して行動に表れるかどうかを手掛かりとして，私たちは人々のパーソナリティを判断していると考えられる。

　しかしその一方で，冒頭の例で挙げたように，人々の行動はそのときどきの状況によって大きく影響を受ける。日々の生活においては，人々が置かれる状況はたとえばある1日の中だけを考えたとしても，刻一刻とさまざまに変わりうる。そうだとすると，私たちの行動はその状況の変化に応じることとなり，安定した特徴を示すことは難しいように思える（例：仕事中はおとなしいが，仕事終わりに友だちとご飯を食べに行ったときはおしゃべりになる）。

　この問題に関して，アメリカの心理学者であるミシェル（Mischel, W.）は1968年に公刊された著書『Personality and assessment（邦題：パーソナリティの理論）』の中で，そのような状況を越えた行動の一貫性は私たちが考えるほどに実際はみられないことをいくつかの研究におけるデータから示した。ミシェルの指摘の根拠となっていたデータは多岐にわたっており，さまざまな状況（例：家や学校，職場など）における多くの特性（例：「攻撃性」や「依存性」，「道徳性」など）とそれに関連する行動を扱ったものであった。そしてその特性の種類とは関わりなく，いずれの場合においても，ある状況における特性に関連した行動と，別の状況における同じ特性に関連した行動との間に明確な一貫性はみられなかった。

　このミシェルによる指摘をきっかけとし，行動の原因として個人のパーソナリティが重要であるのか，それとも個人が置かれている状況が重要であるのか，いわゆる「人間－状況論争」（person versus situation debate）と呼ばれる激しい論争がアメリカを中心として行われることとなった。この論争は1960年代末から1980年ごろまでの約20年間にわたって続けられ，その後は次第に下火にはなっていったものの，最終的な合意や解決に至ったということではなく，現在においてもさまざまな場面でお互いの立場に基づく主張が繰り広げられている（論争の経緯については若林，2009；渡邊，2010，その後の展開については堀毛，2014などが詳しい）。

　この論争の一つの側面として，単なるパーソナリティの問題をめぐる純粋な学問的議論であったというだけでなく，社会心理学者とパーソナリティ心理学者における自らの専門分野や研究手法の優位性をめぐる対立という側面があったということは否めない（e.g., Furr & Funder, 2021；堀毛，2014）。

　しかしながら，それぞれの専門分野におけるポジショントークとしての意味合いが多分にあったとしても，この論争がパーソナリティ研究にもたらしたものも決して少なくはなかった。その一つはパーソナリティの一貫性に関する意識の高まりや概念の整理を挙げることができる（詳しくは次節で紹介する）。人間－状況論争は一貫性論争と呼ばれることもあり，その発端となったミシェルの指摘もまさにパーソナリティの一貫性をめぐる問題の提起であった。もちろんこういった問題について，パーソナリティ心理学においてそれまでにまったく扱われていなかったわけではないが，この論争をきっかけとして広く周知されることになったと考えることができる。そしてもう一つの点としては，単なる意識の変化というだけなく，状況を積極的にパーソナリティ研究に取り込もうとするモデルの構築や方法論の開発を挙げることができる。この新しい動きは，レヴィンに代表される古典的な相互作用論（序章を参照）に対して，新相互作用論（modern interactionism）と呼ばれることもある。この新しい相互作用論の考え方に基づき，実際にどのように，パーナリティにアプローチすることができるのかについては，第2節においていくつかの研究例をもとに紹介する。

1-2　パーソナリティの「首尾一貫性」

　人のパーソナリティを考える上で重要な要素は，ある特徴（反応や行動）が一貫してあるいは安定してみられるかどうかである。しかし，ある個人の行動が状況に応じて変化するのだとしたら，その人らしい特徴をどのようにして見出すことができるのだろうか。

　たとえば，ある人はいつも真面目であるといったように，特定の人物の性格は安定しているようにみえる。そのため，その人とのコミュニケーションに混乱が生じることはない。しかし，ミシェルたちが指摘したように，多くの実証的なデータにより，異なる状況間では行動はあまり一貫しないことが示されている。そうだとすると，他者の行動が一貫しているという私たちの直感は，単なる思い込みや認知のエラーにすぎないのだろうか。このような他者の行動の一貫性についての私たちの直感と，研究が示す結果の食い違いはパーソナリティのパラドックス（あるいは一貫性のパラドックス）と呼ばれている（Bem & Allen, 1974; Krahé, 1992）。人間 - 状況論争は，このパラドックスをめぐる問題についての論争であったと考えることができる。

　このパラドックスを解く鍵は，「一貫性」をどう捉えるかによる。ここでは，クラーエ（Krahé, 1992）による分類を紹介する。

(1)　継時的安定性

　継時的安定性は時間的な安定性に関するものであり，要するにある時点でみられた行動や反応が，時間的に離れた別の時点においても安定してみられるかどうかということである。パーソナリティ特性の測定においては，自己報告によるもの（e.g., Costa et al., 1980）であっても，観察者による評定であっても（e.g., Costa & McCrae, 1988），30 年くらいの時間的隔たりをおいても比較的変化がなく安定している（0.7 以上の相関を示す）ことが知られている。

　しかし，発達的変化を継時的安定性の枠組みでどのように捉えたらよいのかは難しい問題を含んでいる。たとえば攻撃性という特性について考えてみると（Olweus, 1979），攻撃性の高い子どもは友だちのおもちゃを壊したりするかもしれないが，この子どもが成人になったときに，おもちゃでないにしろ何かを壊すという行動をとらないが，言語的に相手を叱責するようになっているかもしれない。この場合この人物の攻撃性が時間的に変化したのか，あるいはそうでないのかは，攻撃性と行動に関するモデルをどのように考えるか（物理的攻撃性は変化したとみるのか，両方とも広義の攻撃性であり攻撃性に変化はないとみるのか）に依存するため，どちらの解釈もありうることになる。

　そうしたこともあり，この継時的安定性については先に述べた人間 - 状況論争においてもあまり議論がなされていたわけではなかった。基本的に問題となったのは次に挙げる通状況的一貫性に関するものであった。

(2)　通状況的一貫性

　通状況的一貫性は，さまざまな異なる状況を通してある行動や反応が安定してみられるかどうかに関するものであり，これはさらに「絶対的一貫性」，「相対的一貫性」，そして「首尾一貫性」の 3 つに分類される。

　まず絶対的一貫性とは，個人の行動は状況的な要因には影響されず，常に一定の行動パターンを示すというものである。たとえばまじめな A さんがいたとすると，

このAさんはどんな状況であっても同程度にまじめな行動をとると考える。一方，相対的一貫性については，個人の行動は状況によってある程度変化しうるものの，個人間の相対的位置づけ（順位）は変わらず一貫するというものである。たとえば，まじめなAさんとふまじめなBさんがいたときに，状況が異なってもAさんはBさんよりも常にまじめな行動をとると考える。人間−状況論争において状況論者から批判の対象となったのは，主に前者の絶対的一貫性による考え方であった。しかし，実際のところは特性論の研究者のほとんどは必ずしも絶対的一貫性を仮定していたわけではなかった。とはいえ，相対的一貫性の考え方も状況の影響をあまり重視していない（少なくとも個人の行動を大きく変えるものではないと考える）点では同様である。

人間−状況論争を経て生み出された相互作用論的アプローチ（新相互作用論）において，その理論的背景となっているのが「首尾一貫性」であり，コヒアランス（coherence）と呼ばれることもある。これは，ある状況と行動との間に安定したパターンがみられ，状況の違いによって行動が異なるとしても全体的なパターンが安定しているのであれば，そこに一貫性があると考えるというものである。たとえば，Aさんが大学ではまじめであるが，アルバイト先ではふまじめであったとしても，そういったパターンが常に安定してみられる（つまり，大学ではいつもまじめでアルバイト先ではいつもふまじめ）ならば，Aさんの行動には首尾一貫性があるとみなされる。そして，この首尾一貫性がAさんの安定した特徴でありパーソナリティの反映と考えるのである。

それではこの首尾一貫性の考え方に基づいて，先に述べたパーソナリティのパラドックスについてもう一度考えてみよう。このパラドックスは私たちの直感として他者の行動がある程度一貫しているように思えるのに対して，いくつもの実証データは状況によって行動が大きく異なることを示すというものであった。先ほどのAさんの例で考えてみると，大学での友人にはAさんがいつも安定してまじめであるようにみえるし，アルバイト先の同僚にはAさんがいつもふまじめにみえるだろう。その点で私たちの直感は間違ってはいないと言える。なぜならば，私たちはある他者の行動についてそれほど多くの異なる状況で観察することはあまりなく，基本的には同じ状況で観察する機会が多いと考えられるからである。そして，データによって示された異なる状況では行動も異なるということも首尾一貫性からすれば矛盾となるものではない。実際，大学における学生の行動を観察した研究（Mischel & Peake, 1982）によれば，ある状況における同じ行動は繰り返し観察されたのに対し，異なる状況の行動同士には特に関連がみられなかった。このように，首尾一貫性の考え方によれば，私たちの日常的な直感とデータによって示された結果のどちらも説明可能となる。

▌2. 相互作用論的アプローチ

人間−状況論争の結果，首尾一貫性のようなパーソナリティの一貫性に対する新しい見方がなされるようになり，またそれに基づいて新相互作用論と呼ばれるアプローチが提唱されたということについてはすでに述べた。この新たな相互作用論的なアプローチの基本的な前提として，マグヌセンとエンドラー（Magnusson & Endler, 1977）は次の4つの点を挙げている。（1）行動は個人とその個人が置かれている状況との双方向的な相互作用と，そのフィードバックプロセスによって説明

される。(2) この相互作用のプロセスにおいて，個人は意図をもった能動的な行為者（エージェント）である。(3) この相互作用における行動の決定因として，個人側の要因としては認知や動機づけが挙げられる。(4) 一方，状況側の決定因としては，その状況が個人にとってどのような心理的意味をもつかが重要な要因となる。

ここでは，人間と状況の相互作用に関する近年の議論（Furr & Funder, 2021）をもとに，主な3つのアプローチについて紹介をしていく。

2-1　if-then パターン

1つ目のアプローチは，状況と行動との組み合わせのパターンにおける首尾一貫性を枠組みとしたものである。ある2人の人物について考えてみよう。1人は職場での対人関係を重視しており，同僚が遅くまで残業しているときは付き合ったり，休日も職場の勉強会や行事などに積極的に参加したりする。もう1人は家族や友人との関係を大事にしており，仕事はなるべく定時に終わりにするようにし，家族と過ごしたり，友人と遊ぶ時間を多くとるようにしたりしている。このエピソードが示すものは，どちらの人物も同じくらい「人付き合いがよい」ことであり，もしかするとこの特性を反映する尺度（人付き合い尺度のようなものがあるとして）の得点にもそれほど大きな違いがないかもしれない。

しかし，この2人の人物が同じパーソナリティをもつ（よく似た人同士である）とは多くの人は思わないだろう。なぜなら，2人ともどのような目標や価値観をもっているか（どの対人関係を重視しているか）の点で異なっており，その結果，ある状況でどのように振る舞うかに大きな違いがみられるからである。状況とそこでの行動との組み合わせで考えてみると，たとえば1人は「職場では人付き合いがよい」が「家では人付き合いはよくない」，もう1人は「職場では人付き合いがよくない」が「家では人付き合いがよい」と記述することができるだろう。

このように，ある状況と行動との組み合わせのパターンにおいて，そこに首尾一貫性があるとすれば，私たちはある人のパーソナリティについて多くを知ることができる。このパターンについてミシェルは「if-then（もし〜なら〜に）パターン」と呼び，個人を特徴づけるパーソナリティの重要な反映であると主張している（e.g., Mischel et al., 2007）。

日常的な場面で，実際に安定した if-then パターンがみられるかどうかを検討した研究（Shoda et al., 1994）がある。そこでは，サマーキャンプに参加した84名の子どもを対象とし，6週間にわたって子ども1人あたり平均167時間に及ぶ大規模な観察（ビデオに記録された）やさまざまな測定が行われた。その結果，たとえばある子ども1人ずつについて，図2-1に示すような状況と行動との組み合わせのパターンによるプロフィールが得られた。

こういったプロフィールによって示されているように，それぞれの子どもには特有の「if-then パターン」がみられていた。たとえば，ある子どもは大人から何らかの罰を与えられたときに一貫して攻撃的な振る舞いをみせていたが，仲間からからかわれたりしたときにはそれほど攻撃的にはならなかった。また別の子どもにおいては，仲間が肯定的に接したとき（遊ぼうとしたとき）に特に攻撃的になっていた。

このように，個人はある状況（もしくはそれと似た状況）において安定した行動パターンを示し，さまざまな状況におけるパターンによって個人を特徴づけることができる。それによって，異なる別々の状況における行動の変化とそのパターンにおける安定性，つまりパーソナリティの首尾一貫性を捉えることができる。

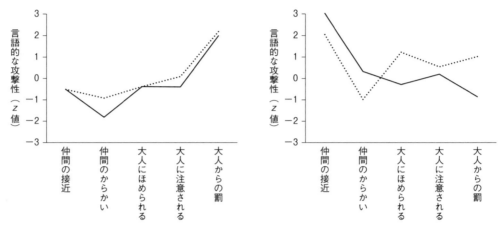

図2-1 **ある2人の子どもから得られたプロフィール**（Shoda et al., 1994 から筆者作成）

ナンバー17の子どものプロフィールの安定性（$r = 0.96$）　　ナンバー28の子どものプロフィールの安定性（$r = 0.49$）

実線は1回目の観察で，点線は2回目の観察によるものであり，それぞれ5つの異なる状況での攻撃行動が観察された。

　この if-then パターンに基づくアプローチは，個人の首尾一貫性を明らかにする上で有用な枠組みではあるものの，実際にある個人の if-then パターンを客観的に測定するためには先に挙げた研究のように，かなりの時間やコストをかけて観察などを行う必要がある。そのため，実証的な研究は数少ない。しかしながら，ある目標を達成するための効果的な計画の立て方（実行意図と呼ばれる）などにおいて，この if-then パターンの考え方を応用した研究が確認できる（e.g., Gollwitzer, 1999）。

2-2　文脈化された個人変数

　2つ目のアプローチは，文脈化された個人変数（Contextualized Person Variables）を用いた手法である。この文脈化された個人変数とは，たとえば第1章で扱ったビッグファイブのような通状況的な「広い」パーソナリティ特性ではなく，より特定の「狭い」状況的手掛かりや刺激に対して強く結びついた個人的特徴のことである。

　具体的な変数の例として，ファーとファンダー（Furr & Funder, 2021）ではドゥエックらの暗黙の知能観（e.g., Dweck et al., 1995; Dweck, 2006）を挙げている。これは自分自身の知能に関する信念や期待を指すもので，人々は大きく2種類に分けられるマインドセットのうち，いずれかをもつということを想定したものである。1つは，知能はもともともっている資質でありそれを変えることはできないという信念（例：「新たな知識は身につけることはできても本来の頭の良さは変わらない」）であり，これを固定マインドセット（fixed mindset）と呼んでいる。一方，自らの知能は努力や経験によって伸ばすことができるという信念（例：「今の頭の良さの程度に関わらず，伸ばそうと思えば伸ばすことができる」）を成長マインドセット（growth mindset）と呼ぶ。そして，どちらのマインドセットをもつかによって，ある状況における思考や感情，行動などに違いがもたらされる。たとえば，これから学期末の試験を迎えるにあたって，固定マインドセットをもつ学生は，自身の知的能力に自信がある場合は優秀さを示す機会と捉え，やる気をもってのぞむかもしれないが，自信がない場合は，自らの能力のなさを示してしまう可能性を考え，無気力になったり，試験そのものを避ける行動に出るかもしれない。一方，

成長マインドセットをもつ学生の場合は，自信の程度に関わらず，自身の知的能力をさらに伸ばすことができる機会と捉え，やる気をもって準備に取り組むと考えられる（場合によっては自信がないほうが，より時間をかけたり工夫を試みようとすることさえあるかもしれない）。実際，成長マインドセットをもつ人のほうが，困難やうまくいかない状況において粘り強く努力を続けやすいことが，さまざまな研究によって示されている（cf. Halvorson, 2010）。

　先に述べたように，この文脈化された個人変数は，特定の状況的手掛かりや刺激に対応するという意味で，いわゆるパーソナリティ特性とは異なる。たとえば，ビッグファイブ（第1章参照）の神経質傾向の高い人は，さまざまな状況を通して（多少の程度の差はあるとしても）常に不安になりやすい傾向をもった人として考えることができる。それに対して，暗黙の知能観は自分自身の知的能力が何らかの形で現れるような状況においてのみ影響する個人変数として考えることができる。自らの頭の良さに自信のない固定マインドセットをもつ学生は，学業場面で知的能力が示される場面（試験や発表など）において不安を感じやすいかもしれないが，それとは関係のない場面（友人との付き合い）には不安を感じることはないかもしれない。同様の文脈化された個人変数の例として，ファーとファンダー（Furr & Funder, 2021）は拒絶への感受性（e.g., Romero-Canyas et al., 2009）を挙げているが，こちらは逆に対人場面における拒絶のシグナル（例：友人から冷たい扱いをされた）に対してのみ敏感に反応し，不安や怒りといったネガティブな感情を感じやすい傾向として考えることができる。

　しかしながら，近年ではビッグファイブのような広範なパーソナリティ特性も状況的な枠組みの中で捉えようとする試みも行われてきている。たとえば，リードら（Read et al., 2010）は，一般的なパーソナリティ特性（例：「援助的」）は目標（例：人の役に立ちたい）やそれに関連する信念などから捉えることができるとしており，それら目標や信念は特定の状況的手掛かりによって活性化するとしている。また，デニッセンとペンク（Denissen & Penke, 2008）は，ビッグファイブにおける各特性はそれぞれある種の状況的な刺激に対する敏感さから捉えられ，たとえば，外向性の高い人は低い人に比べて，他者との交流（社会的相互作用）を価値や報酬として見なしており，それこそが外向性の源となっていると主張している。

2-3　個人が状況に与える影響

　ここまで，個人と状況との相互作用をもとにした2つのアプローチについてみてきたが，それぞれある状況に置かれた個人がどのような特定の行動パターンを示すか（if-then パターン），あるいは目標や信念などを活性化させ，それによってどのような行動が導かれるか（文脈化された個人変数）というものであった。つまり，いずれもまず先に何らかの状況があり，それをトリガーもしくは手掛かりとして，何らかの心的プロセスや反応がもたらされることを想定している。しかしながら，人は常に「状況の虜」となってただ振り回されるだけの存在というわけでは決してない。人々はさまざまな方法によって，状況そのものを作り出し，コントロールや干渉をすることができ，意図的であるかどうかはともかくとしても，日々の生活の中でそれらを行っていると考えられる。

　3つ目のアプローチは，この状況への働きかけという観点からの取り組みである。このアプローチについて，バス（Buss, 1979）は状況選択（situation selection）と状況喚起（situation evocation）という2つの概念を用いて説明を行っている。

　状況選択とは，その名の通り私たちは状況を単に受け身的に経験して反応するというだけでなく，自らのパーソナリティに沿って，積極的にいくつかの選択肢から自分にとって適した状況を選び追い求めるということを行っている。たとえば，「話し好き」な人は，人と会話できる状況になるのをじっと待ち続けて，たまたまそうなったときにここぞとばかりに話をするというわけではなく，知り合いがいそうなところに足を向けたり，何かと理由を作って友だちを誘ったりという行動をとることで，「人と会話をする」という状況を自ら選択していると言える。逆に静かな場所で 1 人でいるのを好む人は，わざわざ人がたくさんいるにぎやかなお店を選んで時間をつぶすようなことはせずに，あまり人がいないお店や図書館などで過ごすことを選択するだろう。そして，このように自分自身に合った状況を自ら選びそこに身を置くことで，それぞれのパーソナリティの特徴はより顕著となり強化されていくことが考えられる。

　もう 1 つの状況喚起とは，ある状況における自分自身の行動によって（ときには単に存在しているという理由だけでも），状況自体を変化させてしまうということをさす。この現象に関して，たとえば次のようなエピソードを考えてみよう。にぎやかな場所で友だちと騒ぐのが好きな A さんは，以前行ったお店の雰囲気が楽しかったので，今回また友だちを誘ってそのお店に行くことにした。お店に入ってみると，他にお客さんがいないわけではなかったが，比較的静かに会話をしており落ち着いた雰囲気であった。最初 A さんは若干の居心地の悪さを感じたものの，気にせず友だちと話を始めたところ，徐々に話が盛り上がり，次第に声も大きくなっていた。ふと気がつくと，静かだった他のテーブルの人たちも大きな声で話をしており，前に来たときのようなにぎやかな雰囲気になっていた。A さんはやっぱりこのお店を選んでよかったなと思いつつ，また一段と声量を上げて友だちとの話に再び花を咲かせたのだった。

　このエピソードの中で，A さんはお店の雰囲気が自分が求めていたものに「自然に」なっていったと感じていたが，実際は A さんの振る舞いが状況を変化させていた可能性を考えることができる。A さんが友だちとの会話で声を大きくしていったことで，他のテーブルの人たちはその声にかき消されないよう，自分たちの会話の声も大きくしていく必要があった。あるいはそういう雰囲気が嫌だと思った人たちはそっとお店を出ていくことで，同じパーソナリティ傾向をもつ人たちがお店に残ることになっていたかもしれない。いずれにしても，A さんたちの行動がもととなって，お店は静かな環境からにぎやかなものへと変化していくこととなった。このような現象が状況喚起と呼ばれるものである。

　そして，人々が状況に対して積極的に行う働きかけは，状況の選択や喚起だけとはかぎらない。まったく同じ場面や環境に置かれたとしても，人によってその状況の捉え方は異なることがありうる。たとえば，大学である授業を受けている場面について，単位を落としたくない（かつできれば良い成績を取りたい）というプレッシャーのかかる状況として捉える学生もいれば，1 週間のうち仲の良い友だちに会える唯一の機会として捉える学生もいるかもしれない。ファンダー（Funder, 2016）は，先に述べた状況選択と状況喚起に加えて，状況をどのように捉えるかといった要素を含めてそれらが行動に至るプロセスのモデル（状況解釈モデル；Situation Construal Model）を提唱している。このモデルでは，状況の客観的側面とパーソナリティが組み合わさって状況への解釈へと至り，その解釈によって行動が生み出されるとしている。また，解釈とは独立したプロセスとして，気質や習慣

図 2-2　状況解釈モデル（Funder, 2016 をもとに筆者作成）

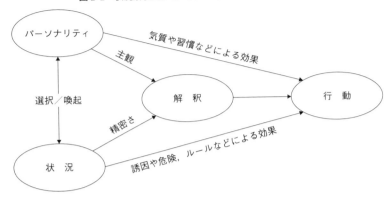

といったパーソナリティが直接行動に与える効果，あるいは誘因やルールといった状況が行動に及ぼす直接的な効果も想定している（図 2-2）。

　いずれにしても，これら状況の選択，喚起，解釈などを通して，私たちはさまざまに状況への働きかけを行っているものと考えられる。かつての人間‒状況論争において，行動に対する「状況の力」が強く主張されていたが，そういった意味において，個人（のパーソナリティ）はそういった状況の力に流されるだけでなく，積極的に取り入れ，活用していると考えることもできる。たしかに，どれだけ外向的で話好きな人であっても，図書館でみなが静かに本を読んでいる状況では，おしゃべりをすることなく自分も静かに本を読むという行動が生じやすいが，先にも述べたように，外向的な人はそもそもそういった状況を選択せず，あるいは別の状況を喚起させてしまうかもしれない。

　しかしながら，日常生活においてそのような現象が実際に生じているかを扱った実証的な研究はこれまであまり行われてこなかった。その大きな理由としては，まず「状況」をどのように概念的に定義し，測定するかに関する理論的・方法論的な枠組みの欠如を挙げることができる。この点については，状況を測定するためのツールとして，リバーサイド状況 Q 分類（Riverside Situational Q-Sort; RSQ）のような手法が開発され，いくつかの成果を挙げはじめている（e.g., Wargerman & Funder, 2009）。また，スマートフォンなどのウェアラブルコンピュータの普及によって，後から回顧的に報告してもらうだけでなく，実際にある状況を経験している最中での測定も行えるようになってきている。人々がどのように状況を経験し，それがどのような行動や反応を生み出しているのかについて，今後の研究知見の積み重ねが期待される。

▌3.　おわりに

　序章においても述べたように，かつてレヴィン（Lewin, 1935）は人と環境の相互作用の結果として行動が生じるとして，B = f（P, E）の図式を提案した。これに対して，ファンダー（Funder, 2006）は環境（E）を状況（S）に置き換えた上で，さらに B = f（P, S）だけでなく，同時に P = f（B, S），S = f（B, P）という図式も成り立つとし，個人のパーソナリティを明らかにするためには，ある状況においてどのような行動が生じるか，そして状況を明らかにするためには，どのような人がどのような行動をとっているかなどをそれぞれ理解する必要があるとしている。そ

して人（P），行動（B），状況（S）を「パーソナリティの三つ組み（personality triad)」と呼び，これらの相互作用に基づくアプローチを提案している。

　相互作用論的アプローチは，特性論的アプローチに取って代わるような性質のものではなく，人々の中に広範なパーソナリティ特性や生まれつきの気質的特徴などが存在することを必ずしも否定するものではない。パーソナリティ特性や気質的特性は直接的に行動となって表れるわけではなく，状況との相互作用を経てさまざまな形で何らかの行動や反応となって表れるものとして考えるのが相互作用論的アプローチなのである（e.g., McAdams & Pals, 2006)。個人のパーソナリティ特性や気質的特徴あるいは生物学的特徴が，どのようにして状況と相互作用し，その結果としてどのような行動や反応がもたらされるのかに関する，より統合的なパーソナリティ理論の枠組みやアプローチの開発が望まれる。

第**3**章

遺　伝

▌ 0.　1人1人のパーソナリティの違いはなぜ生じるか？

> パーソナリティは1人1人異なり，完全に同じ人など世の中にいない。ある人はまじめに課題に取り組むことができるのに，別のある人は堪え性がなくすぐに投げ出してしまう。ある人は社交的に人づきあいができるのに，別のある人は1人で静かにしている方がいいと言ったりする。このパーソナリティの1人1人の違い（個人差）は，「なぜ」生じるのだろうか。

　ある人は，これを生まれながらのその人の特徴と考えるかもしれない。また別のある人は，これを親の育て方の結果と考えるかもしれない。この章では「遺伝」と「環境」をキーワードに，パーソナリティの個人差が生じる仕組みについて，ミクロな視点とマクロな視点から説明していく。

▌ 1.　パーソナリティの遺伝と環境

1-1　遺伝環境論争

　心理学では古くから遺伝環境論争と呼ばれる議論が続けられてきた。これは私たちのパーソナリティや知能といった心の形質の個人差を生み出すものが，遺伝なのか，それとも環境なのかという二項対立的な議論であった。現在もなお続いているこの議論ではあるが，そもそも遺伝と環境とは一体何なのだろうか。

　私たちは1人1人，自身の父親と母親から遺伝子を受け継いでいる。人の遺伝子に関する研究が進み，現在，人は約 22,000 の遺伝子をもつと考えられている（Pertea & Salzberg, 2010）。このうち，パーソナリティに影響する遺伝子は複数存在し，一つ一つがそれぞれパーソナリティに小さな影響を及ぼしている。この複数の遺伝子の影響の総体をここでは「遺伝」と呼ぶ。一方，私たちは1人1人，母親の胎内にいるときからさまざまな経験をしている。母親の胎内では，胎盤を通じてさまざまな物質がもたらされる。生まれてからも，家庭や学校のなかでの教育や日常生活のなかでの多様な出来事を経験することになる。これらの外的要因の影響をまとめて，「環境」と呼ぶ。

　古典的な遺伝環境論争では，遺伝がパーソナリティの個人差を生み出すという遺伝優位の考え方（遺伝優位説）が一つの極にある一方，環境こそがパーソナリティ

の個人差を生み出すという環境優位の考え方（環境優位説）がもう一方の極にある。この2つの考え方はともに遺伝か環境か（*nature* vs. *nurture*）という極端な考え方であり，現在では誤った考え方であると見なされている。

　では，遺伝と環境はどのようにパーソナリティの個人差を生み出すのだろうか。遺伝環境論争の中で提唱されてきた考え方の一つに，遺伝と環境が加算的に影響し，両者が寄り集まって（輻輳して）パーソナリティの個人差が形成されるとする説がある（輻輳説）。この考え方は，遺伝と環境の影響をともに考慮している点で，遺伝のみ，または環境のみを個人差の原因として考える説より妥当なものであった。ただし，遺伝と環境の影響が単純に加算されるという考えは，両者が無関連で独立であることを意味する。実際には，遺伝と環境の間にはさまざまな相互作用が知られている。たとえば，環境の特徴によって遺伝の影響の大きさが変わったり，遺伝と環境の間に関連性がみられたりといったことが起こりうるのである。そこで現在では，遺伝と環境の相互作用によってパーソナリティを含めた心の形質の個人差が生じるとする考え方が主流となっている（相互作用説）。

1-2　行動遺伝学と双生児研究

　パーソナリティや知能などの心の形質の個人差に，遺伝と環境がそれぞれどれほど影響しているのかを明らかにする方法として，行動遺伝学の手法が知られている。行動遺伝学とは，人を含めた動物の心や行動の働きに対する遺伝と環境の影響を明らかにする学問である。具体的には，選抜育種，家系研究，双生児研究，養子研究の方法が用いられ[1]，特に人のパーソナリティの個人差については双生児研究や養子研究の手法を用いた知見が数多く蓄積されている。本章では双生児研究についてその原理を説明し，パーソナリティの個人差における遺伝と環境の知見を紹介していくことにする。

　行動遺伝学研究における双生児研究とは，双生児のサンプルから得られたデータを用い，得られた知見を双生児でない人間一般に還元する研究手法である（安藤，2017）。双生児といっても，双生児には一卵性双生児と二卵性双生児という種類がある。一卵性双生児は1つの受精卵が発生の途中で分割し，それぞれが1人の人間になるタイプの双生児である。この場合，各々の双生児は同一の受精卵から生まれてくるため，2人とも100%同じ遺伝子をもつことになる。一卵性双生児が生まれてくる割合は1,000回の出産において約4回であり，わずかな差はあるものの，世界的にほぼ同じ値である（Imaizumi, 2003）。一方二卵性双生児は母親の中で2つの卵が同時に排卵され，それぞれに別々の精子が受精した場合に生じてくる双生児である。この場合，各々の双生児は，同一の父親と母親の異なる受精卵から生まれてくるため，平均して50%の遺伝子を共有していることになり[2]，一般的なきょうだいと同じ遺伝子の共有率となる。二卵性双生児が生まれてくる割合は，高齢出産や不妊治療の普及に伴い世界的に増加傾向にある。近年の日本では一卵性双生児とほぼ同じ，1,000回の出産において約4回となっている（Imaizumi, 2003）。

　双生児研究の基本的な考え方は，この一卵性双生児と二卵性双生児の遺伝子の共

　1）選抜育種では，一つの特性に焦点を当て，そのレベルが高い，または低い個体同士をかけ合わせて次世代を生ませていく。それにより，焦点を当てる特性のレベルがより高くなる，または低くなることから，遺伝要因の寄与を推察することができる。家系研究では，焦点を当てる特性の家族的類似性の程度を評価することで，その特性に対する遺伝要因の伝達性を検証できる。しかし現代では双生児研究や養子研究ほどは頻繁に用いられない。養子研究では，焦点を当てる特性のレベルについて，養子とその生物学的な親，養子縁組した里親との類似性を比較・検討することで，その特性についての遺伝要因と環境要因の寄与を推定する。

有率の違い（一卵性双生児は100％・二卵性双生児は平均して50％）を利用し，パーソナリティや知能などの心の形質の個人差が，遺伝と環境の影響によりどれほど説明されるのかを検討するというものである。一卵性双生児では，パーソナリティのような心の形質に限らず，顔の形態や身長・体重といった姿かたちまで，二卵性双生児と比べてより双生児ペア間の類似度が高い。平たく言ってしまえば，一卵性双生児の方が二卵性双生児よりも互いに似ているのである。そしてこの一卵性双生児と二卵性双生児の間の類似度の差を，遺伝子の共有率の違いによって生じたものであると考えることで，さまざまな形質の個人差を遺伝により生じる部分と環境により生じる部分に分解するのである。

　双生児研究では，環境は共有環境と非共有環境という2種類の環境要因に分けられる。共有環境というのは，双生児のきょうだいが共通して経験し，きょうだい1人1人をより似た者同士にするような環境を指す。多くの場合，年収や家庭内の文化資本などの家庭環境がそれに相当するが，以下の非共有環境のところで述べるように，家庭環境＝共有環境と考えるのは誤りである。非共有環境というのは双生児のきょうだい1人1人が別個に経験し，お互いをより個別の異なった存在にするような環境を指す。家庭外の要因が具体的な例として挙げられることが多いが，たとえば親が双生児のきょうだい1人1人に異なる接し方，教育の仕方をすることもあり（1人1人に異なる習い事をさせるなど），家庭内の要因でも非共有環境になることは数多く存在する。

　このように，ひとことで環境といっても共有環境と非共有環境の2種類に分けることができるのと同様に，遺伝についてもさらに細かく2種類に分けることができる。双生児研究では，遺伝の要因は相加的遺伝と非相加的遺伝の2種類の要因に細分化される。相加的遺伝とは，複数の遺伝子がもつ個々の影響を加算的に反映したものである。一方，非相加的遺伝とは遺伝子同士の組み合わせの効果（交互作用）を反映したものである。パーソナリティの個人差は1人1人のパーソナリティの違いであり，統計的には分散という指標で表現される。そして，双生児研究では，パーソナリティの分散を相加的遺伝と非相加的遺伝，共有環境と非共有環境という4つの要因に分解することで，パーソナリティの個人差がどの程度遺伝により構成され，どの程度環境により構成されるのかを検討することになる[3]。なお，相加的遺伝と非相加的遺伝をまとめた遺伝要因が，形質（生物の形態や性質のこと）の分散のうちどのくらいの割合を占めているのかを遺伝率（広義の遺伝率）[4]と呼ぶ。

1-3　双生児研究が明らかにしたパーソナリティにおける遺伝と環境

　パーソナリティの個人差における遺伝と環境の寄与を扱った行動遺伝学研究の数

　　2）人間は，両親それぞれの精子と卵という配偶子が融合することで新しい子どもが生まれる有性生殖を行う。この配偶子は，減数分裂と呼ばれる細胞分裂によって形成される。人間の細胞の核内には，2本で1組の染色体が23組，計46本の染色体が入っている。配偶子を作る減数分裂の際には，1つの配偶子に2本で1組の染色体のうちの片方しか入らず，1つの配偶子の中には計23本の染色体が含まれることになる。ゆえにどの遺伝子についても，もともと2つある精子と卵の中には入っていないことになる。つまり，子どもは2つある遺伝子のうちの片方のみを，それぞれ父親と母親から受け継ぐことになる。二卵性双生児の場合，たとえばふたごのAくんが母親から受け継いだある遺伝子と同じ遺伝子を，ふたごのきょうだいのBくんも受け継いでいる確率は2分の1（50％）となる。この50％という確率がすべての遺伝子について当てはまるため，双生児によっては偶然，同じ遺伝子を受け継いだ数が半分よりも多かったり，反対に少なかったりすることもありえる。しかし複数の二卵性双生児のペアを平均すると，全体として同じ遺伝子を共有している割合の期待値は50％になる。

　　3）従来の双生児研究の方法論では，統計的な制限ゆえ，この4つの要因の影響を同時に推定することはできない。しかし，近年は新たな分析モデルによる知見も得られている。

　　4）相加的遺伝のみが形質の分散の中で占める割合を狭義の遺伝率と呼び，区別することもある。

は非常に多く，メタ分析（同じ研究課題について行われた複数の研究の結果を統合し，統計的な方法を用いて分析する手法）も複数行われている。近年のメタ分析では，ビッグファイブ（外向性，調和性，誠実性，神経症傾向，開放性；Goldberg, 1993）やアイゼンクによる3因子モデル（精神病質傾向，外向性，神経症傾向；Eysenck, 1970），テレヘンによる3因子モデル（ポジティブ情動性，ネガティブ情動性，制約性；Tellegen, 1985）に基づいた行動遺伝学研究の結果をまとめ，パーソナリティの遺伝率について報告している。その研究によると，パーソナリティの個人差のうち40％が遺伝要因に（遺伝率が40％），残りの60％が環境要因に帰着されることが示された（Vukasović & Bratko, 2015）[5]。そして，パーソナリティの個人差に影響する環境要因は，そのほぼすべてが非共有環境であることが繰り返し示されている（Turkheimer, 2000）。ゆえに，この60％という環境要因の説明率は，そのほとんどが非共有環境によるものと言うことができる。なお，それぞれのパーソナリティモデルごとの各特性の詳細な遺伝率については図3-1を参照されたい。

　また別のメタ分析によると，遺伝率は生涯にわたって一定ではなく，発達段階により変化することが明らかにされた（Briley & Tucker-Drob, 2014）。その結果によると，乳幼児期のパーソナリティの遺伝率は約70％であり，その後，成人期前期にかけパーソナリティの遺伝率は約50％にまで低下してくる。それ以降も成人期を通じてパーソナリティの遺伝率は緩やかに低下し，約40％に落ち着くことになる（図3-2参照）。なお，認知機能の一つである知能の遺伝率については生涯にわたって上昇し続けることが明らかにされており，乳児期の遺伝率が約20％，青年期には約40％，成人期前期には約60％，成人期後期には約80％になるという（Plomin & Deary, 2015）。

　　パーソナリティの遺伝率が約40％であるというのは，パーソナリティの分散の

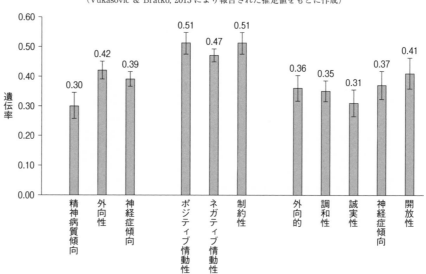

図 3-1　パーソナリティ特性ごとの遺伝率
（Vukasović & Bratko, 2015 により報告された推定値をもとに作成）

注．グラフの上に表記された数字は遺伝率の推定値を，エラーバーは遺伝率の推定値の標準誤差を表す。

　5）このメタ分析では，双生児研究と家系研究・養子研究で遺伝率の推定値が大きく異なることも示されている。双生児研究による遺伝率の推定値は47％，家系研究・養子研究による遺伝率の推定値は22％という値が報告されている（Vukasović & Bratko, 2015）。

図3-2　パーソナリティの遺伝率の年齢による変化
（Briley & Tucker-Drob, 2014 により報告された遺伝率の変化軌跡（Figure 3）を抜粋・改変）

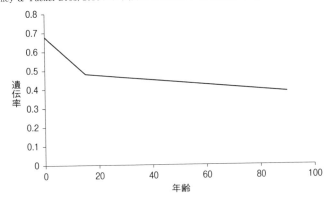

約40％が遺伝要因により説明されるということであり，裏を返せば残りの約60％は環境要因によって説明されるということである。ここで注意が必要なのは，この40％や60％という数字は，あくまでも分散説明率であるという点である。遺伝率は（集団における）分散を対象にした値であり，1人1人の得点を対象にはしていない。たとえば，あなたがあるパーソナリティ検査を受検し，外向性の得点が50点になったとしよう。そのときこの遺伝率というのは，あなたの得点の50点のうち20点（40％）が遺伝によるもので，残りの30点（60％）が環境によるということを意味していない。あなたの他にも同じパーソナリティ検査を受検する人はたくさんいて，当然のことながら1人1人得点が異なる。すると統計的には分散を求めることができる。パーソナリティの遺伝率は，その（集団の）分散の40％が遺伝で，60％が環境で説明できるということを意味しているにすぎない。つまり，集団内の個人差の40％は遺伝の影響を受けて形成され，60％が外的な環境の影響を受けて形成されるということである。したがって，この遺伝率の大小から，1人の人のパーソナリティの形成に遺伝と環境のどちらが重要なのかということを論じることはできない。この遺伝率という指標からわかるのは，あくまでもパーソナリティの1人1人の違いの形成に，遺伝と環境がそれぞれどの程度寄与しているのかということだけである。

　パーソナリティと関連する価値観や態度，動機づけ，自尊感情，ウェルビーイングなどについても，双生児研究の知見から遺伝要因と環境要因の寄与が明らかにされてきている。たとえばハーテミ（Hatemi et al., 2014）のメタ分析によれば，政治や社会に対する態度の個人差における遺伝率は約40％であることが示された。また残りの60％の個人差のうち，共有環境により説明される割合は18％，非共有環境により説明される割合は42％であった。動機づけについては，特に学習への動機づけについて，その個人差における遺伝要因と環境要因の寄与を検討した研究がある。コーバス（Kovas et al., 2015）によれば，児童期後期から青年期中期の子どもたちにおける学習への動機づけの遺伝率は約43％であることが示された。またその研究では，共有環境の説明率は約3％，非共有環境の説明率は約54％と推定された。他にも，自尊感情の遺伝率を推定した研究では，約30％から50％の遺伝率が報告された（e.g., Kamakura et al., 2007; Kendler et al., 1998; Stieger et al., 2017）。なお，これらの研究では自尊感情の個人差に寄与する環境要因はすべて非共有環境

であった。ウェルビーイングについては，近年のメタ分析の結果から遺伝率は約36％であることが示された（Bartels, 2015）。また，このメタ分析の対象となった研究の多くで，環境要因のすべてが非共有環境であることが示されている。

　以上のように，双生児研究をはじめとする行動遺伝学研究は，パーソナリティや関連する心理学的形質の個人差に，遺伝要因と環境要因がそれぞれどの程度寄与しているのかを明らかにしてきた。価値観や態度においては共有環境の効果が小さいながらみられたが，それ以外の特性については基本的に遺伝要因と非共有環境によってその個人差が説明される。やや乱暴にまとめると，パーソナリティに関連する形質では，その個人差の約40％が遺伝要因，約60％が環境要因（特に非共有環境要因）であると言うことができるだろう。先行研究ではこのように一貫した知見が繰り返し明らかにされてきており，その知見を総括することで，タークハイマー（Turkheimer, 2000）は行動遺伝学の三原則を提唱した。それによると，①人のすべての形質は，遺伝的要因の影響を受け，②人の形質の個人差に対する共有環境の影響は相対的に小さく，③人の形質の個人差の大部分は非共有環境から説明されるという。パーソナリティの個人差に関する遺伝と環境の知見は，ほぼすべてこれに合致したものと言える。

1-4　パーソナリティの変化と安定性における遺伝と環境

　前節で扱った遺伝率は，ある時点におけるパーソナリティの個人差に対して，遺伝がどれほど影響しているのか，その分散の説明率を指標化したものであった。パーソナリティは時間の経過の中で高い相対的な安定性を示すが，その一方で多少の変化もみられる（Roberts & DelVecchio, 2000）。またパーソナリティの絶対的なレベルについても，特に調和性や誠実性，神経症傾向といった特性については，生涯発達の中で比較的大きな変化がみられる（Roberts et al., 2006）。このようなパーソナリティの変化と安定性に対して，遺伝と環境はどのように寄与しているのだろうか。

　パーソナリティの相対的安定性とは，たとえば集団の中でとても外向的な人（外向性の得点が集団内で高い人）が，年を取った後も周りの人より外向的なままでいる程度のことを表すものである。相対的というのは周りと比べてという意味で，集団の中での順番（相対的な位置）がどれほど変わらないのかということを相対的安定性と呼んでいる。パーソナリティの検査得点を同一の集団に対して2回，時間を空けて実施し，その2つの得点の間の相関係数を求めることで評価する。

　パーソナリティの相対的安定性は比較的高く，しかも加齢に伴いよりその安定性が高まることが示されている（Roberts & DelVecchio, 2000）。パーソナリティの相対的な安定性を生じさせる主な要因は遺伝であるが，加齢に伴いパーソナリティの相対的な安定性がより高まることは，環境要因によるところが大きいという（Briley & Tucker-Drob, 2014）。人はもって生まれた遺伝子を変えることはできない。したがってパーソナリティの個人差に関わる遺伝要因は，若いときから一貫してその人のパーソナリティに影響し続けているため，パーソナリティの安定性が生じる。しかし，加齢に伴い人を取り巻く環境は次第と安定してくる。若いときは進学や就職，結婚といった大きな環境の変化を生じる出来事がたくさんあるが，年を取るとそのような変化は減り，環境そのものが安定化する。この環境要因の安定性の高まりが，パーソナリティの相対的な安定性を，より高いものにするということである。

　では，パーソナリティの変化についてはどうだろうか。パーソナリティの絶対的なレベルの変化とは，パーソナリティ検査の絶対的な得点の増減を意味する。生涯発達の過程で個々のパーソナリティのレベルがどのように変化するかについては他章に譲るが（第4章・第5章を参照），その変化の個人差については，遺伝と非共有環境により説明されることが示されている（e.g., Bleidorn et al., 2009; Hopwood et al., 2011; Kandler et al., 2015; Kawamoto & Endo, 2019）。ただし推定される説明率については個々の研究により大きく異なり，一つの研究の中でもパーソナリティ特性ごとに推定値が大きく異なっており，一貫した知見は得られていない。研究数自体も少なく，今後の大きな研究の進展が待たれるところである。

2. パーソナリティと分子遺伝学

　近年の分子遺伝学の発展に伴い，さまざまな遺伝子[6]の多型[7]が次々と明らかにされてきている。その中には脳の構造や機能に関連する遺伝子の多型も含まれており，それらはパーソナリティの個人差とも関連している可能性が示されている。本節では分子遺伝学の手法を用いたパーソナリティの個人差に関する知見を紹介する。

2-1　候補遺伝子アプローチ

　ある形質と関連するかもしれない遺伝子のことを候補遺伝子と呼ぶ。パーソナリティの個人差に対する候補遺伝子アプローチでは，パーソナリティと関連するかもしれない候補遺伝子を探索・同定し，その遺伝子の中の多型に注目することで，そのパーソナリティとの関連性を明らかにしようとする。

　遺伝子の多型と特定のパーソナリティの関連性を検証した知見は数多く存在し，たとえば神経症傾向とセロトニンという神経伝達物質の輸送体をコードする遺伝子（*SLC6A4*）の多型との関連や（Lesch et al., 1996），新規性追求とドーパミンという神経伝達物質の受容体をコードする遺伝子（*DRD4*）の多型との関連が明らかにされてきた（Benjamin et al., 1996）。

2-2　ゲノムワイド関連解析

　DNA の含まれる全遺伝情報をゲノムと呼ぶ。ゲノムワイド関連解析（genome wide association study: GWAS）とは，ゲノム全体にわたって存在する DNA 配列の多型と集団内の個体間の形質の違いの関連を網羅的に調べ，統計的に検出する方法である。実際に GWAS によって，ビッグファイブのようなパーソナリティの個人差と関連する遺伝子の多型が検討され，メタ分析も行われてきている（de Moor et al., 2012; Genetics of Personality Consortium et al., 2015）。その結果，パーソナリティの個人差は各々の効果量（関連の程度）は非常に小さい多数の遺伝子の多型によって説明されることが明らかにされた。同様の知見は知能やその他の行動形質の個人差においても確認されている。候補遺伝子アプローチや GWAS の知見が大量に積み重ねられてくるなか，人の典型的な行動形質は数多くの遺伝子の多型と関連しており，その一つ一つの効果量は非常に小さいという点が繰り返し確認されているため，この点は行動遺伝学の4つ目の原則であると言われている（Chabris et

---

　6）ここでの「遺伝子」というのは実際の，具体的な個々の遺伝子のことを指している。第1節に出てきた，行動遺伝学における潜在変数としての「遺伝」要因とは異なることに注意されたい。

　7）多型とは，遺伝子を構成している DNA（デオキシリボ核酸）の塩基配列の個人差のことを指す。

al., 2015)。

　またGWASを用いた研究では，パーソナリティの個人差に対する遺伝子多型の説明率（遺伝率）が，双生児研究をはじめとする行動遺伝学の研究手法から得られてくる遺伝率よりもかなり小さな値となることが繰り返し示されている（de Moor et al., 2012; Genetics of Personality Consortium et al., 2015）。GWASによる遺伝率の推定値が行動遺伝学的手法による遺伝率の推定値に及ばないことを，失われた遺伝率（missing heritability）と呼ぶ。失われた遺伝率の問題が生じるメカニズムについては今なお議論の続くトピックとなっているが，GWASでは捉えきれないほどの稀な遺伝子の多型の存在や，次節で紹介する遺伝と環境の相互作用などが原因の一つと考えられている。

3. パーソナリティの個人差を生み出す遺伝と環境の相互作用

　第1節ではパーソナリティのレベルやその変化と安定性に対して，遺伝と環境がそれぞれどれほど寄与しているのかを，双生児研究をはじめとする行動遺伝学の知見から概説した。しかし，その内容は遺伝と環境がそれぞれ独立してパーソナリティの個人差にどれほど寄与しているかをみたものであり，両者の相互作用については触れていない。とはいえ，第2節において解説した分子遺伝学の手法を用いた研究により，遺伝と環境の相互作用についてさまざまなことが明らかになってきている。そして，その遺伝と環境の相互作用は広範なパーソナリティの個人差を生み出す重要な要因である（Johnson, 2007）。そこで本節では，遺伝と環境の間の相互作用について概説する[8]。

3-1　遺伝と環境の関連性

　私たちは日常生活においてさまざまな出来事を経験する。しかし，その出来事は，ランダムに私たちに降りかかってくるわけではない。ある人は楽しいポジティブな出来事を経験しやすかったり，また別のある人は落ち込むようなネガティブな出来事を経験しやすかったりするのである。実は私たちがどのような出来事をどれほど経験するのかは，1人1人のパーソナリティと関連することが明らかにされている（Headey & Wearing, 1989; Magnus et al., 1993）。これまでみてきたように，1人1人のパーソナリティの個人差には遺伝要因が関与している。そして特定のパーソナリティ傾向を強くもつ人が，ある種の出来事を日常生活中に経験しやすくなるということは，そのパーソナリティの個人差に寄与する遺伝要因と，その出来事の経験との間に関連を生じさせることになる。実際に，私たちが「環境」と考えるようなライフイベントや養育環境，ソーシャルサポートや友人関係なども，遺伝要因が関与することが示されている（Kendler & Baker, 2007）。

　遺伝と環境の関連性は遺伝環境相関（gene-environment correlation）と呼ばれ，受動的遺伝環境相関，誘導的遺伝環境相関，能動的遺伝環境相関の3つが知られている。受動的遺伝環境相関とは，主に子どもの遺伝子型と親がその子どもに提供する環境との間に関連性が生じる場合の遺伝環境相関である。たとえば，誠実性の高い親から生まれた子どもは，誠実性を高くするような遺伝要因をもち，さらに親か

8）遺伝と環境の相互作用について，本章では遺伝環境相関と遺伝環境交互作用の2点を取り上げる。ただし，他にも環境の特徴による遺伝子の発現調節による個人差の形成がありえる。これはエピジェネティクスと呼ばれる現象で，環境の中の情報を手掛かりに，遺伝子のスイッチのon/offが切り替わる（遺伝子の転写調節が働く）ことが知られている。

らは誠実性を高めるような養育環境（ルールを守ることを重視するなど）がもたらされることが考えられる。

　誘導的遺伝環境相関は，自身の遺伝子型が周りの環境に影響し，その遺伝子型に沿った環境がもたらされるような場合の遺伝環境相関である。たとえば子どもが誠実性を高くするような遺伝子型をもち，実際により自己をコントロールして振る舞える場合，親はよりポジティブな養育行動をとることができ，子どもにとって望ましい環境がもたらされることが考えられる。

　能動的遺伝環境相関は，自身の遺伝子型に合う環境を自らが選び，そこに身を置くことで生じる遺伝環境相関である。たとえば誠実性の高い子どもは，怠学が目立つ子どもとは友人にならず，学業や部活動に一生懸命打ち込んでいるような子どもと積極的に友人関係を築いていくような場合が挙げられる。

　幼少期のころと比べ，成人になれば自分自身の行動の自由が増し，能動的に自分自身の環境をデザインしたり，自分に合った社会的環境を誘導したりできるようになる（Scarr & McCartney, 1983）。ゆえに，この３つの遺伝環境相関のうち，受動的遺伝環境相関はより年少の幼少期や児童期においてよくみられ，年齢が上がって青年期・成人期になってくると，誘導的・能動的遺伝環境相関がより多くみられるようになると考えられている。

3-2　遺伝と環境の組み合わせの効果

　私たちはたとえ同じ出来事を経験しても，同じ影響を受けるとは限らない。たとえば身近な人の死を経験し，とても落ち込んでしまう人がいる一方で，あまり影響を受けない人もいる。海外に渡航するという経験も，わくわくするような経験と捉え価値観や考え方に大きく影響を受ける人がいる一方，何も感じないという人もいる。環境の要因は，すべての人に対し等しく影響することはなく，人によって影響が大きくなったり，小さくなったりするのである。近年の研究の結果から，特定の遺伝子型をもつ人において環境の影響が増幅・抑制されたりすることが，次々と明らかになってきている。このような遺伝と環境の組み合わせの効果を，遺伝環境交互作用（gene-environment interaction）という。

　遺伝環境交互作用に関する知見で最も有名なものの一つとして，モノアミン酸化酵素Aの遺伝子[9]（*MAOA*）とマルトリートメントと呼ばれる不適切な養育の間の交互作用が挙げられる。MAOA の活性が高い遺伝子型をもつ子ども（MAOA 高群）と，MAOA の活性が低い遺伝子型をもつ子ども（MAOA 低群）の間で，マルトリートメントを受けた際の影響に違いがみられ，MAOA 低群ではマルトリートメントを受けた後，暴力傾向や反社会的なパーソナリティがより高まることが示された（図3-3参照）。一方，MAOA 高群ではマルトリートメントを受けても暴力傾向や反社会的なパーソナリティへの影響が弱かった（Caspi et al., 2002）。

　分子遺伝学的な手法の進展とともに，近年，このような遺伝環境交互作用は多数報告されている。たとえば，セロトニンの輸送体をコードする遺伝子の転写に関与する部分（*5-HTTLPR*）の多型がマルトリートメントの影響を増幅・抑制し，反

　9）モノアミンというのはドーパミンやセロトニン，ノルアドレナリンなどの神経伝達物質の総称であり，モノアミン酸化酵素（MAO）というのはそのモノアミンの酸化を促す酵素のことである。モノアミン酸化酵素には MAOA と MAOB という２種類の酵素があることが知られている。なお，遺伝学では遺伝子の名称は斜体（イタリック）で，その遺伝子から合成されるタンパク質は立体（ローマン）で表記するルールがある。本文中で斜体で表記されている *MAOA* は遺伝子名を，立体で表記されている MAOA はモノアミン酸化酵素 A というタンパク質を表している。

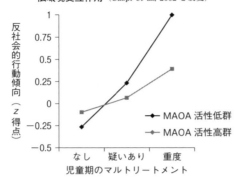

図 3-3　MAOA 活性とマルトリートメントの間の遺
伝環境交互作用（Caspi et al., 2002 を改変）

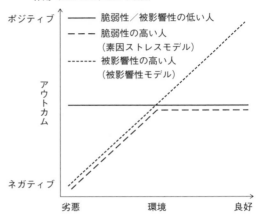

図 3-4　素因ストレスモデルと被影響性モデルによる交互
作用（Ellis et al., 2011 を改変）

社会的なパーソナリティの個人差の形成に寄与していることを示した結果や
（Cicchetti et al., 2012），オキシトシンというホルモンの受容体をコードする遺伝子
（*OXTR*）の多型が，非行的な仲間との交際の影響を増幅・抑制し，攻撃性や反社
会性の個人差の形成に寄与していることを示した結果（Fragkaki et al., 2018）など
が報告されている。

　なお，この遺伝環境交互作用による環境の影響の増幅・抑制は，精神医学におい
て素因（脆弱性）ストレスモデル（diathesis-stress model: Monroe & Simons,
1991）と呼ばれてきた精神疾患の発症を説明するモデルや，発達心理学において被
影響性（差次感受性）モデル（differential susceptibility model: Ellis et al., 2011）
と呼ばれてきた発達上の病理や適応の個人差を説明するモデルと重複するものであ
る（図 3-4 参照）。これらの理論モデルに関する知見も合わせ，パーソナリティの
個人差の形成に関する遺伝環境交互作用の知見は，今後より一層積み重ねられてい
くだろう。

4. パーソナリティにおける遺伝的多様性

　パーソナリティの個人差に対して遺伝要因の寄与があること，つまりパーソナリ
ティの遺伝率が 0 ではないということは，パーソナリティの個人差に関与する遺伝
要因の 1 人 1 人の違い（遺伝的多様性）が存在することを意味する。本章の最後に，
このパーソナリティにおける遺伝的多様性について考えてみよう。

4-1　ダーウィンの自然選択

　パーソナリティの遺伝的多様性について考えるにあたり，自然選択の考え方を理
解しておく必要がある。一般に，生物は生き残ることができる数よりも，より多く
の子孫が生み出されるため，生存と繁殖のための資源は有限となる。人を含めた生
物の個体間には多様性が存在し，その多様性のなかには個体の生存や繁殖に影響を
及ぼすものがある。また，そのような個体間の多様性の一部は子世代へと遺伝する。
以上の前提が満たされるとき，効率よく子孫を残すことのできる形質をもつ個体は
より高確率で子を生むことができ，世代を重ねるなかでそのような形質をもつ個体
の遺伝子は集団内により広まることになる。この一連の過程が自然選択であり，生

物が自然選択により特定の環境下において生存と繁殖に有利な形質を備えることを適応と呼ぶ。

　注意する必要がある点として，自然選択の過程は誰かが何かを意図したものでもないし，先を見越した進歩的なものでもないという点が挙げられる。自然選択は，あくまでも偶然に存在した個体間の多様性において生存と繁殖の有利・不利が存在し，たまたま生存と繁殖に有利な形質をもつ個体の遺伝子がより高確率で次世代へと引き継がれていくことで，その遺伝子の頻度が集団内でより高くなっていくという過程である。また，基本的には自然選択は漸進的にゆっくりと進行するもので，早くても数百〜数千の世代が必要となる点にも注意する必要がある。

4-2　パーソナリティの個人差を生み出す進化のメカニズム

　ここで，外向性の個人差について考えてみよう。外向性の高い人は生涯の中で性的な関係をもつ相手の人数が多く（Nettle, 2005），結婚をしている割合も高く（Jokela et al., 2011），より早く自身の子どもをもち（Mededović et al., 2018），子どもの人数も多く（Jokela et al., 2011），特に男性において生殖能力が高い傾向にある（Gurven et al., 2014）。ゆえに外向性の高さは，特に男性において，自身の繁殖にとってプラスに働くことが予想される。また，行動遺伝学の知見が示しているように，外向性を含むパーソナリティの個人差には遺伝要因が影響する。したがって自然選択の圧力が働くもとで，外向性の高い個人がより効率よくたくさんの子孫を残し，世代を経る過程で集団内には外向性の高い人ばかりが残るように思われる。しかし，現実はそうなっていない。外向性はもちろん，他のパーソナリティについても広範な個人差が今日もなお維持されているのである。私たちのパーソナリティという形質，1人1人の行動や思考，感情を特徴づける安定した傾向性の個人差は，なぜ維持されているのだろうか。

　最も単純な一つの可能性として，パーソナリティの個人差の背後には遺伝的な多様性が存在するが，生存や繁殖には無関係である（選択的中立）という説がある（Tooby & Cosmides, 1990）。しかし，上述のようにパーソナリティの個人差が個人の生存と繁殖に関連していることは頑健に確認されており（Gurven et al., 2014; Jokela et al., 2011; Mededović et al., 2018; Nettle, 2005），中立説がパーソナリティの個人差とその背後の遺伝的多様性が維持されていることの理由であるとは考えづらい（Penke et al., 2007; Penke & Jokela, 2016）。では，どのような理由からパーソナリティの個人差と遺伝的多様性が維持されているのだろうか。まず，パーソナリティの個人差と関連する遺伝子が多数あること（ポリジーン）が挙げられる。パーソナリティの個人差は，単一の遺伝子のみによって規定されるのではなく，複数の遺伝子の微小な影響が加算的に影響するものである。そしてパーソナリティのようなポリジーン形質は，自然選択の圧力にさらされても多様性が失われにくいことが指摘されている（Keller & Miller, 2006）。

　自然選択により遺伝的な多様性が維持される現象（平衡選択）が関与している可能性も指摘されている（Penke et al., 2007; Penke & Jokela, 2016）。この平衡選択と呼ばれる現象は自然選択の一つの種類で，時間や場所などで選択圧（生存・繁殖に成功する確率の差をもたらす環境の力）が変化する場合や，集団内での頻度に応じて適応度が変化するような場合（頻度依存選択），同一の遺伝子がある形質に対しては適応度を高め，別の形質に対しては適応度を下げるように拮抗的に機能するような場合などが含まれる。実際に，開放性や誠実性が高いほど自分の子どもを得

ないといった関連性が，時代とともに強まってきていることが指摘されており（Jokela, 2012），時代によるパーソナリティへの選択圧が変化している可能性が示唆されている。また冷淡・冷酷で共感性が低く，搾取的な行動を特徴とするサイコパス傾向（Mealey, 1995）は，頻度依存選択のメカニズムで多様性が維持されている可能性が指摘されている。みなが協力的に行動をしている集団内で，サイコパス傾向が高い人が低い割合で含まれている場合，彼ら／彼女らは協力的な人々から資源を奪うことでメリットを得ることができる。しかしその割合が集団内で高くなってしまうと，奪い取る資源がなくなってしまうため，そのメリットは消失する。このように集団内での頻度（割合）によって選択圧が変わることで，サイコパス傾向のような特性の遺伝的多様性が維持されていると考えられている。

　他にも，自然選択によって生存と繁殖に有利になるパーソナリティに寄与する遺伝子が選択される一方で，同時に遺伝子の突然変異も生じ，選択と変異のバランスが保たれることによってパーソナリティの遺伝的多様性が維持されているというモデルも提唱されている（Verweij et al., 2012）。実際に男性の外向性の遺伝的多様性に関しては，このメカニズムが妥当である可能性が指摘されている（Penke & Jokela, 2016）。

　パーソナリティの遺伝的多様性については，その理論モデルはさまざまに提唱されているものの，いずれのモデルもそれを強く支持する実証的な結果が少なく，未だ議論が続いている。この議論の解決に際しては，GWAS によって全ゲノム中でパーソナリティの個人差に寄与する遺伝子の解析を行うことなどが有力な手掛かりになると言われており（Keller et al., 2010），今後の研究知見の積み重ねが期待されている。

5. まとめ

　本章では，パーソナリティの個人差に寄与する遺伝と環境の働きについて，行動遺伝学の視点，分子遺伝学の視点，進化生物学の視点から概観してきた。それぞれの視点に共通していることは，パーソナリティの個人差を遺伝のみ，または環境のみで語ることはできないということである。行動遺伝学の知見が明らかにしてきた通り，パーソナリティの個人差には無視できない遺伝の影響がある。ただし，単純に遺伝と環境が加算的にパーソナリティの個人差を形成しているのではない。分子遺伝学的手法が明らかにするように，遺伝と環境の間にはパーソナリティの個人差に寄与する密接な相互作用が存在している。そしてより長いマクロな時間的視点をもつと，特定の環境下でパーソナリティの個人差に寄与する遺伝的多様性がどのように維持されてきたのかという，パーソナリティの進化的要因にたどり着く。私たち1人1人の「その人らしさ」の背後にある遺伝と環境に目を向けることで，その個人差がどのように形成されているのかをより深く，より根源的に理解することができる。

Column 3

自尊感情とパーソナリティの切っても切れない関係

　自尊感情はポジティブなパーソナリティとは正の相関を，ネガティブなパーソナリティとは負の相関を示すことが知られている。ビッグファイブのパーソナリティ特性との関連で言えば，外向性・勤勉性とは $r = 0.2 \sim 0.4$，神経症傾向とは $r = -0.6 \sim -0.7$ 程度の相関係数が各国から報告されている（たとえば Pullmann & Allik, 2000; Robins et al., 2001; Judge et al., 2002）。なぜそうなるのだろうか。自尊感情とパーソナリティの関係を媒介する要因とは何だろうか。

　このことは，尺度得点間の相関係数だけ求めていても明らかにできない。自尊感情とパーソナリティのばらつきの背後にある要因間レベルでの重なりを検討する必要がある。そして，その重なりの程度を長期間辿ることができれば，両者の因果関係に迫ることができる。

　複数の変数がなぜ相関するのか，そのメカニズムの解明を可能とするのが，行動遺伝学の多変量コレスキー分析モデルである。10 年越しの行動遺伝学縦断研究（Shikishima et al., 2016）は，青年期以降の双生児を対象に，パーソナリティをビッグファイブ質問紙 NEO-PI-R（Costa & McCrae, 1992）で，自尊感情をローゼンバーグ（Rosenberg, 1965）の尺度で測定し，そこから平均 10 年後，再び自尊感情を測定して，これら 7 変数をコレスキー分析モデルに投入した。その結果，2 時点間の自尊感情に高い相関（$r = 0.59$）が見出されるのは，同じ遺伝子群が継続してその個人の自尊感情の高低に影響を与え続けているからであることを明らかにした。しかし，その約 4 分の 3 はパーソナリティの形成に由来する遺伝要因と重複していた。そして，このパーソナリティの遺伝要因と非共有環境要因（p. 42 参照）がもたらす影響力の大きさは，同時期に測定した自尊感情であっても，10 年後の自尊感情であっても同等だった。つまり，自尊感情とパーソナリティの遺伝と環境の構造は，長期に及び一貫して強固に結びついていた。

　このように自尊感情は，その形成のメカニズムをパーソナリティに大きく依存するが，自尊感情のすべてがパーソナリティで説明されたわけではなかった。パーソナリティには還元できない，自尊感情独自の遺伝要因と非共有環境要因の存在も確認された。自尊感情がパーソナリティの影響を強く受けつつも，独立した構成概念としての妥当性を有することを，原因論から支持する結果とも言える。

　日本人の自尊感情は国際的にみても最低レベルであり（Schmitt & Allik, 2005），文部科学省は子どもたちの自尊感情を高めることを目標として掲げた（中間, 2016）。しかし，アメリカでも自尊感情向上のためのプログラムに多額の予算が投じられたが有効な結果は得られなかったという。自尊感情の形成にはその個人の遺伝の効果が顕著なこと，それもパーソナリティに深く根差していることを考えれば，外からの働きかけでそのレベルを上昇させることの難しさにも納得がいく。自分を高く評価するよりも，自分らしく生きることの方が大事なのかもしれない。

第**4**章

発達（青年期まで）

0. 個性の違い

　　AさんとBさんは2歳違いのきょうだいである。それぞれが1歳になるころ，兄のAさんは，親に見知らぬ場所に連れて行かれると，怖がって親にしがみついたまま離れないような子であった。一方，妹のBさんは，見知らぬ場所でも周囲に興味を示して積極的に関わろうとする子であった。幼稚園や小学生のころを比べてみても，Aさんは引っ込み思案で1人でいることが多く，Bさんは活発で毎日のように友だちとボール遊びをしていた。親は，こうした2人の違いをそれぞれの個性と捉えて尊重して関わり，きょうだい同士もとても仲が良かった。中学生になると，Aさんは相変わらず1人で音楽を聴くなどして過ごすことを好んでいたが，活発だったBさんは口数が少なくなり，小学校から続けていたバスケットボールをやめてしまった。高校では，Aさんは友人に誘われて軽音楽部を見学したのをきっかけに，そのまま入部し，やがて文化祭のステージで多くの人前で歌うようになった。Bさんは，1年時の担任がバスケットボール部の顧問であったことから誘われて入部し，チームメイトと一緒に楽しむ時間が増え，3年時にはキャプテンを務めた。その後，大学生になったAさんは軽音サークルの部長として後輩を教え，Bさんはバスケットボールを続けながら，教員になるための勉強に励んでいる。

　人は，青年期までを通じて，生活環境を家庭から家庭外へと広げ，第二次性徴や認知能力の発達を経験しながら大人になる準備を進めていく。その過程において，人は生後まもなくからもつ特徴に基づきながら，各時期におけるさまざまな環境の影響を受けてパーソナリティを発達させ，個性を築き，社会に適応していく。

　本章では，乳児期から青年期におけるパーソナリティの発達の様子や，それに関わる要因や適応との関連について考えてみたい。

1. 気質の種類

1-1　乳児期にみられる行動スタイル

　冒頭のエピソードにもあるように，1歳に満たない乳児が親に連れられて知らない場所に行ったとき，怖がる子もいれば，不安な様子をあまり示さない子もいる。遊んでいたおもちゃを取り上げられたときに，泣き出す子もいれば泣かずに我慢す

表 4-1　Thomas らによる気質の定義と特性次元 (菅原ら，1994 をもとに作成)

研究者	気質の定義	行動特性の次元
Thomas et al. (1963)	個人の能力や行動の動機ではなく，行動のスタイル	気分の質（quality of mood）：親和的行動・非親和的行動の頻度 接近／回避（approach/withdrawal）：新しい刺激に対する最初の反応 順応性（adaptability）：環境変化に対する慣れやすさ 反応強度（intensity of reaction）：泣く・笑うなどの反応や現れ方の激しさ 周期の規則性（rhythmicity）：睡眠・排泄などの身体機能の規則正しさ 活動水準（activity level）：身体運動の活発さ 敏感さ（sensory threshold）：反応の閾値 気の散りやすさ（distractivity）：外的な刺激による行動の妨害されやすさ 注意の持続性と固執性（attention span and persisitence）：特定の行動の持続性

る子もいる。このように，人の行動には発達初期のころから違いがみられる。それは，気質（temperament）に基づく個人差が存在するからである。

　気質が，生物学的な基盤をもつ行動的特徴を表す概念であり，その特徴が乳児期から継続して存在し，パーソナリティを形成する要因になるという点は研究者間で概ね一致している（Goldsmith et al., 1987）。一方で，気質の定義や特性の捉え方はさまざまである。

　当該分野の先駆的存在であるトマスとチェスら（Thomas et al., 1963）は，母親に行った面接調査から，気質を生後数か月でみられる行動スタイルとして捉え，その特徴を「気分の質（うれしいや楽しいなどの親和的な行動と泣きなどの非親和的な行動の頻度）」や「接近／回避（初めて出会った人や物への積極的あるいは消極的な反応性）」など 9 種類で表現した[1]（表 4-1）。また，精神科医としての立場から，各特徴の評価をもとに子どものタイプを分類し，気分が明るく睡眠や排泄などの身体機能が規則的な「扱いやすい（easy）」タイプ，気分の質が非親和的で環境の変化に慣れにくく，反応の現れ方が激しいなどの特徴がある「扱いにくい（difficult）」タイプ，環境の変化に慣れるのに時間がかかり活動水準が低い「エンジンがかかりにくい（slow-to-warm-up）」タイプに分類した[2]。

　さらに，彼らは，子どもの気質的特徴が環境と相互作用して発達や適応に関わると考え，両者の適合度（Goodness of Fit; Thomas & Chess, 1980）を重視していた。たとえば，扱いにくい子どもにとっては，かんしゃくを無理に統制しようとするのではなく，それを"元気いっぱいな"個性として認めて辛抱強く関わり続けることが，成長とともに落ち着いていく適合の良い環境と考えられる。

1-2　演繹的な手法から導かれる気質的特性

　トマスとチェスらによる気質の特性は，実際の調査データをもとに帰納的方法から抽出されたものであった。この他にも，同様な方法で見出された代表的な特性として，ケーガン（Kagan, 1994）が報告した新奇な人や状況における行動の抑制傾向（behavioral inhibition）が挙げられる。

　他方，研究者が理論的な背景から演繹的に気質的特性を見出そうとする試みも行われている。ここでは，代表的なものとして表 4-2 に示す 3 つの理論を紹介する。

　1）トマスとチェスらによる気質の 9 次元は，追試研究（Rothbart & Mauro, 1990 など）により 6 次元や 7 次元などにまとめられることが報告されている。
　2）子どもの類型化における「扱いにくい」という表現は，気質的特性に良し悪しをつけることへの抵抗から議論されることもあった。近年の気質的特性から子どもをタイプ分けする例としては，「レジリエンス（resilient）」「統制不全（undercontrolled）」「統制過剰（overcontrolled）」などに分類する方法がある（Caspi & Shiner, 2006）。

表 4-2　演繹的な手法に基づく代表的な気質理論の定義と特性次元（Zentner & Bates, 2008 をもとに作成）

研究者	気質の定義	行動特性の次元
Buss & Plomin (1984)	遺伝的で，発達初期から存在し，後の時点まで継続する行動の個人差	情動性（emotionality）：泣きやかんしゃく，なだまりにくさなど苦痛への反応のしやすさや強度 活動性（activity）：話したり動いたりするなど活動の活発さや速さ 社会性（sociability）：他者と一緒にいたり関わろうとしたりする傾向
Goldsmith & Campos（1982）	基本情動の経験や表出，喚起される程度の個人差	基本情動；怒り（anger），恐れ（fearfulness），喜び（pleasure/joy），興味（interest/persistence） 活動水準（motor activity）：基本情動の種類によらずみられる情動喚起の強さ
Rothbart & Derryberry (1981)	刺激が与えられたときの応答性と自己制御の個人差であり体質的な基礎を成すもの	外向性・高潮性（surgency-extraversion）：刺激の強さを好んだり楽しいことに期待して興奮するなど 否定的情動性（negative affectivity）：悲しみや恐れを表したり，他者との関わりで不安を示すなど エフォートフル・コントロール（effortful control）：自発的に意図的に注意や行動を調整する傾向

　バスとプロミン（Buss & Plomin, 1984）は，系統発生学的な観点から検討し，気質の基準を遺伝的であり，発達初期からみられ，行動の個人差を表すものであると定め，それらに見合う特性として情動性，活動性，社会性の 3 次元の存在を主張した。ゴールドスミスとキャンポスら（Goldsmith & Campos, 1982; Campos et al., 1983）は，基本感情のそれぞれが表情や声，身振りの点で異なることに注目し，気質的特性を感情の表出や喚起される程度などの個人差から捉えようとした。また，ロスバートら（Rothbart & Derryberry, 1981; Putnam et al., 2001; Rothbart et al., 2000）は，基本感情ばかりでなく活動性や注意にも目を向け，気質的特性を神経系に基づく応答性と自己制御の個人差と定義し，乳児を対象にした家庭観察やストレンジャーとのやり取り場面での様子を評価する実験，幼児や児童，成人を対象にした質問紙調査を実施するなど多角的な方法を用いて，幅広い年齢層における気質を検討した。その結果，主な気質的特性として，外向性・高潮性，否定的情動性，エフォートフル・コントロールの 3 つの次元を報告している。

　これらの理論以外にも，成人を対象にした研究で得られた知見をもとに，子どもの気質を捉えようとする研究も進められている。クロニンジャーら（Cloninger, 1987; Constantino et al., 2002）は，分子生物学的な観点から検討し，気質的特性を神経伝達物質の働きにより表現される 4 つの行動形態（触発，抑制，維持，固着）の次元で捉えようとした。たとえば，ドーパミンが関与すると想定される行動の触発の次元は好奇心の旺盛さや衝動性を表す特性とされ，新奇性追求（novelty seeking）と呼ばれる[3]。また，グレイ（Gray, 1991）では，神経系との関連から抑制系（BIS：Behavioral Inhibition System）と促進系（BAS：Behavioral Activation System）の 2 つの動機づけシステムに分けて捉えようとしている。これらの観点に基づく子どもの気質についての検討が行われている（Martin &

　3）この他に，セロトニンが関与すると想定される行動の抑制の次元は慎重さや自分のすることへの自信の低さを表す特性とされ，損害回避（harm avoidance）と呼ばれる。また，ノルアドレナリンとの関連が想定される行動の維持の次元は他者への親和性や情動的な反応の強さを表す特性とされ，報酬依存（reward dependence）と呼ばれる。行動の固着の次元は我慢強さや頑固さなどを表し，固執（persistence）と呼ばれる。
　クロニンジャーら（Cloninger et al., 1993）は，気質の他に性格（character）という概念も用意し，両者を合わせてパーソナリティとする概念モデルを提唱している。なお，性格は，自己志向（self-directedness），協調（cooperativeness），自己超越（self-transcendence）の 3 つの次元であり，個人的な目的や価値観，社会との関わり，世界や宇宙全体との関わりといったそれぞれの文脈における自己制御行動とされる。

Bridger, 1999)。

■ 2. 気質とパーソナリティの発達

2-1　気質の安定性とパーソナリティとの関連

　気質的特性は，乳児期からみられる特徴が継続して続くものであり，これまでも縦断研究によってその安定性が検討されてきた。縦断研究とは，同一個体のある変数の情報を複数時点において継続して追いかけることで，変化の様子を測定する方法である。

　先述のトマスとチェスら（Thomas & Chess, 1980）は，約130名の乳児を対象に1歳から5歳までの経年による縦断調査を実施し，各特性内における時点間の順位相関（安定性）を調べた。その結果，1年間隔では多くの特性で中程度の相関が認められたが，1歳と5歳の両時点での相関は弱く，1歳時点と青年・成人期（18〜24歳）の間では「反応強度」で弱い相関があるにとどまり，時間が経つほど関連が低くなっていた。その後，ロバーツとデルヴェッキオ（Roberts & DelVecchio, 2000）が気質的特性の研究を総覧して行ったメタ分析（同じ研究課題について行われた複数の研究の結果を統合し，統計的な方法を用いて分析する手法）によると，年齢の違いや測定間隔の違いによる影響を考慮すべきではあるが，0歳から12歳までの間の気質的特性[4]には概ね中程度の安定性があることが示されている。

　さて，気質とパーソナリティとの関係性については，前者が後者の発達に関わることは認められつつも，歴史的に前者は主に子どもの，後者は成人の個人差を表す概念として別々に研究が進められてきた。しかし近年では，成人のパーソナリティを分類する主要な枠組みであるビッグファイブ（詳細は第1章を参照のこと）の特性である外向性（Extraversion），神経症傾向（Neuroticism），誠実性（Conscientiousness），調和性（Agreeableness），開放性（Openness）と気質との対応を検討する研究が行われ，両者を統合した解釈が進められている。

　たとえば，先述のロスバートらは（Putnam et al., 2001; Rothbart et al., 2000），乳児から成人までの幅広い年齢層を対象にした横断調査を行い，各発達段階では，外向性・高潮性，否定的情動性，エフォートフル・コントロールに該当する特性が共通してみられると報告した。また，外向性・高潮性はビッグファイブの外向性と，否定的情動性は神経症傾向と，エフォートフル・コントロールは誠実性との間にそれぞれ中程度の正相関があることも示した。この他にも，乳幼児のパーソナリティをビッグファイブから評価する尺度開発の研究も行われ，保護者（Lamb et al., 2002；Mervielde & De Fruyt, 1999）や幼児本人（Measelle et al., 2005）を対象にしたデータから，相当する5つの次元が抽出されている。

　気質とパーソナリティの共通性を検討した研究のレビュー（Caspi et al., 2005; De Pauw & Mervielde, 2010）では，両者で抽出される特性は違う点より似ている点の方が多く，概ね両者ともにビッグファイブの特性を上位概念として設定できると論じられている。一方で，低年齢では誠実性と調和性の違いが明確ではないことや開放性が再現されないこと，気質とパーソナリティでは，5因子モデルの各特性を構成する下位次元（ファセット［facets］と呼ばれる）が異なることが示唆され

4）接近/抑制（approach/Inhibition），順応性（adaptability），課題への持続性（task persistence），否定的情動性（negative emotionality），活動水準（activity level），周期の規則性（rhythmicity），反応の閾値（threshold）の7つの次元で検討している。

ている。

2-2 パーソナリティの変化

　乳幼児期からの個人的特性を成人と同様にビッグファイブの枠組みで捉えることができれば，同一の指標によってパーソナリティの生涯発達をわかりやすく描き出すことができる。

　パーソナリティの特性の変化の様子は，次の2つの観点から検討されることが多い（Borghuis et al., 2017）。1つは，個人の特性がどれだけ安定しているかであり，先述のロバーツとデルヴェッキオ（Roberts & DelVecchio, 2000）のように2時点間の順位相関によって評価する。もう1つは，それぞれの特性が加齢に伴いどのように変化するかであり，集団の平均値の推移により調べる。

　子どもの特性の安定性をビッグファイブから検討した研究として，ミゼルら（Measelle et al., 2005）が，100名弱の幼児を対象にパペットを使い子ども自身に報告してもらう縦断的なインタビュー調査を行ったものがある。その結果，5歳から7歳までの1年間隔では，どの特性も概ね中程度の正の相関がみられ，2年間隔では弱い正の相関になることを報告している。また，デフルイトら（De Fruyt et al., 2006）が，親評定による6歳から13歳の子どもの縦断データを用いて，3年間隔の相関を調べた研究では，外向性に関しては年齢が高くなるほど関連が低くなるものの，総じてどの特性も中程度の関連があり，ある程度の安定性があることが示されている。

　特性の加齢に伴う変化の特徴については，成人を対象とした研究のレビュー（Caspi et al., 2005など）からいくつかの知見が得られており，なかでも成熟の原則（the mature principle）は有名である。成熟の原則とは，誠実性と調和性が上昇し，神経症傾向が低下することを意味する。この変化は，青年期から成人期にかけて，個人が社会において生産的で貢献するようなパーソナリティを発達させ，社会の一員として機能し精神的に落ちついていくことを示唆している。

　成人期以降については第5章を参照いただくとして，ここでは近年行われた研究を紹介しながら，青年期までの発達について考えてみたい。ソトら（Soto et al., 2011）は，英語圏に住む10歳から65歳までの個人を対象に大規模なインターネット調査を実施し，ビッグファイブにおける特性の発達について横断的な検討を行った。この研究は，対象者が126万人強であり，各年齢に少なくとも900人以上がいるデータを用いることで，1年単位での得点の違いを描き出している。その結果によると（図4-1），誠実性と調和性は，児童期後期から青年期初期にかけて一度低下し，その後上昇していく傾向が示されていた。この2つの特性には性差もみられ，誠実性では青年期から成人期にかけて，調和性では児童期のころから，女性の得点が男性よりも高くなっていた。また，神経症傾向については，女性が児童期から青年期にかけて上昇しその後横ばいになるのに対し，男性では児童期から徐々に低下し横ばいになっていた。その他の特性もみてみると，外向性では児童期後期から青年期にかけて低下しその後横ばいに，開放性は，誠実性や調和性と類似し，児童期から青年期にかけて低下しその後に上昇する傾向が示されている。

　このように，子ども時代の得点を詳細に比較してみると，パーソナリティの発達は，成熟の原則で言われていたような直線的な変化ではなく，児童期から青年期にかけて一時的に低下することがうかがえる。この傾向は，その後に発表された6-20歳までの縦断データを用いた調査（Van den Akker et al., 2014）からも概ね支持

図4-1 児童期以降におけるパーソナリティ得点の年齢別比較 （Soto et al., 2011 を参考に作成）

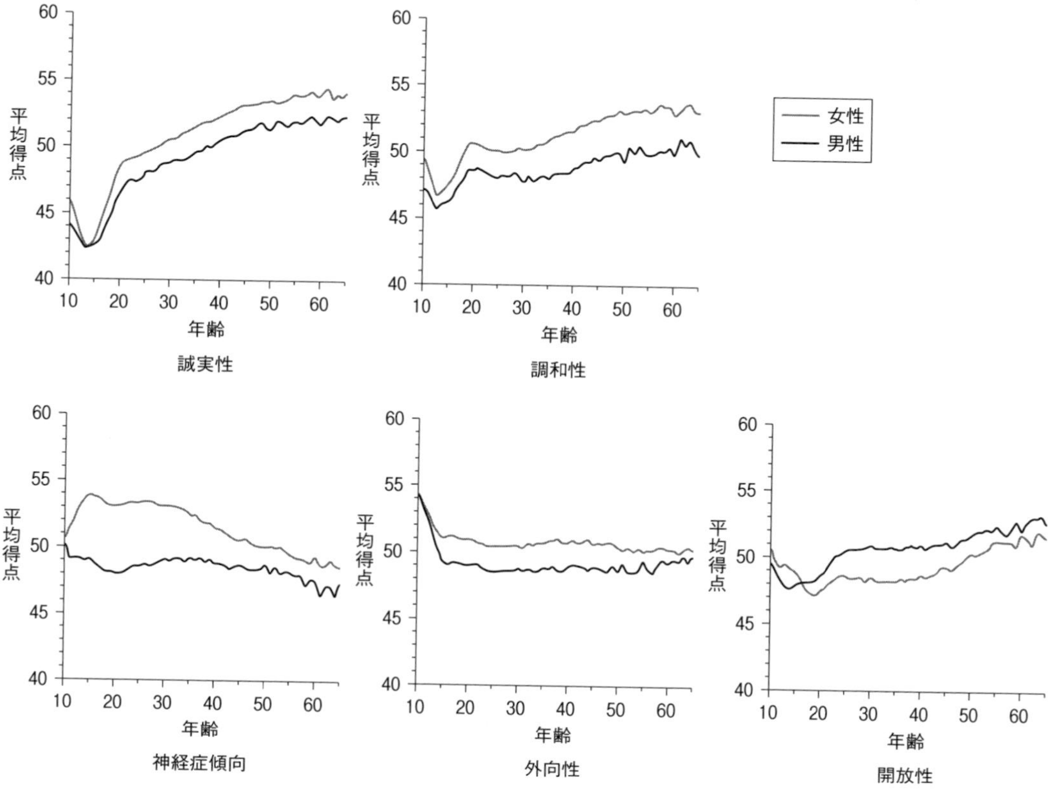

第二次性徴を挟む児童期後期から青年期初期は，身体が急激に成熟し，自立心が芽生え，自己と向き合う過程で親や周囲の大人との関係に葛藤を抱えることが予想される。こうした出来事がストレスとなり，パーソナリティの発達が一時的にネガティブな方向に進むことは考えられよう（Soto et al., 2011）。また，パーソナリティの発達にみられた性差については，児童期以前からの他者による性別を意識した働きかけや，生物学的要因が関わる可能性が指摘されている（Van den Akker et al., 2014）。

ソトらの研究に関連して，日本においても川本と遠藤（Kawamoto & Endo, 2015）が，12歳から18歳までのいずれかの2時点で矢田部ギルフォード性格検査を受けた子どものデータを用いて，時系列的な変化を検討している。この研究では，3つのコホート（1971年，1981年，1991年生まれ）による違いも検討しており，ビッグファイブの神経症傾向と外向性に相当する特性について興味深い結果を報告している。まず，青年期初期から中期にかけて神経症傾向が上昇し，外向性が低下するという結果は，ソトらのものと一致していた。しかし，ソトらの研究では女性にのみ神経症傾向の上昇がみられたのに対し，川本と遠藤の研究では男性も上昇していた。彼らは，この違いについて，日本の青年期における受験などの学業ストレスが関わっている可能性を示唆している。また，コホート間の比較では，出生年が遅いほど，神経質傾向の値や時系列的な変化の度合いが高くなっていた。この差の背景には，1980年代から90年代にかけて広がった所得格差や就職難に伴う，青年の貧困率の高まりや社会的な停滞感の増加があることが示唆されている。

■ 3. パーソナリティの発達と適応

3-1　発達と適応のメカニズム

　パーソナリティは，どのような要因の影響を受けて発達していくのであろうか。

　これまで影響要因については，"氏か育ちか"，すなわち生得的なものと環境のどちらかであるとして両者を対立させて議論してきた。しかし，行動遺伝学による研究は，各特性が遺伝と環境の両者から影響を受けて形成・発達するという結果を繰り返し示してきた（第3章を参照）。幼児期から青年初期の双生児を対象にビッグファイブの特性を検討した研究（De Fruyt et al., 2006）によれば遺伝と環境の各要因による説明比率は，誠実性ではおよそ4：6，神経症傾向に相当する情緒不安定性（Emotional Instability）では2：8といった具合に特性により異なることも報告されている。

　パーソナリティは，こうした遺伝や気質といった生得的要素の強い個人的要因と，環境要因の両者が互いに関係し合いながら影響を与え，発達していくと考えられる。個人的要因と環境要因が，時間の経過に伴い互いに影響し合うと仮定する考えはトランザクショナルモデル（transactional model）と呼ばれ，近年ではこの観点から発達を検討することが重視されている。また，先述のトマスとチェス（Thomas & Chess, 1980）による適合度のように，個人的要因と環境要因の影響を受けて形成されたパーソナリティの特性が，どのような環境とマッチングすることで適応に関わるかを検討することも必要である。

　子どもの発達全般に関わる環境要因を説明する枠組みの一つに，ブロンフェンブレンナー（Bronfenbrenner, 1986）の生態学的システム論がある。この理論では，子どもを取り巻く環境を，身近なところからミクロ（micro），メゾ（meso），エクソ（exso），マクロ（macro）の各システムが入れ子構造を成す4つの層と捉え，それらが相互に関連し合いながら発達に影響を与えると考える。表4-3は，この理論の分類に合わせてパーソナリティの発達に関わる環境として考えられきた要因をまとめたものである。たとえば，ミクロシステムには，子どもが直接関わる家族や仲間，教師などとの関係が該当し，メゾシステムには家庭間や家庭と学校と地域の関係など，ミクロシステム間の相互関係が含まれる。エクソシステムは，子どもが直接は関わらないが，家庭や学校生活を通じて間接的な影響を受ける環境であり，家族の友人関係や親の職場での友人関係，マスメディアなどが当てはまる。また，マクロシステムは，内包する各システムに共通した影響を及ぼすような，その社会で広く共有される文化的態度やイデオロギーのことである。この他にも，近年では，ライフコースにおいて経験する移行や，社会歴史的な出来事やライフイベントからの時間経過などがクロノ（chrono）システムと呼ばれ，子どもの発達に関わる重要な環境要因の一つに位置づけられている。

　以降では，乳幼児期，児童期，青年期の発達段階ごとに，パーソナリティの発達や適応に関わる主な要因について考えてみたい。

3-2　乳幼児期における養育者の存在

　乳幼児期における重要な環境が，子どもの身近に存在する養育者や家庭環境であることに異論はないであろう。子どもと養育者の間に，基本的信頼（Erikson, 1963）や安定した愛着（Bowlby, 1969）に基づく関係が築かれていることが，パー

表4-3　パーソナリティの発達への影響が予想される環境要因

生態学的システムと各要因	具体例
【ミクロ・メゾシステム】	
1）養育者と子どもの関係性	子どもと養育者間の基本的信頼ならびに愛着関係とそれを支える養育者の情緒的な利用可能性と応答性。
2）養育方法	授乳形態，スキンシップ（身体接触）の方法や頻度，離乳やトイレット・トレーニングの時期や方法，睡眠・食事・清潔・着衣などの基本的生活習慣の獲得のさせ方，規則や道徳などの社会的ルールの獲得のさせ方，子どもの感情表現（怒り，甘え）などに関するしつけ方など。
3）養育態度	2）の実施時や日常的な子どもとのコミュニケーションの際に親が示す態度や行動の要因。一般的な態度としてポジティブかネガティブか，スタイルとして権威的，権威主義的，甘やかし，拒否的のどれかなど。態度の一貫性や矛盾の有無も重要。
4）養育者のパーソナリティ	養育者自身のさまざまな特性次元での特徴。
5）養育者の精神的健康度	ストレス度やさまざまな心身疾患への罹患など。
6）家族構成と家族関係	核家族か多世代同居か，きょうだい数，出生順位，夫婦間や親子，嫁姑などの家族間の役割分担や人間関係のあり方，勢力関係など。
7）養育者の教育的・文化的水準	教育や教養の程度，教育観や子ども観などの信念体系など。
8）家庭の社会経済的地位または社会階層	養育者の就労の有無，職種，収入，居住条件，家庭が保有する耐久消費財の種類など。
9）仲間集団・友人関係	発達段階ごとの仲間集団における地位や勢力関係，友人との二者関係など。異性関係も含まれる。
10）学校生活	学校の制度的要因，教育方法と内容，教員の資質や子どもとの関係性，学級集団のあり方など。
11）職業：青年期以降	勤務先，職種，収入，職場での地位や人間関係など。アルバイトを含む。
【エクソ・マクロシステム】	
12）居住地域	都市部か郊外・村落地域か，僻地（離島など）か，商工業地区か住宅地区か，新興地域か伝統的地域かなど。
13）所属集団に共通するマクロな社会文化的要素	言語，宗教，マスメディア，法律，社会制度，教育制度など。さまざまなステレオタイプ的価値観も含まれる。
14）自然環境	地理的要因，気候的要因，ダイオキシンなどの環境汚染物質にさらされているかどうかなど。

ソナリティに限らず良好な心理的発達や社会的適応の基盤となる。

　養育者が，子どもの発達に対してどのような目標や価値観を抱いているかによって，日々の関わり方や養育態度は異なる。養育者が子どもの社会化を意識して関われば，他者と関わるのに適した行動や自立心，好奇心などの発達が促されると考えられる（Darling & Steinberg, 1993）。養育態度は，温かさや受容，関心などのポジティブな内容と，非寛容さや指示的であること，体罰などのネガティブな内容に大別されるほかに，いくつかのスタイルに分類して考えることができる（Baumrind, 1971）。マコービーとマーティン（Maccoby & Martin, 1983）は，養育態度を応答性（愛情豊かで子どもに理解を示すか拒否的であるか）と統制（子どもの自律的な行動を制限するか促すか）の2次元で捉え，この2つの次元の高低の組み合わせから次の4つのスタイルを提出した。1つ目は，子どもへの応答性が高く，統制もある（ただし自律心を尊重した態度である）権威的（authoritative）な養育であり，2つ目は，応答性が低く統制が高い（自律心を抑制する傾向がある）権威主義的（authoritarian）な養育である。3つ目は，応答性は高いが統制が低い甘やかし（indulgent）であり，4つ目は応答性も統制も低い拒否的（neglectful）な養育である。これまでの研究では，権威的な養育が子どもの良好な発達や適応を促すことが

知られており，パーソナリティに関わる例としては向社会的行動の高さとの関連（Altay & Gure, 2012）などが報告されている。

　また，こうした養育態度が，気質やパーソナリティといった個人的要因と関わり合いながら，子どもの適応に関わることも実証的に示されている。2歳から4歳までの縦断データを用いた研究（Rubin et al., 2003）では，2歳時点で情動や行動の制御が難しい気質の子どものうち，母親からネガティブな養育を受けている群が，そうでない群よりも2年後の外在化型の問題行動（攻撃性など）が高くなっていた。また，4歳児を対象にした研究（Williams et al., 2009）では，行動の抑制傾向が高い子どもの中で，応答性は高いが統制が低い養育を受けている群が，そうでない群よりも内在化型の問題行動（不安など）が高くなることが示唆されている。

3-3　児童期の仲間関係

　児童期になると，子どもは学校で過ごす時間が長くなる。そのため，仲間や教師との関係性や，学校の教育方針やそこでの慣習などが，直接的・間接的に発達に関わってくると考えられる。特に仲間は，子どもが心理社会的な面をともに学び合うパートナーとして重要な存在であり，主に学校内外でのフォーマル・インフォーマルな仲間集団と，親しい友人との二者関係の2つの観点から検討されてきた。

　仲間集団に関して，集団内地位とパーソナリティとの関連を扱った研究のメタ分析（Newcomb et al., 1993）によると，仲間から人気がある群は，平均的な群に比べて社交性や認知能力が高く，引っ込み事案さや攻撃性が低い一方で，拒否されている群ではそれぞれが反対の特徴をもつことが報告されていた。また，小学1年生が6年生になるまでの縦断データを用いて行われた研究（Ilmarinen et al., 2019）からは，集団内で人気があり地位が高いほど，後の外向性が高くなるという結果が得られている。さらに，親しい友人との二者関係を扱った研究のメタ分析の結果（Newcomb & Bagwell, 1995）では，良好な友人関係が，協調的な行動や親和性の高さに関わることが示されている。

　ハリス（Harris, 1995）は，発達心理学や社会心理学，行動遺伝学などの知見を概観し，児童期後期以降の子どものパーソナリティの発達には，遺伝要因と仲間集団の影響が大きいと考え，集団社会化理論（GS理論：Group Socialization Theory）を提唱した。この理論によれば，児童期後期は社会的アイデンティティの発達が始まる時期であり，子どもは自分が属する集団（学級や習い事など）のカテゴリーで求められるものにふさわしい態度を示すようになるとされる。また，こうした子どものパーソナリティに影響を与える仲間集団の性質は，図4-2のBに示すように，保護者同士の集団がどのような文化を醸成しているか，教師が仲間集団にどう関わるかに影響を受けて発達すると仮定されている。これは，子どものパーソナリティの発達を，保護者や仲間，教師といった個々の存在による影響から考える従来の理論（図4-2A）とは異なる特徴である。

　GS理論に関わる研究には，12歳から22歳までのビッグファイブのパーソナリティの発達を，親友とのペアで比較しながら検討したものがある（Borghuis et al., 2017）。その結果によると，誠実性や調和性，外向性の発達は親友と類似する傾向がみられたものの，その関連性は弱く，お互いに影響を与え合っていると言えるほどではなかった。一方で，ペアとなった親友が仲間集団も共有している場合には，パーソナリティの類似性が高まる可能性も示唆されていた。

　仲間集団や友人との二者関係がパーソナリティの発達にどのように関わるかにつ

図4-2　子どものパーソナリティ発達に関わる要因の考え方の比較

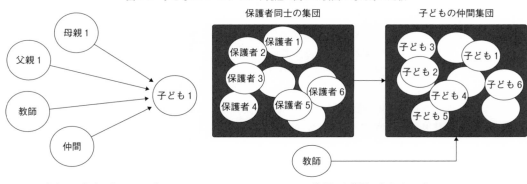

A 個人から個人に伝わるモデル　　　　　　　　　　B 集団から集団に伝わるモデル

A：従来の理論　　B：集団社会化理論

いては，研究数が少なくわかっていないことが多い。また，GS理論で主張される
ような，保護者同士の関係性というメゾシステムが子どもの仲間関係を通じてパー
ソナリティの発達に関わるかどうかを調べる研究も，ほとんど行われていない。し
かし，保護者が子どもの仲間関係に関心をもち，仲間との関わり方をアドバイスす
るなどマネージメントすることが，社会的なコンピテンスの高さや問題行動の低さ
に関わるといった結果は得られており（McDowell & Parke, 2009; Soenens et al.,
2007），今後の検討が期待される。

3-4　青年期のアイデンティティ

　先述のように，青年は自己と向き合う過程でさまざまなストレスを抱え，それに
よりパーソナリティの発達が影響を受ける可能性がある。エリクソン（Erikson,
1963）は，人生の各ステージにおいて心理社会的な発達に関わる危機が存在すると
し，青年期では「同一性 VS 同一性拡散」，すなわちアイデンティティを獲得できる
かどうかが問われるとした。アイデンティティの獲得は，個人が自己をさまざまな
側面から考え，自分自身について斉一性（どんな自分も私）や連続性（昔も今もこ
れからも私）を感じられていること，またそれが周囲の親しい他者からも同様に思
われていると感じられていることで達成される。

　マーシャ（Marcia, 1966）は，エリクソンの理論を発展させ，個人のアイデン
ティティ発達の状態（アイデンティティ・ステイタスと呼ばれる）を，「危機（crisis）」
と「コミットメント（commitment）」の2要素で捉えなおし，その高低の組み合わ
せから4つに分類した。ここでの危機とは，個人が自己を定義できる
いくつかの領域において自分らしさを表す選択肢を探しているか，
コミットメントとは，選択肢を探すことやそこから選ぶために必要
な活動にどれだけ従事しているかを意味する。4つのステイタス
（図4-3）は，両方の要素が高い達成（achievement），危機が低くコ
ミットメントが高い早期完了（foreclosure），危機が高くコミット
メントが低いモラトリアム（moratorium），両方ともに低い拡散
（diffusion）である。青年期における各ステイタスの時系列的な変
化を検討した縦断研究（Waterman, 1999）によれば，アイデンティ
ティは概ね拡散から達成など良好なステイタスへと発達すること，
同じステイタスが長期間継続したり拡散の方向へ退行したりなど複

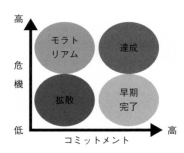

図4-3　アイデンティティの発達に関
する類型（Marcia, 1966; Luyckx et
al., 2008 を参考に作成）

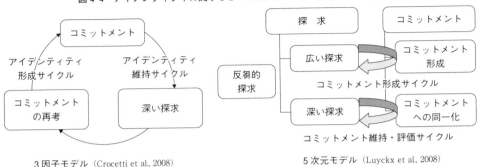

図 4-4　アイデンティティに関する 2 つのモデル（白井・杉村, 2021 より作成）

3 因子モデル（Crocetti et al., 2008）　　　　5 次元モデル（Luyckx et al., 2008）

数のパターンがあることがわかっている。また，近年ではアイデンティティを「探求（exploration; 上述の危機に相当）」と「コミットメント」に関する複数の要因から評価する概念モデル（図 4-4）が考えられており，そしてそれに基づく測定尺度が開発され（Crocetti et al., 2008; Luyckx et al., 2008），得点の推移から個人内の変化を探る検討が行われている。図 4-4 の 3 因子モデルをもとに，青年期を通じたオランダ人の縦断データを用いて行った研究（Meeus et al., 2012）では，上記の 4 つのステイタスに相当するパターンに加えて，3 因子すべての得点が高い探索型モラトリアムが抽出され，達成と早期完了に分類された青年が全体の約 6 割を占めていたことが示されている。日本で類似する方法で行われた調査（Hatano et al., 2020）でも，同様な 5 つのステイタスが見出されたが，達成と早期完了に分類されたのは約 5 ％であり，約 80％の青年はモラトリアムや探索型モラトリアムに位置づけられていた。現状ではオランダとの比較にとどまるが，日本人青年は他国に比べてモラトリアム期間が長い可能性がある。それがパーソナリティの発達にどのように関わるかについては今後の研究が待たれる。

4. まとめ

　以上，本章では，乳児期から青年期までにおける気質やパーソナリティの発達についてみてきた。人の行動は，生後まもなくからいくつかの特性で捉えることができ，各特性の程度の違いやそれらの組み合わせが個性として表現される。また，気質やパーソナリティは，遺伝のような個人的要因と環境要因の両者の影響を受けて発達し，個人の社会的な適応に関わる。そして，青年期までの各特性の安定性は中程度であり，成人期以降に比べて変化しやすい時期と考えることができよう。特に第二次性徴を迎える青年期初期には，全体的な傾向として各特性の大きさが変化することが示されており，子どもによっては特に影響を受けて，神経症傾向が高まり誠実性や調和性が低くなることがあると考えられる。一方で，影響をあまり受けずに成熟の原則に沿って変化する子もいると予想される。こうした個人差の存在やそれに関わる要因を，時系列に沿って詳細に検討することが今後の課題である。

Column 4

パーソナリティと動機づけ

　人は生まれたときから，好奇心をもって外界に働きかける存在と考えられる。そのため，興味や関心に従って物事に取り組むやる気，すなわち内発的な動機づけは，本章で扱われている青年期までの子どもの発達を考える上で重要であり，とりわけ学業との関連から数多く検討されてきた。

　私たちが，やる気が高い子ども（低い子ども）と言う場合，動機づけはパーソナリティの一特性のように聞こえる。実際，動機づけ理論では，パーソナリティと動機づけを同義として扱い，学業など，適応的な発達に関わる要因を探求してきた。主要な動機づけ理論である自己決定理論（Deci & Ryan, 2002）では，最も自律性の高い内発的動機づけから自律性を欠く無動機づけまで，人の動機づけを連続体として捉える。この理論は5つの下位理論をもち，そのうち因果志向性理論では，動機づけをパーソナリティとして捉え3つの特性（自律的志向性，被統制的志向性，無価値的志向性）を想定し，学業など，具体的な達成場面を取り上げて，「文脈」や「状況」における自律的な行動との関連を説明してきた（西村，2019）。

　一方，近年では，動機づけを状態像と捉え，気質やパーソナリティ，学業への取り組みとの関連を検討する研究も進められている。たとえば幼児期では，チョイとチョ（Choi & Cho, 2020）が，5歳児を対象に調査を行い，就学後の学業の基礎となる園活動における動機づけの一つである内発的動機づけの高さは，家庭の経済状況や子どもの性別を統制した場合でも，母親が評定した注意の焦点化（課題に対する注意の持続傾向）の高さと関連していたことを報告している。また児童期では，メドフォードとマギオウン（Medford & McGeown, 2012）が，優れた読解力に関わる読書の内発的動機づけの高さは，ビッグファイブにおける開放性や調和性の正の影響を受けることを報告した。さらに青年期では，リチャードソンら（Richardson et al., 2012）が，7,000を超える研究のメタ分析から，大学生のGPAを予測する要因を検討し，勤勉性と内発的動機づけで同程度の正の関連がみられたと報告している。

　勉強に対する子どものやる気は一様ではない。開放性や勤勉性など，パーソナリティの状態に応じた内発的動機づけ（自律性）への働きかけが必要になるため，子どもの気質やパーソナリティへの着目が求められよう。今後，パーソナリティと動機づけのインタラクションの検討により，パーソナリティの発達に応じた動機づけ支援を明らかにしていくことが期待される。

第**5**章

発達（成人期以降）

0. パーソナリティの変化に関する問い

> 「どうしてこの世は「持つ者」と「持たざる者」に分かれるのか。
> どうして「愛される者」と「愛されない者」が在るのか。
> 誰がそれを分けたのか。どこが分かれ道だったのか。
> そもそも分かれ道などあったのか？
> 生まれた時にはもうすべて決まっていたのではないか？」(羽海野, 2006)

　心理学は，性格をパーソナリティという用語で表してきたが，性格という語に含まれる「性（さが）」は，生まれつきという意味で用いられる。それでは，パーソナリティは，生まれてから死ぬまで，変わらないのだろうか。それとも，変わるのだろうか。変わるとしても，変わらないとしても，それはなぜなのだろうか。

　本章では，心理学が変化をどのように調べようとするかを説明した後，パーソナリティの変化について何がわかっているかを説明する。なお，本章では，ビッグファイブというパーソナリティの理論を主にふまえ，外向性，協調性，勤勉性，神経症傾向，開放性というパーソナリティ特性の5つの因子の変化について説明する。ビッグファイブについては，第1章を参照されたい。

1. 変化を調べる

　変化は，過去，現在，未来という時間経過に伴って生じる。もし私たちがタイムマシンを発明したり，時間を操作する超能力に目覚めたり，過去や未来を見通す眼をもったりすれば，変化を調べることが簡単にできたかもしれない。あるいは，変化をコントロールすることが簡単にできたかもしれない。しかし，私たちは，タイムマシンも，時間を操作する超能力も，時間を見通す眼ももっておらず，過去に時間を巻き戻すことも，未来に時間を早送りすることもできない。変化を調べるためには，ある時点から別の時点まで，観察しなければならない。

　パーソナリティの変化を調べるためには，数か月，数年，あるいは，数十年かけて，観察しなければならないかもしれない。それは，多くの時間と労力を必要とするため，簡単にできないだろう。それでも，多くの時間と労力をかけなければ調べることができない問いとは何であろうか。

1-1　変化に関する問い

　心理学を含むさまざまな学問分野が変化を調べている。心理学は，数秒から数十年という時間経過に伴う個体の変化を調べる。また，歴史学，考古学，天文学といった学問分野は，数十年から数十億年という時間経過に伴う世界の変化を調べる。これらの学問分野は，関心のある対象も時間単位も異なるものの，変化に関する問いは似ている。たとえば，天文学では，宇宙が，いつ，どのように生じたかという問いを調べる。考古学では，人類が，いつ，どのように生まれたかという問いを調べる。歴史学では，ある国が，いつ，どのように興ったかという問いを調べる。そして，心理学では，パーソナリティ特性のある因子が，いつ，どのように変わったかという問いを調べる。このように，個体も，世界も変化していることをふまえると，個体は，世界に影響されたり，逆に，世界に影響しながら，変化していると考えられる。

　心理学では，同一個体を 2 時点以上追跡し観察する方法は縦断研究（longitudinal research）と呼ばれる。バルテスとネッセルローデ（Baltes & Nesselroade, 1979）は，変化に関する問いを 5 つ示し，縦断研究を行わなければ調べることができない問いを整理した。これらの問いは，学問分野を問わず，変化をどのように調べるかを整理するために役立つ。

　第一の問いは，「どのような変化が生じるか」である。同一人物を追跡し，複数の時点で観察することで，関心のある変数が時間経過に伴いどのように変化するかを明らかにすることができる。変化を図に描いたとき，変化せず，安定しているかもしれない。直線的に変化するとしても，時間につれて，下降しているかもしれないし，逆に，上昇しているかもしれない。あるいは，曲線的に，複雑に変化しているかもしれない。また，ある時点の前後で，不連続に変化しているかもしれない。たとえば，パーソナリティは，成人期前半で変化した後，成人期後半で安定するかもしれない。

　第一の問いでは，ある変数の平均的な変化を調べたが，すべての個人が同じ変化を示すかはわからない。そのため，第二の問いとして，「変化が，個人によって異なるか，似ているか」を調べることになる。個人によって，変化の程度や方向性が異なるかもしれない。個人によって，変化のタイミングが異なるかもしれない。たとえば，パーソナリティの変化が，成人期前半に生じる人だけでなく，成人期後半に生じる人もいるかもしれない。

　第三の問いは，「ある変数の変化が，別の変数の変化とどのように関わっているか」である。変化を調べるとき，実際には，一つの変数が変化するだけでなく，他の変数も変化しているだろう。複数の変数の変化を調べるとき，ある変数の変化が，

表 5-1　変化に関する問い（Baltes & Nesselroade, 1979 を参考に作成）

問い	説明
1．変化	無変化（安定），線形変化（増加・減少），曲線変化，不連続といったどのような変化が生じるか。
2．変化の個人差	変化が，個人によって異なるか，似ているか。
3．変化と変化の関連	ある変数の変化が，別の変数の変化より先に生じるか，後に生じるか，同時に生じるか。
4．変化の原因	変化を生じさせる原因は何か。
5．変化の個人差の原因	変化の個人差を生じさせる原因は何か。

別の変数の変化と同時に生じているかもしれない。あるいは，ある変数の変化が，別の変数の変化より先に生じているかもしれないし，逆に，後に生じているかもしれない。たとえば，パーソナリティの変化が生じることで，社会関係や健康状態の変化が生じるかもしれない。

　第一の問いでは，ある変数の変化を調べたが，何がその変化を生じさせるかはわからない。そのため，第四の問いとして，「変化を生じさせる原因は何か」を調べることになる。時間経過に伴い変化する状況が原因となって，変化が生じるかもしれない。たとえば，就職した後，パーソナリティ特性の一因子である勤勉性が上昇し始めるかもしれない。他方で，退職した後，就労中に上昇した勤勉性は下降し始めるかもしれない。あるいは，乳幼児の養育中には，パーソナリティ特性の別の因子である協調性が上昇し，養育後には，協調性は養育前の程度に戻るかもしれない。

　第二の問いでは，変化の個人差を調べたが，何がその個人差を生じさせるかはわからない。そのため，第五の問いとして，「変化の個人差を生じさせる原因は何か」を調べることになる。時間経過に伴い変化しない環境や遺伝が原因となって，変化の個人差が生じるかもしれない。たとえば，年齢，性別，教育歴，遺伝子によって，パーソナリティがいつ，どのように変化するかが影響されるかもしれない。

1-2　変化に影響する要因

　バルテスら（Baltes et al., 1980）は，変わるにしても，変わらないにしても，何が変化に影響するかについても整理し，変化に影響する要因を3つ示した。

　第一の要因は，「標準的年齢的要因」であり，年齢—つまり，個体の時間—と関連してタイミングや期間がある程度決まっている生物学的・環境的要因を指す。年齢的要因として，筋骨格系や生殖系といった成熟，就学，就職，結婚，出産といった年齢で社会化されているライフイベントが挙げられる。ある社会の中で生きるすべての個人にとって，ある生物学的・環境的要因を経験するタイミングや期間が似ている場合，その要因は標準的とみなされる。たとえば，現代の日本では，思春期には，多くの個人において，第二次性徴が生じるとともに，小学校から中学校への移行が伴うため，パーソナリティが変化するかもしれない。

　第二の要因は，「標準的歴史的要因」であり，歴史あるいは時代—つまり，世界の時間—と関連してタイミングや期間がある程度決まっている生物学的・環境的要因を指す。ある世代の多くの個人がある生物学的・環境的要因を経験する場合，たとえその要因を経験する年齢が異なったとしても，その要因は標準的とみなされる。

図 5-1　**変化に影響する要因** （Baltes et al., 1980 を参考に作成）

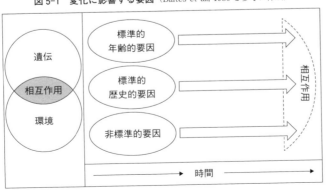

歴史的要因として，感染症流行，地球温暖化，自然災害，戦争，経済不況，近代化，都市化，高齢化，技術革新が挙げられる。たとえば，感染症流行を経験した世代では，予防行動を常に遵守するように求められるため，感染症流行を経験しなかった世代に比べて，勤勉性が高くなるかもしれない。

　第三の要因は，「非標準的要因」である。非標準的要因は，年齢と時代に関連しておらず，ほとんどの個人には同時に生じず，個人によっていつ生じるかが異なるため，標準的要因とみなされない生物学的・環境的要因を指す。非標準的要因として，転職，転居，生死に関わる怪我と病気，事故，失業，離婚，死別といったライフイベントが挙げられる。ただし，こうしたライフイベントの影響は，いつ，どれくらいの期間，どのように経験するかによって異なる。たとえば，配偶者との死別では，死を予期できなかった者は，死を予期できた者に比べて，パーソナリティが変化しやすいかもしれない。

　本節では，心理学が変化をどのように調べようとするかを説明した。パーソナリティの変化についても，変化に関する問いのうちのいくつかが調べられてきた。次節では，変化に関する問いに沿いながら，パーソナリティの変化について何がわかっているかを説明する。

2. パーソナリティの変化を調べる

　心理学は，パーソナリティがどのように変化するかを記述し，なぜパーソナリティが変化するかを説明し，さらに，パーソナリティをコントロールすることに関心をもってきた。また，個体も世界も変化しているため，世界の変化が個体のパーソナリティの変化にどのように影響するかを説明することにも関心をもってきた。

2-1　パーソナリティの変化と安定性

　パーソナリティについては，生まれてから死ぬまで，変わらないのか，変わるのかという問いに対する一つの答えはない。答えは，変化をどのように定義するかによって異なっている。パーソナリティの変化は，絶対的な得点（つまり平均値の変化），相対的な得点（つまり集団内での順位）の安定性，構造の安定性，そして，変化の個人差と定義される。

（1）変化の定義

　平均値の変化は，時間経過に伴ってある集団に生じるパーソナリティ特性の各因子の得点の変化を指す。この定義では，パーソナリティが変化する場合，ある因子の得点が上昇したり，下降したりすることを意味する。集団内での順位は，1時点目と2時点目の得点の相関係数を指すことが多い。この定義では，パーソナリティが変化しない場合，2時点間の相関係数が大きく，ある個人の集団内での順位が安定していることを意味する。構造は，複数の因子から成るパーソナリティ特性の因子構造を指す。この定義では，パーソナリティが変化しない場合，因子構造が一貫していることを意味する。変化の個人差は，変化の程度や方向性を指す。この定義では，パーソナリティが変化する場合，個人によって変化の程度や方向性が異なり，ある因子の得点が安定している者，上昇する者，あるいは，下降する者がいることを意味する。

　これらのうち，平均値の変化，集団内の順位，変化の個人差の3つの変化の違い

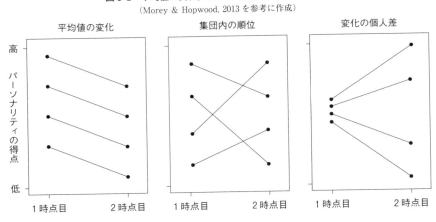

図 5-2　平均値の変化，集団内の順位，変化の個人差
(Morey & Hopwood, 2013 を参考に作成)

を図で説明する。

　左の図は，パーソナリティ特性の得点がすべての個人において下降する平均値の変化を表している。しかし，集団内の順位は変わらず，変化の程度や方向性に個人差はない。真ん中の図は，平均値は変わらない一方，集団内の順位が変わり，変化に個人差があることを表している。右の図は，平均値も，集団内の順位も変わらない一方，変化に個人差があることを表している。変化の程度が大きい者も，小さい者も認められ，上昇を示す者も，下降を示す者も認められる。

　ロバーツら（Roberts et al., 2006; Roberts & DelVecchio, 2000）は，パーソナリティの変化を調べる縦断研究を概観し，平均値の変化と集団内の順位の安定性というパーソナリティの変化についてわかっていることを整理している。結論から言えば，平均値は生涯にわたって変わるとともに，集団内の順位は，成人期前半に変わる一方，成人期後半に変わりにくくなることがおおよそわかっている。

(2) 平均値の変化

　平均値の変化については，外向性の一部である社会的支配性と勤勉性は，20歳から40歳までの成人期前半に上昇し，神経症傾向は下降する。一方，外向性の一部である社会的活力と開放性は，思春期（概ね10代）に上昇し，高齢期に下降した。協調性は高齢期でのみ上昇する（Roberts et al., 2006）。このように，パーソナリティ特性の因子によって変化の程度や方向性は異なるものの，パーソナティ特性の平均値は生涯にわたって変化することがわかっている。とりわけ思春期を含む成人期前半において，パーソナリティの変化は顕著である傾向がある。ただし，対象となった年齢の範囲，研究が行われた国，パーソナリティの測定方法によって，縦断研究の結果は異なることが示唆されており（Graham et al., 2020），パーソナリティ特性の平均値の変化について結論に至っているとは言えない。

　日本では，パーソナリティの変化を調べた縦断研究は十分に行われていないものの，ある時点での幅広い年齢の個人を観察する横断研究（cross-sectional research）[1]は行われている（川本ら，2015）。結果として，協調性と勤勉性は，年齢が高い者ほど高く，神経症傾向は年齢が高い者ほど低かった。一方，外向性と開放性は年齢に

　1）横断研究は，1時点での調査であるため，2時点以上追跡する縦断研究に比べて，比較的少ない時間と労力で実施できるという利点がある。

図 5-3　パーソナリティの変化と安定性
（川本ら，2015 の Figure 1 ～ 5 を改変し，一般社団法人日本発達心理学会から許諾を得て転載）

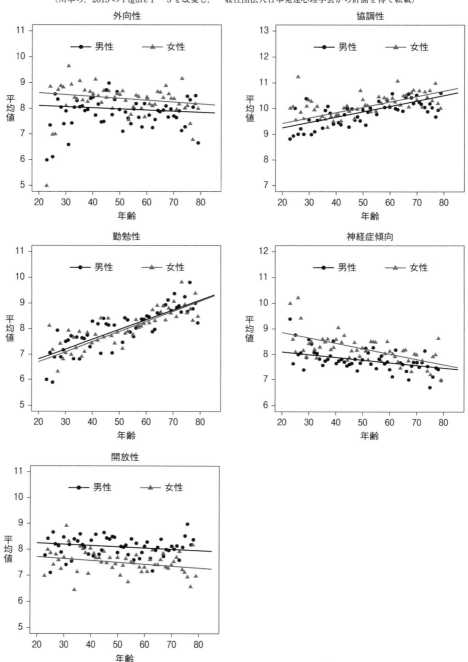

　よる差が認められなかった。ただし，縦断研究の場合と同様に，研究が行われた国によって，横断研究の結果はやや異なることが示唆されている（Bleidorn et al., 2013）。ブライドルン（Bleidorn, W.）は，62 ヵ国を対象にした横断研究を行い，パーソナリティと年齢の関連は国によらず似ていた一方，関連の程度は国によって異なったことを報告している。

　横断研究の結果を解釈する際に，縦断研究の結果と必ずしも一致しないことに注意すべきである。たとえば，横断研究で 20 歳の者と 70 歳の者の知能を比較した結果と，縦断研究で 20 歳時点と 70 歳時点の知能を比較した結果を比べると，横断研究での差は，縦断研究での差よりも，大きくなることが知られている（Schaie, 1996）。この結果の不一致は，最近の時代に生まれた世代では，昔の時代に生まれた世代に比べて，教育機会が増加したことが一因と考えられている。つまり，縦断研究では，同一人物における得点の変化を観察できる一方，横断研究では，年齢の異なる人物の得点を比較しているものの，得点の変化を直接観察していないため，年齢という個体の時間による変化と，時代という世界の時間による変化を区別できないのである。たとえば，勤勉性が，年齢によって変化しない一方，時代によって低くなっているなら，勤勉性は，縦断研究では変化しない一方，横断研究では年齢が若いほど低いという結果になりうる。

(3) 集団内の順位の安定性

　ロバーツとテルヴェッキオ（Roberts & DelVecchio, 2000）は，集団内での順位の安定性は年齢によって異なっており，児童期（概ね 10 歳まで）には中程度であったが（ρ = .31；ρ は順位相関係数を指す），20 歳から 30 歳にかけて高まり（ρ = .54），50 歳から 70 歳までの成人期後半で高止まりすると報告している（ρ = .74）。このように，パーソナティ特性の集団内の順位は生涯にわたって安定化することがわかっている。ただし，観察した 2 時点間の間隔が長くなるほど，集団内の順位は変わる傾向にあることが示されている。

　これまで行われた研究では，2 時点間の平均的な間隔は 6.7 年だった（Roberts & DelVecchio, 2000）。近年では，16 歳から 66 歳までの 50 年間隔（Damian et al., 2019）や 14 歳から 77 歳までの 63 年間隔（Harris et al., 2016）といった数十年間隔でパーソナリティ特性の集団内の順位の安定性が調べられている。研究間で 2 時点間の相関係数は異なっており，かなり小さい（ρs < .12；Harris et al., 2016）か中程度（ρs < .34；Damian et al., 2019）であると報告されている。集団内の順位の安定性が中程度とは，10 人のうち 4 人の順位が変わらないことを意味する。ただし，これらの研究の結果を解釈する際，パーソナリティの測定方法が異なること，追跡できなかった者の割合が多かったこと，1 時点目で，一方の研究では本人による評価が用いられて，もう一方の研究では他者による評価が用いられていることに注意すべきである。

2-2　パーソナリティの変化と安定性に影響する要因

　パーソナリティは生涯にわたって変わるものの，成人期後半には変わりにくくなることがわかってきた。それでは，なぜパーソナリティは変化し，やがて安定化するのだろうか。

　心理学では，パーソナリティの変化と安定性に影響する要因を説明する複数の理論が提案され，それぞれの理論を用いてパーソナリティの変化と安定性が説明されるか調べられてきた。これらの理論は，生物学的・遺伝的理論と社会学的・環境的理論に大きく分けられ，パーソナリティに遺伝と環境がそれぞれ影響すると考えられてきた。しかし，パーソナリティの変化と安定性に影響する単一の強力な遺伝的要因も環境的要因も見つかっておらず，研究間で結果は必ずしも一致しない。

(1) 生物学的・遺伝的理論

　生物学的・遺伝的理論には，ビッグファイブ理論や，遺伝子型→環境効果理論（theory of genotype → environment effects）が含まれており，パーソナリティの変化と安定性に遺伝が主に影響すると仮定される。心理学では，生物学的・遺伝的理論をふまえて，遺伝的要因は生涯にわたって変わらないため，パーソナリティは変わりにくいと一般的に考えられてきた。しかし，実際には，パーソナリティは変わることがわかっている。さらに，パーソナリティと数百万以上の遺伝子の関連を調べるゲノムワイド関連分析（genome-wide association study；GWAS と略記される）が行われてきたが，個別の遺伝子がパーソナリティを説明するかを調べた複数の研究を統合する分析を行った結果，個々の遺伝子の影響はかなり小さいことが示唆された（de Moor et al., 2012）。

　この結果を解釈する際，遺伝と環境の相互作用が考慮される必要があることに注意すべきである。同じ遺伝子をもつ個体であっても，環境によって，異なる形質が発現するということが知られている。たとえば，サバクトビバッタやトノサマバッタでは，生育環境内の集団密度が高まると，個体の体色が緑から黒へ変わるとともに，飛行に適した形態へ変わるという相変異と呼ばれる変化が生じる。ヒトでも，同じ遺伝子をもつ個人であっても，環境によって，ある行動の傾向が生じたり，生じなかったりするかもしれない。なお，遺伝の影響については，第 3 章も参照されたい。

(2) 社会学的・環境的理論

　一方，社会学的・環境的理論には，新社会分析学的（neo-socioanalytic）理論や社会的投資（social investment）理論が含まれており，パーソナリティの変化と安定性に環境が主に影響すると仮定される。ブライドルンら（Bleidorn et al., 2018）は，パーソナリティとライフイベントの関連を調べた研究を概観し，個別のライフイベントがパーソナリティを説明するかを調べた。しかし，結果として，遺伝の影響を調べた研究と同様に，個々のライフイベントの影響はかなり小さいことが示唆されている。

　パーソナリティへの影響は小さいものの，いくつかのライフイベントの影響は，研究間で比較的一致している。たとえば，就労の影響については，高校から大学や就労への移行に伴い，協調性と勤勉性は上昇し，神経症傾向が下降することが報告されている（Lüdtke et al., 2011）。同様に，就労に積極的に取り組むことによって，協調性と勤勉性が上昇した（Hudson et al., 2012; Hudson & Roberts, 2016）。また，高齢期では，健康悪化が外向性の減少と神経症傾向の増加を伴うことが示唆されている（Kandler et al., 2015; Mueller et al., 2018）。

　ただし，これらの結果を解釈する際に，遺伝の影響を調べた研究と同様に，遺伝と環境の相互作用が考慮されていないことに注意すべきである。ライフイベントの影響は，遺伝的要因によって異なるかもしれない。たとえば，児童期に虐待といった困難なライフイベントを経験すると，攻撃的になり暴行を振るうという反社会的行動が生じやすくなるが，MAOA（モノアミンオキシターゼ A）と呼ばれる神経伝達物質の代謝に関わる酵素の活性が高い遺伝子をもつ人では，MAOA の活性が低い遺伝子をもつ人に比べて，ライフイベントの影響が小さいことが報告されている（Byrd & Manuck, 2014）。

　これまでの研究から，パーソナリティの変化と安定性に遺伝と環境がそれぞれ影

図 5-4　パーソナリティの変化と安定性に影響する要因
(Wagner et al., 2020 を参考に作成)

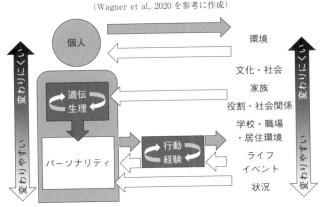

響することがわかってきた。しかし，ほとんどの研究は，遺伝と環境の相互作用について考慮していない。この限界をふまえて，パーソナリティへの遺伝と環境の影響を包括的に考慮する理論が提案されている（Wagner et al., 2020）。

　この理論では，遺伝と環境がパーソナリティに影響するだけでなく，パーソナリティが環境と遺伝に影響することも考慮されている。パーソナリティは，考え方，感じ方，何を欲するかといった行動の傾向であり，さまざま行動と経験を通して，私たちは環境を変え，環境が遺伝に影響し，結果として私たち自身のパーソナリティを変えるかもしれない。なお，個人と環境の相互作用については，第 2 章も参照されたい。

(3)　平均値の変化に影響する要因

　パーソナリティの変化と安定性に影響する要因についてわかっていることは限られるが，これまでの研究は，平均値の変化を標準的年齢的要因と標準的歴史的要因によって説明しようとしてきた。

　思春期を含む成人期前半におけるパーソナリティの平均値の変化は，成熟の原則（maturity principle）と呼ばれてきた。すなわち，何らかの標準的な遺伝的要因によって，人は，自分を律し，他者と協力し，感情が揺れ動きにくいという変化を示すと考えられてきた。また，就労や結婚といった子どもから成人への移行という標準的な環境的要因もパーソナリティの変化に影響すると考えられている。実際に，就労を通して，協調性と勤勉性は上昇することが報告されている（Hudson et al., 2012; Hudson & Roberts, 2016; Lüdtke et al., 2011）。

　ただし，時代によっても，パーソナリティの平均値の変化が異なるかもしれない。研究間で結果は一致しないものの，パーソナリティは時代（いつの時代に生まれたか，あるいは，いつの時代に生きたか）によって異なることが示唆されており（Fitzenberger et al., 2019; Terracciano, 2010; 小塩ら，2019），何らかの標準的時代的要因がパーソナリティの平均値の変化に影響すると考えられている。たとえば，進学率の上昇に伴い，最近の時代に生まれた世代では，昔の時代に生まれた世代に比べて，成人期前半におけるパーソナリティの変化が緩やかで，より高い年齢で安定するかもしれない。

3. パーソナリティをコントロールする

　パーソナリティは変わることがわかってきた。それでは，パーソナリティを意図的に変えることはできるのだろうか。教育基本法では，教育の目的が「人格の完成」であると記されており，教育学もパーソナリティを意図的に変えることができるかに関心をもってきた。一方，心理学がパーソナリティをコントロールできるかを調べるようになったのは，比較的近年になってからである。

　ロバーツら（Roberts et al., 2017）は，200 以上の研究を概観し，パーソナリティのコントロールについてわかっていることを整理している。その結果，神経症傾向が最も顕著な変化を示し，続いて外向性が変化することがわかった。心理療法によって神経症傾向は下降し，心理療法を始めて数か月で生涯にわたる変化のおおよそ半分程度減少していた。さらに，心理療法を終えた後も，神経症傾向は低いまま安定し，心理療法を始める前の程度には戻らなかった。なお，勤勉性と協調性も変化したが，変化の程度は比較的小さく，開放性の変化については，研究間で結果が一致していない。これらの結果から，パーソナリティ特性の一部の因子はコントロールでき，その効果は長く続くことが示唆されている。

　パーソナリティをより効果的にコントロールするため，複数の理論が提案されている（Allemand & Flückiger, 2017; Wrzus & Roberts, 2017）。いずれの理論においても，パーソナリティにおける変わりやすい側面と変わりにくい側面を特性と状態（trait-state）と呼んで区別し，状態的側面を短期的にコントロールすることで，特性的側面を長期的に変えることを意図している。たとえば，こうした理論をふまえて，心理教育（psychoeducation）や行動活性化（behavioral activation）などの心理療法の技法を取り入れたモバイルアプリを開発し，数週間にわたるアプリの利用を通してパーソナリティをコントロールする研究が行われている（Stieger et al., 2018; Stieger et al., 2020）。

　これまでの研究でわかってきたパーソナリティのコントロールについての知見は，実践と社会政策にほとんど実装されていない。ブライドルンら（Bleidorn et al., 2019）は，いつ（When），何を（What），誰が（Who），どのように（How）すれば，パーソナリティを効果的にコントロールできるかという科学的情報が，実践と社会政策への実装の成否につながると論じている。たとえば，思春期を含む成人期前半に，神経症傾向を，公的機関が，数か月にわたってコントロールした結果，喫煙などの生活習慣がなくなり，健康状態が改善する（Mroczek et al., 2009）という効果が，個人だけでなく集団においても，もたらされるかもしれない。ただし，パーソナリティをコントロールする実践と社会政策を導入するためには，費用対効果と倫理的問題を慎重に検討すべきである。たとえば，「人格の完成」を目指して，世界が個人のパーソナリティを一律にコントロールする社会政策は，許されるであろうか。

4. おわりに

　本章では，心理学が変化をどのように調べようとするかを説明するとともに，パーソナリティの変化について何がわかっているかを説明した。

　心理学は，パーソナリティの変化に関する 5 つの問いのうち，第一の問いである

「どのような変化が生じるか」と第四の問いである「変化を生じさせる原因は何か」について調べてきた。結果として，パーソナリティは生涯にわたって変わり，とりわけ思春期を含む成人期前半に変わりやすいことがわかってきた。パーソナリティの変化の原因は十分に明らかになっていないものの，就労への移行といった標準的な環境的要因がパーソナリティの変化に影響することがわかってきた。そして，心理学はパーソナリティを意図的に変えることができるかを調べるようになってきている。

　なぜこの世界は，自分が欲する何かを得ることができる者と得ることができない者に分かれるのだろうか。誰が，いつ，分けるのだろうか。どこが分かれ道かを探すためには，タイムマシンも，時間を操作する超能力も，時間を見通す眼も，私たちには要らない。自分自身が，日々の考え方，感じ方，何を欲するかを人生の中でわずかにでも変え続けることで，自分が望む道へ歩みを進め，いつの間にか，分かれ道を通り過ぎてゆくことができるのかもしれない。また，自分自身では変わることができないとしても，変わろうとする誰かを促し，袋小路に分かれ道をもたらす世界に変えることができるかもしれない。

Column 5

同一人物を追跡する縦断研究の歴史

　縦断研究は，同一人物を追跡し，複数の時点で観察する方法である。変化を調べるために，多くの時間と労力をかけて縦断研究が実施されてきた（Piccinin & Knight, 2017）。高齢期を含む成人期後半を対象とする縦断研究の歴史を振り返ると，現在私たちが利用できる縦断研究のデータもある。

　初期の縦断研究は，幼少期を含む成人期前半を主な対象としてきた。心身の変化を調べた最古の縦断研究として，フィリップ・ドメーヌ・デ・モンペリアル伯爵が，1759 年から 1777 年まで，自分の息子を半年間隔で追跡した記録がビュフォンの博物誌で刊行された（Tanner, 1989）。成人期前半を対象にした縦断研究は，同一人物を長期にわたり追跡したり，新たに加わった研究者が過去の研究参加者を追跡したりすることで，成人期後半も対象にするようになった。

　ターマン（Terman, L. M.）の英才児研究は，幼少期を対象とした初期の縦断研究の一つである。ターマンは 1921 年に学童を対象にした研究を開始し，1928 年までに 1,528 名が研究に参加した。彼の死後も研究は継続し，2003 年に 200 名が生存していた。1920 年代から 1930 年代に，バークレイ発達研究，オークランド発達研究，ハーバード発達研究，ハードフォードシャー加齢研究が開始され，後に成人期後半を対象にするようになった。また，2000 年前後に，ロジアン出生コホート研究が 1921 年と 1936 年に出生した高齢者を対象として実施され，1932 年と 1947 年に実施された全国学力検査の結果と紐付け，長期にわたる追跡を実現させた。

　1950 年代から 1960 年代に，成人期後半を対象とする縦断研究として，デューク通常加齢研究，AT&T 社管理職縦断研究，バルチモア縦断研究，シアトル縦断研究，ボン縦断研究が開始された。1980 年代には，世界各国で成人期後半を対象とする縦断研究が実施されるようになった。日本では，1970 年代に小金井研究，1980 年代に全国高齢者パネル調査が開始された。

　そして，1990 年代に国際的連携が進展した。1992 年にアメリカで開始された健康と退職研究と比較できる縦断研究が日本を含む世界各国で実施されるようになり，国際比較可能なデータが提供されている（g2aging.org）。また，縦断研究の結果の再現性を検証することが推奨されるようになり（Hofer & Piccinin, 2009），共同研究ネットワークが築かれてきた（www.ialsa.org）。現在では，日本を含む世界各国の縦断研究のデータを用いて，パーソナリティの変化を調べる研究が行われている（Chopik & Kitayama, 2018; Graham et al., 2020）。

第6章

友人関係・恋愛関係

0. 対人関係は人それぞれ

> 大学に入学したばかりのころ，周りは全然知らない人ばかりだった。しかし，そんな中，トクマくんが突如現れ，話しかけてきた。トクマくんは，周りのいろいろな人に声をかけ，あっという間に多くの人たちと仲良くなっていた。そして，あれよあれよという間に，多くの人たちが集まる集団の中心人物となっていった。その後も，大学生活を通して，トクマくんの周りには常に友人たちがいた。一方，タカシくんは，多くの人と仲が良いわけではなかった。しかし，友だちがいないわけではなく，少ないかもしれないが友人がいたし，いつも支えてくれる友だちがいた。

友人関係や恋愛関係のあり方は，人によってさまざまである。そこにパーソナリティはどのように関わっているのであろうか。本章では，パーソナリティの基本的分類であるビッグファイブや動機づけの基本的分類である接近・回避動機づけの観点から友人関係や恋愛関係の開始や維持について考えていく。

1. 人と人との結びつき

1-1 親密な関係の構造

私たちは，多くの人たちに囲まれながら生活している。その中には，家族もいれば，友人や恋人もいるし，顔見知り程度の人たちもいるであろう。このようなさまざまな人たちとの結びつきは，親密さや接触頻度などによって3層に分けることができる（Roberts et al., 2008）。最も内側はサポートグループ（support clique）と呼ばれる，重大な問題に直面した際にアドバイスやサポート，手助けを求めることができる人たちである。サポートグループには，家族や最も親しい友人，恋人や配偶者が含まれやすく，その人数は平均して4-5人程度とされる。サポート集団の外側は，共感グループと呼ばれる，突然の死が大きな動揺を引き起こす人たちである。共感グループには，過去1か月に仕事以外の用事で会ったり連絡したりした人たちが含まれており，その人数は平均して12-15人程度とされる。共感グループの外側は，アクティブネットワークと呼ばれる，親密さや接触頻度が低い人たちである。アクティブネットワークの人数は，平均して150人程度とされる。

このように私たちは多くの人々に囲まれているが，その中で親密さが高いと思わ

れる友人関係や恋愛関係であっても，何もせずに関係を維持するのは難しい。たとえば，高校で親密だった友人でも，卒業後 1 年間の接触頻度が低下すれば，それに伴って親密さは低下していく（Roberts & Dunbar, 2011）。恋人や配偶者がいる人は，いない人に比べ，サポートグループの人数が少なくなりやすく（Burton-Chellew & Dunbar, 2015），また，友人関係に費やす時間や資源が少なくなり関係良好性が低下しやすい（Fisher et al., 2021）。したがって，友人関係も恋愛関係も関係を維持するためには努力が必要である。

　では，友人関係や恋愛関係を形成したり維持したりしやすい人，しにくい人はどのような人なのだろうか。このことについて，これまでパーソナリティからの検討は数多く行われてきた。たとえば，清水ら（Shimizu et al., 2019）では，シャイネス（対人関係に対する高い不安によって他者とのコミュニケーションに問題が生じる特性）の高さが大学入学後の友人数の増加を抑制し，社会的スキル（対人関係を円滑にするスキル）の高さが他者との関わりを積極的に行うことと関連し，結果として大学入学後の友人を増加させていることを示した。また，恋愛関係の開始や維持についてもアタッチメントスタイル，拒絶感受性などさまざまなパーソナリティが関連していることが示されている（浅野，2012）。パーソナリティと友人関係や恋愛関係との関連を広範に取り上げるのは困難であるため，本章では，パーソナリティの基本的次元とされるビッグファイブや，対人関係における動機づけの基本分類である接近・回避動機づけに焦点を当て，これらのパーソナリティが友人関係及び恋愛関係の形成や維持にどのような役割を果たすかを紹介していく。その後，パーソナリティがコミュニケーションで用いられる可能性に注目し，友人関係におけるキャラについても触れる。

1-2　恋愛関係と友人関係の特徴

　同じように親密な他者とされる恋愛関係と友人関係であるが，その両者の違いを明確に区別することは難しい。かつては，恋愛と性行為は密接に結びついており，性行為が友人と恋人を分ける行動的基準になりえた（大森，2014）。しかし，現代ではセックスフレンドが存在することからわかるように，必ずしも性行為によって恋人と友人とを区別することはできない。

　友人関係と恋愛関係とを区別する要因として，関係の開始や終結の明示性が挙げられる。恋愛関係は告白とその承諾によって互いを恋人同士と認識し合うことで形成されることが多く，その開始は明示されやすい。一方，友人関係は，恋愛関係のように告白とその承諾によって開始されることはあまりなく，明示性は低い。また，恋愛関係では，互いが恋人同士であることを解消するためにコミュニケーションが生じる。そのため，恋愛関係は関係の終結や崩壊が明示されやすいのに対して，友人関係は崩壊が明示されることがあまりない（増田，2001）。したがって，恋愛関係と友人関係の大きな違いの一つは，関係の開始と集結の明示性の程度の違いであり，恋愛関係はそれが高く，友人関係では低いことにあると言えよう。

　このような明示性の違いはあるものの，関係の維持や親密化には努力が必要なことなど，恋愛関係と友人関係とでは共通点は多い。そこで本章では，友人関係と恋愛関係の共通点に注目しながら，友人関係の形成，恋愛関係の形成，恋愛関係と友人関係の維持に対するパーソナリティの影響について紹介していく。この際，恋愛関係の崩壊に対するパーソナリティの影響は愛情などの関係性要因と比べると小さいこと（Le et al., 2010）や友人関係の崩壊が明瞭でないことをふまえ，本章では関

係崩壊については扱わないことにする。

2. ビッグファイブと友人関係や恋愛関係

2-1　ビッグファイブと対人関係の関連の概略

　ビッグファイブは，人のパーソナリティを外向性，協調性，神経症傾向，誠実性，開放性という5つの枠組みから捉えるものである（第1章参照）。表6-1は，ビッグファイブが友人関係や社会的ネットワークに与える影響についてレビューを行ったセルデンとグーディー（Selden & Goodie, 2018）やハリスとバジーレ（Harris & Vazire, 2016）をまとめたものである。概略すると，ビッグファイブの特性の中でも外向性や協調性が友人関係や恋愛関係の形成や維持と深く関わると言える。たとえば，外向性は社会的ネットワークの人数の多さと深く関連し，特に新しい社会環境での関係形成に影響する。また，協調性は，新しい社会環境での関係づくりと関連するが，それ以上に関係の維持に重要な役割を果たす。一方，誠実性や開放性は，関係の形成と明確な関連を示さないが，関係の維持に貢献しやすい。神経症傾向は，関係の形成や維持に悪影響を及ぼす。以下では，ビッグファイブが友人関係の形成や恋愛関係の形成，友人関係や恋愛関係の維持に与える影響について紹介していく。

2-2　ビッグファイブと友人関係のはじまり

　友人関係の形成においては，ビッグファイブの中でも外向性の影響が強い。たとえば，外向性の高い人は，第1印象が良く（Cuperman & Icks, 2009），共感ネットワークやアクティブネットワークの人数が多くなりやすい（Ishiguro, 2016）。ただし，友人関係の形成においては，友人になる人同士の外向性が類似している（外向性が互いに高い，もしくは，外向性が互いに低い）ことが重要である。たとえば，

表6-1　ビッグファイブ各因子と友人関係の形成・維持との関連
（Harris & Vazire, 2016; Selden & Goodie, 2018; Tehrani & Yamini, 2020 を参考に作成）

	友人関係の形成における特徴	友人関係の維持における特徴
外向性	・見知らぬ人との交流を快適に感じやすい ・より多くの友人を選択しやすい ・第一印象の良さ ・二者が類似しているとポジティブな相互作用が展開	・関係良好性の高さ ・社会的ネットワークの広さ ・ソーシャルスキルの高さ ・建設的な対立の解決 ・自己主張的な対立解決
協調性	・見知らぬ人に好意をもちやすい ・好かれやすい ・友人として選択されやすい ・二者の相互作用のうち，一方の協調性が高いとポジティブな相互作用が展開されやすい	・高い関係良好性 ・ソーシャルスキルの高さ ・建設的な対立解決 ・対立の回避や相手への譲歩
神経症傾向	・新しい関係を作ることに消極的 ・相手に行動を合わせようとする	・関係良好性の低さ ・葛藤の多さ ・建設的な対立解決の少なさ ・対立の回避や相手への譲歩
誠実性		・関係良好性の高さ ・建設的な対立の解決
開放性		・葛藤の少なさ ・建設的な対立の解決 ・対立の回避や相手への譲歩

注. 空欄は，目立った特徴が示されていないことを意味する。

フェイラーとクレインバウム（Feiler & Kleinbaum, 2016）は，アメリカ北東部の大学の MBA プログラム新入生を対象にした 2 時点調査（6 週間隔）を行い，外向性の類似が友人関係の形成に与える影響を検討した。その結果，外向性の高い人は友人ができやすく，また，外向性の程度が類似した人たちが友人になりやすかった。また，クーパーマンとイックス（Cuperman & Ickes, 2009）は，互いに見知らぬ大学生ペアが対話する場面において，ビッグファイブが対話の仕方や互いの評価にどのように影響するか検討した。その結果，二者の外向性が類似している場合に，対話時の自己開示や発話の回数と時間が多くなり，コミュニケーションが円滑に進むことで，互いに好意を感じやすかった。それに対し，外向性が類似していない場合（一方の外向性が高く，もう一方が低い場合）は，対話が円滑になりにくく，対話への評価や他者への評価も低くなりやすかった。これらの結果から，外向性が高くても，実際に相互作用する相手の外向性が低い場合には，二者のコミュニケーションスタイルがうまくかみ合わず，友人関係の形成が抑制されることが示唆された。

　協調性も外向性とは異なる影響で友人関係の形成に貢献する。具体的には，協調性の高い人は，他者から好意的に評価されることが多く，結果として友人として選択されやすい（Harris & Vazire, 2016）。また，協調性は，外向性とは異なり，類似性を必要としないことが示唆されている。クーパーマンとイックス（Cuperman & Ickes, 2009）において，対話する二者のどちらか一方の協調性が高ければ，対話時の自己開示の量や言葉での相づちが多くなるなどコミュニケーションが円滑に進みやすくなり，相手を好意的に評価していた。すなわち，協調性は，どちらか一方が高ければ，実際の相互作用が円滑になり，新しい友人関係の形成が促される可能性がある。

　一方，その他の特性と友人関係の形成は明確ではない。たとえば，神経症傾向は，見知らぬ他者との対話時に相手からの評価を気にし，相手に行動を合わせようとすること（Cuperman & Ickes, 2009）などの特徴は示されている。しかし，神経症傾向と友人数とは関連しない結果（Selden & Goodie, 2018）や友人数の少なさと関連する結果（e.g., Ishiguro, 2016）が示されており，その傾向は一貫していない。また，開放性や誠実性は，友人関係の形成への明確な影響は示されていない。

2-3　ビッグファイブと恋愛関係の形成

　恋愛関係が形成される前に，恋人になりえる人物への魅力判断が生じる。魅力判断においては，外見的魅力の影響は極めて大きい（Finkel & Eastwick, 2015）。しかし，パーソナリティも少なからず魅力判断に影響を与えるようである。たとえば，アメリカ人を対象としたスピードデーティング（多くの人との短時間の会話を繰り返しながら，好みの人を見つける出会いの方法）において，男性は身体的魅力の高さに加え，外向性や協調性，誠実性が高く，神経症傾向が低い女性に魅力を感じていた（Luo & Zhang, 2009）。一方，女性は身体的魅力が高い男性に魅力を感じるものの，パーソナリティの影響はみられなかった。スピードデーティングのような出会いにおける魅力判断では，男女差があるものの，ビッグファイブも魅力の判断材料の一つとなりえる。ただし，スピードデーティングでの魅力判断では，ビッグファイブのような全体的なパーソナリティよりも，シャイネスやソシオセクシャリティなどの領域特定的なパーソナリティの影響が強いことも示唆されている（e.g., Asendorpf et al., 2011）。

　恋愛関係になる前の魅力判断では，パーソナリティが類似していることも重要で

ある（Liu et al., 2018a）。しかし，二者のパーソナリティが実際に類似していることの影響は小さく（Luo & Zhang, 2009; Tidwell et al., 2013），むしろ二者のパーソナリティが似ていると感じること（知覚された類似性）の影響が大きい（Montoya et al., 2013; Tidwell et al., 2009）。したがって，出会いの場では，実際のパーソナリティよりも，どんなパーソナリティだと思われたのかが重要になるであろう。なお，知覚された類似性が魅力に与える影響は，対面での魅力判断とオンラインでの魅力判断とで異なることも示唆されている（Cemalcilar et al., 2018）。

　恋愛関係が実際に形成されるかについても，ビッグファイブはある程度の予測力をもつ。ドイツ人を対象とした調査（Stavrova & Ehlebracht, 2015）では，恋人がいない人の外向性や開放性，誠実性の高さが，1年後，その人に恋人ができていることを予測していた。また，注目すべきは協調性の高さが，1年後に恋人ができていないことを予測したことであった。協調性は，友人関係の形成を促す役割を果たしていた。しかし，恋愛関係の形成では，親切さや他者利益を優先するという協調性の特徴が，恋人を見つけ接近する行動を控えさせてしまい，結果として恋愛関係の形成を阻害してしまったと考えられる。

2-4　友人関係や恋愛関係の深化と維持

　ビッグファイブのようなパーソナリティは，恋愛関係や友人関係の維持に直接的に影響するのではなく，関係における行動や感情，経験に影響を与えることで関係維持に影響する（e.g., Le et al., 2010）。そして，その影響過程には，友人関係と恋愛関係とで，ある程度共通点がみられる。たとえば，友人関係でも恋愛関係でも，協調性の高さは対立の少なさや対立の適切な対処と関連し，関係良好性を高める（Tov et al., 2016）。また，外向性の高さは，親密さの増加や対立の建設的な対処と関連する（Tehrani & Yamini, 2020）。ただし，外向性の自己主張をしやすいという特徴が対立を激化させること（Kammarath et al., 2015）や活動的であるという特徴が関係を不安定にすること（Mund & Neyer, 2014）もある。一方，神経症傾向は，対立の多さや対立の回避と関連したり，関係の不安定さや関係良好性の低さと関連しやすい（Parker et al., 2012; Kreuzer & Gollwitzer, 2021）。誠実性や開放性については明確な知見は得られていないものの，対立の建設的解決や社会的ネットワークの維持に貢献するようである（Harris & Vazire, 2016）。

　パーソナリティの類似性も関係の維持に寄与するが，実際の類似性よりも知覚された類似性の影響が大きい（Selfhout et al., 2009）。良好な恋愛関係や友人関係では，友人や恋人を関係にとって望ましいように認知するバイアスが生じ，結果として知覚された類似性を高くする。このような認知バイアスによって，自分と友人もしくは恋人のパーソナリティが類似していると知覚され（Liu et al., 2018b），結果として関係性が良好に維持されていく。ビッグファイブにおいては，開放性や協調性で知覚された類似性が顕著に生じやすいが，その他の特性は生じにくいようである（McCrae et al., 2008）。また，親密になるほど二者の環境や経験が似てくることで，行動パターンが類似していくことも，知覚された類似性に影響している可能性がある。たとえば，恋人同士や友人同士は，Facebookで「いいね」を押す記事の内容や言語使用のスタイルが似てくる（Youyou et al., 2017）。このような行動や言語使用の類似性が反映され，ビッグファイブのような全体的特性が類似していると知覚される可能性もある。

■ 3. 接近・回避動機づけと友人関係や恋愛関係

3-1 対人関係における接近・回避動機づけ

　私たちには，他者との親密な関係を形成し維持したいという基本的な動機づけが備わっている。しかし，このような動機づけには個人差が存在する。その個人差の基本分類の一つとして接近－回避次元による分類がある。具体的には，他者との親密さなど対人関係におけるポジティブさに近づこうとする接近動機づけと，他者との対立や他者からの拒絶など対人関係におけるネガティブさを避けようとする回避動機づけである。

　対人関係における接近動機づけと回避動機づけは，私たちの対人関係のあり方にさまざまな影響を与える。たとえば，恋人や配偶者がいる人々は，いない人々よりも，幸福感が高くなりやすい傾向にあるが，ギルムら（Girme et al., 2015）はその傾向が接近動機づけや回避動機づけの強さによって異なることを示した。具体的には，回避動機づけが強い人は，恋人や配偶者がいないことによって親しい対人関係でのネガティブな出来事を経験しにくくなるため，幸福感が高くなりやすかった。

　このように接近動機づけや回避動機づけは，対人関係に大きな影響を与える。図6-1 は，対人関係における接近・回避動機づけの影響を示したモデル（e.g., Gable & Gosnell, 2013）である。接近動機づけは，対人関係によって得られるポジティブさの有無と関連する結果（親密さや成長など）によって，相手との関係性や本人の精神的健康に影響する。一方，回避動機づけは，対人関係によって生じるネガティブさの有無と関連する結果（安心や信頼，対立など）と関連することによって，相手との関係性や本人の精神的健康に影響する。以降は，接近動機づけや回避動機づけが友人関係や恋愛関係の形成や維持に果たす役割について，このモデルに基づき紹介していく。

3-2 接近・回避動機づけと友人関係の形成

　接近動機づけは対人関係における親密さを得ようとする動機づけである。そのため，接近動機づけが強い場合，新しい対人関係の形成に積極的になりやすい。一方，回避動機づけは対人関係における拒絶を避けようとする動機づけである。そのため，

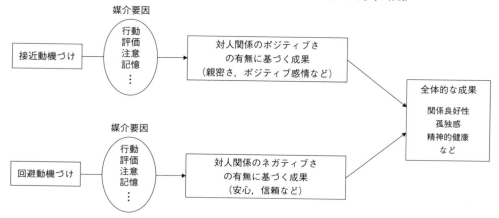

図 6-1　接近・回避動機づけのモデル（Gabel & Gosnell, 2013 を参考に作成）

回避動機づけが強い場合，拒絶を避けるために新しい対人関係の形成に慎重になりやすい。相馬・磯部（2017）では，大学新入生を対象に，接近・回避動機づけが友人関係の形成に果たす役割が検討された。その結果，接近動機づけが強い人ほど，1か月後に接近的な相互作用（相手とたくさんの面白いことや有意義なことをするなど）が多くなっていた。また，接近的な相互作用が多いほど1か月後に友人の接近動機づけが強くなり，友人間の接近動機づけの程度が類似するようになっていた。これらの結果から，接近動機づけの強さは，友人との積極的な相互作用を促進するだけではなく，友人間の積極的な相互作用を通して，友人間の接近動機づけを高いレベルで類似させていくことが示唆された。一方，回避動機づけでは，友人同士の回避動機づけが類似するプロセスは示されなかった。

　接近動機づけと回避動機づけがもたらす対人関係形成への積極性や慎重さは，相互作用において生起する感情や認知によってもたらされる。たとえば，見知らぬ人との相互作用において，接近動機づけの強い人はポジティブ感情を感じやすく，回避動機づけの強い人はネガティブ感情を感じやすい（Nikitin & Freund, 2010）。また，架空の人物が書かれたエッセイを読んだとき，接近動機づけの強い人は登場人物のポジティブな特徴に，回避動機づけが強い人は登場人物のネガティブな特徴に注目し，それを記憶したり想起したりしやすい（Strachman & Gable, 2006）。さらに，接近動機づけは他者からの受容を，回避動機づけは他者からの拒絶を個人的要因や変化しにくい要因に帰属し，別な場面でも同様のことが生じると考えやすい（Schoch et al., 2015）。このように，接近動機づけと回避動機づけは，それぞれが異なるプロセスによって友人関係の形成に影響している。

3-3　接近・回避動機づけと恋愛関係の形成

　恋人探しの場面においても，接近動機づけや回避動機づけの影響がみられる。ニキティンら（Nikitin et al., 2019）は，接近動機づけや回避動機づけがスピードデーティングへの参加意向と関連するかを検討した。その結果，接近動機づけが強い人は，相手からの受容や好意といったポジティブな結果を予期し，スピードデーティングへの参加意向が高くなっていた。一方，回避動機づけの強い人は，相手からの拒否や無関心といったネガティブな結果を予期し，スピードデーティングにおける参加意向が低くなっていた。これらの結果から，スピードデーティングという恋人探しの場においても，接近動機づけは新しい恋人を探す積極性と関連し，回避動機づけは新しい恋人を探すことへの慎重さと関連することが示唆される。

　ただし，接近動機づけの強い人が，常に新しい恋愛関係の形成に積極的であるとは限らない。マッティングリーら（Mattingly et al., 2012b）は，接近動機づけの強さは，自己拡張の機会がある場合に，新しい関係の形成を望むことと関連することを明らかにしている。自己拡張とは，新しい関係の形成によって，新たな知識や人脈の獲得，新しい自己概念を形成といった自分が拡張される経験をすることである。マッティングリーらの結果は，接近動機づけが強い人は，自己拡張を期待できる相手であれば新しい恋愛関係の形成をより強く望みやすかった。つまり，接近動機づけの強い人にとって，自己拡張ができるというポジティブな結果を期待できる相手は魅力的であるのに対し，自己拡張が期待できない相手は魅力的ではなく，その相手との恋愛関係の形成に積極的になりにくいのである。

3-4　接近・回避動機づけと恋愛関係や友人関係の維持

　友人関係の維持と恋愛関係の維持に対する接近・回避動機づけの影響には多くの共通点がみられる。たとえば，接近動機づけと回避動機づけは，異なる種類の関係を維持する行動を促す。友人を含む他者との対立において，接近動機づけは建設的に問題を解決しようとする行動と関連するのに対し，回避動機づけは葛藤を回避したり，相手に服従したりする行動と関連する（吉田・中津川，2013）。同様に，恋人との対立において，接近動機づけは建設的な対処を行うことと関連するのに対し，回避動機づけは恋人の利益のために自分の利益を犠牲にする行動（自己犠牲；sacrifice）と関連する（Mattingly et al., 2012a）。葛藤を建設的に解決しようとする行動は，自他双方に利益のある解決によって対立の解決を目指す行動であり，関係の進展に寄与する可能性がある。そのため，接近動機づけと関連するのであろう。一方，自己犠牲は自分の利益を犠牲にするという点でコストのかかる行動であり，他者との対立を避けることに寄与する。そのため，対立を避けようとする回避動機づけと関連するのであろう。

　接近動機づけや回避動機づけが関係を維持する行動と関連する際に，感情経験が重要な役割を果たす。恋愛カップルが互いの長所や短所について対話する場面（Lin et al., 2019）において，接近動機づけの強い人は，ポジティブ感情が親密さのシグナルになり，関係を維持する行動をしやすかった。それに対して，回避動機づけが強い人は，ネガティブ感情が関係悪化のシグナルになり，関係を維持する行動をしやすかった。また，接近動機づけの高さは，パートナーのポジティブ感情を引き起こし，パートナーの関係満足度を高めるという個人を超えたパートナー間の影響過程も示されている（Impett et al., 2010）。接近動機づけと回避動機づけはそれぞれ異なる過程によって感情を生起させ，異なる過程で関係維持に寄与していると言えるであろう。

　同じ関係維持行動でも，その行動が接近動機づけと回避動機づけのどちらによって実行されるかによって，その行動がもたらす結果は異なる。たとえば，自己犠牲が「恋人に幸せになってほしいから」などの接近動機づけによって行われた場合，関係は良好になり自分の幸福感も高くなる（Impett et al., 2005a）。しかし，自己犠牲が「罪悪感を感じたくないから」などの回避動機づけで行われた場合，パートナー間の対立は増え，幸福感は低くなる（Impett et al., 2005a）。したがって，接近動機づけによって行われる関係維持行動は関係を良好にするが，関係の悪化を避けようとする回避動機づけによって行われる関係維持行動は皮肉にも関係を悪化させてしまうおそれがある。

　接近・回避動機づけは，関係維持に関わる認知的側面にも影響を与える。たとえば，ゲーブルとプーア（Gable & Poore, 2008）は，10日間の日記法を用い，接近・回避動機づけと関係満足度の関連を検討した。その結果，接近動機づけが強い人は，日常的に相手に愛情を感じることが多いほど，関係満足度が高くなっていた。一方，回避動機づけの強い人は，日常的に恋愛関係内での不安を感じない程，関係満足度が高くなっていた。この結果は，接近動機づけの強い人にとって恋愛関係においてポジティブな経験の多さが重要であるのに対し，回避動機づけが強い人にとってネガティブな経験の少なさが重要であるという，接近動機づけと回避動機づけが関係評価過程に与える影響の違いを表している。

　これらの接近動機づけと回避動機づけが対人関係の維持に与える影響は独立したプロセスであり，直面する状況によって，どちらの動機づけが強く影響するかは異

なる。しかし，状況次第では，どちらの動機づけの影響も強くなることもある。ニキティンとフレウンド（Nikitin & Freund, 2010）では，見知らぬ人と相互作用する場面において，接近動機づけと回避動機づけのどちらも強い人は，相互作用後に幸福感や楽しさを感じると同時に，緊張も感じるというアンビバレントな感情経験をしていた。このような接近動機づけと回避動機づけの組み合わせの効果は十分に検討されておらず，今後の検討が期待される。

　また上述したように回避動機づけは，対人関係の形成や維持に悪影響を与える可能性がある。しかし，対人関係において悪い結果を予期し，不安を感じやすい人（防衛的悲観主義者）は，対人関係においてポジティブな予期をしやすい人（楽観主義者）よりも，ネガティブな結末を予期させた後の会話でストレスを感じにくいことを示す研究もある（Shimizu & Nakashima, 2017）。回避動機づけとは異なる概念であるが，この結果をふまえれば，回避動機づけが適応的に機能する状況も存在すると考えられる。この点も今後の検討課題と言えよう。

4.「キャラ」としてコミュニケーションに用いられるパーソナリティ

　日常生活で「あの人はだらしない」などのように人物の特徴が述べられることがある。このような場面では，ある人物の行動パターンを記述し，その人物をラベルづけするために，パーソナリティが素朴に用いられている。このことから，パーソナリティと対人関係について考えるとき，どのようなラベルづけがなされ，そのラベルがどのようにコミュニケーションに用いられるかを考えることは示唆に富む。

　パーソナリティがラベルづけのために用いられている例として，キャラが挙げられる。千島・村上（2015, 2016）は，友人関係において，パーソナリティがキャラとして扱われる功罪を明らかにしている。たとえば，千島・村上（2015）は，友人とコミュニケーションにおいて，友人関係における役割を反映したキャラや，本人のパーソナリティに基づくキャラなど，多様なキャラが用いられていることを示した（表6-2）。また，キャラがあることによって，コミュニケーションが円滑になったり，居場所を獲得したりできるメリットがあることも明らかにされた。

　しかし，キャラを付与されることには，言動が制限されるなどのデメリットも存在する。千島・村上（2015）では，キャラを付与されることで「キャラがあることでイメージが固定される」や「キャラに合った行動しかとれなくなる」などのデメリットを感じ，そのストレスによって，友人関係の満足感が低くなりやすいことが示唆された。また，千島・村上（2016）では，特に中学生において，自分に付与されたキャラに合った行動を取ることが，自尊感情や本来感を低下させることが示唆

表6-2　友人関係におけるキャラの例（千島・村上，2015より作成）

友人関係における役割に基づくキャラ	本人の性格特性に基づくキャラ
・いじられ ・お笑い（お笑い，ボケ，お調子者など） ・家族（おやじ，お母さん，妹など） ・ツッコミ（ツッコミ，毒舌など）	・へたれ（へたれ，うざなど） ・いやし（ゆる，なごみ系，ほのぼのなど） ・変人（不思議，宇宙人など） ・天然（天然） ・幼稚（どじっこ，萌など） ・真面目（真面目，クールなど） ・ツンデレ（ツンデレ，小悪魔） ・体育会系（体育会系，筋肉）

注. カッコ内は具体的に挙げられたキャラ。

された。

　これらの結果から，友人関係におけるキャラは，コミュニケーションを円滑にするなどのメリットがある反面，キャラに囚われることで苦痛を感じさせるおそれもあると言えよう。キャラ以外にも，私たちがパーソナリティを用いたラベルづけをし，コミュニケーションに用いていることは多々あると考えられる。このようなパーソナリティの用いられ方を捉えることも，友人関係におけるパーソナリティの役割を理解するためには有益であろう。

5. おわりに

　本章では，ビッグファイブや接近・回避動機づけに焦点を当て，友人関係や恋愛関係の形成や維持におけるパーソナリティの役割について考えてきた。しかし，特にビッグファイブは友人関係や恋愛関係のさまざまな側面と関連するものの，その影響力は大きいとは言えないのも事実である。友人関係や恋愛関係に関連するパーソナリティは，自己愛，マキャベリアニズム，サイコパシー，サディズムといったダークなパーソナリティ，生涯発達的な視座を提供するアタッチメントなど数多い。これらのパーソナリティは，親密な対人関係に対する影響がそれぞれ検討され，興味深い知見を提出している。

　親密な関係は社会的ネットワークの一部として存在する。そのため，たとえ恋愛関係や夫婦関係のような排他的な二者関係であっても，自分とパートナー以外の他者の影響は無視できない。友人関係にせよ恋愛関係にせよ，親密な関係におけるパーソナリティの役割を考える際には，二者関係の特徴や二者関係が存在する社会的ネットワークの影響を無視してはならないであろう。親密な関係におけるパーソナリティの役割を考える際には，二者に留まらないより広い範囲の対人関係を考慮することが必要である。

　また，友人関係や恋愛関係などの親密な関係は，二者がどのような相互作用を展開し，どのような関係を形作ってきたか，どのように意味づけているかによって，関係の個別性がみえてくる。そこでは，パーソナリティがどのような役割を果たしているのかについても個別性が存在するであろう。それぞれの友人関係や恋愛関係がもつ個別性をふまえた研究も興味深い知見をもたらすと考えられる。私たちは，「そもそもパーソナリティとは何か」や「親密な関係とは何か」について考えながら，親密な関係とパーソナリティの関連を考えていく必要がある。

Column 6

恋人を欲しいと思わない若者たち

　青年期（10代から20代半ばごろ）は，人生のなかで最も異性に関心をもち，恋愛関係を構築しようとする時期とされている。一方，2000年代に入り，恋愛に対して消極的な若者や恋人を欲しいと思わない若者の存在が指摘されるようになってきた。国立社会保障・人口問題研究所（2022）の調査では，婚約者・恋人・異性の友人がおらず，「特に異性との交際を望んでいない」と回答した者（18〜34歳の未婚者）が男性で33.5%，女性で34.1%みられている。また，髙坂（2013）や中村（2018）が大学生や短大生を対象に行った調査では，対象者の20%程度が「恋人を欲しいと思っていない」と回答している。恋人がいる大学生が30〜35%であることを考えると，「恋人を欲しいと思っていない」者が決して少数派ではないことがわかる。

　では，恋人を欲しいと思わない若者はなぜ恋人を欲しいと思わないのであろうか。内閣府（2021）が行った調査によると，20代男女の20〜30%程度が「恋愛よりも趣味を優先したい」や「恋愛は面倒だと感じる」，「恋愛することに自信がない」などの理由を選択している。また，髙坂（2013）は恋人を欲しいと思わない大学生を対象に調査を実施し，恋人を欲しいと思わない理由として，「恋愛による負担の回避」「恋愛に対する自信のなさ」「充実した現実生活」「恋愛の意義のわからなさ」「過去の恋愛のひきずり」「楽観的恋愛予期」という6因子を見出している。また，この6因子をもとに恋人を欲しいと思わない青年を「積極的回避型」「自信なし型」「ひきずり型」「楽観予期型」の4つのタイプに分類している（髙坂，2018）。これら4つのタイプについてアイデンティティの比較を行ったところ，自信なし型はアイデンティティ得点が極めて低かったが，積極的回避型は平均的であり，楽観予期型は恋人がいる者と同じ程度に高い得点を示していた。髙坂（2018）などから，恋人を欲しいと思わない青年と一言で言っても，そこには自信をもち日々の生活に積極的に取り組む者もいれば，対人関係に自信がなく回避的な関わりをもつ者がいるなど，多様な青年の姿があることが示されている。

　恋愛に高い価値を置くとされる日本では（小谷野，1999），「恋人を欲しいと思わない」ということは，時にネガティブに評価されることがある。しかし，恋人を欲しいと思わない青年のなかにも多様なタイプが存在し，また人生を通してみたときに，恋愛しない／恋人がいない生き方があるということも尊重されるべきなのではないだろうか。

第**7**章

対人関係（家族）

0. 家族とは

> 　家族とは何だろうか。血のつながりがあれば家族と言えるのだろうか。時間
> と空間を共有し，一緒に暮らすことが家族を意味するのか。あるいは，そこに
> 心理的な絆がなければ，家族とは呼べないのだろうか。

　家族の捉え方は，時代とともに移り変わってきた。一概に家族と言っても，おそ
らく私たちがもつ家族のイメージは，個々人で異なっているはずであろう。にもか
かわらず，私たちの多くが生まれて初めて直面する対人関係は，家族なのである。
本章では，そのような家族をテーマに話を進めていく。まずは，家族になること，
すなわち結婚について解説を行っていくことにしよう。

1. 家族になる―結婚

1-1　恋愛から結婚へ

　現代では多くの人が，結婚には恋愛が不可欠な要素であると考えているのではな
いだろうか。つまり，結婚へと至るプロセスというのは，恋に落ちた2人が，お互

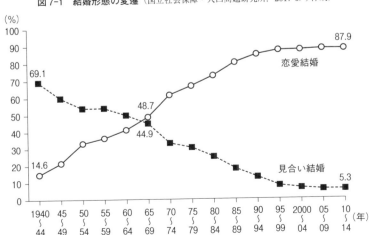

図7-1　**結婚形態の変遷**（国立社会保障・人口問題研究所，2017 より作成）

いに付き合うという認識のもとに恋愛関係を結び，一定の交際期間を経た後に結婚するというのが一般的な考え方であろう。しかしながら，好きな相手と付き合って，その後に結婚するという恋愛結婚が，結婚のプロセスの主流となったのは，実は，ここ 50 年程度のことである。1960 年代後半までは，恋愛結婚ではなく，見合い結婚が結婚の形態の主流だったが，それ以降は，恋愛結婚の割合が増している（図7-1）。つまり，結婚へ至る主流なプロセスは時代とともに変化しており，現代は，結婚をするためには，その相手を恋愛によって自分で見つけなければならない時代なのである。

1-2　結婚への道のり

　恋愛結婚では，結婚に至るためには，当然ながら，恋愛関係を形成し，それを維持していく必要がある。国立社会保障・人口問題研究所（2017）によれば，初婚同士のカップルが恋愛を経て結婚するまでの平均交際期間は 4.55 年であり，約 30 年前（1987 年では，3.15 年）と比較しても 1 年以上も長くなっている。つまり，たとえ恋愛関係を形成したとしても，それが結婚へとたどり着くためには，長期間，関係を継続させていく必要があると言える。

　恋愛関係の継続性は，関係満足度や双方の愛情，交際期間といった関係の要因と関連するのみならず，個人の性的関係や恋愛への態度といったパーソナリティ特性と関連する要因からも影響を受けることが知られている。たとえば，性的関係に対する開放性の高さ（これまでの性的経験の多さや付き合っていない状態で性的関係をもつことへの肯定的態度）や親密性回避の高さ（他者と親密な関係を築くことを忌避する傾向）といった特性は，恋愛関係を崩壊へと向かわせやすい（Le et al., 2010; Simpson, 1987）。また，恋愛関係や対人関係で不安を抱きやすい者や恋人との出会いを運命的なものだと感じやすい者（運命信念をもつ者）も，恋愛関係をうまく維持できないことが報告されている（Downey et al., 1998; Le et al., 2010）。

　では，結婚へ至ることにパーソナリティ特性は関与しているのだろうか。7,000人を超えるアメリカの大規模調査では，平均年齢約 40 歳の回答者に関して，結婚経験のある者とない者のパーソナリティ特性を比較した結果，結婚経験のある者は，ない者に比べて，男女ともに疎外感が低く，社交性が高い傾向にあった。また，男性では，結婚経験のある者は，社会的能力（決断力・説得力）や達成への意欲（勤勉・根気強い）が高いとともに攻撃性も高く，女性では，結婚経験のある者の方が，危険を避けようとする傾向が強いことが示されている（Johnson et al., 2004）。もちろん，結婚によってパーソナリティ特性が次第に変化していく可能性もあるため，この研究結果からだけでは，それらのパーソナリティ特性が結婚を促進・阻害する要因とまでは明言できないものの，個人のパーソナリティ特性が結婚と結びついていることを示唆する知見と言えるだろう。

1-3　晩婚化と未婚化・非婚化

　晩婚化あるいは未婚化・非婚化という言葉がマスメディアを賑わすようになってから久しい。晩婚化とは，初婚（初めての結婚）の平均年齢が以前と比べて年々高くなっている傾向のことを指し，また，未婚化・非婚化とは，以前と比較して結婚しない人が年々増加している傾向のことを指す[1]。初婚の平均年齢は，この 50 年間

1）未婚化・非婚化については，結婚する意思はあるが結婚していないことを未婚，結婚する意思がなく結婚しないことを非婚と区別する場合もある。

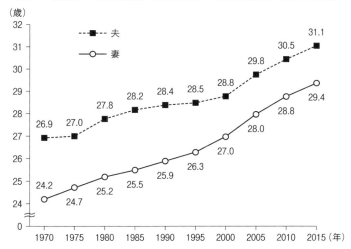

図 7-2　初婚の平均年齢の推移 （国立社会保障・人口問題研究所，2020 より作成）

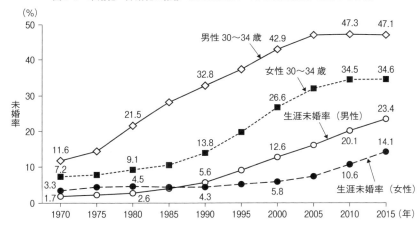

図 7-3　未婚化・非婚化の推移 （国立社会保障・人口問題研究所，2020 より作成）

で，男性で約 4 歳，女性で約 5 歳上昇しており（図 7-2），晩婚化はかなり進行していると言えよう（国立社会保障・人口問題研究所，2020）。

　未婚化・非婚化に関しては，図 7-3（国立社会保障・人口問題研究所，2020）をみると，現在，30 歳〜34 歳の男性の約半数が，女性の約 3 人に 1 人が結婚していないことがわかる。さらに，生涯未婚率（50 歳の時点で一度も結婚をしたことのない人の割合）についても 1990 年以降は上昇の一途を辿っており，現在，男性の約 4 人に 1 人，女性の約 7 人に 1 人が生涯結婚しない状況になっている[2]。

　晩婚化や未婚化・非婚化は，少子化や貧困，高齢者介護といった現在の日本が抱える大きな問題とも密接に関連しており，社会的な問題として認知されるべきものであろう。ただし，それらの背景にどのような個人差要因が存在しているのかについては，パーソナリティ心理学が十分にアプローチしていけるものと言えるだろう。

2）50 歳を超えて初めて結婚する人もいるが，その割合は非常に少ないため，数値的には大きな齟齬はないと言える。

■ 2. 夫婦関係を営む―より良い関係の構築

2-1　結婚の質と結婚満足度

　別々の生活スタイルで暮らしていた 2 人が，結婚を機に一緒に住み始め，空間や時間を共有するというのは，そう簡単なことではないだろう。それまで仲の良かったカップルであったとしても，時にぶつかったり，いがみ合ったりすることがあるかもしれない。では，結婚したカップルは，自身の結婚生活をどう評価し，それはどのように変化していくのだろうか。同一の回答者を 10 年間にわたって追いかけた縦断調査（Kurdek, 1999）の結果からは（図 7-4），結婚の質（marital quality; 結婚満足度，愛情表出度，夫婦の心理的結びつきなどを含む指標）は，夫婦ともに 10 年間を通して次第に下降していくこと，特に，結婚後からの 4 年間でかなり下降することが示されている。つまり，結婚の質は，結婚した後すぐに劣化が始まってしまうのである。

　これまでの研究では，結婚の質のなかでも，特に結婚満足度に焦点を当てたものが数多くあり，結婚満足度はさまざまな要因から影響を受けることが知られている。たとえば，お互いに対するポジティブな行動，夫婦間での態度・意見の類似性，性的満足度の高さは，結婚満足度を高めやすく，反対に，お互いへのネガティブな行動，ストレスや結婚期間の長さは，結婚満足度を低めやすい（Karney & Bradbury, 1995）。また，子どもが生まれて親になることで結婚満足度は低下すること（Hirschberger et al., 2009），夫婦の収入の低さが結婚満足度の低さに結びついていることなどが報告されている（Dean et al., 2007）。

　さらに，結婚満足度は，夫婦のパーソナリティ特性からも影響を受けており，たとえば，夫婦間のパーソナリティの類似性は結婚満足度を高めることが知られている（Karney & Bradbury, 1995）。また，結婚満足度とビッグファイブ（外向性，情緒不安定性，調和性，誠実性，開放性）との関連について検討を行った研究では，情緒不安定性の高さ，ならびに調和性と誠実性の低さが，結婚満足度の低さにつながりやすいことが示されている（Gattis et al., 2004）。新婚の夫婦ペアを 4 年間追いかけた縦断研究では，夫のナルシシズム傾向は，夫婦双方の結婚満足度と関連を示さないが，妻のナルシシズム傾向の高さは，夫婦双方の結婚満足度の低下を予測することも報告されている（Lavner et al., 2016）。ただし，近年の研究では，結婚

図 7-4　結婚の質の 10 年間の推移（Kurdek, 1999 より作成）

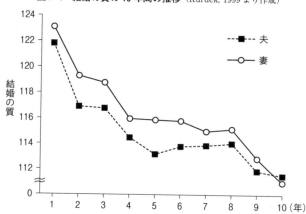

によってパーソナリティ特性自体が変化することを報告するものもあり，結婚後1年半の間に，妻と夫ともにビッグファイブの調和性が低下すること，また，妻は情緒不安定性と開放性が低下し，夫は外向性が低下，誠実性が上昇することが示されている（Lavner et al., 2018）。

2-2　DV（ドメスティック・バイオレンス）

　DV（ドメスティック・バイオレンス）とは，家庭内での暴力全般のことを指す言葉ではあるが，特に，配偶者もしくはパートナーに対する暴力という意味で使用されることが多い。2001年に「配偶者からの暴力の防止及び被害者の保護等に関する法律（DV防止法）」が施行されて以来，警察へのDVの相談件数は増加の一途をたどっており，令和元年（2019年）には10年前の約3倍にまで達し，8万件を超えて過去最多となっている（警察庁，2020）。

　内閣府男女共同参画局（2018）の調査によれば（表7-1），配偶者から「身体的暴行」「心理的攻撃」「経済的圧迫」「性的強要」のいずれかのDV被害経験があるという人は，女性で約3人に1人（31.3%），男性で約5人に1人（19.9%）にも上り，その割合はかなり高いと言えるだろう。

　では，どのような要因がDVの加害を増大させるのだろうか。これまでさまざまな要因についての研究がなされてきたが，たとえば，幼少期の虐待経験や両親間の関係の悪さ（両親間の暴力を含む），アルコールや薬物の乱用，教育レベルや収入の低さといった要因は，DV加害を増大させることが知られている（Capaldi et al., 2012; Costa et al., 2015）。さらに，パーソナリティ特性に目を移せば，自尊感情の低さ（特に女性において）や抑うつ傾向の高さもDV加害を増大させる（Capaldi et al., 2012; Ruddle et al., 2017）。

　また，DVの加害者と言うと，多くの人は，屈強で気の荒そうな人を思い浮かべるかもしれないが，必ずしもそうではない。そのような攻撃性の高い人もDVを行いやすい（Costa et al., 2015）が，自分に自信がなく親密な相手から見捨てられることに過度の不安を感じている人（関係不安の高い人）もまた，DVを行いやすい。夫婦ペアを対象に実施された調査（金政ら，2017）では，図7-5に示したように，パーソナリティ特性としての関係不安の高い人は，配偶者に対して監視や束縛，脅しなどのDV行為を行いやすいこと，また，それは配偶者から自分が受け入れられていないという感覚を通して起こりうるものであることが示されている。つまり，気が弱そうな人だから，自信がなさそうな人だから，DVをすることはないだろうという思い込みは厳禁と言うことができるだろう。

　家族というのは排他性が高い関係性である。つまり，家族が生活する空間から，

表7-1　DV被害経験率
（内閣府男女共同参画局，2018より作成）

	女性	男性
DV被害全体	31.3	19.9
行為別		
身体的暴力（殴る，蹴る，物を投げつける等）	19.8	14.5
心理的攻撃（人格の否定，監視，脅迫等）	16.8	10.0
経済的圧迫（生活費を渡さない，お金を勝手に使われる等）	10.0	2.9
性的強要（性的行為を強要される，避妊に協力しない等）	9.7	1.5

注．表内の数値は，DV被害経験に関して「1，2度あった」「何度もあった」と回答した人を合算した割合（%）である。

図 7-5 関係不安と配偶者への DV 行為との関連 （金政ら，2017 より作成）

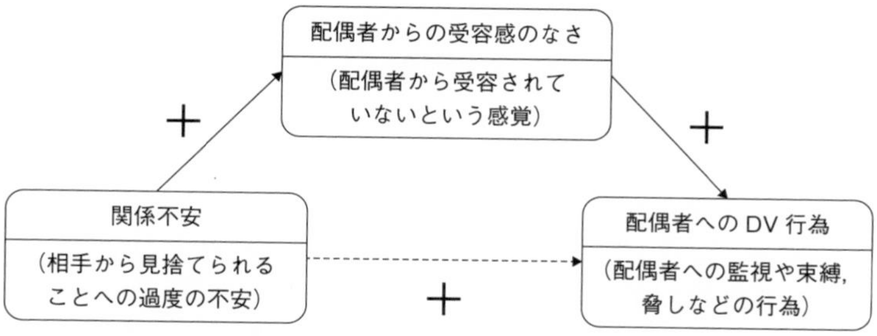

"関係不安" と "配偶者への DV 行為" は正の相関を示すが，その関連は
"配偶者からの受容感のなさ" によって媒介される。

注．"関係不安" と "配偶者からの受容感のなさ" は本人の回答，"配偶者への DV 行為" はその配偶者の回答である。

家族以外の他者を排除し，そこに介入することを拒むような力が働きやすい（第三者が無許可で家庭に上がり込むようなことは，普通，容認されないだろう）。それゆえ，家庭内で起こっていることは，他人からはどうしても見えづらくなってしまう。DV も，当事者からの申告がない限りは，なかなか外部に露見しづらく，周りの人たちからも認識されていない可能性があることには，留意する必要があるだろう。

■ 3. 子育てをする―次世代への橋架け

3-1 アタッチメントとアタッチメント関係

　生物学的な観点からみた場合，私たちが家族を形成するのは，次世代の生命，すなわち子どもの生存率を高めるためであると言える。人間の子どもは，非常に未熟な状態で生まれてくるため，養育者（多くの場合は，親）からの世話や養護なしに生き残ることは限りなく不可能に近い。それゆえ，子どもの生存のためには，子どもと子どもに世話や養護を提供する養育者とを互いに物理的に結びつけておく心理的な絆が必要不可欠となってくる。そのような養育者と子どもとの間に形成される心理的な絆が，アタッチメントである。

　二者間に強い心理的な結びつきが形成される子どもとその養育者のような関係は，アタッチメント関係と呼ばれる。アタッチメント関係には，表 7-2 に示した 4 つの特徴があるとされており，逆に言えば，それら 4 つの特徴を満たすような関係がアタッチメント関係なのである。

　アタッチメント関係の 4 つの特徴は，それぞれが互いに関連し合っている。近接

表 7-2 アタッチメント関係の 4 つの特徴

子どもの行動と特徴	
近接性の探索	養育者に近づいて身体的なふれあいを求める。また，それを維持しようとする。
分離苦悩	養育者と離ればなれになることに対して，泣く，叫ぶなどの抵抗を示して不安や苦悩を表す。
安全な避難所	身体的または心理的な危険に直面すると，養育者のもとに逃げ込み，安心感を得ようとする。
安全基地	養育者から安心感を提供されることで，自らの好奇心を満たすための探索行動などが活発になる。

性の探索と分離苦悩は，表裏一体のような関係で，近接性の探索が阻害された場合，分離苦悩が引き起こされる。また，安全な避難所と安全基地は，対となる機能と考えることができ，子どもは養育者から安心感を得ることで活発に探索行動を行うことができるが（安全基地），養育者から遠ざかりすぎたり，不安や恐れを感じたりした場合には，子どもは養育者のもとに逃げ込み，安心感を獲得しようとする（安全な避難所）。

　ボウルビィ（Bowlby, 1969/2000, 1973/2000）によって提唱されたアタッチメント理論では，子どもの発達におけるアタッチメント関係の重要性を強調する。子ど

Column 7
アタッチメント形成を促進させる生得的なシステム

　図1を見ていただきたい。あなたは，aとbの顔のどちらをかわいいと思うだろうか。おそらく，多くの人は，aの方がかわいいと思うではないだろうか。それはどうしてだろう。実は，aの顔は，乳幼児の顔の特徴をもっている。顔の輪郭が丸く，おでこが広く，目も大きくて，目鼻口が顔の中心に寄っている。私たちは，このような乳幼児的な特徴をもつ顔に対して，本能的にかわいいという感情を抱きやすく，また同時に，その対象に近づきたい，あるいは守ってあげたいと思いやすい。これは，子どもとの間にアタッチメントを形成させやすくするために，人が心に宿したシステムの一つであると考えられている。

　また，そのようなアタッチメントの形成を促進させるシステムは，大人だけでなく，子どもの方にも備わっている。たとえば，生後間もない乳児は，人の顔が描かれた図形を，他の図形よりも長く注視することが知られており，これは，乳児が他の図形よりも人の顔を好む傾向があることを意味する（Fantz, 1963）。さらに，乳児は，図2の左の人の顔のようなパーツ配置がなされている図形を，その逆の配置がなされている右の図形よりも好みやすく，また，それは生得的な特性であるとの報告もある（Buiatti et al., 2019）。このように，私たち人は，特定の他者との間にアタッチメントを形成するよう設計されて生まれてくるのである。

図1　乳児の特徴ともつ顔（a）と大人の特徴をもつ顔（b）
　　　（金政，2009）

図2　人の顔のようなパーツ配置がなされた
　　　図形（左）とその逆の配置がなされた図形
　　　（右）（Buiatti et al., 2019 を参考に作成）

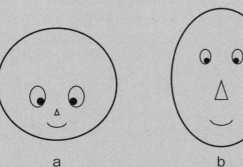

もと養育者との間に形成されるアタッチメントは，子どものパーソナリティや社会性の発達に対して多大なる影響を与えるというのである。

3-2　アタッチメントの個人差

　アタッチメントは，先に述べたように，人にとって生得的な特性ではあるものの，子どもと養育者との長期的な相互作用（やり取り）のなかで，個人差が生まれてくる。たとえば，養育者が子どもを情緒的に受け入れ，子どもの要求に適切に応答している場合，子どもは次第に他者（養育者）のことを「信頼できる，頼れる存在」と捉えるようになるであろう。それは同時に，子どもが自分自身のことを「養護され，愛される価値のある存在」として認識することにもつながっていく。このような他者や自分自身に対する信念や期待は，内的作業モデルと呼ばれる。上記の場合，子どもの安心感は満たされ，養育者に対して安定的なアタッチメントを形成することになる。これが安定型と呼ばれるアタッチメントタイプである。

　しかしながら，養育者が子どもを情緒的に受け入れていなかったり，子どもの要求に適切に応答していなかったりする場合，子どもは次第に他者（養育者）を「信頼できない，頼れない存在」として認識しやすく，また，自身のことも「愛されるに値しない存在」と考えるようになりやすい。この場合，子どもは安心感を獲得することができず，養育者に対して不安定なアタッチメントを形成してしまう可能性が高まる。その際，子どもは，自身の安心感を充足するために，大きく 2 つの方略を取ることが知られている。その一つは，養育者の注意や関心を自分に向けさせることを目的に，不安や怒りといったネガティブ感情を過度に表出しようとする方略である。つまり，泣いたり，叫んだり，駄々をこねたりすることで，子どもは養育者の注意や関心を自身に引きつけようとする。このようなアタッチメントのタイプは，アンビバレント型と呼ばれる。もう一つの方略は，安心感のよりどころを養育者に求めることを諦めるというものである。上記のアンビバレント型のようにネガティブ感情を過度に表出することは，時として，養育者からのさらなる拒絶を招く恐れがある。それゆえ，そのような事態を避けるために，子どもは養育者への興味を低減させ（あるいは，そのように見せかけるように），自身の感情表出を抑制するのである。これが回避型と呼ばれるアタッチメントタイプである。

　エインズワースら（Ainsworth et al., 1978）は，上記のようなアタッチメントタイプを分類するために，ストレンジ・シチュエーション法という観察手法を開発している。ストレンジ・シチュエーション法では，子どもにとって初めての場所である実験室で，母親との分離，見知らぬ他者との出会い，母親との再会を繰り返す。

表 7-3　ストレンジ・シチュエーション法における 3 つのアタッチメントタイプ
（Ainsworth et al., 1978 より作成）

アタッチメントタイプ	子どもの主な行動	母親の特徴
安定型	母親が自分の近くにいる場合には，活発に探索行動を行う。母親と離れるときには強い抵抗を示すが，再会時には，母親をこころよく受け入れ，進んで近寄っていく。	温かく，感受性が豊かな
アンビバレント型	母親と離れる際には強い混乱や不安を見せる。また，再会時には母親に近づいては行くものの，怒りを表し，叩く，蹴るなどの行動をとって，母親をうまく受け入れることができない。	感受性が鈍く，一貫性に欠けることが多い
回避型	母親から距離を置いて，親密な接触を避ける傾向がある。母親と離れる際にも，あまり混乱や不安は見せず，また，再会時にも，母親にほとんど関心を示さない。	冷たく，あまり融通のきかないことが多い

そのようなストレス状況下での母親との分離時と再会時における子どもの行動など
を観察することで，アタッチメントの個人差の分類を行うというのである。ストレ
ンジ・シチュエーション法で分類される３つのアタッチメントタイプ（安定型，ア
ンビバレント型，回避型）の子どもと母親の主な特徴を示したものが表7-3である。
　このような子どもの行動パターンに基づいて分類されたアタッチメントタイプと
いうのは，先に触れた“他者（養育者）を信頼できる存在と見なすか否か”，また
“自身を愛される存在と認識するか否か”といった他者や自己に対する信念や期待，
すなわち，内的作業モデルが，行動として表出されたものと捉えることができる。
内的作業モデルは，対人情報に関する注意や認知にバイアスをかけるため，それ自
体が比較的変容しづらいという特徴をもっている。それゆえ，乳幼児期に養育者と
の相互作用において形成された内的作業モデルは，後の児童期や青年期，成人期の
対人関係のさまざまな側面にまで影響を及ぼすと考えられるのである。

3-3　子どもの適応を阻害する要因

　乳幼児期において，アタッチメントの形成が適切になされないと，あるいは，養
育者から愛情や養護を受ける機会が奪われてしまうマターナル・デプリベーション
（母性剝奪）を経験すると，子どもは深刻な心理的，身体的，生理的なダメージを受
けることが知られている。たとえば，生後すぐに育児放棄によって孤児院に入った
後，養子となった子どもは，実母に育てられた子どもと比較して，母親（実母と養
母）との身体的接触後のオキシトシンの増加量が少ないことが報告されている
(Fries et al., 2005)。オキシトシンは，サポートやケアを受けている際に分泌され
やすい脳内ホルモンであり，ストレスや痛みを和らげ，他者との良好な関係の構築，
維持に関与するとされる物質である。つまり，乳幼児期にアタッチメント形成の機
会が奪われることによって，後の対人関係が毀損される可能性があるというのであ
る。さらに，ルーマニアのチャウシェスク政権下で親に遺棄され（非常に苛烈な状
況下であったことから他の選択肢がなかった），孤児院に引き取られた子どもたちは，
養子となってから６年経った後でさえ，日常生活における唾液中のコルチゾール・
レベルが高かったことを示す研究もある (Gunnar et al., 2001)。コルチゾールは，
ストレス経験などによって分泌量が増加するホルモンであることから，この研究に
おいてもまた，アタッチメント形成の機会の逸失やネグレクトが，後のストレス経
験を増大させる可能性を示唆していると言えるだろう。
　当然のことながら，児童虐待も子どもの適応を阻害する。厚生労働省（2020）に
よれば，児童虐待は，表7-4のように大きく４つに分類される。児童相談所におけ
る児童虐待の相談件数は，平成30年度には16万件弱に達し，平成10年度からの
20年間で約20倍にまで増加している。また，児童虐待を行う者は，実母と実父で
９割近くになっており，さらに，実父以外の父親ならびに実母以外の母親の6.7%
を加えると，児童虐待は大多数が親からのものである。児童虐待は，それを受けた
子どもの脳に深刻なダメージを与え，子どもの社会性の発達を阻害することが知ら
れており（友田，2011），看過できない問題を孕んでいると言える。
　家族は，さまざまな危険なことがらから子どもを守るための防壁であり，また，
子どもにとって親や養育者はかけがえのない存在であろう。しかしながら，その家族
自体が，あるいは親や養育者自身が，時として子どもを傷つけてしまうこともある
のである。

表 7-4　児童虐待の種類と内容，相談件数（厚生労働省，2019a，2020 に基づき作成）

虐待の種類	虐待の内容	平成30年度の相談件数とその割合
身体的虐待	殴る，蹴る，叩く，投げ落とす，激しく揺さぶる，やけどを負わせる，溺れさせる等	40,239 件（25.2%）
ネグレクト	家に閉じ込める，食事を与えない，ひどく不潔にする，自動車の中に放置する，重い病気になっても病院に連れて行かない等	29,479 件（18.4%）
性的虐待	子どもへの性的行為，性的行為を見せる，ポルノグラフィの被写体にする等	1,730 件（1.1%）
心理的虐待	言葉による脅し，無視，きょうだい間での差別的扱い，子どもの目の前で家族に対して暴力をふるう（DV）等	88,391 件（55.3%）

4. 夫婦関係が終わる―離婚

4-1　夫婦関係の崩壊

　たとえ愛する2人が結婚したとしても，時間とともに関係に亀裂が入ることもある。その亀裂が修復不能なぐらいまで大きく広がれば，離婚という結末を迎えてしまうこともあるだろう。日本における離婚件数のピークは，2002 年の 28 万 9836 組で，その後，徐々に減少はしたものの，近年は横ばい傾向となっており，2019 年度には約 21 万組の夫婦が離婚している（厚生労働省，2019b）。ただし，20 年以上同居した後の離婚（明確な定義はないが，いわゆる熟年離婚と呼ばれるもの）に着目すると，全体の離婚数に対するその割合は年々上昇しており，2019 年で約 20%，

図 7-6　離婚の申し立ての動機とその件数（裁判所，2020 より作成）

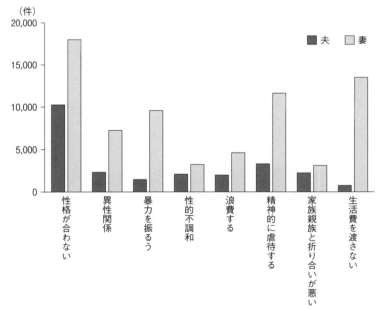

注．夫と妻の合計が 5,000 件を下回る動機ならびに「その他」「不詳」については，図に記載していない。また，元データには「申立ての動機は，申立人の言う動機のうち主なものを 3 個まで挙げる方法で調査重複集計した」との注記がある。

すなわち5組に1組にまでのぼっているのが現状である。家庭裁判所への離婚の申し立てについては，その約7割が妻からのものであることが知られており，また，離婚の申し立ての理由については，図7-6に示したように，夫妻ともに"性格が合わない"が最も多い（裁判所，2020）。

　先の「2-1　結婚の質と結婚満足度」の項でもふれたが，質の悪いあるいは満足度の低い結婚生活を続けていくことは，夫婦それぞれの健康状態をネガティブなものにするが，離婚もまた，それを経験した男女の精神的，身体的な健康状態を蝕む（Kiecolt-Glaser, 2018; Overbeek et al., 2006）。加えて，離婚は，将来的な健康状態をも予測し，特に男性の場合，離婚によって晩年の死亡リスクが高まることが示されている（Bulanda et al., 2016）。また，離婚は，夫婦のみならずその子どもにもダメージを与える。両親の離婚を経験した子どもは，両親の離婚を経験しなかった子どもよりも，後の成人期において，教育を受けた年数が短く社会的なネットワークが少ないこと，さらに，自身の結婚も離婚に終わってしまう可能性が高いことが報告されている（Larson & Halfon, 2013; Tucker et al., 1997）。不和になってしまった夫婦関係を継続することも，また離婚に踏み切ることも，どちらも非常につらい選択だと言うことができるだろう。

4-2　関係葛藤への対処

　親密な関係であったとしても，一度ネガティブな方向に向かった関係を軌道修正するのは難しい。いや，むしろ親密な関係であるからこそ，歯車が狂い出すと，感情が激しくぶつかってしまうこともある。

　私たちは，対人関係のさまざまな情報を，もともと自分がもっている信念や期待（「3-2　アタッチメントの個人差」の項を参照），感情に沿うようにバイアスをかけてみてしまう傾向がある。たとえば，他人から嫌われることに不安を感じている人は，他者のネガティブな表情にばかり目が向き，さらに，ネガティブ表情をよりネガティブに捉えてしまう傾向がある。また，嫌いな人が親切な行いをしていたとしても，それを好意的に解釈するのは難しいだろう（嫌いな人が電車内で老人に席を譲っているのを見たとしても，多くの人は「偽善者だ」と考えるのではないだろうか）。それゆえ，葛藤や対立によって関係がこじれてしまった場合，相手の行動や言葉にネガティブなバイアスをかけてしまうため，いくら関係を修復しようとしても徒労に終わってしまうばかりでなく，より関係の悪化を招いてしまう恐れがある。葛藤や対立には，なるべく早い段階での対処が必要と言えるだろう。

　関係葛藤への対処行動は，ラズバルト（Rusbult, 1987）によれば，図7-7のように，建設的－破壊的と積極的－消極的という2つの軸によって，「話し合い行動」「忠誠行動」「別れ行動」「無視行動」の4つに分類される。当然ながら，破壊的行動である「別れ行動」や「無視行動」は，関係に対してネガティブなインパクトを及ぼしやすく，逆に，建設的行動である「話し合い行動」や「忠誠行動」は，関係の質を良好なものにしやすい。ただし，それらの対処行動が関係に与える影響は同じではない。破壊的行動をとった後に，建設的行動をとれば，先の破壊的行動が帳消しになるかと言えば，そうではない。実は，破壊的行動の関係へのネガティブなインパクトは，建設的行動のポジティブな効果よりもかなり大きいことが知られている（Rusbult et al., 1986）。つまり，関係をより良く保つためには，関係にポジティブな効果をもたらす建設的行動を取ることよりも，関係にネガティブなインパクトを与える破壊的行動を極力取らないようにすることが重要となってくるのである。

図 7-7 関係葛藤への 4 つの対処行動（Drigotas et al., 1995 より作成）

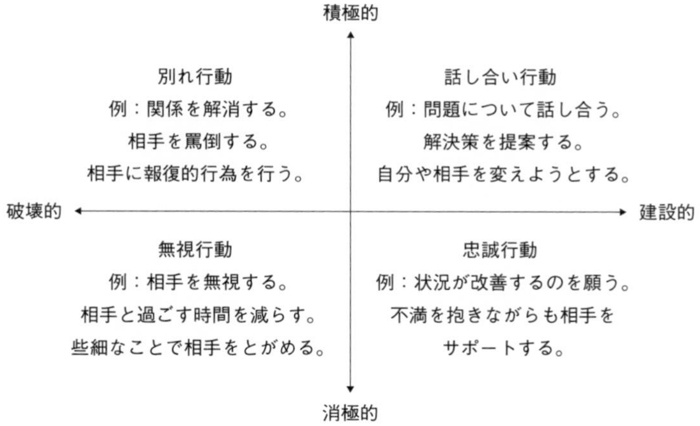

積極的

別れ行動	話し合い行動
例：関係を解消する。	例：問題について話し合う。
相手を罵倒する。	解決策を提案する。
相手に報復的行為を行う。	自分や相手を変えようとする。

破壊的 ←——————————————→ 建設的

無視行動	忠誠行動
例：相手を無視する。	例：状況が改善するのを願う。
相手と過ごす時間を減らす。	不満を抱きながらも相手を
些細なことで相手をとがめる。	サポートする。

消極的

5. ま と め

　家族は，そのなかにいる個人を守るための繭にもなりうるし，個人をその中に閉じ込めておく障壁にもなりうる。家族は，その関係性が密であるがゆえに，また，多くの人にとって特別な関係であるがゆえに，そこにつながっていない第三者を締め出し，内側から物理的にも心理的にも蓋をしてしまう。それゆえ，家族の内側は外部からはなかなかみえづらく，家族内の問題は，周囲には可視化されにくい。ただし，その関係性がいかに密であろうと，家族は個々の人の集まりでもある。家族がうまく機能するかどうかは，関係性や環境的な問題であると同時に，そこに内包される個々人の問題でもある。それゆえ，家族を適切に捉えて検討を行っていくためには，個人差，関係性，環境といった多様な要因を考慮したアプローチが必要となってくる。家族というと当たり前のようにそこにあるべきものと考えがちだが，私たちにとって家族が心地よい居場所として機能するためにはどうあるべきなのかを思案していくことは，困難ではあるものの，非常に重要なことなのである。

第8章

対人関係（組織内）

0. 「組織」を織りなすパーソナリティ

> 倉庫には大量に売れ残った商品が積んである。会社に甚大な損害が発生することは明らかだ。その商品の山を目の前に，課長は部下に「君たちはこの状況を見て何を思う？」と静かに問いかけた。Aさんは「一体誰のせいでこんなことになったんですか？　責任とってほしいですよ」と投げやりに言う。Bさんは「こんなに売れ残っていたら，大赤字ですよね…会社，大丈夫でしょうか…」と不安げな表情で話す。Cさんは「ネットを使った新たな売り方を考えましょう！　きっと必要な人の元にうまく情報が届いていないのだと思います！」と力強く話す。

　組織で働く人々は，組織目標の達成に向けて共に進んでいく集団である。しかし，組織は，さまざまな考え，価値観，パーソナリティをもつ人々によって構成されており，しばしば足並みがそろわなくなる。メンバー間の意見の不一致やコミュニケーションの問題などから，対人関係ストレスを抱える人は少なくない。

　本章では，組織内の対人関係の構造や特徴，関連する問題についてパーソナリティとのつながりから概観する。

1. 組織における対人関係と適応

1-1　個人と組織

　組織は，個人の集まりによって形成されている。しかし，組織は単なる人の集合ではなく集団を意味する。では，集団と集合はどのような違いがあるのだろうか。たとえば，人がたくさん集まるスクランブル交差点のようなものを思い浮かべてもらいたい。これは人の「集合」と言える。もし，そのスクランブル交差点で突如事故が発生し，怪我人が出たとしたらどのような状況になるだろうか。その場に居合わせた人たちの中から，怪我人を介護する人，救急車を呼ぶ人，安全を確保する人など，"目の前の怪我人を助ける"という目的のために，自然発生的に協力し合う人たちが出てくるのではないだろうか。このときの人々の集まりは，「集団」と呼ぶことができる。すなわち，集団とは，一定の目的のもとで，個人間に相互作用や相互依存関係がある集まりということができる。また，上述の例は一時的な集団を示しているが，組織はより持続性をもった集団である。

　バーナード（Barnard, 1938）は，組織を“意識的に調整された人間の活動や諸力のシステム”と定義し，組織成立の条件として以下の 3 要素を挙げている。

①協働体系に対して努力を貢献しようとする意欲のある人々がいること（協働意欲）

②協働する人々が共通の目的の達成をめざすこと（目的）

③協働する人々と意思を伝達すること（コミュニケーション）

　また，馬場（1983）によれば，組織とは，次の 3 つの要素をもつものと定義される。

①明確な共通目標をもち，その達成に向けて努力する人の集まりである。

②共通目標達成のために，持続性をもち，協働しそれぞれが役割や地位をもちながら，協働する人々の集まりである。

③目的を達成するため，地位・役割の分化や権限階層などの構造をもつものである。

　また，共通の目標・目的のもとに集まった個人によって形成される組織は，言い換えると，多様なパーソナリティの集まりということにもなる。労働者それぞれのもつ特性を生かし，それぞれが能力を存分に発揮し，成長できるような職場環境を作り，整えることが，組織の生産性向上へとつながると考えられる。

　自己実現理論を提唱したアージリス（Argilys, 1957）は，人は業務の遂行を通じて自己実現を目指す存在であるとし，組織において個人のパーソナリティが成長することを説いている。また，組織においては，個人が仕事への関心や組織への帰属意識をもちながら自分の能力を多く活用できる機会を作ること，すなわち，職務拡大が必要であると述べている。そうした組織へと変革することにより，人は，受動的から能動的へ，依存状態から独立した状態へなどのように，未熟なパーソナリティから成熟したパーソナリティに変化していくと想定されている。

1-2　組織と個人の適応

　近年，急速に情報化やグローバル化が進む中，職場環境や働き方は大きく変貌しており，労働者の抱えるストレスも多様化している。こうした環境下でいかに健康に，生き生きと働くことができるかという，組織における個人の適応の問題は，管理者，従業員，さらには社会全体においても，重要な関心事となっている。

　わが国では，5 ～ 6 割の労働者が，仕事や職業生活に関することで，強いストレスを感じている。ストレスを感じる要因の上位は，「仕事の質・量」（43.2%），「仕事の失敗，責任の発生等」（33.6%），「対人関係（セクハラ・パワハラを含む）」（25.7%）となっている（厚生労働省，2022）が，組織内の対人関係に関する問題の相談件数は増加傾向にある。総合労働相談件数の中で，「いじめ・嫌がらせ」の相談は 8 万件を超えている（厚生労働省，2022）。また，上場企業 250 社を対象とした調査では，「心の病」が増加傾向の組織では，“個人で仕事をする機会が増えた”“職場での助け合いが少なくなった”“職場でのコミュニケーションの機会が減った”設問に対して肯定的な回答（「そう思う」+「ややそう思う」）が多く報告されていた。すなわち，心の病は従業員の孤立化と関連する可能性があると言える（日本生産性本部，2014）。

　組織における個人の適応に関するモデルとして，代表的な二つの職業性ストレスモデルがある。一つが，クーパーとマーシャル（Cooper & Marshall, 1976）の職業性ストレスモデルである（図 8-1）。彼らは，組織内ストレッサーと組織外ストレッ

サーに分類しており，組織内ストレッサーには，仕事における人間関係が含まれている。多様な組織内ストレッサーと組織外ストレッサーが，個人の特性によって調整されるが，個人の特性としては，不安の程度や神経質さ，曖昧さへの耐性，タイプA行動パターンなどが含まれる（第13章も参照）。タイプA行動パターンとは，フリードマンとローゼンマン（Friedman & Rosenman, 1959）によって提唱されたパーソナリティタイプであり，過度の競争心，攻撃性，短気，時間的切迫感などの情緒的反応の複合体としてまとめられた概念である。タイプA傾向の強さは，虚血性心疾患と関連することが示されている。組織内外のストレッサーは個人の特性によって調整されるが，負荷が持続的に加わることによって，身体的，心理的な不健康の徴候に結びつき，最終的に疾病に至ると考えられている。

　もう一つの主要なモデルが，米国の国立労働安全衛生研究所（National Institute for Occupational Safety and Health: NIOSH）による職業性ストレスモデル（Hurrell & McLaney, 1988）である（図8-2）。職業性ストレスモデルでは，職場で生じるさまざまなストレッサーが，心理的，生理的，行動的な急性のストレス反応を引き起こすことが想定されている。職場ストレッサーの中には，対人的な葛藤や責任など，組織内の対人関係要因が含まれている。職場のストレス要因が心理的，

図 8-1　**職業性ストレスモデル**（Cooper & Marshell, 1976 をもとに金井，2004 が作成）

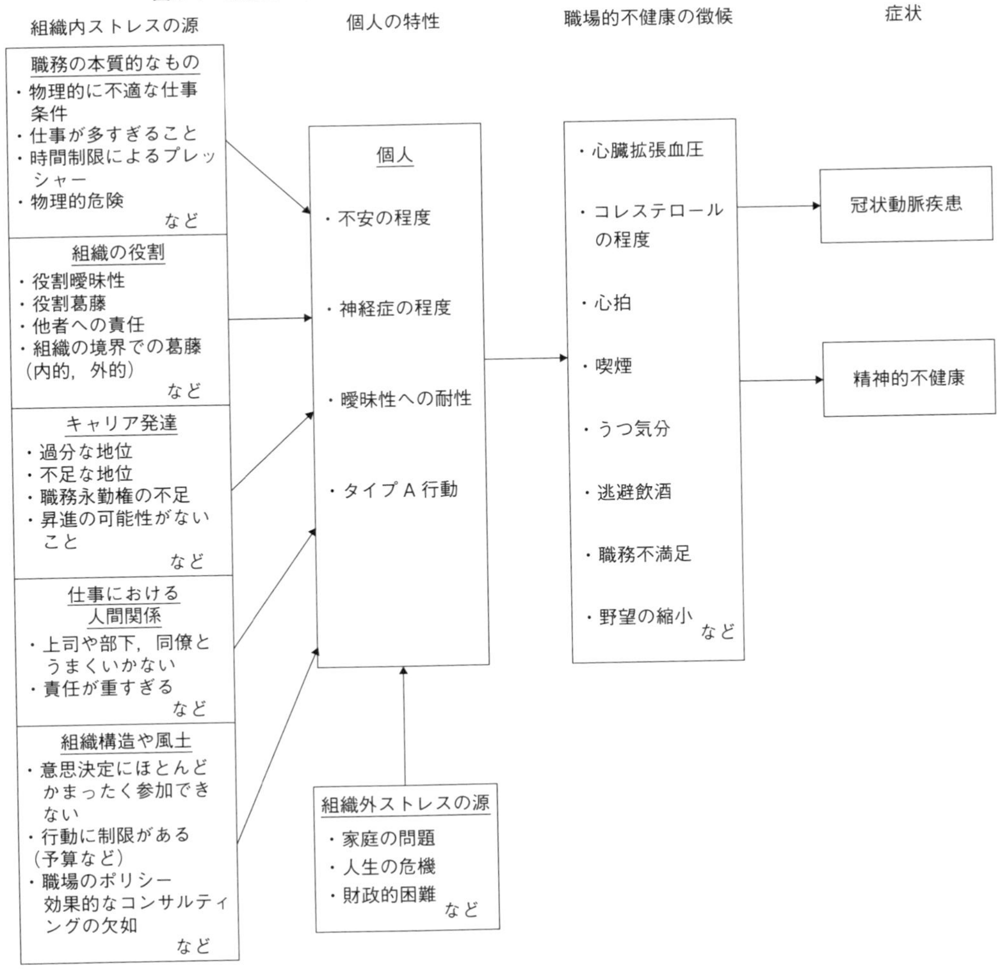

図 8-2　NIOSH 職業性ストレスモデル（Hurrell & McLaney, 1988 をもとに作成）

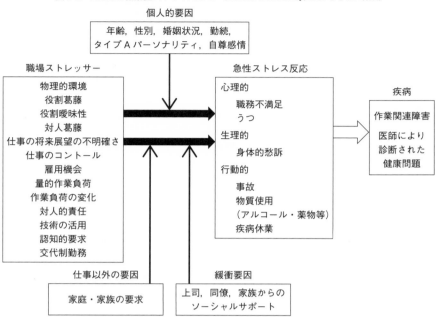

生理的，行動的な急性ストレス反応と結びつくと考えられるが，その際，タイプ A 行動パターンの高さや自尊感情の低さなど，パーソナリティを含む個人的要因や家庭や家族からの要求といった仕事以外の要因が調整要因となり，ストレス負荷を高める可能性がある。他方，ストレッサーに遭遇しても，家族や上司，同僚などに相談ができたり，アドバイスをもらったりと，身近な他者からの援助があることは，ストレッサーの衝撃を和らげる緩衝要因になりうる。こうした対人関係によって得られる援助をソーシャルサポートと言う。したがって，組織内の対人関係は，その関係性の良し悪しによって，ストレスを高める要因にも緩和する要因にもなるのである。

　以上のモデルから，組織における個人の適応を考える上では，組織内外でのストレス要因となるものを特定し，改善することが必要であり，職場内の環境調整は極めて重要であると言える。しかし，ストレッサーが心身の不健康をもたらすか否かは，ストレス対処の資源としてパーソナリティを含む個人要因とソーシャルサポートとなりうる対人関係要因が備わっているかどうかが，深く関係してくるのである。

2. 組織内コミュニケーションと対人関係の構造

2-1　組織内コミュニケーションの特徴

　組織の成立条件に示されるように，組織には達成すべき明確な目標があり，それらが組織のメンバーに共有されていることが必要となる。その目標を達成するために，組織内のメンバーで役割を分担し，分業する。ここには上司 - 部下，先輩 - 後輩といった上下の役割関係や同僚間のような水平的な対人関係が存在する。また，それぞれのメンバーの間で行われる情報交換や命令，指示の伝達，報告，連絡，相談などすべてが，組織内コミュニケーションということになる。これらは情報の流

れる方向によって，垂直的コミュニケーションと水平的コミュニケーションという
形態にも分類することができる。

(1) 垂直的／水平的コミュニケーション

　垂直的コミュニケーションとは，組織の上から下へ，あるいは下から上へ情報が
流れるコミュニケーションである。たとえば，社長から各部門長へ，上司から部下
へのように，組織目標の伝達や業務内容の指示，業務結果のフィードバックなどの
トップ・ダウンの情報の流れが該当する。あるいは，部下から上司への報告・連
絡・相談といったボトム・アップの情報の流れもある。垂直的コミュニケーション
は，上下関係や権威構造が反映されるコミュニケーションであり，組織の指揮系統
を維持する上で重要な機能をもつものである。しかし，バーナード（Barnard,
1938）は，部下が上司の命令を受け入れて行動することによってこそ，上司の権威
が成立すると述べており，これを権威受容説という。他方，水平的コミュニケー
ションは，組織内の横のつながりの中で情報が流れるコミュニケーションである。
たとえば，営業部，マーケティング部，総務部など，部門間での情報共有や意見交
換などが当てはまる。また，同僚間での会話や同じ職階の者同士のミーティングな
ども相当する。

　近年，成果主義の導入増加の影響を受け，職場内の競争関係が強まることによる
同僚間の対人関係の悪化や職場内コミュニケーションの機会減少による対人関係の
希薄化など，職場の環境，状況の変化によって，これらの組織内コミュニケーショ
ンのあり方も変わり，それらに伴う新たな問題も生じつつある。こうした事態の中
で，たとえば，「アサーション」は組織コミュニケーションを良好なものとし，組織
成員の職務満足や意欲などを高めることに有用な個人の心理変数であると考えられ
ている。具体的には，部下から上司に対して，アサーティブな提言（質問する，意
見を求める，提案する，間違いを正す，補足するなど）を行った組織成員は，自ら
を組織に役立つ存在と認識し，業務への主体性を強め，業務改善に積極的に関わる
ことに自信と意欲をもつことができ，他のメンバーとの関係性を深めることに積極
的になることが示唆されている（安宅，2018）。

(2) フォーマル／インフォーマルコミュニケーション

　上司と部下や部署間のように，役割関係や組織図などから客観的に把握可能な関
係性の体系，集団をフォーマル・グループと言う。また，会議や上司との目標管理
面談などのように，公式的で計画的であり，多くはフォーマル・グループ（公式集
団）の中で行われるコミュニケーションを，フォーマル・コミュニケーションと言
う。他方，組織内で，気の合う同僚同士や仲の良い先輩後輩関係にみられるような
個人的な感情の結びつきによって自ずと形成された集団は，インフォーマル・グ
ループ（非公式集団）と呼ばれる。さらに，同僚との雑談や食事の場での何気ない
会話，仲間内での噂話など，計画されていない状況の中での自然発生的なコミュニ
ケーションをインフォーマル・コミュニケーションという。1927 年から 1932 年に
かけて行われたホーソン研究[1]（Mayo, 1933; Roethlisberger & Dickson, 1939）に代
表される多くの研究によって，職場内のインフォーマルな人間関係要素が労働意欲

　1）ホーソン研究とは，アメリカ合衆国の電話機メーカーであるウエスタン・エレクトリック社のホーソン工場で行われ
た一連の研究である。研究成果は，その後，人間関係論に発展する基礎となった。日本語文献による詳細は大橋・竹林（2008）
を参照されたい。

や生産性に影響を与えることがわかっている。組織のインフォーマルな関係性の中で行われる円滑なコミュニケーションは，自由で率直な情報共有がなされることや，早期に問題が発見，解決されること，葛藤や対立が回避，解消されることなどの効用があると言えよう。一方で，インフォーマル・グループ内では，発生した序列関係，規範などが業務の妨げになることや，不適切な情報，流言が広がりやすいといった弊害が生じる可能性もある。中でも，個人特性として不安の高さをもつ者は，流言を他者に伝達させやすいことがわかっている。一方，社会的外向性の高い者は，流言への接触は高いものの伝達のさせやすさには関連しないことが示されている（Anthony & Gibbins, 1995）。したがって，組織成員の不安を和らげ，外向性を高めることができるような環境づくりは，組織内グループやコミュニケーションを良質なものとし，組織全体の安定にもつながる可能性が考えられる。

2-2　対人葛藤

　円滑で豊かなコミュニケーションのもとに，組織メンバーや部門間で良好な関係性を築き，協働していくことは，組織目標の達成において不可欠である。しかしながら，組織は多様なパーソナリティ，価値観をもつ個人の集まりであり，メンバー間での意見の不一致や対立，葛藤（以下，コンフリクト）が多々生じるものである。

　コンフリクトには，大別すると異なる二つの種類があると想定されている。一つは，タスク（仕事や課題）の内容や目標達成などに関しての考え，意見が対立した場合に生じるタスク・コンフリクトである。もう一つは，人間関係上において緊張，苛立ちといった感情的な対立が生じた場合に生じるコンフリクトであり，リレイションシップ・コンフリクトと呼ばれる。多様なメンバーによって構成される異質性の高い集団は，メンバーの間に対人葛藤が生起する可能性が高まり，この対人葛藤が集団の創造性に抑制的に働く場合があることが指摘されている（Triandis et al., 1965）。

　しかし，コンフリクトすべてが組織に負の影響を及ぼすわけではない。集団の中で表出されるさまざまな意見を調整することにより，アイディアの創出や統合が生じることなどは，結果的に高い成果をもたらしうることが指摘されている。一方，人間関係上の感情的な対立によるリレイションシップ・コンフリクトは，その緩和や解消に多くの時間やエネルギーを要することになり，メンバー間の関係性が悪化し，生産性の低下にもつながることなどが示唆されている（e.g., Jehn, 1995; Pelled et al., 1999）。

　レイヒムとボノマ（Rahim & Bonoma, 1979）は，コンフリクトの解決方略スタイルとして，自己志向性（解決方略の行使者がもつ関心事をどの程度満たせるかの程度）と他者志向性（葛藤原因となっている相手の関心事をどの程度満たせるかの程度）という2次元を想定した上で，5つの解決方略に分類している（図8-3）。

　この海外のコンフリクト研究を集団主義的とされる日本企業の様相に当てはめることには慎重でなければならない。なぜなら，集団主義的な文化においては，タスク・コンフリクトとリレイションシップ・コンフリクトとが，メンバーによって明確に区別されにくい傾向にあることや，メンバーはコンフリクトを回避しようとしたり，そもそも表出化させない傾向をもつ（宍戸，2012）からである。ただし，コンフリクト解決方略とビッグファイブの関連性についてのアメリカ（Antonioni, 1999）と日本（加藤，2003）の研究においては，情緒不安定性は傷つきやすさ，不安から，相手との葛藤状況を回避しようとしたり，譲歩しやすいことが共通する一

図 8-3　葛藤解決方略の 2 次元 5 スタイルモデル
（Rahim & Bonama, 1979 を参考に加藤，2003 が作成）

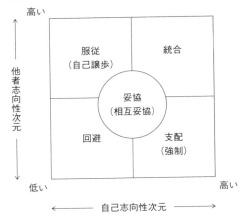

表 8-1　葛藤解決方略の 2 次元 5 スタイルモデルとビッグファイブとの関連

		統合	回避	支配	服従	妥協
N	情緒不安定性		+／+	／−	+	+
E	外向性		／−	+／+		
O	開放性	+／+	−／−			+
C	誠実性	／+	−／+	+／−	+	+
A	調和性	+／+	+／−	−／	+	+

注．加藤，2003／Antonioni, 1999 の結果から相関の正・負を示す。加藤は大学生，Antonioni は大学生と管理者のデータによる。

定の傾向としてうかがえる。

2-3　リーダーシップ

(1) リーダーとリーダーシップ

　リーダーと聞くと，みなさんの頭の中には，何かしら特定の人物（像）が思い浮かぶのではないだろうか。しかし，ここではリーダーとリーダーシップが同義ではないということを，まず理解しておく必要がある。

　リーダーとは，組織や集団内において指導，統率，先導的な役割に就いている個人のことを意味する。たとえば，会社の経営者，部門ごとの部長，課長，係長など特定の役職にある人物がリーダーである。他方，リーダーシップとは，ストグディル（Stogdill, 1974）によると「集団目標の達成に向けてなされる集団の諸活動に影響を与える過程」と定義される。したがって，特定の集団の中で全員がリーダーにはなることは極めて難しいが，この「過程」を生み出すことができれば，誰でもリーダーシップを発揮することは可能なのである。また，リーダーシップは，リーダーからの働きかけがメンバー（フォロアー）に受容されることによって発揮されるものであり，決して，リーダーからメンバー（フォロアー）への一方向的な影響性を指しているものではないことも理解しておく必要がある。

(2) 特性論・行動論アプローチ

　リーダーシップ研究は，1900 年ごろから始まり，さまざまな歴史的変遷を遂げている。

　初期のリーダーシップ研究は，1940 年ごろまで活発に行われていた特性論アプローチである。優秀なリーダーは，どのようなパーソナリティや資質を備えているのか，という観点に焦点化された研究の流れである。ストグディル（Stogdill, 1948）の総括的な研究によると，優秀なリーダーの特徴として，知能（判断力，創造性等），素養（学識，経験等），責任感（信頼性，自信等），参加性（活動性，社交性，協調性等），地位（社会的，経済的，人気等）の特徴があることが明らかとなった。その後の研究においても，知能や男性性（女性性），支配性（Lord et al., 1986）やビッグファイブパーソナリティのうちの外向性，開放性，誠実性（Judge et al., 2002）などが，リーダーシップの効果と関連する特性として示された。

　1940 年代から 1960 年代には，優れたリーダーの行動への関心が高まり，行動論アプローチが優勢となった。民主型，専制型，放任型のリーダーの行動スタイルを比較した実験的検討（White & Lippitt, 1960）では，民主的なリーダーのもとでは，生産性や集団の雰囲気，意欲，創造性において良い成果が得られた。一方，専制的なリーダーのもとでは，生産性は高いものの集団の雰囲気は悪く，リーダー不在のときには手を抜くなどの意欲の低下などもみられ，放任型はいずれの指標においても良い結果が得られなかった。また，業績（目標達成機能）重視と人間関係（集団維持機能）重視という 2 次元から，リーダーシップを捉えようとするアプローチ（Blake & Mouton, 1964；三隅，1984）もこの時期に現れ，両機能を重視したリーダーシップスタイルが理想的であると考えられた。しかし，これらの研究結果から，生産性への長期的効果は，業績重視よりも集団のメンバーに配慮し良好な人間関係を重視するリーダーシップスタイルの方が大きいことが示されている。

(3) 状況即応論・変革論アプローチ

　1960 年代からは，リーダーシップの効果が集団のさまざまな状況によって変化するという立場に基づく状況即応論アプローチが中心となっていった。

　たとえば，フィードラー（Fiedler, 1967）の理論では，仕事をする上での最も苦手な仕事仲間（Least Preferred Co-worker: LPC）を評価させ，その得点が高いことは人間関係志向的，低いことは課題達成志向的とみなす指標を導入した。そして，この LPC 得点の高さと集団の 3 つの状況要因（リーダーとメンバーの関係，課題の構造，リーダーの地位勢力）によって，リーダーシップの効果が異なることが示されている（図 8-4）。また，ハーシーとブランチャード（Hersey & Blanchard, 1977）の理論では，メンバーの成熟度が低い場合には，指示的行動を中心とする教示的リーダーが有効であり，メンバーの成熟度の高まりとともに，指示的行動から関係行動を増やすようにし，最終的には，両行動をおさえてメンバーの自主性，自律性を尊重する委譲的リーダーシップが効果的であるとされている。よって，状況即応論の視点から考えると，リーダーは，集団の構造やメンバーの状況を見極め，効果的なリーダーシップスタイルを判断する力やそれらを使い分けられる柔軟性が求められると言えるだろう。

　1980 年代になると，メンバーの変化を引き起こす変革論アプローチが展開していった。バス（Bass, 1985）は，これまでのリーダーシップ論は，リーダーとメンバーの組織内部における対人的な相互作用を通じて，組織目標の達成と業務遂行への動機づけを高める交流型リーダーシップであると主張した。そしてこれまでのものに対し，リーダーはより組織全体を視野に入れ，外部への関心も払いながら，メンバーに刺激を与え変化を起こさせることによって組織変革を目指す変革型リー

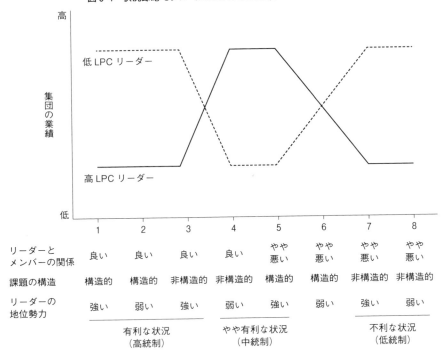

図 8-4　状況即応モデル（Hurrell & McLaney, 1988 をもとに作成）

	1	2	3	4	5	6	7	8
リーダーとメンバーの関係	良い	良い	良い	良い	やや悪い	やや悪い	やや悪い	やや悪い
課題の構造	構造的	構造的	非構造的	非構造的	構造的	構造的	非構造的	非構造的
リーダーの地位勢力	強い	弱い	強い	弱い	強い	弱い	強い	弱い

有利な状況（高統制）　　やや有利な状況（中統制）　　不利な状況（低統制）

ダーシップ論を提唱した。変革型リーダーシップの要素としては，以下の頭文字を
とった「4つのＩ」が示されている（Bass & Avolio, 1990）。
　①理想化の影響（Individual influence）
　　リーダーは，自信をもち，高い基準を設定する。目標達成に向けて真摯に仕事
に向かい，貢献する。その姿にメンバーは尊敬，信頼を抱き，リーダーを見習い，
同一化の対象とする。カリスマ性とも言える。
　②モチベーションの鼓舞（Inspirational motivation）
　　リーダーは，変革ビジョンを示し，仕事への意味付けを行う。メンバーを支援
し，動機づける。
　③知的刺激（Intellectual stimulation）
　　リーダーは，メンバーが組織の問題に対して疑問をもち，考えを転換したり，
視野を広げ，物事を多角的に見ることができるような刺激を与える。
　④個別的配慮（Individual consideration）
　　リーダーは，個々のメンバーの成長や達成に関心を払って，適切にサポートし，
個々への特別な配慮行動を示す。

(4) エシカル・リーダーシップ論への流れ

　2000 年代以降，エシカル（ethical），すなわち「倫理的」という意味を含むエシ
カル・リーダーシップの理論への関心が高まっている。その背景には，企業の不正
問題の多発から，倫理的な組織統治の重要さが増していくことや組織において個を
尊重し，多様性を活かすリーダーシップの要素が求められるようになったことなど
の要因があると言える。そうした流れから，新たなリーダーシップスタイルとして，

自らの行動や対人関係について，誠実さと正直さをもって対応し，メンバーに強力な模範を示し，影響を及ぼすようなエシカル・リーダーシップ（Brown et al., 2005）が登場した。その中には，サーバント・リーダーシップとオーセンティック・リーダーシップが含まれる。

　サーバント（servant）とは「奉仕」を意味し，リーダーは奉仕や支援を通じてメンバーを導き，成長させていくことを重視するというものがサーバント・リーダーシップである（e.g., Greenleaf, 1977）。また，オーセンティック（authentic）とは「本物の，誠実な，真正な」を意味しており，自らの信念，価値観を明確にし，誠実さや倫理観，公平性，信頼を大切にするスタイルのことをオーセンティック・リーダーシップという（e.g., Harter, 2002）。近年のメタ分析では，いずれのリーダーシップも，従業員の職務遂行能力や組織市民行動，組織コミットメント，エンパワーメントといった組織におけるポジティブな行動，態度の向上と関連することが示されている（Hoch et al., 2018）。

　研究手法の発展とともに，リーダーシップには，特定の資質，能力，パーソナリティが関係することが明らかにされつつある。しかし，それらを備えていなければリーダーになれないというわけではなく，リーダーシップ自体は開発できるものであり，多くの企業，組織において人材育成のためのさまざまな研修やプログラムが取り入れられている。ただし，単にそれらを導入すれば，組織メンバーのリーダーシップが開発され，育っていくというものではない。健全な職場環境や上司と部下，メンバー間の信頼関係など，良質な組織として必要不可欠な要素が備わっていてこそ，組織メンバーのリーダーシップが開花し，成長していくのである。

3.　組織内の対人関係とポジティブな心理要因

3-1　産業・組織に活かすポジティブ心理学

　組織内では日々複雑な問題，課題が生じ，対人関係上のコンフリクトも経験される。これまでは，組織内発生したマイナス状態をいかにゼロに，そしてプラスの状態へと転換していくか，に関心が向けられてきた。しかし，近年の急速な時代の変化を乗り切るために，人間や集団，組織の本来もつ強みやポジティブな心理要因をいかに活用し，組織成員のメンタルヘルスや良好な対人関係の維持，向上につなげていくか，生産性の向上や組織活性化をはかっていくか，ということに注目が集まっている。

　ポジティブ心理学とは，ウェルビーイング（well-being）の向上に関わる心理要因を扱う一領域である。ウェルビーイングは，主観的幸福感やよい状態，充実した状態などのさまざまな訳，意味が含まれている。ウェルビーイングの構成要素として，セリグマン（Seligman, 2012）は，以下の 5 つを挙げており，その頭文字をとって PERMA と表現している。

　P（positive emotion）：ポジティブ感情
　E（engagement）：エンゲイジメント
　R（relationships）：人間関係
　M（meaning）：人生や働くことの意味
　A（accomplishments）：実現，達成

　ここでは人間関係に関連する「信頼」，「心理的安全性」，ポジティブ感情である「感謝」を取り上げる。

3-2　個人・集団に関わるポジティブ心理要因
(1) 信　　頼

　近年のリーダーシップ研究の流れからもうかがえるように，組織内のリーダーとメンバーとの関係性における「信頼」が重要な要素として取り上げられている。リーダーシップ研究の一つにも位置付けられる LMX 理論（Leader-Member Exchange theory: リーダー・メンバー交換理論；Graen & Uhl-Bien, 1995）では，上司と部下の相互影響を重視している。すなわち，上司（リーダー）は部下（メンバー）一人ひとりに対して，高い配慮や権限委譲，情報共有などを行い，その代わりに，メンバーやリーダーを支援し，尊敬，忠誠をもって働くことが期待され，これは相互の信頼関係の上に成立するとされる。バウアーとエルドアン（Bauer & Erdogan, 2015）の総括によれば，リーダー，メンバーともに，ビッグファイブの外向性，調和性の高さが良好な LMX と関連することが示されている。また，藤原（2017）が，わが国の労働者を対象に行った調査では，信頼と被信頼の共通要素として，「誠実性」と「専門性」が抽出されている。上司視点では，上司は部下を信頼する場合も部下から信頼されていると思う場合も，こまめな報告・連絡・相談や高い仕事への意欲，有能さを評価する点で共通している。部下視点では，部下は上司を信頼する場合も上司から信頼されていると思う場合も，礼儀正しく真面目で思い遣りがある誠実な人柄や，豊富な専門知識と高い能力を評価することが共通点である。信頼関係の構築には「傾聴」が極めて有用であり，近年，企業の管理職研修でも多数導入されているが，藤原（2017）では，部下の傾聴力も上司からの信頼の要素に挙がっている。さらに，業務上のフォーマルな上司・部下関係から，私領域を含むインフォーマルな関係へと発展することで，部下は意見や悩みを上司に言いやすくなる可能性が示されている。

(2) 心理的安全性

　組織の目標達成や複雑な課題解決に向けては，組織メンバーが活発に意見を交わし，乗り越えていく必要がある。その際，タスク・コンフリクトが重要な役割を果たすことを「2-2　対人葛藤」の項で述べたが，加えて，タスク・コンフリクトが高い場合でも，「心理的安全性」が高い状況では，チームの業績が向上することが示されている（Bradley et al., 2012）。

　心理的安全性（Psychological safety）とは，エドモンドソン（Edmondson, 1999）によって提唱された概念であり，「チームの中でリスクをとっても安全である，というチームメンバーに共有された信念」と定義されている。すなわち，チームの中で，不安や恐怖などを感じることなく，自分が考えたことを発言したり，行動したりしても大丈夫である，という感覚があることと言える。心理的安全性は，意見が衝突しない関係性を目指すものではなく，健全に衝突することを促進することを意味する。

　エドモンドソンは，表 8-2 の 7 つの質問を自分自身に問うことにより，チームの心理的安全性がどの程度のレベルであるかを調べることができると述べている。

　心理的安全性は，既述した信頼と類似している概念と言える。しかし，信頼が二者間の関係性に関するもので，相手の行動に着目した上で相手に対する態度を決めるものであるのに対し，心理的安全性は，チームや組織などの集団に関するもので，相手の行動に着目する必要はなく，その場が"安全な状態"であることを示すものである（Edmondson, 1999）。ニューマンら（Newman et al., 2017）のレビューか

表 8-2　チームの心理的安全性の測定項目（Edmondson, 1999）

①チームの中でミスをすると，たいてい非難される。
②チームのメンバーは，課題や難しい問題を指摘し合える。
③チームのメンバーは，自分と異なるということを理由に他者を拒絶することがある。
④チームに対してリスクのある行動をとっても安全である。
⑤チームの他のメンバーに助けを求めることは難しい。
⑥チームメンバーは誰も，自分の仕事を意図的におとしめるような行動をしない。
⑦チームメンバーと仕事をするとき，自分のスキルと才能が尊重され，活かされていると
　感じる。

注. 邦訳は Google re:Work より引用。

図 8-5　心理的安全性と諸変数との関連（Newman et al., 2017 をもとに今城，2017 が作成した図を参考に作成）

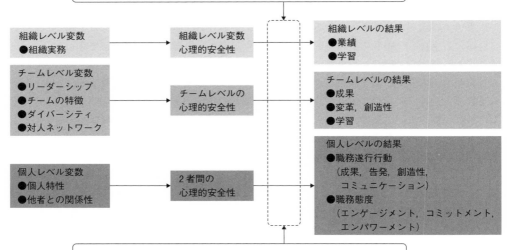

ら，心理的安全性の背景要因や調整要因に，自尊感情や自信などの個人特性も，個人，チーム，組織レベルの結果に影響することが示されている（図 8-5）。

(3) 感　謝

　職場内において，感情は伝染し波及効果をもたらすことが示されている（Barsade, 2002）。たとえば，リーダーのポジティブな感情は，メンバーのネガティブ気分を減少させることや，ポジティブな気分状態にあるリーダーがいることにより，グループメンバーの協力の度合いが高まったり，メンバーが努力を惜しまずに課題に取り組むなどの肯定的な変化が生じることなどが示唆されている（Sy et al., 2005）。よって，ネガティブ感情が組織内に蔓延することは職場環境の悪化をもたらしうるが，反対に，感謝[2]をはじめとする肯定的な感情が組織メンバー間で表出され，共有されることは，良好な職場環境の維持，改善に有用である可能性がある。さまざまなポジティブ感情の中でも「感謝」は他者との関わりから生じることが多

い感情であり，組織内の対人関係に深く関連する感情要因であると考えられる。組織における感謝の促進に関する実証的研究はまだ多くはないが，企業の実践レベルでは，感謝を組織マネジメントの一つに取り入れているところもある（福原，2009）。

感謝研究では，感謝は状態感謝と特性感謝に区別されており，前者は「今，この場で感謝している状態」，後者は感謝しやすさの個人差であるとされる（三上ら，2017）。感謝特性とビッグファイブとの関連性において，マッカラ（McCullough et al., 2002）は，感謝特性が外向性，調和性，誠実性，開放性と正の相関をもち，情緒不安定性と負の相関をもつことを示している。また，三上ら（2017）では，外向性，調和性，開放性が感謝特性と直接的な正の効果が示され，誠実性については，負の効果が示された。さらに，目標達成の要求度が低い職務環境において，感謝特性は，外向性と開放性が高い場合に促進効果が，開放性が低い場合に抑制効果が示された。外向性が高い人は，他者やまわりへの興味や関心が高く，同僚との関わりも広いため，プレッシャーがかかる職務状況で，同僚をサポートする役割となることが多くなり，感謝をするよりも感謝をされる側になるのではないかと推測されている。また，開放性は新しい経験や知識を追い求める特徴をもつ特性であることから，開放性が高い人は，目標達成が高い職務環境に置かれた場合，自身と連携，サポートしてくれた際に，その相手に対して感謝が生じるのはないかと考えられている。

また，池田（2015）は，日常的に職場内で感謝を表明する機会を設けている企業を対象に行った調査研究によって，感謝感情の喚起が同僚や職場全体に視野を広げることにつながり，それが結果として職場の成果に寄与する職務行動（協力行動やプロアクティブ行動）につながることを報告している。この結果より，感謝感情を表明し，共有することは，同僚との協力が不可欠な職場ほど効果的に機能することが示唆される。

4. まとめ

組織において人材は財産であると言われている。表面的にみると組織の人材は，玉石混交と捉えられがちである。しかし，それぞれの人材はいわば原石である。組織メンバーのもつ個性やパーソナリティに二つとして同じものはなく，多様であるからこそ，組織の活性化や創造性の発展へとつながっていく。さまざまな特徴を備えた原石である人材は，組織内の工夫によって磨かれることで，宝石となる可能性を備えているのである。近年，ダイバーシティ・マネジメントが企業，組織に求められている。これは集団における人材の多様性（diversity）を組織変革に生かすマネジメントのことである。性別や年齢，国籍，人種，宗教，障がいの有無，性的指向・性自認，価値観，働き方など，多様性を組織メンバーが互いに尊重し，受容し，組織の強みに変えていくこと，またそうした職場環境を作り上げていくことをもとにした，ダイバーシティ＆インクルージョン（Diversity & Inclusion）の考え方が，今後一層，企業，組織，社会に不可欠なものとなり，浸透していくものと予想される。

本章で概観したように，良質な職場環境への改善，成員への成長につながる課題や仕事の提供，組織内の良好な対人関係，成員個々のもつ強みの活用機会の設定，

2）自己意識的感情の一つである。自己意識的感情については第10章参照。

　ポジティブな心理変数を促進する取り組みなどにより，人材は豊かに育まれていく。そのような視点に立ち，個々の多様性を認め，受容し，活用していく視点からの組織・人材マネジメントが，今後一層求められていくと言えるだろう。

第**9**章

潜在的認知

0.　自分と他人の見え方の違い

　　Ａさんがゼミで発表を終えた後，Ｂさんに声をかけられた。「今回の発表，すごく緊張してたね」それを聞いたＡさんは驚き「えっ，そう？　自分の中ではけっこうスムーズにやれたと思ってたんだけど，どうしてそう思ったの？」と尋ねた。それに対してＢさんは「だって，いつもと違って顔が赤かったし，姿勢も硬い感じだったし，緊張してるんじゃないかなって思ったよ。まさに恥ずかしがり屋の人，という感じだったかな」と応じる。Ａさんは内心『そうかなあ，私自身は正直，まあまあ発表もうまくいったと思ってたし，そもそも自分が恥ずかしがり屋とは思ってないんだけどなあ…』と思いつつ適当に返事をし，Ｂさんと別れて次の講義へと向かった。

　この状況では，Ａさんの認知とＢさんの認知にズレが生じている。このように，物事や人の振る舞いの見え方が個々人によって異なることは珍しいことではない。本章では，近年において研究が活発になっている「潜在的」認知[1]に焦点を当てて概説する。

1.　これまでの測定法の成果と課題

1-1　潜在的認知研究の発展

　多くの人は，自身が行った行動の理由は，何より自分自身が最もよく理解していると思っている。人格が隅々まで統制され，自己制御が可能であるという考え方は，近代の人間観の中核であった（下條，2008）。しかし，近年の自動性研究の台頭によって，この「常識」は覆されつつある。なぜならば，自身では意識していないような（あるいは，意識に上ることがないような），いわゆる「潜在的（implicit）」自己概念や態度が，自身で意識可能な，いわゆる顕在的な（explicit）な自己概念や態度とは異なる指標と関連することが，複数の研究で明らかにされているためである

　1）「認知」をキーワードとした場合，「対人認知」や「社会的認知」などの伝統的なトピックがしばしば取り上げられる（太幡，2012，2018）。本章ではあえてこれらの伝統的なトピックを扱わず，潜在的認知を中心に構成することとした。当然ながら，こうした伝統的な内容が無意味であるとか，検討の価値がないといった考えによるものではない。これまで紹介されてきた伝統的な内容の紹介は過去の良著に譲り，本章では近年のトレンドの一つになっている潜在的認知に関する研究を紹介することで，この領域の研究がさまざまな領域と結びつき，さらに発展することを期待する意図によるものである。

（e.g., Asendorpf et al., 2002；藤井・相川，2013；Egloff & Schmukle, 2002）。

　本章では，特に潜在的認知という視点から，パーソナリティを扱う諸研究やモデルを紹介していく。潜在的認知とは，意識的な知覚を伴わない現象を対象とする研究領域である（潮村・小林，2004）。近年の新しいトレンドの一つとして，自ら意識することが困難なパーソナリティの側面が，行動や感情に及ぼす影響についての検討がある。これまでのパーソナリティ研究は，自分がどのような性格か，ということを当人の自己報告に委ねていたものが多かった（第15章も参照）。しかし，自己報告式の尺度には，「望ましい」方向に回答を歪めるという，いわゆる社会的望ましさのバイアスがかかることが繰り返し指摘されてきた（Edwards, 1957；谷，2008）。また，内省が必ずしも正確ではないことも，以前から指摘されていることである（Nisbett & Wilson, 1977）。本章で紹介する新たなトレンドは，こうした問題に対処しうるものとして注目されている。

1-2　社会的望ましさの影響とその対処

　堀尾・髙橋（2004）は，自分をよく見せたいという動機の有無によって，ビッグファイブを測定するNEO-FFI（Costa & McCrae, 1988：日本語版は下仲ら，1999）の回答が影響を受けるか否かを，大学生を対象に検討した。この研究では，正直条件と作為条件の2つの条件が用意され，正直条件では自分自身の本当の性格をできるだけ正直に回答するよう教示されたほか，適当な回答や虚偽の回答は採点時に探知されることが教示された。作為条件では，自分がとても就職したいと思っている会社の就職試験を受けていると仮定し，採用担当者が自分に対して良い印象をもち，採用されるチャンスが最大化されるように回答するよう教示された。また，自分を良く見せるよう回答すること，必ずしも自分の性格を正直に答える必要はないことも教示された。その結果，NEO-FFIの各下位尺度の得点は，群によっていずれも差がみられた。具体的には，神経症傾向は作為条件ではより低く，それ以外の外向性，開放性，調和性，誠実性は作為条件の方がより高く報告されていた。つまり，自身を良く見せようとする動機が働く場合，パーソナリティを測定する尺度への回答が歪む可能性が示された。

　澤海ら（2014）は，自身を良く見せるだけでなく，あえて悪く見せたい場面もあると想定し，自身を良く見せるfake-good条件，特に教示を行わないneutral条件，自身をあえて悪く見せるというfake-bad条件を設け，ビッグファイブ尺度の短縮版（並川ら，2012）の誠実性尺度の得点が，動機によって影響を受けるか否かを検討した。具体的には，fake-good条件の参加者には，堀尾・髙橋（2004）と同様に，就職したい会社に内定が取れるよう意識して回答することを教示し，neutral条件の参加者には，正解はないので，思った通り回答するよう教示した。また，fake-bad条件の参加者には，就職活動で試験を受ける会社がブラック企業であることを知ってしまったため試験で落とされるよう意識して取り組むよう教示した。その結果，誠実性尺度の得点は条件間で差がみられ，fake-good条件，neutral条件，fake-bad条件の順に得点が高かった。これらの結果は，自身を相手にどう見せたいか，という動機が，パーソナリティを想定する尺度の回答に影響を及ぼすことを示すものである。こうした回答の歪曲は，匿名性が保証されている状況でも起こりうる（潮村，2008）。

　上記のような社会的に望ましい反応による回答の歪曲に対処するため，社会的望ましさ反応（社会的に望ましい反応をする傾向）そのものを測定し，その影響を取

表 9-1　バランス型社会的望ましさ反応尺度日本語版（谷, 2008）の項目例

【自己欺瞞】
私は自分で決めたことを後悔しない。
私は自分の判断をいつも信じている。
自分で決心したことが他人の意見で変わることはめったにない。
「なぜそれが好きなのですか？」と聞かれたとき，何についても説明できる。
私は自分の人生を完全に思い通りに進めている。

【印象操作】
*他人には言えないようなことをしたことがある。
*必要であれば，時々は嘘をつく。
*人をうまく利用したことがある。
*友達の陰口を言ったことがある。
人をののしったことがない。

*は逆転項目。
注．実際は各下位尺度 12 項目，24 項目から成るが，紙幅の都合から，谷（2008）において因子負荷量の
高かった 5 項目のみ記載した。

り除くという試みが行われている。たとえば谷（2008）は，社会的望ましさ反応に二つの下位尺度を仮定するポールハス（Paulhus, 1991）の尺度を翻訳し，バランス型社会的望ましさ反応尺度日本語版（Japanese Version of Balanced Inventory of Desirable Responding: BIDR-J）を作成した（表 9-1）。BIDR-J の下位尺度の一つである自己欺瞞（self-deception）は，回答者が本当に自分の自己像と信じて無意識的に社会的に望ましく回答する反応である。もう一つの下位尺度である印象操作（impression management）は，故意に回答を良い方向に歪めて，真の自己像を偽る反応である。

　谷（2008）は，複数の研究において BIDR-J と他の尺度との相関関係を検討している。そして，自己欺瞞が高い者は自己像を過大に望ましく認知している疑いがあり，印象操作が高い者は故意に回答を良い方向に歪めていることが考えられる，と述べている。

　こうした社会的望ましさ反応傾向を併せて測定し，関心のある変数同士の関連を検討する際にその影響を統計的に取り除くという試みも行われている（e.g., 橋本，2015；登張ら，2016）。登張ら（2016）はいじめ加担経験と協調性の相関関係を検討し，いじめ加担経験は協調的問題解決とは負の相関を，非協調志向とは正の相関があることを示した。この際に，印象操作の影響を取り除くと両者の相関は消失したことから，これらの尺度への回答には，社会的望ましさが影響している可能性が示された。

　ただし，社会的望ましさ反応尺度も自己報告による尺度であり，その回答自体が歪む可能性も否定できないだろう。実際に谷（2008）では，先述の堀尾・髙橋（2004）と同様の教示を行い，回答者の自己呈示動機を操作して BIDR-J への回答を求めたところ，正直条件より作為条件の方が自己欺瞞，印象操作ともに得点が高かった。すなわち，BIDR-J への回答も，自己呈示動機によって歪むことが示された。こうした回答の歪曲を防ぐためには，自己報告などの内省とは異なる方法による測定が必要と思われる。

1-3　内省の限界

　ニスベットとウィルソン（Nisbett & Wilson, 1977）は，人間は評価・判断・推論を含むような高次の心的過程が自身の中で生じていること自体を，直接的には意

識することができないとしている。たとえば，複数の選択肢の中から一つの商品を選択する実験において，選択後にその商品を選んだ理由を尋ねられると，参加者は実際には複数回ロゴを呈示された商品の方を（単純接触効果によって）選んでいたにもかかわらず，複数回ロゴを呈示されていたこと自体には気づかず，商品に印刷されているメッセージが決め手になっていたというように，「もっともらしい理由」を回答するのである（山田・外山，2010）。

このように，面接・インタビューや質問紙といった自己報告式の測度を用いる際には，人が自分でも気づいていない自分自身の態度やパーソナリティを測定することが困難である（もしくは誤った内省が行われる）可能性がある。

2. 潜在的測定法によるパーソナリティの測定

2-1　潜在連合テスト（IAT）

これまで述べてきたような流れを受けて，意識的な自己報告によらない方法を用いてパーソナリティを測ろうとしている試みもある。ここでは，潜在的測定法を用いてパーソナリティの測定を試みた諸研究を紹介する。

まず，潜在的測度として近年注目を集めている，グリーンワルドら（Greenwald et al., 1998）が作成した潜在連合テスト（Implicit Association Test；以下 IAT とする）の構造を説明した上で，IAT を用いた諸研究を紹介することにする。

2-2　IAT の構造

IAT は，コンピュータを用いた課題を通じて，概念間の連合強度を測定する手法である。開発当初は自尊感情（Greenwald & Farnham, 2000）やステレオタイプ（Dasgupta & Greenwald, 2001）の測定に使用されてきたが，近年はシャイネス（Asendorpf et al., 2002；相川・藤井，2011；藤井・相川，2013）や不安（Egloff & Schmukle, 2002；藤井，2013），ビッグファイブ（Back et al., 2009），攻撃性（Richetin et al., 2010；山脇ら，2013），Grit（稲垣ら，2020）など，さまざまなパーソナリティ特性などの測定にも使用されている。潜在的認知指標には伝統的なプライミング課題をはじめとしてさまざまなものがあるが，近年では IAT が最も信頼性（第 15 章参照）において優れた指標であるとされる（潮村，2016）。IAT の具体的な手続きについて，相川・藤井（2011）が作成したシャイネス IAT 日本語版の例を挙げて説明する。

IAT は，画面上に連続して現れる単語の分類課題を通して，特定の概念間の連合強度を測定する。一般的に IAT で潜在的シャイネスを測定する際は，カテゴリー次元（自己 – 他者）と属性次元（シャイな – 社交的な）に関連する刺激語（自分，友だち，内気な，大胆な，など）について，対応するキー押しによって，単語のグループ分けを行う。

シャイネス IAT の手続きの概要は表 9-2 のようになっており，実際の IAT の画面の例は図 9-1 のようになっている。はじめはカテゴリー名と刺激語の対応を確認するため，練習試行が設けられている。回答者は，コンピュータ画面の中央に呈示された刺激語が「自己」または「他者」のどちらのターゲット概念に属するか，それぞれ対応する 2 つのキー押し（左は「F」キー，右は「J」キー）で分類する。たとえば，画面の左側に「自己」，右側に「他者」というカテゴリー語が呈示されている状態で「自身」が呈示された場合は左に対応する「F」キーを押すことが求めら

表 9-2　シャイネス IAT の手続き

ブロック	内容	詳細	試行数
1	カテゴリー	自己—他者	20
2	属性	シャイな—社交的な	20
3	組み合わせ 1	自己＋シャイな／他者＋社交的な	20
4	組み合わせ 1	自己＋シャイな／他者＋社交的な	40
5	カテゴリー	他者—自己	20
6	組み合わせ 2	他者＋シャイな／自己＋社交的な	20
7	組み合わせ 2	他者＋シャイな／自己＋社交的な	40

注．組み合わせ課題の実施順序を相殺する場合は，半数の参加者はブロック 1，
3，4 と 5，6，7 の実施順序を入れ替えて実施する。

図 9-1　シャイネス IAT 実施時の画面例

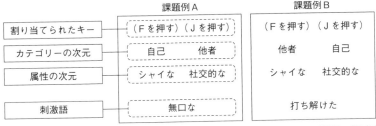

注．「自己」と「シャイな」（「他者」と「社交的な」）が縦に並んでいる組み合わせ課題と，「他者」
と「シャイな」（「自己」と「社交的な」）が縦に並んでいる組み合わせ課題の両者を行い，画面上
に呈示された刺激語（無口な，打ち解けたなど）を各カテゴリーに分類する際の平均反応時間が速
い組み合わせ課題の方が，上下に並んでいる概念同士の連合が強いと判断される。この例では，左側の
組み合わせ課題（課題例 A）の分類に要した時間が，右側の組み合わせ課題（課題例 B）の分類に
要した時間よりも速かった場合，「自己」と「シャイな」の連合が，「他者」と「シャイな」の連合
よりも強く，潜在的シャイネスが高いと判断される。

れ，「友人」が呈示された場合は右に対応する「J」キーを押す必要がある。左右に
割り当てるキーは必ずしも F や J である必要はなく，E と I のキーなどでも構わな
い。

　その後に行われるメインの課題（組み合わせ課題と呼ばれる）では，画面左側に
「自己」と「シャイな」を縦に並べて示し，画面右側に「他者」と「社交的な」を同
様に縦に並べて呈示する。回答のルールは上記と同様である。

　そして，再び練習試行をはさんだ上で，「自己 - 他者」と「シャイな - 社交的な」
の組み合わせが逆になった課題を行う。具体的には，画面左側に「他者」と「シャ
イな」が示され，画面右側に「自己」と「社交的な」を呈示する課題を実施する。
つまり，刺激語は同一で，「自己」と「他者」の位置を入れ替えた課題を行う。

　一方の組み合わせ課題の平均反応時間と，もう一方の組み合わせ課題の平均反応
時間との差をとり，反応が速い組み合わせ課題の方が，縦に並んでいるカテゴリー
と属性間の連合が強いとみなす。すなわち，「自己」と「シャイな」（「他者」と「社
交的な」）という組み合わせ課題と「自己」と「社交的な」（「他者」と「シャイな」）
の組み合わせ課題との反応時間の差を求め，前者の組み合わせ課題に対する反応時
間の方が，後者の組み合わせ課題に対する反応時間より短い場合，「自己」と「社交
的な」よりも「シャイな」の方が結びつきが強く，潜在的シャイネスが高いと判断
される。以上がシャイネス IAT の基本的な構造である。

　先ほど信頼性について触れたが，ボッソンら（Bosson et al., 2000）は，複数の潜
在的測度を用いて自尊感情を測定する試みを行い，約 1 か月の間をおいて再検査を
実施した。その結果，ストループ課題においてピアソンの積率相関係数 $r = -.05$，

閾上プライミングにおいて $r = .08$ といった低い値が散見される中で，IAT では $r = .69$ という値が得られており，この研究の中で実施した潜在的測度の中では最も高い値であった。ここで紹介したシャイネス IAT についても，1 週間間隔で $r = .67$（Fujii et al., 2013），1 か月間隔で $r = .54$（藤井ら，2015），1 年間隔で $r = .50$（稲垣ら，2019）という結果が報告されており，潜在的測度の中では比較的安定した値が示されていると言える。

実際にインターネットサイト（https://implicit.harvard.edu/implicit/japan/）で体験してみることも可能である。このサイトには複数の IAT が用意されており，国家や年齢，人種など 7 つの IAT を実際に試すことができる。IAT を受検した結果は即座に画面上でフィードバックされるため，自身の潜在的な態度や信念を知る機会になるであろう。

■ 3. 顕在的測度と潜在的測度の予測する対象

3-1 異なる指標を予測した研究

それでは，従来の心理尺度などで測定される顕在的測度と IAT などで測定される潜在的測度は，どういった指標を予測するのだろうか。国内外において，顕在的測度と潜在的測度はそれぞれ異なる変数を予測するという研究が報告されている（相川・藤井，2011；Asendorpf et al., 2002; Egloff & Schmukle, 2002；藤井・相川，2013；Rudolph et al., 2010）。これらの研究によると，顕在的測度は自分の意思によるコントロールが容易な行動と関連する一方，潜在的測度は自らの意思でコントロールできないような行動と関連することが示されている。

たとえばアゼンドルフら（Asendorpf et al., 2002）は，IAT を用いてシャイネスを潜在的に測定し，顕在指標とともに行動指標との関連を検討している。まず実験参加者に対し，実験参加者と同様にリクルートしてきた（と教示した）異性の実験協力者（サクラ）との相互作用場面を設け，その際に生起したシャイ行動を他者評定によって測定した。続いて，IAT および自己報告を用いて潜在的・顕在的シャイネスをそれぞれ測定し，先の相互作用場面で生起したシャイ行動との関連を検討した。その結果，IAT の得点から推定されたシャイネスの潜在的自己概念は，相互作用場面で自然に生じる行動（姿勢の緊張，自分自身の身体への接触）と関連していたのに対し，自己報告の得点から推定されたシャイネスの顕在的自己概念は，自ら意識して行う行動（話す時間の長さ）と関連していた。また，顕在的自己概念から非統制的行動への影響，および潜在的自己概念から統制的行動への影響を仮定すると，モデルの適合度（データの当てはまりのよさ）が低下するという結果を得た。こうして，彼らは，潜在的・顕在的に測定されるシャイネスは，それぞれ異なるシャイ行動のパターンと関連するというシャイネスの二重分離モデルを提唱している。

この二重分離モデルを支持する結果は，本邦においても確認されている。たとえば藤井・相川（2013）は，参加者に対して質問紙と IAT を用いて顕在的・潜在的シャイネスを測定したのち，参加者の友人（3 名）に他者評定をしてもらうという方法を用いて，行動指標を収集した。行動指標の測定には，賞賛獲得欲求・拒否回避欲求尺度（小島ら，2003）や早稲田シャイネススケール（鈴木ら，1997）の尺度の表現を変更し，他者の特性や行動を評定できるよう変更したものを使用した。分析の結果，質問紙の得点から推定されたシャイネスの顕在的自己概念は，他者評定

による賞賛獲得行動（e.g., 人と話すときはできるだけ自分の存在をアピールしている）および社交的行動（e.g., 誰とでもよく話す）と負の関連があり，拒否回避行動（e.g., 場違いなことをして笑われないよう，いつも気を配っている）と正の関連があった。その一方，IAT の得点から推定されたシャイネスの潜在的自己概念は，対人緊張（e.g., 人前に出ると気が動転してしまうようにみえる）と正の関連があった。シャイネスの顕在的自己概念と関連していた行動指標は，「人前で自分をアピールする」など，自ら意識して行う余地があるのに対し，シャイネスの潜在的自己概念と関連していた行動指標は，「人前で気が動転してしまう」など，自らの意思でそれが生じないようにするのは困難であると考えられる。このように，顕在的シャイネスと潜在的シャイネスはそれぞれ関連する行動の側面が異なっていた。

　この結果を冒頭で示したAさんとBさんの会話に当てはめると，Aさん自身は自分自身のことをシャイとは思っていなかったが（顕在的シャイネスは低い），自ら気づいていないシャイネスは高く（潜在的シャイネスは高い），ゼミの発表という緊張する場面において，気づかないうちに姿勢が緊張していたり，ドキドキしているように見えたりしたのかもしれない。その様子をBさんが観察し，Aさんに「緊張していたね」と声をかけた（が，Aさん自身は自己評価と異なるため，違和感を覚えた）と考えることもできる。

3-2　顕在と潜在の不一致（交互作用）がみられた研究

　潜在的・顕在的測度がそれぞれ関連する指標が異なるという研究がある一方，両者の組み合わせの効果（交互作用）に焦点を当てた研究もある。以下では，潜在的測度と顕在的測度の交互作用効果を見出している研究について，「自尊感情（self-esteem）」を取り上げて説明する。

　ローゼンバーグ（Rosenberg, 1965）によれば，自尊感情は自己に対する肯定的もしくは否定的な態度であり，その測定には伝統的に「私は人並みにはものごとができると思う」などの 10 項目の尺度が用いられることが多い。自尊感情は抑うつや孤独感とは負の相関を示し（藤井，2014），優れた他者に対する妬み感情を抑制する（澤田，2008），摂食障害傾向と負の相関を示す（齊藤，2004）など，精神的にも身体的にも健康であることを示す一指標として捉えられてきた。

　しかし近年は，そうした「自尊感情神話」にも疑問が投げかけられている（伊藤，2002）。たとえば，自尊感情が高い者の中にも，内集団に対してひいきを行う者がいたり，自身が批判されると急に攻撃的になったりする者がいるという報告がなされている（レビューとして Baumeister et al., 1996）。自尊感情が高いことは，必ずしも精神的に健康であることと同義ではないようである。

　なぜ，このようなことが起こるのだろうか。ジョーダンら（Jordan et al., 2003）は，質問紙で測定されるような顕在的自尊感情だけでなく，IAT のような潜在的測定法を用いて測定される潜在的自尊感情の影響も大きいのではないか，という主張を行っている。そして，先に紹介した潜在的測定法を用いて潜在的な自尊感情を測定する試みを行い，この問題に一つの示唆を与えている。この研究では，質問紙で測定された顕在的自尊感情が高い者の中でも，潜在的自尊感情が低い者（彼らはこうしたタイプを defensive high self-esteem：防衛的な高自尊感情と呼んでいる）は，内集団ひいきを強く行う，自己愛が高いといった特徴を有することを示した。同様の現象は本邦においても内集団ひいき（藤井，2014；原島・小口，2007）において確認されている。その他，こうした防衛的な高自尊感情をもつ者は，顕在的・潜在

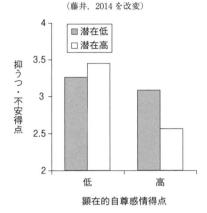

図 9-2　顕在的・潜在的自尊感情と抑うつ・不安
（藤井，2014 を改変）

的自尊感情の両者が高い安定的な高自尊感情をもつ者と比して抑うつ・不安といったネガティブな感情が高いことも示されている（藤井，2014）。

　ただし，自己愛については藤井ら（2014）や川崎・小玉（2010）のように，この知見は支持されていないものが多い。この点については継続した検討が必要であろう。

3-3　「不一致」の別の形

　ところで，顕在的・潜在的自尊感情の不一致には，前項で述べたものとは別のパターンも想定できる。すなわち，顕在的自尊感情が低く，潜在的自尊感情が高いという不一致である。小塩ら（2009）は，こうした不一致を示す者の特徴を検討するため，質問紙と IAT を用いて参加者の顕在的・潜在的自尊感情を測定し，顕在的自尊感情が低く潜在的自尊感情が高い者は，他者軽視傾向（速水，2006）が高いことを見出している。こうした傾向は稲垣・澤田（2018）においても再現されており，比較的頑健な現象と思われる。このように考えると，顕在的自尊感情を高めようとするこれまでの介入は，場合によっては顕在的・潜在的自尊感情の乖離を招き，より望ましくない状態になる可能性もあると言えるだろう。両者のバランスを保ち，いずれも適度に高いことが望ましいのかもしれない。

　また，こうした自尊感情の「高・低」という観点は，あくまで他の参加者と比して高いのか，もしくは低いのか，という点に着目したものである。すなわち，同じ個人の中で顕在的・潜在的自尊感情のいずれが優位であるのかという観点からの検討はできていない。この点をふまえ，クリーマーズら（Creemers et al., 2013）は，「個人の中で顕在的・潜在的自尊感情のいずれが優位か」と「両者の不一致の大きさ」という 2 つの新しい視点から検討している。その結果，顕在的自尊感情に比して潜在的自尊感情が高く，かつ顕在的・潜在的自尊感情の不一致（両者の得点の乖離）が大きいほど，孤独感や抑うつ傾向，自殺念慮が高く，精神的に不健康な状態に陥ることが示された。

3-4　その他の研究

　グリーンワルドとファーンハム（Greenwald & Farnham, 2000）は，潜在的自尊感情が，課題に失敗した際に動機づけの低下を防ぐ緩衝材（バッファ）の役割を果たすことを報告している。彼らの研究では，参加者に 60 名分の氏名が掲載された

リストを提示し，そのなかから有名人の名前を探すという課題を実施した。リストには 20 名分の有名人の名前が記されているが，難課題群に割り当てられた参加者に提示されるリストには，著名な人物の名前に似せた架空の人物の名前も多数記載されており，誤って架空の人たちの名前を有名人の名前と回答してしまう（i.e., 課題に失敗する）可能性が高いものであった。

　参加者が有名人の名前であるか否かを判断する作業を終えたのち，正答のリスト（20 個）を提示し，参加者に各自の正答数をカウントしてもらった。この作業を行うことで，参加者は自身のミスの個数を把握できるようになり，特に難課題群の参加者はミスが多いことに自ら気づく。その後，参加者は課題の成功の認知や気分などを測定する尺度に回答した。分析の結果，課題の重要性の認知（今回行った課題で測定される能力の重要性の認知）および後続の課題への動機づけ（もう一度同じ課題を行うとしたら，何問正解したいか）に対して，群と潜在的自尊感情の交互作用（組み合わせの効果）が観察された。難課題群の参加者は，潜在的自尊感情が高いほど課題の重要性の認知が高く，後続の課題に動機づけられていた。一方で，顕在的自尊感情にはこうした効果はみられなかった。

3-5　顕在的・潜在的測度による行動予測のモデル

　これまでみてきたように，顕在的・潜在的測度と行動との関連については，さまざまなパターンが示されている。ペルジニら（Perugini et al., 2010）は，これらの研究をレビューし，そこから 7 つのモデルを紹介している。これらのモデルではいずれかが「正しい」というものではなく，研究の目的に合わせて先行研究をレビューし，より適切な（解釈しやすい）枠組みを考慮していく必要があることを示唆している（詳細は潮村（2016）に譲る）。顕在的・潜在的測度が広く「行動」と関連するか否か，という点に関心があるのであれば，単純連合パターン（図 9-3）や加法的パターン（図 9-5），二重加法的パターン（図 9-9）の枠組みを用いることになるであろうし，潜在的測度と行動との関連を調整するような変数を仮定するので

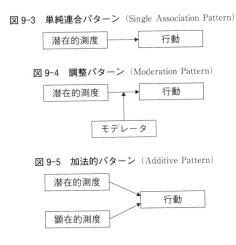

図 9-3　**単純連合パターン**（Single Association Pattern）

図 9-4　**調整パターン**（Moderation Pattern）

図 9-5　**加法的パターン**（Additive Pattern）

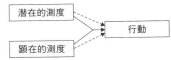

図 9-6　**交互作用的／乗算的パターン**（Interactive/Multiplicative Pattern）

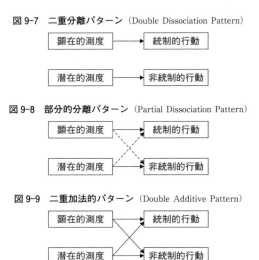

図 9-7　二重分離パターン（Double Dissociation Pattern）

図 9-8　部分的分離パターン（Partial Dissociation Pattern）

図 9-9　二重加法的パターン（Double Additive Pattern）

あれば，調整パターン（図9-4）を想定することになる。また，顕在的・潜在的自尊心の研究のように，交互作用を研究対象にするのは交互作用的／乗算的パターン（図9-6）であろう。そして，顕在的測度と潜在的測度がそれぞれ異なる行動指標と関連するという仮説を検討するためには，二重分離パターン（図9-8）や部分的分離パターン（図9-9）の枠組みで研究を行うことになる。

4. おわりに

　本章で紹介してきた国内外の研究成果やレビュー（Perugini et al., 2010）からわかることは，従来の顕在的な自己報告が関連する指標は確かに存在する一方で，潜在的測度を用いたり，顕在的測度と組み合わせて使用したりすることで，新たに説明できる側面もあるということである。IATをはじめとする潜在的測度は，従来の自己報告による顕在的測度に取って代わるようなものではない。両者を併用することで，人の態度やパーソナリティを多面的に理解できるとともに，行動の予測・説明に有用である可能性を示すものである。第15章でも述べられている通り，パーソナリティの測定方法にはさまざまなものがある。これらの一つのみを頼りにするのではなく，複数の尺度や測定方法を用いて，人を理解していくということが重要である。

Column 8

潜在的シャイネスの変容可能性の検討

シャイネスとは，「特定の社会的状況を越えて個人内に存在し，社会的不安という情動状態と対人的抑制という行動特徴をもつ症候群」である（相川，1991）。これまで本邦におけるシャイネスの測定には，質問紙が多く用いられていた（e.g., 特性シャイネス尺度：相川，1991）。

しかし現在は，第9章で紹介したIATを用いて，シャイネスを測定する試みが国内外で行われている（e.g., 相川・藤井，2011；Asendorpf et al., 2002；藤井・相川，2013）。これまでの研究では，質問紙で測定される顕在的（explicit）シャイネスと，IATで測定される潜在的（implicit）シャイネスが，それぞれ異なる行動指標を予測することが示されている。

特に潜在的シャイネスは，魅力度の高い異性と話す際の姿勢の緊張（Asendorpf et al., 2002）や，人前で赤面するなどの対人緊張（藤井・相川，2013）と関連することが示されている。こうした緊張は，対人コミュニケーションによい影響を及ぼすとは考えにくく，潜在的シャイネスの低減が望まれる。しかし，これまでのシャイネスの低減への試みは，顕在的シャイネスのみが対象となっていた（e.g., ソーシャルスキルトレーニング：相川，1998，2000）。

こうした流れを受けて稲垣ら（2020）は，IATの構造をふまえて「対概念の活性化と自己との連合強化」という手法を提案し，潜在的シャイネスの低減可能性を検討している。シャイネスを測定するIATは，「自己－他者」というカテゴリーと「シャイな－社交的な」という属性の連合強度を潜在的シャイネスの指標とする。カテゴリーと属性のそれぞれの連合強度について，「自己－シャイな」の連合が「自己－社交的な」よりも強い場合に潜在的シャイネスが高いとされる。このことから，介入によって，「自己－社交的な」の連合が強まれば，潜在的シャイネスが低減することが期待される。

4日間の介入期間の中で，実験群の参加者には毎日2時間，社交的な自分をイメージして行動するように，統制群の参加者には普段と同じように過ごすように指示した。その前後に参加者のシャイネスを測定したところ，実験群の参加者のみ潜在的シャイネスのIAT得点が減少していた。すなわち，社交的に振る舞うことにより「自己－社交的な」の連合が強化され，潜在的シャイネスが低減したと解釈できる。そして，こうした影響は顕在的シャイネスには認められず，顕在的・潜在的シャイネスの低減に効果的な介入方法が異なる可能性が示された。こうした低減効果がどの程度持続するかについては，今後の検討が必要である。

第**10**章

自己意識的感情

0. 社会的な場面で感じるさまざまな感情

あなたは，以下の①〜③の状況に置かれたらどのような気持ちになるだろうか。
①友だちが大切にしているものを壊してしまった。
②たくさん人がいる街中で盛大に転んでしまった。
③学校で成績優秀者として表彰された。
①の状況では，恥ずかしさ（＝恥，shame）や申し訳なさ（＝罪悪感，guilt）を感じるかもしれない。②の状況では，気まずさ（＝羞恥，embarrassment）を感じるかもしれない。③の状況では，誇らしく感じたり（＝真正な誇り，authentic pride），うぬぼれたり（＝思い上がり，hubris）するかもしれない。

これらの感情は自己意識的感情と呼ばれ，幸福や恐怖などの基本的感情と区分されてきた。本章では，まず自己意識的感情の特徴を説明する（第1節）。その後，感情の感じやすさ（第2節）と表出（第3節）の2側面から，自己意識的感情とパーソナリティの関わりについて，社会生活における適応・不適応をテーマに概観する。

1. 自己意識的感情とは

1-1 自己意識的感情の特徴

自己意識的感情の特徴について，トレーシーとロビンス（Tracy & Robins, 2004a, 2007c）は基本的感情との比較から以下の5つの点を挙げている。

1つ目は，自己意識的感情の経験には自己覚知や自己表象，すなわち自分をみている自分やみられる自分といった自己評価プロセスが必要という点である。冒頭の状況でも，自分は悪いことやみっともないこと，優れたことをした，または他者からそうみられる，という自己評価プロセスが生じる。一方，基本的感情の経験には必ずしも自己評価プロセスは必要ではない。2つ目は，生後，経験できるようになるまでの期間が，自己意識的感情は基本的感情よりも長いという点である。これは1つ目の特徴とも関連し，自分の認識，ルールや社会的行動の基準の理解，他者がその基準から自分を評価することの理解が可能になるまで，生後ある程度の期間が必要なためである。3つ目は，基本的感情が生存目標と関連するのに対し，自己意識的感情は，地位の維持や強化，社会的な排斥を防ぐなど社会的な目標と関連する

点である。たとえば，敵に襲われた際，基本的感情の 1 つである恐怖を感じると逃走が選択され，恐怖を感じない場合よりも生存の可能性が高まる。また，冒頭①の状況で自己意識的感情の 1 つである罪悪感を経験すると友だちへの謝罪が促され，許される可能性が高まる。一方，罪悪感を経験せず謝罪をしなければ友だちやそれを知った第三者から関係を断たれる可能性が高まる。4 つ目は，基本的感情が顔面表情による個別の表出形態をもつのに対し，自己意識的感情はそれらをもつわけではないという点である。ただし自己意識的感情すべてが非言語的な表出形態をもたないのではなく，恥（shame）や気まずさ（embarrassment），誇り（pride）は，顔面表情に身体の動きや姿勢を合わせることで各感情に対応する表出形態をもっている。5 つ目は，自己意識的感情は生起までの認知プロセスが基本的感情よりも複雑であるという点である。

1-2　本章で取り上げる自己意識的感情

　自己意識的感情に含まれる個々の感情はさまざまであるが（遠藤，2009），本章では，代表的な自己意識的感情である恥（shame）・罪悪感（guilt）・気まずさ（embarrassment）・真正な誇り（authentic pride）・思い上がり（hubris）を取り上げる。なお英語の shame と embarrassment は，日本語ではどちらも「恥ずかしさ」と訳されることがあり，同じ感情と思われるかもしれない。両感情の関係については，embarrassment が shame を包括する（e.g., 樋口，2009），あるいはその逆という立場（Elison, 2005）も存在する。一方で両感情は，生起状況や経験時の感覚（Tangney et al., 1996），表出形態（Keltner, 1995）が異なり，別個の感情として捉えることもできる。本章では，引用する研究の概念構造を尊重しつつも，基本的には両感情を別個の感情として扱う。日本語訳について，本章では shame を恥と訳す。embarrassment は羞恥と訳されることが多いが，shame の訳である恥との混同を避けるため，樋口（2008）を参考に，本章では気まずさと訳す[1]。

　各感情の理論的な背景や特徴を述べる。まず恥と罪悪感である。恥と罪悪感は道徳的逸脱状況などで同時に生じやすく，その差異について議論や研究がなされてきた。そして恥には不適応的な機能が，罪悪感には適応的な機能があり，両感情が以下の点などで異なることが指摘されている（安藤，2001; Tangney, 1995）。道徳的逸脱行動などをとった際，恥は行動をとった自分を評価対象とし，罪悪感は行動そのものを評価対象とする。また恥は，罪悪感より苦痛が大きく，無価値感や無力感を経験し，自己の全体的な価値低下が生じる。罪悪感は，緊張や自責，後悔などを経験するが，自己の価値低下は生じない。そして経験後の行動に関して，恥は逃避への欲求を動機づけ，罪悪感は告白や謝罪・償いへの欲求を動機づける。

　次に気まずさについて説明する。気まずさは，冒頭②のような失敗状況だけでなく，冒頭③のような賞賛・達成状況でも生じるが，不快な感情である（Miller, 2007）。この感情は恥や罪悪感など他の自己意識的感情と異なり，公的な自己表象，すなわちみられる自分に特徴づけられる（Tracy & Robins, 2004a, 2007c）。この点に関わるように，気まずさの発生因の 1 つとして他者から自分がどのようにみられるのかという懸念が挙げられる（e.g., Miller, 1995）。そして気まずさは，自分の行動が社会的に不適切かどうかを監視し，警告する役割をもつという（菅原，1998）。そのため，気まずさは，本人の経験においては不適応的であるが，自身の行動を正すこと

---

1 ）embarrassment には，羞恥や気まずさの他，困惑，当惑などの訳もある。

図 10-1　自己意識的感情の過程モデル（Tracy & Robins, 2004a, 2007c を一部改変；日本語訳は有光，2007 を一部改変）

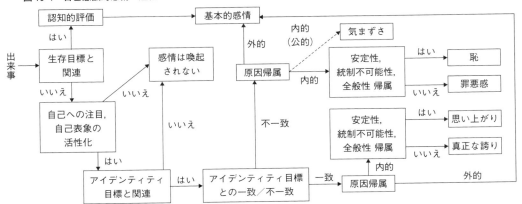

につながる可能性をもち，行動面では適応的な感情と言えよう。

　最後に真正な誇りと思い上がりについて説明する。この2つの感情は，誇り（pride）という感情に含まれる。もともと，誇りには，向社会的行動を促進する適応的な誇りと，自己愛に関連し，対人的な問題につながる不適応的な誇りが指摘されており（Tracy & Robins, 2007d），真正な誇りが前者に，思い上がりが後者に当たる。真正な誇りは，実際の経験に基づき，達成原因が自分の行動だと考えるため（Tracy & Robins, 2007d），その経験から達成や成功への努力が強化される（有光，2009b）。思い上がりは，達成原因を自分が優れているからと考えるため，実際の経験がなくとも生じ，その自己評価を維持しようとするため，傷つきやすく，また他者への攻撃行動などを起こしやすい（有光，2009b）。

　この5つの自己意識的感情と基本的感情が生じるまでの認知過程モデルをトレーシーとロビンス（Tracy & Robins, 2004a, 2007c；図 10-1）は提案している。モデルでは，まず直面した出来事と生死など生存目標との関わりが判断され，関わる場合，基本的感情が生じる。生存に関わらず，自己への注目や自己表象の活性化が起こると，出来事と自身のアイデンティティ目標との関連が判断される。関連していると，自身のアイデンティティ目標との一致が評価され，一致時は肯定的な自己意識的感情（思い上がり・真正な誇り）が，不一致時は否定的な自己意識的感情（気まずさ・恥・罪悪感）が生じる。具体的に生じる自己意識的感情は，出来事の原因をどのように自分に帰属させるか（内的帰属）の過程で決まる。原因を，安定性や全般性，統制可能性を問わず，公的な自己（他者がみているであろう自分）に帰属するとアイデンティティ目標が不一致時に気まずさが生じる。一方，原因を安定的・全般的・統制不可能なもの（例，自分自身）に帰属すると，アイデンティティ目標が不一致時は恥が，一致時は思い上がりが生じる。原因を内的・不安定的・特殊的・統制可能なもの（例，自分の行動）に帰属すると，アイデンティティ目標が不一致時は罪悪感が，一致時は真正な誇りが生じる。

2. パーソナリティ特性としての自己意識的感情

　世の中には，特定の感情を感じやすい人もいれば感じにくい人もいる。感情経験に関する個人の傾向や個人差は，感情特性と呼ばれ（平井，2017；Lazarus, 1994；Watson & Clark, 1994），パーソナリティ特性の1つと考えられてきた。

　　自己意識的感情においても，恥特性や罪悪感特性など各自己意識的感情特性が測定され，さまざまな変数との関連が検討されてきた。第 2 節では，各自己意識的感情特性と，人の全般的なパーソナリティ傾向であるビッグファイブ（第 1 章を参照），向社会性や反社会性，精神的健康との関連を検討した実証研究を取り上げる[2]。それらを通して，各自己意識的感情特性が行動面と主観面で適応的な特性なのか，不適応的な特性なのかを考えていく。

2-1　恥特性と罪悪感特性の特徴

　　恥と罪悪感は，同じ状況で同時に生じやすいため，相関分析時には，互いを制御変数とした純粋な恥・罪悪感と他の変数との関連を検討することが多い。そこで本節では，恥特性と罪悪感特性を扱った実証研究について，互いを制御変数とした偏相関や部分相関の結果に言及する[3]。

　　ビッグファイブとの関連を扱った欧米圏の研究（表 10-1）では，部分相関におい

表 10-1　欧米圏における恥・罪悪感・気まずさ・真正な誇り・思い上がり特性とビッグファイブとの関連[a]

感情特性	外向性	神経症傾向	開放性	調和性	誠実性	出典
恥（単相関）		+	−	+		Cohen et al. (2011)
恥（部分相関）[b]		+				Cohen et al. (2011)
罪悪感（単相関）				+	+	Cohen et al. (2011)
罪悪感（部分相関）[b]				+	+	Cohen et al. (2011)
気まずさ[c]	−	+				Maltby & Day (2000)
真正な誇り	+	−		+	+	Tracy & Robins (2007a)
思い上がり				−	−	Tracy & Robins (2007a)

[a] 感情特性の測定尺度は下位尺度に分かれるものがあるが，下位尺度のうち 1 つでも相関係数の絶対値が .20 以上の結果において，正の相関には + を，負の相関には − を記した。相関係数の絶対値が .20 未満の場合は空白とした。
[b] Cohen et al. (2011) が使用した恥・罪悪感特性尺度は，認知的側面と行動的側面の 2 側面から各感情を測定しており，恥特性の認知的側面とビッグファイブとの関連を検討する際は，罪悪感の認知的側面を制御変数にするという方法で部分相関係数を算出している。
[c] 神経症傾向との関連に関して，Tracy & Robin (2007a) の論文では，神経症傾向（情緒不安定性）ではなく，情緒安定性と 2 つの誇り特性との相関係数が記載されている。真正な誇り特性と情緒安定性の相関係数は正の値であったが，他の研究の示す方向性にあわせ，負の相関と記載した。

表 10-2　日本における恥・罪悪感・気まずさ・真正な誇り・思い上がり特性とビッグファイブとの関連[a]

	外向性	神経症傾向	開放性	調和性	誠実性	出典
恥（単相関）	−	+				有光 (2001a)
恥（偏相関）		+	−			有光 (2001a)
罪悪感（単相関）	+	+		+	+	有光 (2001a)
罪悪感（偏相関）	+			+	+	有光 (2001a)
気まずさ[b]	−	+・−	−	−	+	有光 (2001a)
真正な誇り	+	−			+	有光・井上 (2008)
思い上がり		+	+	−		有光・井上 (2008)

[a] 感情特性の測定尺度は下位尺度に分かれるものがあるが，下位尺度のうち 1 つでも相関係数の絶対値が .20 以上の結果において，正の相関には + を，負の相関には − を記した。相関係数の絶対値が .20 未満の場合は空白とした。分析が参加者全体と男女別で分かれている場合も同様のルールで記載を行った。
[b] 神経症傾向との相関は，下位尺度それぞれで正の相関と負の相関両方がみられた。

　2）本節で引用する実証研究は尺度間の関連を検討した相関研究が主である。なお，関連の有無は相関係数の有意性だけでなく，原論文に示された相関係数の値から解釈する。具体的には相関係数の絶対値が，弱い相関と見なされる 0.20 以上では関連あり，0.20 未満では関連なしと解釈する。また欧米圏と日本で実施された研究では結果が異なるものもあるため，それぞれに言及する。
　3）変数 x と y の相関係数を算出する際，両変数から第 3 変数 z の影響を取り除いた場合の関連の指標を偏相関係数，片方の変数から変数 z の影響を取り除いたものともう片方の変数の関連の指標を部分相関係数という。

て恥特性が高いほど神経症傾向が高いこと，罪悪感特性が高いほど調和性と誠実性が高いことが示されている。日本の研究（表 10-2）では，欧米圏の結果とやや異なり，罪悪感特性を制御した恥特性が高いほど，神経症傾向が高く，調和性が低いことが示されている[4]。また恥特性を制御した罪悪感特性は，その特性が高いほど，外向性・調和性・誠実性が高いという結果が得られている。

　次に向社会性，反社会性との関連を取り上げる。ティグノーとコルヴィン（Tignor & Colvin, 2017）は，主に欧米圏で実施された研究を対象にメタ分析を行い，恥・罪悪感特性と向社会性の関係を整理した。その結果，恥特性と向社会性の部分相関の平均は無関連と言える値であった。罪悪感特性と向社会性との部分相関の平均は，罪悪感特性が高いほど向社会性が高いことを示した。ただし同研究は，罪悪感特性尺度の形式（シナリオ形式かチェックリスト形式か）が結果に影響し，単相関に基づく結果であるがシナリオ形式で測定された罪悪感特性のみ向社会性の高さと関連することを示した。一方，攻撃性や敵意など反社会性との関連を扱った研究（Cohen et al., 2011; Tangney et al., 1992）をみると，罪悪感を制御した恥特性は攻撃性と関連せず，敵意とは正の相関を示している。恥特性を制御した罪悪感特性は，その特性が高いほど敵意や攻撃性が低い（Cohen et al., 2011）。日本では，有光（2002）が重回帰分析[5]を用いて，罪悪感特性と恥特性が向社会的行動・反社会的行動を予測するのかを検討している。その結果，恥特性は向社会的行動と反社会的行動の双方と関連せず，罪悪感特性は向社会的行動を促進し，反社会的行動を抑制していた。

　最後に精神的健康との関連に着目する。欧米圏の研究では，罪悪感を制御した恥特性が高いほど，自尊感情は低く（Cohen et al., 2011），抑うつ傾向が高い（Tangney & Dearing, 2002）。一方，恥を制御した罪悪感特性は自尊感情や抑うつ傾向と無関連であった（Cohen et al., 2011; Tangney & Dearing, 2002）。日本の研究（有光, 2001b）では，罪悪感を制御した恥特性は精神的健康の低さに，恥を制御した罪悪感特性は精神的健康の高さに特徴づけられていた。

　こうした実証研究の結果は，第 1 節で述べた両感情の特徴と整合的であり，恥特性はネガティブな感情や敵意の感じやすさ，精神的健康の低さなど，特に主観面において不適応的な特性と言える。一方，罪悪感特性は，他者との調和や勤勉さ，向社会性の高さなど，特に行動面で適応的な特性と言える。

2-2　気まずさ特性の特徴

　気まずさ特性を扱った実証研究に関して，欧米圏での研究は，ビッグファイブとの関連において（表 10-1），気まずさ特性が高いほど外向性が低く，神経症傾向が高いことを示している。精神的健康との関連では，気まずさ特性が高いほど自尊感情が低く，抑うつ傾向は高い（Maltby & Day, 2000）。一方，日本の研究では，気まずさ特性が高いほど外向性や開放性，調和性が低く，誠実性が高い（表 10-2）。精神的健康との関連では，気まずさ特性が高いほど，抑うつ傾向や絶望感，孤独感

　4）本章で引用した有光（2001a, 2001b, 2002）では，4 つの下位尺度から構成される状況別羞恥感情質問紙（成田ら, 1990）を用いている。この尺度は羞恥（気まずさ）を測定する尺度であるが，尺度を構成する 4 つの下位尺度のうち，「かっこ悪さ」と「自己不全感」の 2 つは，shame に近いという指摘がある（有光, 2001b）。このようにこの尺度では羞恥（気まずさ）の中に恥が含まれるとみなすことができる。そこで尺度が反映する概念構造に沿って 4 つの下位尺度が気まずさを，その中でも「かっこ悪さ」と「自己不全感」が恥を測定しているとみなした。

　5）複数の説明（独立）変数が目的（従属）変数に及ぼす影響を同時に検討する分析手法であり，各説明変数について，分析に使用した他の説明変数の影響を取り除いた（制御した）場合の，目的変数への影響力を検討できる。

　が高く（成田，1993），精神的に不健康である。

　向社会性や反社会性との関連では，欧米圏において気まずさ特性が高いほど向社会性が高いことが示されている（Feinberg et al., 2012）。反社会性に関して，気まずさ特性を直接測定した研究ではないが，学校で攻撃行動や問題行動を起こさないと教師に判断された子どもは，気まずさを表出しやすいことが示されており（Keltner et al., 1995），間接的であるが，気まずさ特性は反社会的行動を抑制すると解釈できる。一方，日本の研究では，気まずさ特性は，反社会的行動と向社会的行動のどちらも抑制することが示されている（有光，2002）。

　気まずさ特性に関する欧米圏での実証研究の結果は，第 1 節で述べた感情の特徴と一致しているだろう。気まずさ特性は，適応・不適応の観点からみると主観面ではネガティブな感情を感じやすく，また精神的健康が低いため不適応であるものの，反社会性の低さ・向社会性の高さから，行動面では適応的な特性である。日本では，気まずさ特性は反社会的行動とともに向社会的行動も抑えている。欧米に比べ，日本社会では望ましい行動などを示すことは否定的評価につながる可能性があるという（前田・結城，2019）。そのため他者からの評価に関わる気まずさは，向社会的行動を抑えており，その方が日本においては社会的に適応的な行動なのかもしれない。

2-3　真正な誇り特性と思い上がり特性の特徴

　欧米圏でのビッグファイブとの関連（表 10-1）において，真正な誇り特性が高いほど外向性・調和性・誠実性が高く，神経症傾向が低いこと，思い上がり特性が高いほど調和性と誠実性が低いことが示されている。日本の研究（表 10-2）では，真正な誇り特性が高いほど外向性・誠実性は高く，神経症傾向は低いこと，思い上がり特性が高いほど，神経症傾向・開放性が高く，調和性は低いことが示されている。

　次に向社会性や反社会性との関連を述べる。欧米圏では，向社会性に関して，両自己意識的感情特性とリーダーシップとの関連が報告されている（Costello et al., 2018）。真正な誇り特性は，メンバーのモチベーション喚起や配慮的行動の要素を含む変革型リーダーシップ，リーダーシップを発揮しない放任型リーダーシップと正の相関を示している。思い上がり特性は，放任型リーダーシップと正の相関を示している。真正な誇り特性は部分的であるが，向社会性の高さ，思い上がり特性は向社会性の低さに特徴づけられるだろう。反社会性との関連では，真正な誇り特性が高いほど攻撃性や敵意が低く，思い上がり特性が高いほど攻撃性が高い（Tracy et al., 2009; Carver et al., 2010）。日本の研究では，有光（2009a）が構造方程式モデリング[6]を用い，両自己意識的感情特性と向社会的行動，攻撃行動，精神的健康の関連を検討している。真正な誇り特性は他者への積極的関与を介して向社会的行動を高めること，反社会的な行動である攻撃行動とは関連しないこと，思い上がり特性は向社会的行動とは関連せず，攻撃行動を高めることが示された。

　最後に精神的健康との関連を取り上げる。欧米圏では，真正な誇り特性は自尊感情の高さ，抑うつ傾向の低さに特徴づけられ，思い上がり特性は自尊感情の低さに特徴づけられるものの，抑うつ傾向とは無関連であった（Tracy et al., 2009; Tracy & Robins, 2007a）。日本では，真正な誇り特性は精神的健康の高さに，思い上がり特性は精神的健康の低さに特徴づけられている（有光，2009a）。

　欧米圏と日本の研究は，異なる部分はあるものの概ね第 1 節で述べた両感情の理

　6）分析者が複数の変数間の仮説モデルを立て，変数間の関連の強さや影響力，仮説モデルが測定したデータに適合しているのかを検討する分析方法である。

論的背景と一致し，行動面と主観面の双方で，真正な誇り特性は適応的な特性であり，思い上がり特性は不適応的な特性と言えるだろう。

3. 自己意識的感情の表出と他者からのパーソナリティ評価

　感情は自分が経験するだけなく，表情などを通して表出される。感情表出には，表出者の状態やパーソナリティ，状況に関する情報を他者に伝達する機能があり（遠藤，2007；Keltner & Haidt, 1999, 2001），他者からのパーソナリティ評価に影響を及ぼす。自己意識的感情のなかでも，恥・気まずさ・誇り（真正な誇り，思い上がり）は，表情と身体の動き，姿勢などを組み合わせた独自の表出形態をもつ（表10-3）。これらの感情が表出された場合と，表出されなかった無表情の場合や他の感情が表出された場合とでは他者からのパーソナリティ評価が異なることが示されている。第3節では，恥・気まずさ・誇りの表出が他者からのパーソナリティ評価に及ぼす影響や各表出がもつ社会的機能について説明する。

3-1　恥・気まずさの表出とパーソナリティ評価
　恥と気まずさは，それぞれ道徳的逸脱状況や失敗状況など，他者から否定的な評価が下されうる状況で生じやすい。そのため恥・気まずさ表出は，対人関係の回復に関わる機能をもつと指摘されており（Keltner & Buswell, 1997; Martens et al., 2012），実証研究では，それぞれの表出が，向社会性や信頼性など他者からの印象を良くするポジティブなパーソナリティ評価につながるのかについて主に検討されてきた。

(1) 恥 表 出
　恥の表出が実際にポジティブなパーソナリティ評価につながるのかを検討した研究として以下が存在する。ダイクら（Dijk et al., 2009）は，道徳的逸脱行動をとった状況で恥表出を行った場合，無表情の場合よりもポジティブなパーソナリティのもち主だと他者から評価されることを示した。一方，ケルトナーら（Keltner et al., 1997）は，人前での転倒など軽度の失敗状況を用いたところ，恥表出を行った場合と無表情の場合で表出者への向社会性評価に違いはないという結果を示した。
　またポジティブな特性と異なる評価軸として，恥表出と地位の低さの関連を扱った研究（Tracy et al., 2013）も存在する。状況を設定せず，表出者のみを示した研究であるが，恥表出者は，無表情や誇り表出者よりも地位が低いと見なされやすい。

表 10-3　恥・気まずさ・誇り表出の特徴[a]

感情	表出を構成する要素	出典
恥	頭を下に向ける・視線を下に向ける	Keltner（1995）
気まずさ	非デュシェンヌスマイル（眼窩部眼輪筋周辺の収縮がない笑顔）・口裂を閉める・視線を下に向ける・頭を左下に向ける・顔に手を触れる	Keltner（1995）
誇り[b]	微笑・頭をわずかに後ろにそらす・胸を張る・肘を張って両手を腰にあてる（あるいは腕を頭の上まで上げる）	Tracy & Robins（2004b, 2007b）

[a] 各表出形態の実際の写真は，ウェブサイト UBC Emotion & Self Lab 内の「Research Tools」ページ「UC Davis Set of Emotion Expressions（UCDSEE）（URL：http://ubc-emotionlab.ca/research-tools/nucdsee/）」より閲覧可能である（2023 年 5 月現在）（すべて英語である）。
[b] 真正な誇りと思い上がりに関しては，表出形態にほぼ違いがない。

(2) 気まずさ表出

　気まずさも，その表出がポジティブなパーソナリティ評価につながるのかが実証的に検討されてきた。失敗状況での気まずさ表出は，表出がない場合よりも他者から好ましい人物だと評価される（Dijk et al., 2009; Semin & Manstead, 1982）。また他者から高い評価を得る達成状況においても気まずさを表出した場合は，表出がない場合や誇りを表出した場合よりも信頼性が高いと評価される（Feinberg et al., 2012）。日本でも，失敗状況での気まずさ表出は，他の感情表出との間に違いはないが，無表情よりも向社会性が高く評価されることが示されている（樋口ら，2013）。

　一方，気まずさ表出がポジティブなパーソナリティ評価につながらないことを示した研究（Dijk et al., 2011）も存在する。同研究は，研究参加者が囚人のジレンマゲーム（プレイヤー2人が，協力か非協力かを同時に選び，その組み合わせによって両者が得られる利益が決まるという内容）を行い，非協力を選んだゲーム相手が気まずさを表出する，または無表情であるという状況を用いた。その状況では，気まずさ表出者は，無表情の人物よりも信頼性やポジティブさが低く評価されていた。

　また気まずさ表出も地位の低さと関連している。IAT（潜在連合テスト；回答者が自覚できない潜在的な回答を測定するツール。詳細は第9章参照）を用いた研究において，恥表出とともに気まずさ表出は，誇り表出に比べ，地位の低さと結びつくことが示されている（Yu & Ohtsubo, 2015）。

(3) 恥表出と気まずさ表出が伝えるメッセージ

　一部の実証研究で想定と異なる結果が得られているとはいえ，なぜ恥や気まずさの表出は，ポジティブなパーソナリティ評価や地位の低さと結びつくのか。この点に関して，恥の表出を構成する動作に他者へのメッセージ性があることが指摘されている（Castelfranchi & Poggi, 1990；菅原，1998）。恥の表出を構成する特徴は，頭を下に向ける（＝うつむく）ことと自らの視線を下に向けることであり，頭を下に向けることには，自分を小さく見せる・相手に逆らわないというメッセージが含まれ，視線を下に向けることには，自分には相手をコントロールする力がないというメッセージが含まれるとされる。これらの特徴は，気まずさ表出にも含まれる。すなわち，道徳的逸脱状況や失敗状況での恥や気まずさの表出は，「望ましくないことをしてしまった自分はあなたよりも劣った存在であり，あなたには逆らいません」というメッセージを相手に示していることとなる。この指摘に加え，気まずさ表出には笑い（笑顔）が含まれており，笑顔は他者への親和を示す（Kraut & Johnston, 1979）。そのため，道徳的逸脱や失敗など望ましくない行動をしたときには，そうしたメッセージを含まない他の表出よりも，恥や気まずさを表出した方が，相手に反省していることや関係を良くしたいことを示すこととなり，結果としてパーソナリティがポジティブに評価されやすいと解釈できる。

　しかし実証研究の中には，恥や気まずさ表出がポジティブなパーソナリティ評価につながらないことを示したものもある。この点には，恥や気まずさが表出される状況が影響していると考えられる。福田・樋口（2014）は表情イラストを用い，気まずさ表出と無表情への利己性評価が，失敗状況では差異はなく，達成状況では無表情が気まずさ表出より利己的と評価されること，すなわちパーソナリティ評価への表出の影響が状況により異なることを示した。パーソナリティ評価に対する感情表出の影響が状況により異なる原因を理解する上では，気まずさ表出を扱った先述のダイクら（Dijk et al., 2011）の研究が重要な役割を果たす。同研究は，気まずさ

表出に対する信頼性やポジティブさ評価は無表情より低いという結果であったが，気まずさ表出をみた参加者に，表出者が何の感情を示していると感じたのかも尋ねた。その結果，囚人のジレンマゲームで非協力を選んだ後の気まずさ表出は，おもしろさ（amusement）の表出と捉えられていた。これは気まずさ表出に，笑いが含まれるためであろう。気まずさや恥の特徴を含む表出であっても，状況によって他者が各表出から読み取る感情が変わり，結果としてパーソナリティのポジティブな評価につながらず，時には無表情よりもネガティブに評価されると考えられる。

3-2　誇りの表出とパーソナリティ評価

　誇り表出には，社会的地位の高さを他者に伝達する機能があると指摘されている（Martens et al., 2012）。実証研究においても，誇り表出は，無表情あるいは恥・気まずさ表出に比べ，地位の高さと結びつくことが示されている（Shariff et al., 2012; Yu & Ohtsubo, 2015）。

　また，マーテンとトレーシー（Martens & Tracy, 2013）は，誇り表出が専門性の高さを伝達する可能性を指摘し，検証を行った。同研究は，研究参加者に問題を出し，誇り表出を含む感情表出者の回答を参照できる際，参加者が誇り表出者の回答を模倣するのか検討した。参加者は，正答時に金銭が支払われる場合，幸福表出や恥表出，無表情の人物よりも誇り表出者の回答を倣う割合が高かった。一方，正答時に金銭が支払われない場合，参加者が誇り表出者と他の表出者の回答を倣う割合に違いはなかった。状況限定的ではあるが，仮説は部分的に支持され，誇り表出が専門性の高さを伝達する可能性が示唆された。

　このように誇りを表出することで，地位や能力が高い人物だと評価されやすくなる。一方，誇り感情は，表出者自身が何かを達成したときに生じるため，誇り表出者は無表情や喜び表出の人物よりも，自身への関心が強く，平等主義を支持せず，実力主義を支持する人物だと見なされやすい（Horberg et al., 2013）。

　誇り表出と地位の高さの結びつきには，進化論に基づく説明がある（Martens et al., 2012）。誇りは社会的な成功時，言い換えると社会的地位の上昇時に生じる。社会的地位の上昇を他者に伝えることは，資源や良い仲間の獲得，影響力の増加などに関わり，適応的である（Shariff & Tracy, 2009）。そのため誇り表出は，個人の成功などを伝えるために進化したと考えられている（Tracy et al., 2010）。身体を大きくみせるなど誇り表出に含まれる特徴は，高地位のチンパンジーがライバルを倒した後にもみられる（e. g. de Waal, 1982／邦訳，1989）。誇り表出に含まれる特徴が，ヒトの祖先である類人猿において，その支配性や優勢を示すものであったため，ヒトにおいても地位の高さを他者に伝達すると考えられる（Martens et al., 2012）。

■ 4. 自己意識的感情とパーソナリティの検討の際の留意点

　自己意識的感情とパーソナリティとの関わりを考える，または理解する上での課題や留意点を3点挙げておこう。

　1点目は欧米圏と日本での研究結果の差異である。特に，第2節で取り上げた自己意識的感情特性の研究は，欧米圏と日本で結果が異なる場合があり，その原因として3つの可能性が考えられる。1つ目は，尺度や分析方法など研究手法に起因する可能性である。これは，日本と欧米という対比だけでなく，尺度を用いたパーソナリティ研究全般に関わる点である。罪悪感特性と向社会性の関連で触れたように，

測定尺度の形式が研究結果に影響している可能性がある。２つ目は，日本と欧米の文化の違いである。自己意識的感情は，社会的目標の達成に関わるが，文化により社会が異なれば，目標自体も異なるだろう。そのため，人をそれらに向かわせる感情の生起しやすさや他の変数との関連が異なる可能性がある。３つ目は，欧米圏でshame や guilt，embarrassment と表現される自己意識的感情と日本で恥や罪悪感，気まずさと表現される自己意識的感情がそもそも等価でない可能性である。この点に関して，恥ずかしいという日本語が示す経験は，英語の shame やembarrassment が示す経験より快の度合いが高いという報告（Rusch, 2004）や，本章で取り上げなかった自己意識的感情の１つである感謝（gratitude）に関して，感謝という日本語が示す経験には肯定的要素（ありがたさ）と否定的要素（申し訳なさ）が含まれるが，gratitude という英語が示す経験は肯定的要素のみという指摘がある（蔵永，2019）。研究結果の差異が，いずれに（または複合的に）起因しているのかは検討する必要があり，同時にこの点は，各研究結果を解釈する際にも留意する必要がある。

　２点目は自己意識的感情特性と他の変数の因果関係である。第２節で紹介した研究は主に相関研究であるため，ある感情を感じやすいから特定の認知・行動傾向をもつのか，特定の認知・行動傾向をもつからある感情を感じやすいのかは断言できない。一時点での尺度間の関連を検討するだけでなく，縦断研究などを行うことで，自己意識的感情特性と他の変数との因果関係を明らかにできるかもしれない。

　３点目は自己意識的感情の表出とパーソナリティ評価に関する課題である。現在，恥・気まずさ・誇り以外の自己意識的感情には，表情や姿勢などを用いた独自の非言語的表出形態は見出されていない。それらの自己意識的感情の表出がパーソナリティ評価に与える影響を検討するには，表出の定義や操作に関する課題が生じる。この課題は，各自己意識的感情が生じる典型的状況と表情，発話を合わせることで解決できる可能性がある。たとえば，感謝は，他者が親切な行為を行った状況で，相手にお礼を言う・笑顔を示すなどによって，その表出と見なされやすい（蔵永ら，2012）。言語的表出を利用することで，独自の非言語的表出をもたない自己意識的感情でも，他者からのパーソナリティ評価に及ぼす影響を検討できるだろう。

▌ 5. ま と め

　本章では，代表的な自己意識的感情である恥，罪悪感，気まずさ，誇り（真正な誇り／思い上がり）に着目し，それぞれの感じやすさが個人内でどのような認知・行動傾向，精神的健康と結びつくのか，また恥や気まずさ，誇りを表出するとどのようなパーソナリティのもち主だと他者から評価されやすいのかという２つの側面から自己意識的感情とパーソナリティとの関わりをみてきた。

　自己意識的感情は，パーソナリティとの関わりを含め，私たちの社会生活や適応に関わる。そしてその特徴を理解するには，複数の視点をもつことが重要であろう。たとえば，恥は，その感じやすさに着目すると，敵意の高さや精神的健康の低さに特徴づけられ，不適応的な感情と言える。しかし表出に着目すると，恥の表出は他者からパーソナリティがポジティブに評価される可能性がある。そのため，良好な対人関係の構築につながる適応的な感情となる。視点を変えることで各感情やパーソナリティとの関わりについて異なった知見を示すことができ，それは私たちが社会の中で生きていく上での重要な手掛かりとなるだろう。

Column 9
パーソナリティとしての価値観によって感動が決まる

　みなさんは最近，何に感動しただろう。美しい自然の景色，卓越した技術で作られた芸術作品，あるいは友情や家族愛が描かれた，映画や小説，漫画などの物語だろうか。恐らく感動のエピソードには，さまざまなものが挙げられる。では，なぜ同じ対象に感動する人としない人がいるのだろうか。つまりなぜ，人それぞれ感動する対象が異なるのだろうか。

　感動は，対象に価値を見出すことで生じる感情であると，複数の研究が指摘している（Cova & Deonna, 2014；加藤・村田，2013；Strick & van Soolingen, 2018）。感動に関わる価値は，人生の指針となるほどに各個人が強く重要視しているものであるため，中核的価値（core values）とも呼ばれる。それは人によっては，人間愛かもしれないし，目標を達成すること，もしくは美を求めることかもしれない。中核的価値を何とするかは人それぞれ異なっているため，パーソナリティ特性として考えうる。

　たとえば，他者と心を通い合わせることや，お互いを深く理解すること，共感することなどを重視するといった「社会」的な中核的価値があるといわれる。そして，どのくらいこの価値観をもっているかによって，その価値を描いた物語への感動の強度が異なることを加藤・村田（2013）が示している。この研究で実験参加者は，家族愛（実験1）あるいは友情愛（実験2）が描かれたアニメーション映像を視聴し，感動した程度を評定した。また視聴前に，酒井ら（1998）の価値志向性尺度へ回答した。この尺度は，理論，経済，審美，宗教，社会，権力という価値を志向する程度を測定するものであり，この研究では，社会への回答を求めた。その結果，両方の実験において，社会的価値志向性が強い人ほど，映像への感動が強かった。加えて興味深いことに，このようなパーソナリティ特性の影響を調整する要因も見出された。それは「命に限りがあることを再認識する」ことである。両実験において，人間に寿命があると再認識する課題を行った後に映像を見た条件の方が，別の課題を行った条件よりも強く感動していた。これらの結果から，私たちは人生に限りがあることを思い出すと，自分にとっての中核的価値の重要性が強調され，感動がより強くなることが示唆される。

　あなたの人生の中核的価値は何だろうか。明確に言語化することは難しいかもしれない。しかし強い感動を覚えた経験を振り返ってみると，その中身から，あなたのパーソナリティとしての価値観がみえてくる可能性がある。

第**11**章

感　情

0.　感情とパーソナリティの関係

　人は，パーソナリティを語るとき，人との関わり方や，物事への取り組み方とともに，「○○さんは，ちょっとしたことですぐカッとなる」「○○さんは，いつも楽しそう」などその人の感情的な特徴や傾向についてもよく言及する。

　怒りや悲しみ，喜びといった感情は，誰しもがもつものである。そして，他者とコミュニケーションをとるにしても，何かに取り組んだり取り組まなかったりするにしても，またその取り組み方にしてみても感情の影響は避けられないし，欠かすこともできない。しかし，その経験や表出のしやすさや大きさには個人差がある。本章では，感情とパーソナリティとの関係を軸に論じる。

1.　感情とは何か

1-1　感情の機能

　アージ理論によると，感情は私たちの先祖の環境適応の産物である（戸田，1992；類似の内容は Oartley & Jenkins, 1996）。野生の環境で生き残るには，時間をかけて理性的に思考し完璧な判断・行動をするよりも，瞬時に直感的に「ほどほどによい」判断・行動をすることが求められる。そこで，人は特定の事態に遭遇すると瞬時に怒りや恐れといった感情を生起させ，判断の選択肢を絞ると同時に，心拍数を増大して骨格筋に血液を送ることですぐに闘争または逃走できるようにし，顔や指先といった末梢への血液の供給を減らすことで，噛まれたり引っ掻かれたりしても出血しにくくしたという。また，喜びや安らぎなどのポジティブな感情は，怒りや恐れなどのネガティブな感情が引き起こした心身の反応を元に戻したり，生きている環境に広く目を向け選択肢を広げる〈拡張と形成〉を促進させる機能をもつという（拡張‐形成理論；Fredrickson, 2001）。このようにその感情を生起させる対象や原因が明確で，置かれた状況に応じて効果的に作用する機能をもったと考えられる感情は基本情動と呼ばれ，怒り，嫌悪，恐怖，喜び，悲しみ，驚きなどが挙げられる（Ekman, 1973）。

　また，感情は，喜怒哀楽というような具体的に質的違いが強調される場合と，ポジティブ（快）かネガティブ（不快）か，あるいは興奮させるものか落ち着かせるものかといった2次元程度の共通の軸で記述されるものがあり，後者を基本情動説

に対比して次元説という。現状がポジティブかネガティブかは，現状が良い状態か悪い状態かを知る重要な手掛かりであり，対象がポジティブかネガティブかは近づくべきか遠ざけるべきかを決める重要な手掛かりとなり，同じく興奮か沈静かは，行動を生起させるか否かを決める上で重要な手掛かりとなるであろう。

　この基本情動は個々の状況に応じて反応を解発するプログラムだと考えられているが，感情とされるものには，具体的な対象が明確で短期的かつ生理的な反応を伴うこの情動の他に，対象が曖昧でより長期的に継続する気分（イライラや不安，ウキウキ感のような比較的明瞭なものから「なんとなく快」「なんとなく不快」または「なんとなく興奮している」「なんとなく落ちついている」のような不明瞭なものまで），そして個々の対象に対する感情価（ポジティブな感情を喚起するものからネガティブな感情を喚起するものまで）が含まれる。

　情動だけではなく，気分や感情価にも適応的機能があると考えられる。たとえば，ネガティブな気分（不安や悲しみ）であるときには，環境がよくないことが想定されるので，人はリスクに慎重になり，拡散的思考に基づく新規行動を抑制し，慣れ親しんだ行動を選ぶことで身の安全を優先すると考えられる。他方，ポジティブな気分のときは，環境が好転していると考えられるので，よりポジティブな結果を求めてリスクをとりにいき，拡散的思考に基づく新たな試みに挑戦しやすくなる（感情情報説における動機づけ機能；Schwartz, 1990）と考えている。

　また，対象の感情価についても同様であり，すべての物事について毎回分析して，理性的に判断するのは時間的にも労力的にも非常に大きな負担になる。そこで人は目の前の選択肢の中からなんとなくネガティブな印象を受けるものを避け，ポジティブな印象を受けるものを直感的に選ぶことで，理性的判断に必要な脳のリソースを節約しつつ，ほどほどに良い判断を行っていると考えられる（感情情報説における情報的機能；Schwartz, 1990）。

　ただし，このように感情が判断方略に常に影響するわけではない。フォーガスの感情混入モデル（Forgas, 1995）によると，判断する際の動機や判断対象への知識や関心度，時間の余裕などといったいくつかの要因も判断方略に影響しており，感情が判断に影響を及ぼさないケースも存在する。このモデルによれば，そのときの感情がポジティブかネガティブかで判断方略が異なるのは，①多少なりとも重要な判断であり，②特にどういう結論を出すべきかが事前に決まっておらず，③判断対象が複雑で，かつ④認知容量に余裕があり，ポジティブな感情状態にあると「ヒューリスティック型方略」と呼ばれる直観的判断がなされる。他方，ネガティブな感情状態にあると「実質型方略」（システマティック方略）と呼ばれる情報精査型の詳細な判断が行われる。つまり自分にとってそれがどうでもいい問題というわけではないが，まだどういう判断をするか決まっておらず，いろいろな要素が入り組んでいるものから選ばなくてはならない状況で，不安であるなどネガティブな感情状態にある場合には，考える余裕があれば精緻な検討を行う[1]。

　上記のような感情の適応的機能はおよそ100万年前の環境への適応であり，情動に伴う生理反応はスポーツ選手でもない限り，今の多くの人が暮らす環境では適応的な意味は乏しいだろう。逆に，怒りに任せて他の人にひどいことを言ってしまったり，気分が憂鬱でやるべきことが手につかなかったりといったように，理性的行

1）感情混入モデルによると，人はこれまで繰り返し行ってきたあまり重要でない判断には「直接アクセス型方略」と呼ばれるステレオタイプ的判断を行うが，これまであまり経験がないか，出すべき結論が決まっている重要な判断の場合には「動機充足型」を行う。

動と違って感情に従って行った行動は後で後悔を伴うことが少なくないかもしれない。また，たとえば上司から叱責されてネガティブな気分になったときには「ヒューリスティック方略」をとってしまうことで同じ失敗を繰り返さないために，「実質型方略」を採用することは有効であるかもしれないが，そのような時こそ拡散的思考をすることが，今の状況を変える手だてとして求められる場面も少なくないだろう。

(1) 感情が他者とのコミュニケーションに及ぼす影響

　前項では感情の機能の一例として感情が物事の判断に際してどのように影響するかを論じたが，感情は，他者とのコミュニケーションにおいても重要な機能を担っている。

　人間以外の動物も，怒りや恐れの感情をもち，互いに表示し合うことで，縄張り争いなどで致命的な傷を負うのを避けやすくしていると言われるが，人間の基本情動もそれぞれ固有の顔の表情をもっており，この表示による非言語的コミュニケーションを用いることが効果を生じることもある。たとえば恐怖や怒りの感情はPTSD の発症や過度な攻撃性の表出のように問題を引き起こすことがあるのと同時に，対人トラブルを回避する機能があることが指摘されている（Averill, 1983; De Becker, 1997）。同様に，悲しみの表出が，他者の援助行動を引き起こすことは，6歳児にも理解されている（久保，2007）。

(2) 感情が行動の遂行に及ぼす影響

　行動の遂行に関しても，感情は「動機づけ」という形で重要な手掛かりとなる。たとえば，人は多くの場合，行動によって得られる内的な快や不快（楽しい，達成感を得られる，誇りになる，恥ずかしさを避けられる：内発的動機づけ）や外的な快や不快（褒められる，褒美が得られる，罰が避けられる：外発的動機づけ）を手掛かりに行動する。

　また動機づけでは，達成によって結果的に得られる報酬だけではなく，その取り組みのプロセス自体も感情の源泉になる。現状の課題の進み具合にしても，自分の能力に比べて課題が困難であったり，逆に簡単すぎたり，あるいはその課題を行う意義がわからなかったりする場合には，自己の有能性に関する学習性無力感（Seligman, 1975）などのネガティブな感情を感じるため動機づけも低くなるが，課題の難易度が能力に対して適度である場合にはポジティブな感情を覚え，動機づけも高まる。

　このように，人は課題に取り組むなかで自分がどのような感情状態にあるかを常にモニタリングしており，それはその後の課題への取り組み方に影響する。フロー体験（Csikszentmihalyi, 1990）や喜びといった感情を感じているときには現在うまくいっている方略をそのまま維持し，さらに快が得られる方略を探すが，ネガティブな感情を感じているときにはさらに努力を続けるか，この課題をやめて別の課題に切り替えるか，他の方略を探すか，他者の助けを求めるかといった方略に関する判断が必要となる。そして，このような判断には，その課題を自分が行うことで結果的にコストやリスクに比べポジティブな価値（あるいはネガティブな価値の回避）を得られそうか（結果期待）だけではなく，また続けていくことができそうかどうか（効力期待）が影響すると考えられている。このように，人にとって，好ましい結果を得ることを求める外発的動機づけは重要ではあるが，外発的動機づけだ

けでしかポジティブな感情が生起されないとすれば，すぐに良い結果が得られる課題にしか対応することができない。表面的な環境に左右されることなく，自身が有能に機能しうること（有能さの欲求），他者のコントロールを受けず自身の判断で調整すること（自律性の欲求）により快を得る内発的動機づけによって，表面的な環境に左右されない，高度な技能を習得し，困難な環境に立ち向かうことができると考えられる。

1-2　感情体験の源泉

（1）気分一致記憶効果と気分一致判断効果

対象や行動に対するポジティブやネガティブな感情生起の源泉の一つがその対象や行動に関する過去の記憶である。事物の表象は過去の記憶に基づいて，ネットワークのように相互に結びついていると考えられている。それぞれの事物の表象（ネットワークモデルではノードと呼ばれる）は，刺激を受けると活性化するが，その際，その事物の表象との結びつき（リンクと呼ばれる）の強さに応じて，リンクしている周辺の事物の表象も活性化すると考えられている（Collins & Loftus, 1975）。

このネットワークモデルはもともと認知処理の説明として利用されてきたものだが，これには感情も含めて考えることができる（図11-1；Bower, 1981）。このネットワークにおける感情と事物の関係は双方向的であり，ある事物とある感情が結びついている場合，その事物を知覚・想起することはそれに結びついている感情を想起しやすくする。同様に，あるその感情状態にあるときにはその感情と結びついている事物が記憶，想起されやすくなる。つまり，たとえば過去に行った遊園地と楽しい感情が結びついていれば，遊園地に行ったり，遊園地を思い起こすことで楽しい感情が想起される。同様に，楽しい感情状態にあるときには遊園地が想起されやすくなる。これが気分一致記憶効果と呼ばれるものである。抑うつ的な気分のときには，自分の過去のネガティブな出来事ばかりが思い出され，ますますネガティブな気分が喚起されるという悪循環に陥りやすくなるのはこのためである。

また，ある感情が喚起された理由が明瞭で短期的な情動と違って，その感情が喚起された理由が不明瞭で長期的に影響する気分は，そのときの周辺にある事物に

図 11-1　感情ネットワーク（Bower, 1981 をもとに改変）

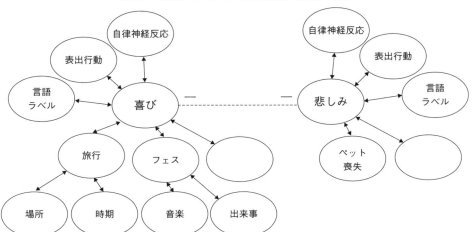

よってその気分が生起しているとは限らない。さっきのちょっとした失敗でなんとなく憂鬱な気分が続いていることもあるし，今朝起こったちょっと楽しいことのせいで気分の良さが続いていることもあるかもしれない。このように人の感情は持続するので，そのときの気分が，ある対象の評価に影響することがある。同じ対象を判断する際にも，楽しい（ポジティブな）気分のときにはポジティブに，悲しい（ネガティブな）気分のときにはネガティブに判断する傾向があることも知られている（特に直前に提示された刺激の感情価に影響されることを感情プライミング効果という）。つまり事物の評価は実際にはその感情がその対象ではなく，その前にみたものによって生起した感情であったとしても（誤帰属），そのときの感情と結びつけて評価されやすい。このような現象は気分一致判断効果と呼ばれる。

(2) 感情の源泉としての身体

　他方，このような直感的・感情的判断には，身体的反応も手掛かりに用いられるという指摘もある。ダマシオ（Damasio, 1994）のソマティック・マーカー仮説によると，人はある事象に遭遇すると，理性的判断に先立って過去の類似事象時の経験に基づいて身体反応が起こり，それが脳によって感情として体験され，その感情が行動の選択肢を方向づける。このように，身体反応が源泉となり感情に影響を与えることは，それぞれ小脳（稲垣ら，2017），島皮質（寺澤，2018）といった身体を制御する脳部位や身体からの情報を受け取る脳部位と感情の関係が指摘されていることからも裏づけられている。

　さらに，感情には，このような自動的・無意識的な源泉だけではなく，意識的な源泉も存在する。それが認知的評価である。古典的な研究（Speisman et al., 1964）では，同じ割礼の映像を見たとしても，何も説明を与えない場合に比べて，文化人類学的視点からの冷静な説明や楽しみにしていた儀式という説明を与えた場合の方が，感情の強度（この実験では皮膚伝導反応で測定）が弱いことが指摘されている。この理由として，ラザラスは，認知は2段階で感情に影響すると考えており，その一次評価の段階では，その事象が有意味であるかどうか，有意味である場合には有害か有益かが判断され，二次評価の段階では，対処可能かどうかが判断されるとしている（Lazarus, 1994）。先の事例は，有害だが対処可能なものと判断されれば，不快感情は起こりにくく，起こっても弱くなる。このように，感情の生起過程には，無意識的かつ自動的な生起過程（連合プロセス）と認知を経る過程（ルールベーストプロセス）の両方のプロセスがあると考えられている（デュアルプロセス理論：Smith & Neumann, 2005）。

(3) 原因帰属理論

　前述の動機づけにおいても，課題の遂行の円滑さ具合といった自動的・無意識的な処理に基づく源泉だけではなく，ある課題がうまくいった，あるいはうまくいかなかった理由をどのように意味づけるかという意識に基づく源泉が存在する。たとえばワイナーの原因帰属理論（Weiner, 1986）では，課題の遂行の結果は，統制の位置，安定性，統制可能性の3つの帰属次元で評価され，これによって生起する感情が異なるとされる。統制の位置の次元とは，結果の原因を「内的」（自分のせい）と考えるか「外的」（他者のせい）と考えるかであり，安定性の次元とは，結果が「不安定」（今回はそうだったが毎回そうというわけではない）と考えるか「安定」（毎回同じ結果）と考えるかであり，統制可能性の次元とは，「統制可能」（自分にコ

ントロールできた）と考えるか「統制不可能」（できなかった）と考えるかである。結果が成功であった場合には，「幸運だった」（外的・不安定・統制不可能），「課題が良かった」（外的・安定・統制可能），「頑張った甲斐があった」（内的・不安定・統制可能），「自分には才能がある」（内的・安定・統制可能）といった感情が生起し，結果が失敗であった場合には，「不運だった」（外的・不安定・統制不可能），「課題が悪かった」（外的・安定・統制可能），「自分には能力がないのだ」（内的・安定・統制不可能），「努力しなかったのが悪かった」（内的・不安定・統制可能）といった感情が生起し，その後の結果期待や効力期待に影響する。

1-3　感情を下支えする神経機構と認知の個人差

　感情にはさまざまな脳部位が関与している。図11-2は，脳の各部位がどのように感情に影響しているかを図示したものである。扁桃体や側坐核といった辺縁系は，各種感覚から入力された情報に基づき，高次の制御に関わる前頭眼窩野の影響を受けつつ，快や不快といった感情の評価に影響することが知られている。この辺縁系の情報が視床下部そして脳幹に送られて身体反応を引き起こすと同時に，海馬や新皮質に送られて記憶や認知に関わる処理に影響し，同時に感覚の初期的処理を行う後頭葉等にも情報を送って知覚にも影響を与える。側坐核が快に，扁桃体が不快に強く関わっているという知見もあるが，近年では，特定の部位でなく脳全体の働きが関与しており，各部位の反応が快になるか不快になるかは文脈によるという感情ワークプレイス仮説が提唱されている（Clark-Polner et al., 2018）。

　また，感情には，交感神経系と副交感神経系といわれる自律神経系が強く関わっており，前者は，意思とは独立に，眠気や消化器官の活動を抑制し，それぞれ酸素を含んだ血液を心臓から全身に送る活動（心拍数の増加等）を活発にする方向に働き，後者はそれとは逆方向に働く。また，これらの活動は，脳でモニタリングされており，自身の感情の評価に影響すると考えられている。

図 11-2　感情に関わる脳

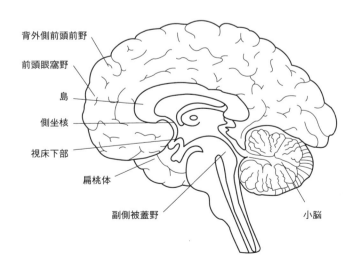

扁桃体：表情の識別や不快・快感情の処理（特に不快感情），行動反応・記憶の強化に関わる

視床下部：交感神経系を通して行動や身体反応の活性化に関わる

小脳：情動の調整，特に抑制に関わる

島：大脳基底核とともに嫌悪などの不快感情に関わる

側坐核：快情動や反応の強化に関わる神経伝達物質ドーパミンの放出に関わる

腹側被蓋野：側坐核に投射し，ドーパミンを放出させる。扁桃体の投射を受けセロトニンの放出を行う

背外側前頭前野：高次認知に関わり，長期的目的に照らした感情の抑制や，意欲の持続に関わる

前頭眼窩野：認知的評価と情動の抑制的に感情に影響する

　これら脳などの中枢神経系と，自律神経系を含む末梢神経系の反応性には，これらの機能を規定するドーパミンやセロトニンといった神経伝達物質の再取り込みや受容体の反応性などを背景にした個人差がある。この反応性の個人差は，これら神経伝達物質に関する遺伝をもとにその後の環境の影響を受けて構築され，これが感情の個人差を生み出す背景にあると考えられている。

2. 感情に関する個人差

2-1　感情の体験・維持・表出のしやすさ

　各種感情の生起のしやすさや持続のしやすさには個人差が存在する。たとえば，渡辺・小玉（2001）は，怒り喚起・持続尺度を作成し，怒り感情の喚起のしやすさ，そして持続傾向には，場面を超えて維持される個人差が存在することを指摘している。このような特定の感情の感じやすさ，あるいは感情反応の閾値の低さは，「感情特性」と呼ばれる（Lazarus, 1994）。実際，怒りに限らず，多くの感情の経験頻度は，3年間を超える時間的一貫性が確認されている（Izard et al., 1993）。日本でも，3週間の間隔をおいて2度，感情の体験頻度を尋ねたところ，感情ごとの体験頻度の2つの回の相関係数は$r = .67 \sim .81$であり，比較的高い安定性が認められることが報告されている（坂上，1999）。また，この研究では複数の解釈が可能な図版を提示して感情の評価を求めたところ，感情特性によって感情解釈の偏りがあることも確認された。このことは，同じ刺激に接しても，個人特性によって感情体験が異なることを示唆している。

　この感情特性は，事物の知覚だけではなく，対人関係にも影響することが知られている。水子ら（2002）が，この感情特性をポジティブ感情の感情特性とネガティブ感情の感情特性に分けて，娯楽，道具的援助要請（頼みごと），情緒的援助要請（悩みや問題の相談），道具的援助提供（頼みごとを引き受ける），情緒的援助提供（悩みや問題の相談にのる）のそれぞれについての頻度，結果期待（良い結果をもたらす可能性の評価），効力期待（うまくできる可能性の評価）を検討したところ，ポジティブ感情の感情特性が高い人ほど，これら5つの効力期待，結果期待が高くなり，頻度も高い傾向があることが示された。他方，ネガティブ感情の感情特性が高い人ほど，情緒的援助要請を除いて効力期待がわずかに低くなる傾向がみられた。このような感情の個人差が生じる背景には，神経伝達物質や各神経機関といった器質的な個人差とともに，同じ状況でもそれをどう意味づけるかによって喚起される感情が異なる認知的処理の個人差も背景にあると考えられる（山内，2008）。そのため，感情特性が，他者からの言語的コミュニケーションの解釈（加藤ら，2008）や，他者からの受容度合いの知覚（西村，2008）を通じて対人関係に影響していると考えられる。

　なお，このような感情特性は，遺伝的な「情動性」を基盤として，発達の初期に養育者とのやり取りの中で，意識的・無意識的に影響を受け，それぞれの感情の生起しやすさの偏りとして生み出されると考えられている（Magai & McFadden, 1995は，感情バイアスと呼ぶ）。その際，山内（2010）の研究によれば，親から子へは，単純に特定の感情の生起頻度が模倣的に伝わるのではなく，曖昧な事象をどのようなものとして認知的に評価するか，たとえば，「車に乗って友人と買い物に行くが，相手が車の鍵をなくしてしまう」といったときに，「なぜきちんと鍵をもっておかなかったのか」と評価するか（怒り），「鍵が誰かに悪用されるかもしれ

ない」と評価するか（不安）といった評価の仕方を通してどの感情が生起するかが伝達されていることが示唆されている。このような認知の影響は，基本情動だけではなく，誇りや恥といった自己意識的感情（Tangney & Fischer, 1995；第10章も参照）の感情特性においても確認されている（榎本・米澤，2008）。

　感情特性は，感情を喚起する頻度に焦点を当てたものであるが，喚起した感情を実際に表出するかどうかについても同様に，場面を超えて維持される個人差の存在が指摘されている（三浦ら，2011）。しかし，特にネガティブな感情は次節で論じるように，生起したとしても常に表出されるとは限らない。

2-2　感情調整とその個人差

　ネガティブな感情は現在の状況を評価する上で重要な手掛かりになることがある。たとえばアレキシサイミア（失感情症；Sifneos, 1967; 第12章参照）と呼ばれる特性によって，自分の感情を適切に感じたり，理解する能力に障害を受けると，リウマチや高血圧，消化器疾患，心疾患，糖尿病などの罹患率の上昇がみられることが知られている。この知見はネガティブな感情であってもそれを感じることは重要な機能をもっていることを示唆している。しかし現代社会においては特にネガティブな感情を表出することは社会的に望ましくないとされる場面が少なくない。

　文化ごと，各場面ごと，成員カテゴリごとにおいて，表出することが望ましい感情と望ましくない感情があるというのは，感情理論において表示規則（display rule）という名前で指摘されているところであり（Ekman & Friesen, 1975），感情表出を抑制する傾向は特に東アジアに共通する社会規範であるとされている（Argyle, 1996）。たとえば日本では，社会的場面において，悲しみや怒りの感情を表出すること，特に男性において，悲しみの感情を表出することは望ましくないと思われていることが指摘されている（李・松本，2011）。さらには，保育や教育，介護，看護，サービス業などといった職種においては，外面的な表示だけではなく，内面的な感情すらも，特定の感情をもつことが強いられることがある（「感情規則」；Hochschild, 1983）。また，ネガティブな感情を日常的に抑制することは，ウェルビーイングと負の関係があり，非適応的な結果をもたらすことが知られている（Penebaker, 1985; Gross, 2002）。このような他律的な感情管理は負荷の大きいものである。とはいえ，怒りや恐れといったネガティブな感情が過度に体験・表出されれば，社会生活に障害をもたらすだけではなく（Robinson et al., 2004），反芻や侵入思考のような形で本人の意思に反して繰り返し体験され，心臓血管反応を引き起こし（野口・藤生，2007），心身に悪影響を及ぼす可能性もあるため，時にはそういった感情を調整することが必要になるだろう。

　ネガティブ感情をうまく調整するには，どのようにすればいいのだろうか。これに対する具体的な方略として，木村（2006）は，誰かに話したり書いたりといった「ネガティブ感情の表出」，他のものに注意を移す「ディストラクション」，ネガティブ感情のもとになった出来事のポジティブな側面を探す「再評価」，その出来事について深く「考えること」，「運動・リラクセーション」，そして「社会的サポート」を得ることを挙げている。このうち，「ネガティブ感情の表出」はデブリーフィングと言われ，時宜を得たデブリーフィングには効果があるが，まだ本人の中で準備が整っていない場合にはネガティブな効果をもたらすことが知られている（明石ら，2008）。また，「考えること」もその行い方が重要であり，「なぜ私は物事をうまく処理していけないのだろう」といったように考えること（情動焦点型熟考）は，

抑うつ状態を悪化させることが示唆されている（野口・藤生，2007）。

　この感情調整方略においても，個人差や性差があることが知られており，抑制方略は，女性に比べて男性が用いる傾向が強く，ビッグファイブ（第1章参照）の外向性（$r = -.21$）と負の相関があること，再評価方略は，神経症傾向（$-.25$）と負の相関が，開放性（.15），調和性（.16）と弱い正の相関があることが知られている（吉津ら，2013）。他方，別の尺度を用いた研究では，この抑制傾向の性差は，感情の種類によって異なり，ネガティブ感情でも，怒りや抑うつの抑制には性差がないが，不安は男性の方が抑制しがちであり，加えて，男性の方が女性に比べて，愛情，喜び，驚きといったポジティブ感情も抑制しがちであることが示唆されている（樫村・岩満，2007）。

2-3　情動知能

　感情調整は，現代社会に生きる上で求められる能力であるが，より広く目を向けると，単に自分の気分を調整するだけではなく，自他の感情に気づき，それに基づいて適切に行動を選択することが重要である。自己の情動の表出と他者の情動の観察・評価を行った上で，その評価に基づいてその情動を適切に思考や行動に利用し，必要に応じて自他の感情の調整を行う能力は情動知能と呼ばれている（Salovey & Mayer, 1990）。メイヤーとサロベイ（Mayer & Salovey, 1997）は，この情動知能を自他の「感情の知覚」，それらの情報に基づく「思考の促進」，感情の原因や行動の結果に関する「感情の理解」，感情調節を含む「感情の管理」の4つの要素からなると想定している。

　この考えに基づき，さまざまな個人差の測定が試みられている。たとえば，ミコライチャクら（Mikolajczak et al., 2014）の「情動コンピテンスプロフィール」は，自己と他者それぞれについて，情動の「同定」（感じているのはどの情動か），「理解」（なぜその感情が生起したか），「表現」（どの程度うまく伝え合えるか），「調整」，「利用」の5側面について計測している。その短縮版の日本語訳を作成した野崎・子安（2015）によると，6週間後でも安定しており，このような能力が高いほど，主観的幸福感，自尊感情，人生満足度，主観的健康が高く，孤独感が低い。この尺度では，自己の感情に対するこれらの能力と他者の感情に対するこれらの能力が独立なものと想定されている。

　このような情動知能の個人差は，自己報告式の尺度ではなく，「顔」や「絵画」からの情動の読み取り（Mayer & Salovey, 1997の「情動の知覚」），情動喚起の「感覚」やそれによる認知活動の「促進」具合の想像（「思考の促進」），ある感情の「混合」や強化による「変化」の想像（「感情の理解」），「情動の管理」に最適な方法の選択，「情動的関係」を構築するのに必要な行動の選択（「感情の管理」）といった客観テストによっても測定しうることが指摘されている（Mayer-Salovey-Caruso Emotional Intelligence Test; Mayer et al., 2002）。また，野崎（2014）は，情動知能が自他の感情認知や調整に与える影響を検討した実験研究をレビューし，情動知能が高いほど「対人的な場面で問題の悪化につながりうる不適切な情動と関連する行動を抑制する」「個人の目標を達成するような他者への情動的な働きかけを促進する」傾向がみられることを報告している。

3. パーソナリティと感情の関係

3-1 状態と特性の関係，感情とパーソナリティの関係

　前節で，感情の体験のしやすさの個人差について紹介したが，そもそもパーソナリティと感情の関係を状態と特性の関係として考えてみると，より直接的な関係をみてとることもできる。状態と特性の関係は，それぞれの時点における気温と平均気温にたとえることができる。もちろん，北海道にだって気温が30度を超える日が存在するし，沖縄にだって気温が10度を下回る日がある。しかし，全体として，北海道は涼しいまたは寒い日が多く，沖縄は，暖かい日が多いだろう。状態と特性の関係も同じように，ある状態になりやすいとそれはその人の特性と捉えられる。

　感情はある時点において体験されるものだし，パーソナリティは時間的に長いスパンのものである。その意味で状態と特性の関係に近い。ただし，感情とパーソナリティの関係は厳密にはこれほど単純ではない。

　たしかに感情とパーソナリティは重なりがある。プルチック（Plutchik, 1997）は，クロアら（Clore et al., 1987）が行った，調査協力者に感情を表すと考えられる複数の言葉を感情的，身体的，認知的，外的評価の4種類に分類させた実験を引用し，分類の一致率の低かった理由は，その言葉が，感情ともパーソナリティとも解釈できたからだと指摘している。プルチックが主張する通り，ある種の感情をよく示す人，たとえば怒りを示しやすい人は「怒りっぽい（パーソナリティの）人」というように，その感情語が直接そのパーソナリティを説明することがある。本章で感情特性として紹介したように，このことは，感情が適応パターンの一種であり，神経学的個人差または認知的個人差，あるいはその双方を背景として，各感情の生起されやすさの個人差が顕れるからだと理解できる。つまり，ある種の神経系の反応の結果としてみた場合，個々の反応については感情と呼ばれ，その神経系の反応頻度が多かったり，その反応の結果としてある感情状態であることがその人を代表したりしたときに，パーソナリティと呼ばれるのであろう。また，感情を認知的評価の個人差の結果としてみた場合でも，さまざまな状況で，ある認知的スキーマで事象を理解しやすい人は，ある感情状態の生起頻度が高かったり，その感情状態であることがその人を代表したりしたときに，それはその人のパーソナリティと呼ばれるであろう。これは，状態と特性の関係と言える。

　しかし，パーソナリティは，「感情」と呼ばれるものだけからなるわけではない。第1に，感情を伴わない行動パターンもそれにある程度時間や場所を超えた一貫性がみられるときにパーソナリティと呼ばれる。たとえば，「時間にルーズな性格」は，感情を含んでいないだろう。その意味で，感情は性格の一部に過ぎない。第2に，パーソナリティは，単にある状態の平均値だけではなく，その変動性についての情報も含んでいる。たとえば，感情状態が安定している人もいれば，感情状態の変動が非常に大きい人もいる。両者の感情は「平均」すれば，同じかもしれないが，その内実はまったく異なるであろう。

3-2 感情とパーソナリティの個人差の意味

　マクロにみても，このように感情の発露が多様であることで生まれる行動の多様性は，種の保存にとって有利に働くと考えられる。たとえば，飛行機でトラブルが起こった際の人の反応は，落ち着いて行動できる人は10%，パニックになる人が

15％，無感情で率先して動けない人が75％という報告もある（Leach, 1994）。感情的反応パターンが多様であることで，その場面が実際にどのような場面であっても，誰かが生き残る可能性が高まる。冷静に行動していたのでは遅く，パニックになってでも大急ぎで行動した方が生存に有利な場面であれば，動けないでいた方が，結果的に有利になる状況もあるかもしれないからである。ある状態になりやすいかどうかについては多様性があった方が，種としては生き残りやすいのであろう。

4. ま と め

　本章では，感情とパーソナリティとの関係を軸に論じてきた。感情はさまざまな事象により生起し，また，そこにはそれぞれに感情における機能が存在する。感情の生起には個人差がある。感情もパーソナリティも，環境への適応の有り様であり，両者は密接な関係にある。いずれにしても感情を理解することで，パーソナリティの一端についての理解が進むと考えられる。

第**12**章

健　康

■ 0. 「病は気から」

> 大学生のＡさんは，１週間前からなかなか風邪が治らない。高校生のときは，ほとんど風邪をひいたことがなく，ひいたとしても一晩眠れば次の日には元気になっていたそうだ。今回は医者に診てもらい，薬ももらってきちんと飲んでいるのだが，なかなか完調までには回復しないようである。友人のＢさんが心配してＡさんに声をかけると，Ａさんは次のように語った。「この間，絶対に受かると自信があった資格試験に落ちてしまった。その直後に彼女には振られるし，昨日はアルバイト先でミスをして店長に怒られるし，今日は電車に乗り遅れて授業に遅刻するし，おまけに風邪はなかなか治らないし……もう，散々だよ（苦笑）」。それを聞いたＢさんは「ドンマイ，それだけ悪いことが続いたら，これからは良いことが続いていくよ！」と，何の根拠もなくＡさんを励ますことしかできなかったのである。

　巷には「病は気から」ということわざがある。気のもちようが，健康状態の良し悪しを左右するという意味である。冒頭のＡさんの場合，不合格，失恋，叱責，遅刻など，短期間の間に経験した悪い出来事が精神的な落ち込みの引き金となり，結果として気のもちようが風邪の治りを遅くしているのかもしれない。また，反対に体調が悪いと段々気分も滅入ってしまうようになることもあるだろう。みなさんも，同じような経験をしたことがあるのではないだろうか。

　気のもちようの変動しやすさは，人によって異なる。Ａさんが経験したような悪い出来事があったわけではなくても，普段から落ち込みやすい人がいる一方で，Ａさんどころではない大変困難な出来事に見舞われても，その困難に屈することなく明るく前向きな人も存在する。前者は健康状態をより悪化させ，後者は健康状態の悪化を防ぐかもしれない。それでは，健康状態を悪化させる不適応的なパーソナリティはあるのだろうか。逆に，健康を増進させるような適応的なパーソナリティはあるのだろうか。

　本章では，健康状態にそれぞれ良い影響や悪い影響を与える可能性があるパーソナリティについて，さまざまな観点から概観する。

1. 不適応的なパーソナリティ

この節では，私たちの健康に悪影響を及ぼす可能性がある，不適応的なパーソナリティ特性について説明する。大別すると4種類の，主に身体疾患につながりやすいと考えられているパーソナリティ特性を取り上げる。

1-1　タイプA行動パターンと敵意

タイプA行動パターン（type A behavior pattern）は，冠状動脈性心臓疾患（coronary heart disease: CHD）の患者に見出された特有の行動傾向や心理特性について，フリードマンとローゼンマン（Friedman & Rosenman, 1959）によって提唱された概念である。CHD は，心臓に血液を送って酸素や栄養を供給する冠状動脈の疾患から発症する病気の総称であり，特定の病気のことを指しているわけではない。たとえば，CHD の一種である心筋梗塞は冠状動脈が詰まってしまい心筋の一部の組織が壊死する症状を呈するが，狭心症は心筋梗塞とは異なり，心筋に必要量の酸素が供給できず胸が痛むという症状を呈する。CHD の発症を引き起こす危険因子として，高血圧，高コレステロール，喫煙，肥満などが考えられているが，これらに加えてタイプA行動パターンもその一つとして見なされている。それでは，タイプA行動パターンとはどのような特徴のことを指すのであろうか。

タイプA行動パターンは，①過度な競争心を他者に対してもつ，②承認・昇進・達成などへの持続的な欲求をもつ，③強い時間的切迫感を感じる，④大きな声，早口で断定的・精力的な話し方をする，⑤強い攻撃性や敵意をもつ，といったような特徴がある（図12-1を参照）。一方，これらのような特徴がみられない場合は，タイプA行動パターンと区別するために，タイプB行動パターンと呼ぶ。ローゼンマンら（Rosenman et al., 1975）は，Western Collaborative Group Study（WCGS）と名づけられた大規模な共同研究プロジェクトにおいて，企業で働く健康な白人男性従業員を対象とした8年半にわたる追跡調査を行った。その結果，タイプB行動

図 12-1　タイプA行動パターンの諸特徴

①他者に対する過度な競争心

②持続的な承認・昇進達成欲求

③強い時間的切迫感

④大きな声・早口・断定的で精力的な話し方

⑤強い攻撃性や敵意

パターンをもつ者に比べてタイプ A 行動パターンをもつ者の方が，上述の高血圧のような他の危険因子の影響を一定にしても約 2 倍 CHD に罹患しやすいことが示された。このことは，特定のパーソナリティが特定の病気につながる可能性を示唆している。

　その一方で，マーテック（Myrtek, 2001）はタイプ A 行動パターンと CHD の関連は結果が一貫してはいないことを示している。このことは，タイプ A 行動パターンをもつ者が必ずしも CHD に罹患するわけではない可能性も示唆している。そこで，タイプ A 行動パターンという幅広い概念を包括的に扱うのではなく，その構成要素と CHD との関連に焦点を絞って検討を行った研究が行われている。たとえば，ウィリアムスら（Williams et al., 1980）は，タイプ A 行動パターンの構成要素の一つである敵意が高いと，冠状動脈のアテローム性動脈硬化という CHD の一種につながりやすいことを示している。このことから，タイプ A 行動パターン全体よりもその構成要素である敵意の方が，より CHD を予測しやすい可能性が考えられる。ただし，敵意と CHD の関連も結果が一貫していないため（Smith, 1992），注意が必要である。

　ちなみに，ここまで紹介してきた研究は，いずれも主にアメリカを中心として実施されたものである。それでは，日本ではどのようになっているのだろうか。日本型のタイプ A 行動パターンは，アメリカとは異なり，仕事に対する熱心な態度（保坂ら，1989），集団への帰属意識や仕事中心主義（前田，1989）などにより特徴づけられている。また，CHD ではなく抑うつと日本型のタイプ A 行動パターンとの関連も示されている（保坂，1990）。以上のことから，タイプ A 行動パターンを考える際には文化の違いも考慮することが重要であると言えるだろう。

1-2　タイプ C パーソナリティ

　タイプ C パーソナリティ（type C personality）は，がんに罹患しやすい人たちに特有の行動傾向や心理特性について，テモショック（Temoshok, 1987）によって提唱された概念である。がんの発症を引き起こす危険因子として，遺伝的な要因に加えて，飲酒，喫煙，肥満，運動不足，感染症などの生活習慣に関する要因が考えられているが，これらに加えてタイプ C パーソナリティもその一つと見なされている。それでは，タイプ C パーソナリティとはどのような特徴のことを指すのであろうか。

　タイプ C パーソナリティは，①「怒り，不安，恐れ，悲しみなどネガティブ感情を経験することが少なく，それらの表出も少ない」，②「仕事や人付き合い，家族関係などにおいて，忍耐強く控えめであり，協力的で譲歩をいとわず，権威に対し従順である」，③「他人の要求を満たそうと気を遣いすぎ，自分の要求は十分に満たそうとせず，極端に自己犠牲的になることが多い」，といったような特徴を指す（図 12-2 を参照）。これらのような特徴をもつ者はもたない者に比べて慢性的なストレスにさらされやすく，免疫機能が抑制されることから，がんに罹患しやすくなると考えられている。

　グロッサース−マティチェクら（Grossarth-Maticek et al., 1988）は，一般成人を対象にタイプ C パーソナリティと先述のタイプ A 行動パターンを同時に測定し，10 年後に追跡調査を実施した。その結果，タイプ C パーソナリティをもつ者は相対的にがんによる死亡率が高く，タイプ A 行動パターンをもつ者は相対的に CHD による死亡率が高いこと，さらに，ストレスレベルが高くなるほど両者の差異が大き

図 12-2　タイプ C パーソナリティの諸特徴

①怒り，不安，恐れ，悲しみなどネガティブ感情の未経験および未表出　②忍耐強く控えめ，協力的，権威に対し従順　③気を使いすぎ，自己犠牲的

くなることが示された[1]。このことも，特定のパーソナリティが特定の病気につながる可能性を示唆している。しかし，がんは発症のメカニズムが非常に複雑であり，発症の原因としてランダムな DNA の変異という内的要因を仮定する立場（Tomasetti et al., 2015）もあれば，環境などの外的要因を仮定する立場（Wu et al., 2016）もある。タイプ C パーソナリティの特徴をもたない者が必ずしもがんに罹患しないわけではないため，安易に考えない方が良いだろう。

1–3　タイプ D パーソナリティ

　タイプ D パーソナリティ（type D personality）は，デノレットら（Denollet et al., 1996）によって，CHD の発症要因として先に紹介したタイプ A 行動パターンや敵意に替わり提唱された概念である。タイプ D パーソナリティは，①「ネガティブ感情を経験しやすい（ネガティブ感情）」，②「他者からの拒絶を恐れるためにネガティブな感情を抑制しやすい（社会的抑制）」，などといったような特徴がある。

　CHD 患者を対象とし，平均約 6.6 年間の追跡調査を実施したデノレットら（Denollet et al., 2008）は，タイプ D パーソナリティが CHD の再発や死亡率にどの程度影響を与えているのか検討した。その結果，性別，年齢，血液を送り出す働きをする左心室の収縮率である左室駆出率の低下，呼吸や心臓血管系の能力に関する機能である運動耐容能の低下，3 本ある冠状動脈すべてに病変がある状態である 3枝病変の有無，といったような CHD の危険因子と考えられている医学的要因と比べて，タイプ D パーソナリティの方が CHD の再発や死亡率により悪影響を与えることを見出している。

1–4　アレキシサイミア

　アレキシサイミア（alexithymia）は，心身症の患者に特有の行動傾向や心理特性を捉え，シフネオス（Sifneos, 1973）によって提唱された概念である。心身症とは，パーソナリティやストレスなどの心理社会的要因が発症や経過に影響を与えている身体疾患の総称であり，CHD などと同様に特定の病気のことを指しているわけではない。心身症には，呼吸器系（たとえば，気管支喘息，過換気症候群など）・循環器系（たとえば，本態性高血圧症，狭心症など）・消化器系（たとえば，胃・十二指腸潰瘍，慢性胃炎など）といったように，さまざまなタイプの疾患がある（表 12-1 を参照）。

---

1 ）この論文は捏造の疑惑があがっており，出版元より懸念表明が出されているため，結果を鵜呑みにしないよう注意されたい。

表 12-1　主な心身症 (沼, 2014)

呼吸器系	気管支喘息, 過換気症候群, 喉頭けいれんなど
循環器系	本態性高血圧症, 狭心症, 心筋梗塞, 一部の不整脈など
消化器系	胃・十二指腸潰瘍, 慢性胃炎, 心因性嘔吐, 過敏性大腸症候群, 胆道ジスキネジア, 潰瘍性大腸炎, 慢性膵炎など
内分泌・代謝系	神経性食欲不振症, 神経性過食症, 甲状腺機能亢進症, 単純性肥満症, 糖尿病など
神経・筋肉系	筋収縮性頭痛, 片頭痛, 慢性疼痛症候群, 痙性斜頚, 書痙など
皮膚科領域	神経性皮膚炎, 円形脱毛症, 多汗症, 蕁麻疹など
泌尿・生殖器系	夜尿症, 神経性頻尿, 心因性尿閉, 心因性インポテンツなど
産婦人科領域	更年期障害, 婦人自律神経失調症, 月経前緊張症候群など
眼科領域	原発性緑内障, 眼精疲労など
耳鼻咽喉科領域	メニエル病, 動揺病, アレルギー性鼻炎咽喉頭部異常感症など
歯科・口腔外科領域	顎関節症, 義歯不適合症, 補綴後神経症など

図 12-3　アレキシサイミアの諸特徴

①貧困な想像力
②感情の言語化困難

……??

…たのしい…(!?)
…くるしい…(!?)

……

今日は雨が降っています。

③対人関係が苦手, 治療者との交流困難　　④外的事実関係の言及, 内的感情の表現困難

　アレキシサイミアは, ①「想像力が乏しく, 心の葛藤を言語化することができない」, ②「感情を感じ, それを言葉で表現することが難しい」, ③「対人関係が苦手で治療者との交流が難しい」, ④「外的な事実関係を述べるが, それに伴う内的な感情を表現できない」, といったような特徴がある (図 12-3 を参照)。これらのような特徴をもつ者はもたない者に比べて感情の気づきや表現をうまく行うことができず, その代わりに身体が反応することによって, 結果として心身症に罹患しやすくなると考えられている。

　アブラムソンら (Abramson et al., 1991) は, 糖尿病の患者と健常者を比較した結果, 前者の方が後者に比べてアレキシサイミアの傾向が示されたことを報告した。また, フェルナンデスら (Fernandez et al., 1989) は, 慢性リウマチの患者と健常者を比較した結果, 同様に前者の方が後者に比べてアレキシサイミアの傾向が示されたことを報告した。一方, 宮岡ら (1995) は, 消化性潰瘍および気管支喘息の患者と健常者を比較した結果, 上述の糖尿病や慢性リウマチとは異なり, アレキシサイミアの傾向に差がみられなかったことを報告した。これらのように, アレキシサイミアと心身症の関連は疾患によって結果が一貫していないため, 大ざっぱに心身症と一くくりにせずに疾患ごとの理解が必要であろう。

2. 適応的なパーソナリティ

　前節では，不適応的なパーソナリティ特性について説明した。それでは，逆に私たちの健康に良い影響を与える可能性がある適応的なパーソナリティ特性はあるのだろうか。この節では，私たちの健康に良い影響を及ぼす可能性がある，４種類の適応的なパーソナリティ特性を取り上げる。

2-1　楽　観　性

　楽観性（optimism）は，２種類に大別される。一つは，「ネガティブな出来事を経験した際に，その原因を外的，一時的，特異的に帰属させ，ポジティブな出来事を経験した際に，その原因を内的，安定的，全体的に帰属させる傾向（Seligman, 1991）」である。たとえば，楽観性の高い者は，中間テストの英語の成績が悪かった場合（ネガティブな出来事の経験），出題された問題が難しすぎて解けなかった（外的帰属），たまたま今回の成績が悪かっただけである（一時的帰属），他の科目のテストでは良い成績がとれる（特異的帰属）というような原因帰属を行う。逆に，成績が良かった場合（ポジティブな出来事の経験），自分が努力して勉強したから解けた（内的帰属），期末テストでも同様に良い成績がとれる（安定的帰属），他の科目のテストでも良い成績がとれる（全体的帰属），というような原因帰属を行う。それに対して，楽観性の低い者はその逆の原因帰属を行う（表12-2を参照）。もう一つは，「物事がうまく進み，悪いことよりもよいことが生じるだろうという信念を一般的にもつ傾向（Scheier et al., 1994）」である。これら２種類の楽観性の大きな違いは，想定された時間軸の違いで説明可能である。前者の定義は過去に関する楽観性を表しており，楽観的説明スタイルと言う。一方，後者の定義は将来に関する楽観性を表しており，属性的楽観性と言う。

　楽観性と健康との関連について，大学生において楽観性が高い者は低い者と比べて相対的に身体的症状の訴えが少ない（Scheier & Carver, 1985），冠状動脈のバイパス手術を受けた患者において楽観性が高い者は低い者と比べて手術後の経過が良好で，通常生活への復帰も早い（Scheier et al., 1989）ことなどが報告されている。なお，その他の指標との関連についても，楽観性は心身の健康と概ねポジティブな

表 12-2　楽観的説明スタイルの原因帰属の例

出来事	楽観的説明スタイルの程度	
	低い	高い
ネガティブな出来事の経験 中間テストの英語の成績が"悪かった"	自分の学力が低いから解けなかった（内的帰属） いつも成績が悪い（安定的帰属） 他の科目のテスト"でも"良い成績はとれない（全体的帰属）	出題された問題が難しすぎて解けなかった（外的帰属） たまたま今回の成績が悪かっただけである（一時的帰属） 他の科目のテスト"では"良い成績がとれる（特異的帰属）
ポジティブな出来事の経験 中間テストの英語の成績が"良かった"	たまたまヤマをはった問題が出たから解けた（外的帰属） たまたま今回だけ良い成績がとれたにすぎない（一時的帰属） 他の科目のテスト"では"良い成績はとれない（特異的帰属）	自分が努力して勉強したから解けた（内的帰属） 期末テストでも同様に良い成績がとれる（安定的帰属） 他の科目のテスト"でも"良い成績がとれる（全体的帰属）

関連があることが示されており（橋本，2015），楽観性は健康の多側面に良い影響を与えるようである。

2-2　レジリエンスと精神的回復力

　マステンら（Masten et al., 1990）は，レジリエンス（resilience）を「困難で脅威的な状況にもかかわらず，うまく適応する過程，能力，および結果」と定義している。レジリエンスは，この定義からもわかるように特定のパーソナリティ特性のみに限定されたものではなく，困難な状況に直面してしまい一時的に不適応状態に陥ったとしてもそこからの回復のプロセスを網羅している，広い概念である。このことをふまえ，小塩ら（2002）は，精神的回復力というレジリエンスに結びつきやすいパーソナリティ特性を提唱している。精神的回復力は，①「新たなことに興味や関心をもち，さまざまなことにチャレンジしていこうとする（新奇性追求）」，②「自分の感情をうまく制御することができる（感情調整）」，③「明るくポジティブな未来を予想し，その将来に向けて努力しようとする（肯定的な未来志向）」，という3側面からなる。

　精神的回復力と健康の関連について，大学生を対象とした友野（2007）では，新規性追求は対人関係に関する曖昧さ耐性（「2-4　曖昧さ耐性」の項を参照）の低さを媒介して，感情調整は直接および対人関係に関する曖昧さ耐性の低さを媒介して，肯定的な未来志向は直接，それぞれ精神的不健康の指標であるストレス反応を下げる機能を有することが示されている。また，幼稚園教師を対象とした研究では，感情調整が人間関係の問題の少なさを媒介して精神的健康を高めること（西坂，2006，2010），肯定的な未来志向が直接精神的健康を高めること（西坂，2010）などが示されている。さらに，若崎ら（2007）は，肯定的な未来志向が成人期初発乳がん患者の手術後の適応の指標であるクオリティオブライフ（QOL）を高めることを報告している。以上のように，精神的回復力は健康の多側面に良い影響を与えるようである。

2-3　首尾一貫感覚

　首尾一貫感覚（sense of coherence）は，アントノフスキー（Antonovsky, 1987）によって提唱されたものであり，「ダイナミックではあるが持続する確信の感覚によって表現される生活世界規模の志向性」と定義されている。そして，首尾一貫感覚は，①「自分の内外で生じる環境刺激は，秩序づけられた，予測と説明が可能なものであるという確信」である把握可能観（comprehensibility），②「その刺激がもたらす要求に対応するための資源はいつでも得られるという確信」である処理可能観（manageability），③「そうした要求は挑戦であり，心身を投入し関わるに値するという確信である有意味観（meaningfulness）」の3要素からなる。

　首尾一貫感覚と健康の関連について，閉経後の初発もしくは再発した乳がん患者を対象としたサレンマルムら（Sarenmalm et al., 2013）は，首尾一貫感覚が良好な健康状態およびクオリティオブライフ（QOL）に正の影響を与えることを報告している。また，新規採用された青年期の陸上自衛隊員候補生を対象とした小林（2017）は，首尾一貫感覚が抑うつを減少させることを報告している。さらに，統合失調症の長期入院患者を対象とした山口・元村（2009）や，訪問看護師を対象とした小林・乗越（2005），大学生を対象とした磯和ら（2019）において，首尾一貫感覚と精神的健康との間に正の関連があることが報告されている。以上のように，首尾

一貫感覚は多様な対象において健康の多側面に良い影響を与えるようである。

2-4　曖昧さ耐性

　曖昧さ耐性（ambiguity tolerance）は，「曖昧な事態を好ましいものとして知覚（解釈）する傾向」（Budner, 1962）であり，精神的健康と結びつく適応的な特性として捉えられている（e.g., 友野，2017a）。この概念は，もともとフレンケル – ブランズウィック（Frenkel-Brunswik, 1949）が行った一連の権威主義パーソナリティの研究において，権威主義者は曖昧さに耐えられないことが観察されたことから，曖昧さ耐性の低さを表す曖昧さへの非寛容（intolerance of ambiguity）が概念化されたことに端を発する。ちなみに，バドナー（Budner, 1962）は上述の曖昧さ耐性の定義と対をなして，曖昧さへの非寛容を「曖昧な事態を恐れの源泉として知覚（解釈）する傾向」と定義している。

　曖昧さ耐性と健康の関連について，大学生を対象としたアンデルセンとシュワルツ（Andersen & Schwartz, 1992）や増田（1994），一般成人を対象とした友野（2020）は，曖昧さ耐性と抑うつとの間に負の関連があることを報告している。また，曖昧さが生じる場面を対人場面に限定した友野・鹿内（2012）や過去に発生した曖昧さに限定した友野（2017b）においても，同様に曖昧さ耐性と抑うつとの間に負の関連があることが報告されている。以上のように，曖昧さ耐性は特に抑うつの低さと関連するようである。

　さらに，曖昧さ耐性と健康の関連については性差の存在が指摘されている。たとえば，友野・鹿内（2012）同様，曖昧さが生じる場面を対人場面に限定した友野・橋本（2005）では，対人関係に関するストレスフルな出来事を経験した際に，対人場面の曖昧さに耐えられる男性は抑うつが増大しないのに対し，曖昧さに耐えられない男性は抑うつが増大することが示された。一方，女性の場合は対人関係に関するストレスフルな出来事を経験した際には男性と同様の傾向が示されたのに対し，対人関係に関するストレスフルな出来事を経験しなかった際には曖昧さに耐えられない女性は曖昧さに耐えられる女性よりも抑うつがむしろ減少することが示された（図12-4を参照）。それに加え，従属変数をストレス反応と主観的幸福感に拡張した友野・橋本（2006）では，対人関係に関するストレスフルな出来事を経験した際に，対人場面の曖昧さに耐えられる男性はストレス反応が減少したのに対し，曖昧さに耐えられない男性はストレス反応が増大することが示された（女性では，このような関連は示されなかった）。そして，対人関係に関するストレスフルな出来事

図12-4　対人関係の曖昧さ耐性と対人ストレスイベントとの抑うつにおける交互作用（友野・橋本，2005を改変）

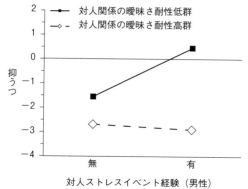

を経験した際に，対人場面の曖昧さに耐えられる女性は主観的幸福感が減少しなかったのに対し，曖昧さに耐えられない女性は主観的幸福感が減少することも示された（男性では，このような関連は示されなかった）。これらの性差が生じる原因の可能性の一つとして，曖昧さに耐えられない男性は対処に至る評価過程に分化と複雑化がみられる傾向があるのに対し，女性はより直截的に行動を起こす傾向がみられるという，ストレス状況下における認知処理の差異が指摘されているが（友野・橋本，2002），明確なことはわかっていない。

3. パーソナリティの両面性と多次元性

　ここまで，不適応的なパーソナリティと不健康の関連についてと，適応的なパーソナリティと健康の関連について概観してきた。しかし，パーソナリティと健康の間に関連がみられた知見だけではなく，関連がみられなかった知見もあった。なぜ，パーソナリティと健康の関連は結果が一貫していないのであろうか。そのことを考える材料として，この節では不適応的なパーソナリティに含まれている適応的な側面と，適応的なパーソナリティに含まれている不適応的な側面の両面性について取り上げる。また，自己複雑性や完全主義，曖昧さへの態度といった多次元性が仮定されているパーソナリティ特性をあわせて取り上げ，パーソナリティと健康の関連について多角的に考えることを試みる。

3-1　不適応的なパーソナリティの適応的な側面

　先に説明した，不適応的なパーソナリティとして捉えられているタイプA行動パターンだが，その構成要素として「承認・昇進・達成への欲求」というものがあった。また，タイプCパーソナリティの構成要素には「協力的」というものもあった。私たちが現代社会をしなやかに生き抜いていくためには，これらのような特徴をある程度はもっていた方が良いのかもしれない。仕事で成功を収めるためには，前者のようなものが必要となってくるであろうし，人間関係を円滑にさせ心豊かに暮らすためには，後者のようなものが必要なこともあるだろう。以上のことから，不適応的なパーソナリティは，捉え方によっては必ずしも不適応的な側面だけではないと考えることもできよう。いずれの特徴も適度にもち合わせ，過度にならないことが大事であるように思われる。

3-2　適応的なパーソナリティの不適応的な側面

　一方，適応的なパーソナリティはどうだろうか。先に説明した，適応的なパーソナリティとして捉えられている楽観性だが，場合によっては健康に悪影響を与えてしまう可能性が考えられる。そのことを示唆する概念に，テイラーとブラウン（Taylor & Brown, 1988）によって提唱されたポジティブイリュージョン（positive illusion）がある。ポジティブイリュージョンは，①「非現実的にポジティブな自己概念」，②「コントロール幻想」，③「非現実的な楽観性」，といったような特徴がある。そのうち，非現実的な楽観性は，何の根拠もなく自分の方が他の人と比べて将来良いことが起こるだろうと考えたり，悪いことは起こらないだろうと考えたりする傾向のことを指す。この傾向が強い人は低い人と比べて，さまざまなリスクを高める行動をとりがちである。たとえば，自分は新型コロナウイルス感染症にはかからず，人にもうつさないだろうと考えてマスクをせずにいわゆる三密空間に居続け

たり，お酒をたくさん飲んでも身体を壊さないだろうと考えて飲み過ぎたりする。このことから，適応的なパーソナリティも，不適応な側面もあわせもつ場合があることが垣間みられる。

3-3 自己複雑性

自己複雑性（self-complexity）とは，自己をさまざまな次元から捉える程度のことを指す。比較的強固で包括的・永続的な自分自身に関する認知や信念を表すものである自己概念が，「多側面に分化されているかどうか」と，「それらがそれぞれはっきり区別されているかどうか」で，自己複雑性は規定される。たとえば，「私は○○大学△△学部の2年生である」「私はアルバイト先の新人アルバイターである」「私は□□部の副部長である」「私は◇◇家の長男である」などといったように，自己概念が複数の側面（大学での自分・アルバイト先での自分・部活動での自分・家での自分など）に分化されていることと，「私はアルバイト先や部活動ではおとなしいが，家では活発である」などといったように，側面ごとに自己概念が異なっていることの組み合わせによって，自己複雑性の高さが表現される。

自己複雑性モデル（Linville, 1985）では，個人の自己複雑性の程度とストレスフルな出来事の経験による感情反応の変動の大きさとの関連が検討されており，自己複雑性が低い者と比べて高い者はストレスフルな出来事を経験した際に感情反応の変動が小さいことなどが示されている。また，このモデルを心身の健康状態の予測にあてはめた自己複雑性緩衝仮説（Linville, 1987）によると，自己複雑性が低い者と比べて高い者はストレスフルな出来事を経験しても抑うつに陥りにくく，身体的症状の訴えも少なく，疾病にもかかりにくいことなどが示されるなど，自己複雑性はストレスフルな出来事の経験による心身の健康への悪影響を緩和することが示唆されている。自己複雑性の高い者は自己概念が多側面に分化されているために，ストレスフルな出来事の経験時に影響される自己概念の側面が相対的に少なく，他の側面への波及が少ないことが，心身の健康への悪影響緩和のメカニズムとして想定されている。

なお，自己概念には肯定的側面と否定的側面があることから，自己複雑性を肯定的自己複雑性と否定的自己複雑性に分けて捉える考え方もある（Woolfolk et al., 1995）。そして，肯定的自己複雑性は抑うつと負の関連，否定的自己複雑性は抑うつと正の関連が示されている（Morgan & Janoff-Bulman, 1994；佐藤，1999）。このように，自己複雑性は，自己概念の側面が肯定的か否定的かによって健康を促進する場合と抑制する場合とに分かれるようである。

3-4 完全主義

完全主義（perfectionism）は，自分が設定した目標や与えられた課題の達成などに対して，過度に完全性を求める傾向のことである。ヒューイットとフレット（Hewitt & Flett, 1991）は，完全主義が一次元的なものではなく多次元的なものであると考え，①「自己志向的完全主義（自分が自分自身に完全性を求める傾向）」，②「他者志向的完全主義（自分が自分以外の他者に完全性を求める傾向）」，③「社会規定的完全主義（自分が他者や社会から完全性を求められていると認知する傾向）」という，完全性が向けられる方向が異なる3種類に完全主義を分類した。さらに，ヒューイットら（Hewitt et al., 2003）は後に④「完全主義的自己呈示（自分の不完全性を他者にみせない傾向）」という4種類目の軸を加えた。

　完全主義と健康との関連について，ヒューイットとフレット（Hewitt & Flett, 1991）は自己志向的完全主義と社会規定的完全主義がそれぞれ抑うつと正の関連があり，また，フレットら（Flett et al., 2014）は完全主義的自己呈示が抑うつと正の関連があることを報告している。

　一方，大谷・桜井（1995）は，ヒューイットとフレット（Hewitt & Flett, 1991）と同様に社会規定的完全主義が抑うつと正の関連があることを報告しているものの，自己志向的完全主義と抑うつとの間には関連がなかったことを報告している。このことを受け，桜井・大谷（1997）は，自己志向的完全主義についてさらに多次元性を仮定し，①「完全性欲求（完全でありたいという欲求）」，②「高目標設定（自分に高い目標を課す傾向）」，③「失敗過敏（ミス（失敗）を過度に気にする傾向）」，④「行動疑念（自分の行動に漠然とした疑いをもつ傾向）」，の4種類に自己志向的完全主義を分類した。これらは，それぞれ自己志向的完全主義のポジティブな側面（高目標設定），ネガティブな側面（失敗過敏と行動疑念），ニュートラルな側面（完全性欲求），としてそれぞれ捉えられている。そして，桜井・大谷（1997）や大谷（2010）は，高目標設定は抑うつと負の関連が，失敗過敏と行動疑念は抑うつと正の関連があることをそれぞれ報告している。

　以上のように，完全主義は，その下位側面によって健康とポジティブな関連がある場合とネガティブな関連がある場合とに分かれるようである。

3-5　曖昧さへの態度

　曖昧さへの態度（attitudes towards ambiguity）は，「曖昧な刺激の処理において生じる，認知的，情緒的反応パターン」である（西村，2007）。西村（2007）は，先述の曖昧さ耐性（「2-4　曖昧さ耐性」の項を参照）が「耐えられる―耐えられない」という一次元のみであったことを批判し，多次元構造を仮定した曖昧さへの態度を提唱した。そして，①「曖昧さの享受」，②「曖昧さへの不安」，③「曖昧さの受容」，④「曖昧さの統制」，⑤「曖昧さの排除」，の5種類に曖昧さへの態度を分類した。なお，曖昧さの享受と曖昧さの受容は「曖昧さへの肯定的態度」，曖昧さへの不安と曖昧さの統制および曖昧さの排除は「曖昧さへの否定的態度」といったように，より高次な分類も可能である（友野，2015）。

　曖昧さへの態度と健康との関連について，大学生を対象とした西村（2007）は，曖昧さへの否定的態度である曖昧さへの不安が抑うつと正の関連があることを報告している。また，女子大学生を対象とした友野（2015）は，より高次な分類として得点化された曖昧さへの否定的態度が高い者が，対人関係に起因するストレスイベントの一種である対人摩耗の経験頻度にかかわらず抑うつを増大させることを報告している。一方，一般成人を対象としたエノキら（Enoki et al., 2019）は，曖昧さへの肯定的態度である曖昧さの享受と抑うつおよび特性不安との間に負の関連があることを報告している。これらのように，曖昧さへの態度は肯定的か否定的かによって，健康を促進する場合と抑制する場合とに分かれるようである。

■　4．まとめ

　ここまで紹介してきたパーソナリティ特性には，多種多様な特徴があった。そして，各々のパーソナリティ特性にはそれぞれ適応的な側面と不適応的な側面があり，また健康に良い影響や悪い影響を与える場合と与えない場合とがあり，さらには

パーソナリティ特性によって影響を与える健康の側面も多様であることなど，パーソナリティと健康の関連は非常に複雑であることが見受けられた。

　本章で紹介した内容を表面的・断片的にしか理解していないと「○○なパーソナリティは××という病気になりやすいから危ない」「□□なパーソナリティは△△という病気になりにくいから安心」と短絡的に考えてしまいかねない。そして，前者の場合は，パーソナリティの影響というよりもそのこと自体を気に病んでしまうことで，かえって健康に悪影響を及ぼすかもしれないし，後者の場合は大丈夫だと安心しきってしまって不調に気づかないなどやはり健康に悪影響を及ぼすかもしれない。しかし，これまで述べてきたようにパーソナリティと健康の関連はそんなに単純化できるものではないということをきちんと理解する必要があろう。

　一方で，パーソナリティのネガティブな側面やポジティブな側面を自分がそれぞれどの程度もち合わせているのか把握することが，不適応行動の改善や適応的な行動の促進のきっかけともなりうる。自分のパーソナリティのネガティブな側面に注意を向けて日々の行動に気をつけるに越したことはないし，ポジティブな側面を大事にすることで豊かな人生を過ごせることにもつながっていく。本章をきっかけに，読者のみなさんが自身のパーソナリティと健康について考えてみることを願ってやまない。

Column 10

新型コロナウイルス禍と曖昧さ耐性

　2020 年初頭から感染拡大が続いている新型コロナウイルスの猛威はとどまることを知らず，このコラムを執筆している時点（2021 年 2 月下旬）においては全世界で累計約 1 億人が感染し，そのうち約 200 万人以上が亡くなっている（WHO, 2021）。

　新型コロナウイルス禍の厄介なところは，ウイルスそのものが身体に悪影響を及ぼすことだけに限らず，その全容が解明されていないという曖昧さから生じる心理社会的な問題を引き起こすことである，と言っても過言ではないのかもしれない。たとえば，「新型コロナウイルス禍が終息してこれまでの生活が送れるようになるのはいつごろなのか」，「自分や身近な人が感染してしまう可能性はどれくらいあるのか」，「ワクチンが接種できようになるのはいつごろで，その効果はどの程度なのか」など，重大かつ中長期的な問題がある一方で，「ステイホームで注文した出前が何時何分ごろにくるのか」，「テレワークでオンライン会議中に画面がフリーズしたが，相手には自分の話したことがきちんと伝わっていたのか」，「新型コロナウイルス禍の影響（!?）で発行が遅れているこのテキストはいつごろ書店に並ぶのか」など，取るに足らない些細な問題まで，新型コロナウイルス禍にまつわる曖昧さ由来の心理社会的問題はいたるところに見受けられる。

　そこで筆者は，曖昧さ耐性（第 12 章の「2-4　曖昧さ耐性」の項を参照）が，先行き不透明で曖昧な With コロナ社会への適応を促進する可能性があるパーソナリティ特性になりうるのではないか？と考えた。そして，本邦における 2 回目の緊急事態宣言発令中の期間（2021 年 1 月 8 日〜2 月 7 日）に，日本全国の 18 歳から 86 歳までのインターネットリサーチ会社登録モニターを対象として，曖昧さ耐性と新型コロナウイルス恐怖（Ahorsu et al., 2020; Wakashima et al., 2020）との関連についての調査を実施した。その結果，緊急事態宣言対象地域か否かにかかわらず，曖昧さ耐性が高いほど新型コロナウイルスに対する恐怖の程度が低いことが示された。また，その傾向は男性より女性の方が強いことも併せて示された（友野, 2021）。

　以上のことから，曖昧さに耐えられるようになることが，With コロナ社会に適応していくための重要な要因の一つと考えられる。新型コロナウイルス禍と曖昧さ耐性に関する研究はほとんどなされていないため，今後の研究知見の蓄積に期待したい。このテキストが書店に並ぶころには，新型コロナウイルス禍が終息していることを祈りつつ。

第**13**章

犯罪・非行

0. 犯罪・非行はパーソナリティで理解できる?

　目を引くような凶悪犯罪が起きると, マスコミは犯罪者のパーソナリティ, 成育歴などを取り上げ, なぜ犯行に至ったのか, その心の軌跡をたどろうとする。卒業文集などを持ちだし, パーソナリティの異常性について分析する心理学者, 類を見ない犯罪であると犯罪者のパーソナリティを含め, 現代社会の変化に警鐘を鳴らす評論家。このような現状に鑑みると, どうやら犯罪の理解にパーソナリティは切っても切り離せないものと考えられているようである。それでは, 実際, 犯罪・非行とパーソナリティは関わっているのだろうか。もし関わっているとしたらどのように関わっているのだろうか。

　本章では, まず, 犯罪・非行の定義や分類, そして現状や処遇などについて論じる。次に, 犯罪・非行へのアプローチについて, 犯罪の原因, 犯罪の抑止, 犯罪への対応の観点から論じる。その上で, 犯罪・非行とパーソナリティ心理学の関係について, パーソナリティ特性, パーソナリティ障害の観点から検討し, 犯罪・非行に対してパーソナリティ心理学がどのように貢献できるかについて論じていく。

1. 犯罪・非行とは

1-1　犯罪・非行の定義と分類, およびパーソナリティとの関わり

　犯罪とは, ①構成要件該当性, ②違法性, ③有責性を満たす行為を指す (裁判所職員総合研修所, 2017)。①構成要件該当性とは, 法律が定める犯罪類型にあてはまることであり, 法律に書かれていなければ犯罪とはならないことを意味する。②違法性とは, 実質的な被害を引き起こしており正当化されないことであり, 正当防衛や緊急避難など違法性が除外される事情があれば犯罪とならないことを意味する。③有責性とは, 行為を行ったものを非難可能なことであり, 14歳未満や心神喪失者は責任能力がないために犯罪とならないことを意味する。これら3つを満たさないと厳密な意味での犯罪とはならないのである。

　非行とは, 狭義には20歳未満の少年に適用されるものであり, ①犯罪少年, ②触法少年, ③ぐ犯少年に大別される。①犯罪少年とは, 14歳以上20歳未満で犯罪をした少年を意味する。②触法少年とは, 14歳未満で刑罰法令に触れる行為をした少年を意味する。③ぐ犯少年とは, 将来, 犯罪または刑罰法令に触れる行為をする

表 13-1　**罪種による分類**（警察庁，2020 から作成）

罪種	内容
①凶悪犯	殺人，強盗，放火，強制性交等
②粗暴犯	凶器準備集合，暴行，傷害，脅迫，恐喝
③窃盗犯	窃盗
④知能犯	詐欺，横領（占有離脱物横領を除く），偽造，汚職，背任など
⑤風俗犯	賭博，わいせつ
⑥その他刑法犯	公務執行妨害，住居侵入，逮捕監禁など

おそれのある少年を意味する。このうち，厳密な意味での犯罪をしているのは①犯罪少年であり，②触法少年，③ぐ犯少年は犯罪をしていることにはならないのである。特に，ぐ犯少年は将来罪を犯す「おそれ」がある段階で非行少年と捉えられるように，非行特有の捉え方であり，少年の性格や環境に照らして判断されることからも，パーソナリティに関わる捉え方と言える。

　犯罪は，警察白書（警察庁，2020）に示されているように「凶悪犯」「粗暴犯」「窃盗犯」「知能犯」「風俗犯」「その他刑法犯」の 6 つの罪種による分類が可能である（表 13-1）。犯罪者のパーソナリティといっても，犯罪は多種多様であり，たとえば，粗暴犯と知能犯では質が異なり，同じ知能犯でも近年注目されている詐欺と汚職では質が異なることからも，単純に犯罪者のパーソナリティというよりも罪種ごとにパーソナリティについて検討していく必要がある。

　非行の分類としては，モフィット（Moffit, 1993）による①青年期限定型と②生涯持続型がある。①青年期限定型の非行とは，その名の通り，青年期に非行を行うだけで，発達に伴い，次第に非行から離れていくタイプである。このタイプのように青年期に社会に対して反抗することは，パーソナリティの問題というよりも正常な発達としても捉えられる。②生涯持続型の非行とは，年齢にかかわらず問題を起こし，生涯にわたって犯罪を繰り返すタイプである。このタイプは，神経学的な要因に基づいたパーソナリティに関する問題としても捉えられる。

1-2　犯罪・非行の現状

　犯罪や非行は増加し，凶悪化していると捉えられることが多い。現実には，令和 2 年度の犯罪白書（法務総合研究所，2020）からも明らかなように，刑法犯は近年，戦後最少を更新し続けている（図 13-1）。犯罪の種類によっては増加傾向にあるものも存在するが，凶悪犯罪は減少しており，全体的にみて犯罪は増加しておらず，凶悪化しているわけではないと結論付けられる。非行についても同様に，近年，戦後最少を更新し続けている（図 13-2）。大麻取締法違反などは近年増加傾向にあるが，全体的にみると犯罪と同様に非行は増加しておらず，凶悪化しているわけではない。

　こうした統計からも明らかなように犯罪・非行は増加，凶悪化していないにもかかわらず，犯罪・非行の増加や凶悪化は根強く信じられている（河合，2004；マッツァリーノ，2004）。内閣府（2015）の調査によると，少年による重大な事件が増えていると答える者は 8 割近く存在している。このように，犯罪・非行の実態と人々の認識にはずれが生じている。このずれは，しろうと理論（Furnham, 1988）で説明可能である。しろうと理論とは人々がさまざまな現象を説明する際に用いる素朴概念を意味する。

　犯罪・非行の増加，凶悪化の説明で言及されることが多いしろうと理論は社会性

図 13-1　刑法犯認知件数・検挙人員・検挙率の推移（令和 3 年版犯罪白書より）

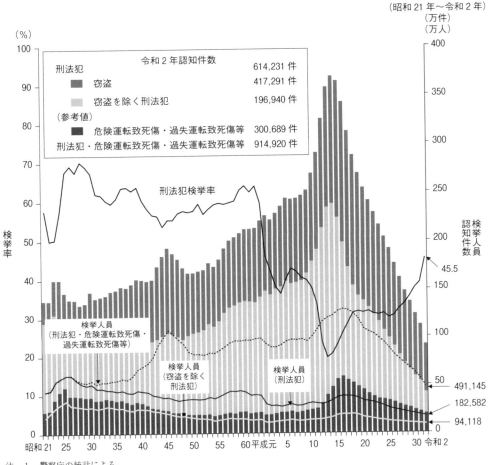

注.　1　警察庁の統計による。
　　2　昭和 30 年以前は，14 歳未満の少年による触法行為を含む。
　　3　昭和 40 年以前の「刑法犯」は，業務上（重）過失致死傷を含まない。
　　4　危険運転致死傷は，平成 14 年から 26 年までは「刑法犯」に，27 年以降は「危険運転致死傷・過失運転致死傷等」に計上している。

の欠如である。たとえば，人々は現代の子どもはコミュニケーション能力や規範意識などの社会性が欠如しており，非行や犯罪が増加，凶悪化したと考えがちである。実際に現代の子どもの社会性の欠如を信じる者は少年犯罪の凶悪化をその根拠として挙げることが多いことが示されているが，研究の結果からは単純に現代の子どもの社会性が欠如していると結論付けることは困難である（大久保ら，2014）。

1-3　犯罪・非行の処遇

　犯罪・非行を起こすと，成人と少年では処遇の流れが異なる（図 13-3）。成人の場合，犯罪を起こすと警察などに検挙され，検察に送致され，起訴されると裁判となる。裁判で刑が確定すると，刑務所などの刑事施設に入所する。これを施設内処遇と言う。刑事施設からの出所には満期釈放と仮釈放がある。仮釈放されると，保護観察所の保護観察官および保護司による監督と支援，すなわち保護観察に移行する。これを社会内処遇と言う。裁判で執行猶予となると，刑事施設に入所することはないが，保護観察が付される場合もある。

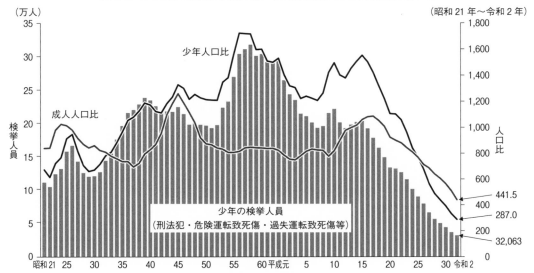

図 13-2　少年による刑法犯等検挙人員・人口比の推移（令和 3 年版犯罪白書より）

注.　1　警察庁の統計，警察庁交通局の資料及び総務省統計局の人口資料による。
　　2　犯行時の年齢による。ただし，検挙時に 20 歳以上であった者は，成人として計上している。
　　3　触法少年の補導人員を含む。
　　4　「少年人口比」は，10 歳以上の少年 10 万人当たりの，「成人人口比」は，成人 10 万人当たりの，それぞれの検挙人員である。ただし，令和 2 年の人口比は，元年 10 月 1 日現在の人口を使用して算出した。
　　5　昭和 45 年以降は，過失運転致死傷等による触法少年を除く。

図 13-3　成人と少年の処遇の流れとそれに関わる司法・行政機関（加藤，2020 を一部改変）

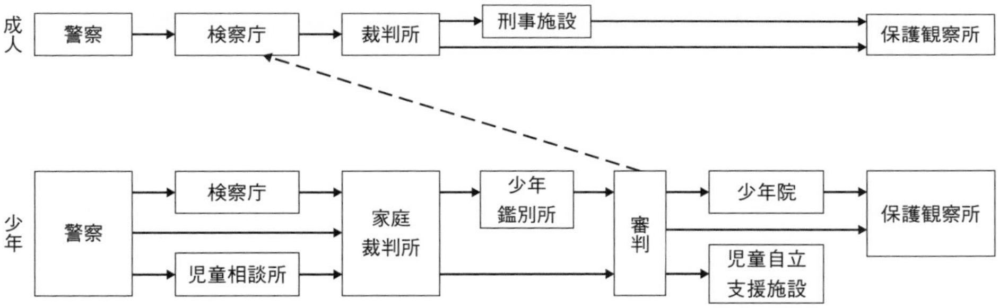

　　少年の場合，警察などに検挙されると，軽微な事件は家庭裁判所に直接送致され，それ以外は検察に送致される。少年が 14 歳未満の場合，児童相談所に通告され，家庭裁判所に送致される。さらに，必要な場合は少年鑑別所に入所し，調査が行われる。そして，審判が行われ，少年院や児童自立支援施設に送致されるか，保護観察となる。重大な事件を起こし，刑事処分が相当であるとされる場合，検察に送致する。これを逆送という。そして，成人と同じ流れの処遇となることもある。
　　こうした成人と少年の処遇の違いは目的の違いに起因する。成人については罪を償い，再犯を防止することを目的としているが，少年については健全な育成のために性格を矯正し，環境を調整するといった立ち直りを目的としている。少年院における処遇の中心は矯正教育であり，少年は教育可能という前提に基づいていると言える。特に少年の処遇に際しては，パーソナリティも加味した上で，行うことが求められる。そのため，処遇において，パーソナリティの理解は非常に重要となる。

2. 犯罪・非行へのアプローチ

2-1　非行・犯罪の原因の理解

　犯罪・非行へのアプローチとして，最も馴染みがあるのが，犯罪の原因を探るアプローチ（犯罪原因論）である。犯罪学の祖であるロンブローゾは犯罪者と一般人を比較し，その違いから犯罪の原因を明らかにしようとした。そして，犯罪者には特有の身体的特徴と心理的特徴があることを主張した。当然のことながら，ロンブローゾの説は多くの問題があり，批判が集まったが，この批判を通して犯罪・非行の原因を探る研究が発展していったのである。

　さまざまな犯罪原因論が提案されているが，人間観によっておおまかに分類することが可能である（表13-2）。バートルとバートル（Bartol & Bartol, 2005）は，犯罪の理論を人間観から，(1)順法的視点，(2)非順法的視点，(3)学習論的視点という3つに分けて論じている。大渕（2006）も同様の3つの視点において，人間の本性と社会的要因の違いについて論じている。

　(1)順法的視点では，性善説の視点に立ち，社会生活が順調なときは犯罪が起こらず，失業，貧困，差別などのストレスがかかることで犯罪に向かうと捉える。ここでは「なぜ人は犯罪を起こすのか」という問いが立てられていると言える。代表的な理論としては，マートン（Merton, 1949）の緊張理論が挙げられる。この理論では，社会では経済的な成功が目標とされるが，合法的な手段でその目標を達成できない人々がいることを仮定する。合法的な手段で目標を達成できない緊張状態にある人々が経済的成功を手に入れるには非合法な手段をとりやすくなり，犯罪を起こしやすくなると考える。

　(2)非順法的な視点では，性悪説の視点に立ち，犯罪を起こさないように押さえつけている社会的な統制が弱くなることで犯罪に向かうと捉える。ここでは「なぜ人は犯罪を起こさないのか」という問いが立てられていると言える。代表的な理論としては，ハーシ（Hirschi, 1969）の統制理論が挙げられる。この理論では，人が犯罪を起こさないのは個人と社会を結ぶ社会的絆があるからであり，これが弱まることで犯罪を起こしやすくなると考える。この社会的絆は，①重要な他者への愛着，②制度化されている価値志向へのコミットメント（投資），③伝統的活動へのインボルブメント（巻き込み），④社会規範の正当性に関するビリーフ（信念）の4つの要素から構成される。

　(3)学習論的視点では，性善説でも性悪説でもなく中立的な視点に立ち，人を犯罪に誘導するような文化（価値や信念）が存在し，それに接触して影響を受けたときに犯罪に向かうと捉える。ここでは「なぜ人は犯罪を起こすことが可能なのか」と

表13-2　犯罪原因論における3つの視点の人間観と社会的要因（Bartol & Bartol, 2005 および大渕, 2006 から作成）

行動の観点	人間観	社会的要因
(1)順法的視点	基本的に善良：社会的価値や態度に強く影響される	ストレスの負荷：ストレスがかかることで犯罪に向かう
(2)非順法的視点	基本的に無節操：社会規範による束縛は弱い：生得的な性向を社会によって制御されなければならない	統制の弱体化：犯罪を起こさないように押さえつけている社会的な統制が弱くなることで犯罪に向かう
(3)学習論的視点	中性的に生まれつく：行動は他者との社会的相互作用を通じて学習される	文化的誘導：犯罪に誘導するような文化に接触して影響を受けたときに犯罪に向かう

いう問いが立てられていると言える。代表的な理論としては，サザーランドとクレッシー（Sutherland & Cressy, 1960）の分化的接触理論が挙げられる。この理論では，犯罪は反社会的な文化をもつ集団との接触により犯罪を起こしやすくなると考える。つまり，反社会的集団の中では犯罪の手口だけでなく，動機や正当化なども学習される。犯罪者は規範意識や罪悪感をもっているが，自らの犯罪・非行には理由（動機）があると正当化することで犯罪・非行を起こすと考える。これは中和化の技術（Sykes & Matza, 1957）として呼ばれ，①責任の否定，②加害の否定，③被害者の否定，④非難者への非難，⑤高度の忠誠への訴えの5つが挙げられている。これらによって規範意識が低減され，罪悪感が中和化されるのである。

2-2 犯罪・非行の抑止

　犯罪・非行の抑止においては，犯罪が起こる環境に注目することが多い。これは犯罪の機会を与えないことによって犯罪を未然に防止しようとするアプローチ（犯罪機会論）と言える。犯罪原因論は長い歴史をもつが，犯罪機会論は1970年以降に急速に発展してきたアプローチである。犯罪機会論では，犯罪者と犯罪者でない者との差異は小さく，犯罪性が低い者でも機会があれば犯罪を起こし，犯罪性が高い者でも機会がなければ犯罪を起こさないと考えるのである。つまり，犯罪機会論とは，物的環境の設計や人的環境の改善を通して，犯罪者に都合の悪い状況を作り出そうという考え方と言える（小宮，2005）。後述のように環境の認知などに個人差が影響するものの，パーソナリティを考慮したアプローチは積極的に行われていない現状があると言える。ここでは，環境に注目したアプローチのなかでも，ハード面を重視する防犯環境設計，ソフト面を重視する割れ窓理論，さらに犯罪者個人も含めた要因を重視する日常活動理論について説明していく。

　防犯環境設計（CPTED: Crime Prevention Through Environmental Design）とは，ジェフェリー（Jeffery, 1971）による環境のハード面を重視する理論である。防犯環境設計では，個人の要因よりも物理的な環境が重視され，①対象物の強化，②接近の制御，③監視性の確保，④領域性の強化などの手法がとられる。①対象物の強化とは，ドアや窓などを破壊されにくいものにするなどによる誘発要因を強化することである。②接近の制御とは，出入り口を限定することや境界を設けることなどによる犯罪者の接近をコントロールすることである。③監視性の確保とは，人の視線が行き届くことによる多くの人の目を確保することである。④領域性の強化とは，領域を明示することによる犯行しにくい雰囲気を形成することである。防犯環境設計は，こうした手法によって，犯罪不安の減少と生活の質の向上を目指す理論と言える。

　割れ窓理論（Broken Windows Theory）とは，ケリングとコールズ（Kelling & Coles, 1996）による環境のソフト面を重視する理論である。割れ窓理論では，割られた窓ガラスなどの地域内の秩序違反や軽微な犯罪を放置していくと，地域全体が荒廃していくと考えるが，ここでの割られた窓ガラスは縄張り意識と当事者意識の低い場所の象徴と捉えられる（小宮，2005）。つまり，割れ窓理論では，秩序違反や軽微な犯罪がある地域では，縄張り意識や当事者意識が低いので犯罪が起こりやすいと考えるのである。ここで重要なのは，割られた窓ガラスを直すというハード面の対策ではなく，地域住民が割られた窓ガラスを放置しないこと，つまり犯罪をなくそうと努力することであると言える。したがって，割れ窓理論は，地域コミュニティの縄張り意識と当事者意識の向上を目指すコミュニティ再生の理論と言える

（小宮，2005）。

　日常活動理論（Routine Activity Theory）とはコーエンとフェルソン（Cohen & Felson, 1979）による犯罪発生の状況に注目した理論である。日常活動理論では，犯罪は日常活動の中で起こるものであり，①動機づけられた犯罪者，②魅力的な対象，③有能な監視者の欠如の３つがそろった際に犯罪が発生すると捉えるのである。①動機づけられた犯罪者とは，犯罪をしようとする意思をもつ加害者を意味している。②魅力的な対象とは，犯行に及びやすい魅力のある被害者や被害の対象物を意味している。③有能な監視者の欠如とは，人の目がない犯行に及びやすい環境を意味している。日常活動理論は加害者と被害者・被害の対象物が直接接触する犯罪において合理的な対策につながるものであることが指摘されている（島田，2013）。

　こうした犯罪・非行の抑止では，環境に焦点が当てられ，パーソナリティなどの個人の要因は犯罪原因論のようには重要視されていない。日常活動理論では動機づけられた犯罪者において個人の要因にも注目しているものの，犯罪・非行の抑止のアプローチにおいて重視されているのは物的および人的環境である。環境の認知にはパーソナリティなどの個人の要因も影響を与えることからも，島田（2013）が主張しているように犯罪原因論と犯罪機会論を統合し，犯罪の抑止においても個人の要因も含めて捉えていく必要がある。

2-3　犯罪・非行への対応

　犯罪・非行へのアプローチは原因の理解，抑止だけではない。再犯防止などの犯罪・非行への対応も重要である。犯罪・非行への対応では，対象となるタイプや状況をアセスメントし，それに応じた処遇のプログラムが必要となる。犯罪・非行への対応は，これまでは専門家の経験や勘などによる判断が重視されてきたが，現在では，エビデンスに基づく実践（evidence-based practice: EBP）の観点から科学的根拠が重視されてきている（原田，2015a）。

　EBPの代表的なものがボンタとアンドリュース（Bonta & Andrews, 2017）によるRNRモデル（risk-need-responsivity model）である。RNRモデルでは，①リスク原則，②ニーズ原則，③治療反応性原則という３つの原則の遵守が重視される。①リスク原則とは，対象者のリスクに応じて介入の強度を変えるべきというものである。②ニーズ原則とは，変化可能な犯因性ニーズに絞って介入を行うべきというものである。③治療反応性原則とは，対象に合った処遇，つまり反応性の高い介入を行うべきというものである。この３つの原則を遵守しないと，効果がなくなるか，犯罪を増加させることが示されている（Bonta & Andrews, 2017）。

　犯罪・非行への処遇では，犯罪者のリスクとターゲットにすべき要因をアセスメントすることが重要となる。再犯と関連する要因はセントラルエイトと呼ばれ，①犯罪歴，②反社会的なパーソナリティ・パターン，③犯罪指向的態度，④犯罪指向的交友，⑤家族・夫婦，⑥学校・仕事，⑦レジャー・レクリエーション，⑧薬物・物質乱用の８つにまとめられている（表13-3）。このうち，上位４つをビッグフォーと呼び，他の要因よりも犯罪・非行の再犯と関わることが指摘されている。

　犯罪への対応においては，どのようにアセスメントし，介入するかが重要である。特に，変わりにくい犯罪歴のような静的な要因ではなく，変化しうる動的な要因をターゲットに介入していく必要がある。反社会的パーソナリティも動的な要因とされており，パーソナリティのアセスメントやパーソナリティへの介入は犯罪への対応において重要な位置を占めている。その一方で，自尊心や不安などは再犯に関係

表 13-3　再犯リスク要因のセントラルエイト（Bonta & Andrews, 2017 より作成）

要因	内容
①犯罪歴	若年時からさまざまな犯罪・非行を行っている
②反社会的パーソナリティ・パターン	攻撃性，衝動性，情緒的な冷酷性，刺激希求性を有している
③犯罪指向的態度	犯罪行動を支持する思考，感情，信念をもっている
④犯罪指向的交友	反社会的な他者と緊密な関係があり，向社会的サポートから孤立している
⑤家族・夫婦	養育上の問題や夫婦関係に問題がある
⑥学校・仕事	学校や職場での成績が悪く，満足感が低い
⑦レジャー・レクリエーション	向社会的な余暇活動を行っておらず，満足感が低い
⑧薬物・物質乱用	アルコールや違法薬物を使用している

しない。そのため，犯罪への対応においては，再犯と関連するパーソナリティをアセスメントや介入のターゲットにしていく必要がある。

3. 犯罪・非行とパーソナリティ心理学の関係

3-1　犯罪・非行とパーソナリティ特性の関係

　犯罪・非行の原因をパーソナリティ特性に求める研究は数多く行われている。古くはグリュッグとグリュッグ（Glueck & Glueck, 1950）が非行少年と一般少年を対象として実証研究を行い，非行少年は衝動的，外向的，攻撃的などの特性を有していることを明らかにしている。犯罪・非行と関連するパーソナリティ特性としては，近年，セルフコントロールやビッグファイブに注目が集まっている。ゴットフレッドソンとハーシ（Gottfredson & Hirschi, 1990）は犯罪の大半は安易で短絡的で衝動的というセルフコントロールの低さによって起きていると主張しており，さまざまなパーソナリティ特性の中でも，セルフコントロールが犯罪と最も関連しているとされている（Vazsonyi et al., 2001）。また，ビッグファイブとの関連では，ミラーほか（Miller et al., 2003）は協調性と勤勉性が非行と負の関連をしていることを明らかにしている。

　日本においては，大渕（2006）が，先行研究を概観し，犯罪者のパーソナリティ像について，①偏った欲望，関心，価値，②衝動性，③接近型の情緒不安定，④非協調性，⑤社会的認知の歪み，⑥知的能力の偏りという6つに整理している（表13-4）。①偏った欲望・関心，価値では，反社会性をもつ人たちは富，セックス，力および刺激・興奮に対する欲望が強く，これらの欲望が犯行に関連するとされる。②衝動性では，反社会性をもつ人たちは欲求不満耐性の低さから安易な欲求充足を求め，計画性の欠如から向こう見ずな行為をしてしまうとされる。③接近型の情緒不安定では，反社会性をもつ人たちは怒りや恨みなどの闘争を促す接近型の負の情動をもちやすいとされる。④非協調性では，反社会性をもつ人は対人態度の特徴として非協調的であるとされる。⑤社会的認知の歪みでは，反社会性をもつ人は情報処理が不合理で特異であるとされる。⑥知的能力の偏りでは，反社会性をもつ人は言語性知能が低く，抽象的概念を操作する能力が低いとされる。

　同時に，こうしたパーソナリティ特性による犯罪・非行の説明は問題があることも指摘されている。測定されたパーソナリティ特性は行動の予測に不十分であり，トートロジーであるという批判（Zelli & Dodge, 1999）もある。なお，現在は，犯罪・非行に至る要因を包括的に捉える試みとして，社会的情報処理アプローチ

表 13-4　犯罪者のパーソナリティ像 （大渕, 2006 から作成）

パーソナリティ像	内容
①偏った欲望, 関心, 価値	富, セックス, 力および刺激・興奮に対する欲望の強さ
②衝動性	欲求不満耐性の低さと計画性の欠如
③接近型の情緒不安定	怒りや恨みなどの闘争を促す接近型の負の情動の強さ
④非協調性	対人態度の特徴として非協調的
⑤社会的認知の歪み	情報処理の不合理さ, 特異さ
⑥知的能力の偏り	言語性知能の低さ, 抽象的概念を操作する能力の欠如

（Crick & Dodge, 1994）などの行動に至る内的プロセスを検討するアプローチも注目されている（Gini et al., 2011；吉澤, 2005）。そこでは, 個人が周囲の環境から受ける社会的情報を個人が処理するプロセスにおいて, 各ステップを細分化し, 犯罪・非行に至るまでの各ステップにおける処理のエラーやバイアスなどについて検討している。

3-2　犯罪・非行とパーソナリティ障害およびサイコパシーの関係

　犯罪・非行を行う人はパーソナリティに著しい偏りがあると考えられている。こうしたパーソナリティの著しい偏りはパーソナリティ障害（第 14 章も参照）と呼ばれ, 長期間にわたり, 認知, 感情, 対人関係, 衝動制御といった機能に障害が及んでいることが特徴として挙げられる。DSM-5（American Psychiatry Association, 2013）では, パーソナリティ障害は 10 種類あり, 奇妙で風変わりなタイプである A 群, 感情的に不安定なタイプである B 群, 不安が強いタイプである C 群の 3 群に分類される。この中でも犯罪・非行との関係が大きいのが B 群である。B 群は, 反社会性パーソナリティ障害, 境界性パーソナリティ障害, 演技性パーソナリティ障害, 自己愛性パーソナリティからなり, この中でも反社会性パーソナリティ障害は犯罪・非行との強い関連が指摘されている。

　反社会性パーソナリティ障害は, 他人の権利を無視, 侵害する反社会的行動パターンを継続的に示すという特徴がある。診断基準としては, 15 歳以前に非行を起こしており, 衝動的で向こう見ずであり, 社会生活において無責任で不安定であり, 良心の呵責を感じないため, 犯罪行為を繰り返すことが挙げられる。ただし, 反社会性パーソナリティ障害は犯罪の説明としては問題があることも指摘されている（松本, 2007）。反社会的パーソナリティ障害の診断は, 過去の非行歴から行われるため, 多くの犯罪者は反社会的パーソナリティ障害と診断されることになり, 定義自体がトートロジーであることは注意すべきである。

　また, 反社会的パーソナリティ障害に類似した犯罪・非行と親和的なパーソナリティ障害としてサイコパシーがある。サイコパシーは, 欺瞞性, 浅薄な感情, 共感性の欠如, 衝動性, 反社会傾向などが特徴として挙げられる（Hare & Newmann, 2009）。反社会的パーソナリティ障害と重なる部分もあるが, 反社会的パーソナリティ障害が行動面の反社会性を重視するのに対し, サイコパシーは情緒面を重視するという特徴がある（原田, 2015b）。サイコパシーの診断については, PCL-R（Psychopathy Checklist-Revised）などのチェックリスト（Hare, 2003）なども開発されている。また, サイコパシーにマキャベリアニズムと自己愛傾向を加えたダークトライアド（Paulhus & Williams, 2002）も犯罪と関連することが指摘されている（増井・浦, 2018）。

3-3　犯罪・非行へのパーソナリティ心理学の貢献

　これまで論じてきたように，犯罪・非行においてパーソナリティの理解は欠かせ
ないことからも，犯罪・非行に対してパーソナリティ心理学は多大な貢献をしてき
たと言える。その一方で，犯罪・非行をパーソナリティ特性やパーソナリティ障害
などで説明するとトートロジーに陥ってしまうことについては注意が必要である。
そもそも，犯罪・非行は多重な要因の相互作用であり，パーソナリティ特性やパー
ソナリティ障害といった個人の要因だけでは原因の理解，抑止，対応において十分
ではない。単一の視点から原因を理解し，抑止や対応を行うのではなく，さまざま
な理論やアプローチに基づく多様な視点から原因を理解し，抑止や対応を行う必要
がある。その際には科学的な根拠に基づくことが重要である。

　さらに，パーソナリティなどの個人の心理的要因にばかり注目することは，環境
や社会的状況，制度などの問題がみえにくくなることにつながる（広田，2001）。批
判心理学が指摘するように，心理学では，これまで個人の心理的要因が強調され，
社会のあり方は問われることが少なかった（大久保，2011）。犯罪とパーソナリ
ティ心理学の関係については，この批判が特に当てはまると言える。今後は犯罪・
非行を行うパーソナリティなどの個人の要因だけでなく，犯罪を生み出す社会のあ
り方も含めた上で，犯罪とパーソナリティの関係について検討していく必要がある。

　また，最近では，犯罪・非行の研究では一般社会への応用的研究が盛んになって
きている。その代表的なものとして，裁判員制度に関する研究が挙げられる（桐生，
2016）。裁判員制度に関する研究は社会からの要請に基づいて，近年，数多くの研
究が行われているが，裁判などにおける個人のパーソナリティは検討すべき重要な
テーマである（荒川・原島，2009）。こうした応用的研究も含め，犯罪・非行の研究
においては，科学的で社会的状況も考慮したパーソナリティ心理学のアプローチが
求められていると言える。

第14章

病　理

0. パーソナリティか？　病いか？

　きちんとしていたいAさん。授業やサークルのミーティングには誰よりも早く教室に行って準備をしている。自分だけではなく周りの人にもきちんとしてほしいという気持ちが強くて，細かいところまでつい人に注意をしてしまう。そんなAさんに，周りの友だちもちょっと困っている。Aさんは，レポート課題など完璧に仕上げたいと思い，緻密な計画を立てて進めようとする。計画の通りに資料が見つからないと，見つかるまで資料を探すことに必死になってしまい，レポートが完成しないこともしばしばあった。きちんとやりたいのにどうしてだろうと，Aさんも悩んでいた。

　きちんとしたい，という気持ちは，几帳面な人には当たり前のことかもしれない。いいレポートを書きたいという気持ちは，誰でももっているかもしれない。しかし，レポートに必要な資料が見つからなくてレポートの締め切りが迫っている場合は，普通は妥協して他の資料で代替するのではないだろうか。きちんとしなければいけない，計画通りに進めなければいけない，という自分の決まりにしばられてしまっているAさんは，自分自身でも苦しんでいる。

1. パーソナリティの病理に関する研究

1-1　パーソナリティ心理学と臨床心理学や精神医学的研究

　パーソナリティ心理学と，人間の問題行動を扱う臨床心理学や病理を扱う精神医学は，同じ人間を対象としていてもアプローチが異なる。そのため，それぞれ独自の発展を遂げてきた。たとえば，パーソナリティ心理学では普遍的真実を追究することを目的とし，主に正常なパーソナリティに焦点化してきた。一方，臨床心理学や精神医学は特殊な例の真実を追究することを目的とし，主に偏りや病理に焦点化してきた。また，パーソナリティ心理学では特性論によって個人差を捉える研究が優勢であったのに対し，臨床心理学や精神医学は類型論の立場や，個々人を対象とした精神分析的な見方が優勢であった。そして，パーソナリティ心理学では個人の比較的一貫した特徴を研究対象にしたのに対し，臨床心理学では個人の変化に興味の対象があった。これの違いが，それぞれの交流が活発ではなかった理由であろう。

　精神障害を類型論で捉えるということは，健常群でみられる類似のパーソナリ

ティと，精神障害の症状とは質的に異なるものだとする考え方である。しかし，近年では精神医学においてもディメンショナル（次元的）な見方を採用する方向にある。つまり，連続的なものとしての把握が試みられている。また，臨床心理学の研究では健常群と精神障害の連続性を仮定したアナログ研究が活発になっており，パーソナリティと精神障害を次元的に捉える方向性になってきている。

　さらに，脳科学や遺伝学の進歩に伴い，パーソナリティやパーソナリティの病理に関する生物学的な要因も少しずつ明らかになってきている。今後は，心理学・精神医学・脳科学の研究の知見が積み重なるだけでなく，相互交流が進むことによって，パーソナリティやその病理に関する多角的な理解が進むだろう。

1-2　パーソナリティと病理の連続性

　精神障害の症状のいくつかの特徴を，健常者ももっていると言われたら，みなさんはどう思うだろうか。たとえば，社交不安症（社交恐怖）は対人状況における顕著で持続的な恐怖である。パーソナリティ研究では対人不安として研究が進んできた。この社交不安症に関しては，大学生だけではなく小学生や中学生などを対象にしたアナログ研究が進んでおり，社交不安症の程度を測定するために開発された質問紙を用いた研究において，健常者においても社交不安症の特徴が存在することが示されている（e.g., 岡島ら，2009）。これだけで社交不安症とパーソナリティとしての対人不安に連続性があると言えるものではないが，社交不安症と対人不安が質的に異なることが立証されているわけでもない。

　一方，DSM（Diagnostic and Statistical Manual for Mental Disorders：精神疾患の診断・統計マニュアル）や世界保健機関（World Health Organization）によるICD（International Classification Diseases：国際疾病分類）では，精神障害を操作的に定義している。これは①正常と異常とを分ける明確な境界があること，②ある異常性と他の異常性とを分ける明確な境界があることを前提とするものである（Schmidt et al., 2004）。しかしながら，精神疾患は身体疾患と異なり，画像診断や血液検査の結果から分類されているわけではない。それゆえ，この２つの仮定が成り立つことを科学的に検証することが求められている（e.g. Schmidt et al., 2004）。

　連続性に関する議論は1970年代にはじまり，正常と異常を分ける明確な境界があるとする，つまり，健康な状態と異常な状態は明確に区分ができるという類型論的な立場と，そのような境界はない，つまり健康な状態から異常な状態は連続的に変化していると考える立場に分かれ，盛んに行われてきた。近年では，連続性を統計的に解析する手法として taxometric analysis を用い，多くの精神疾患の検討がなされている。その結果，精神病理のなかには連続的に分布するものと，非連続的な分布をするものがあることが明らかとなってきている。連続性の議論には現在でも明確な答えは出ているわけではない。今後，精神障害の遺伝子や脳科学的な研究が進んでいくにつれて明らかにされていくと考えられる。

2.　パーソナリティの正常と異常

　正常なパーソナリティ，異常なパーソナリティとは何なのだろうか。何を基準に「正常」と「異常」は区別されるのだろうか。本節では，パーソナリティの「正常」と「異常」の基準について整理する。

2-1　パーソナリティの正常性

　正常性を定義することはむずかしいが，現実を適切に認識できる，自分の行動を
コントロールできる，自分自身を受容できる，他者との関係性を形成することがで
きる，自分の能力を生産的な活動に向けることができる，といった特性が精神的な
健康あるいは望ましさを示す（Smith et al., 2003）ことに多くの心理学者は同意す
るであろう。つまり，「正常」な人は多くの場合において，自分の反応や能力の評価，
および自分をとりまく世界で起きていることを現実的に判断できるし，たまに衝動
的になることがあったとしても，状況を考えて抑制することができる。また，自分
自身について何らかの価値を見出しており，自分自身を受容し，他者からも受容さ
れているという感覚をある程度以上もつことができ，他者と親密で満足する関係を
築き，生産的な活動をすることができる，と言える。「正常」な人はこれらの性質を
すべて十分にもち合わせているということではなく，「正常」な人は「異常」とされ
る人よりもこれらの性質を多くもっている，あるいはこれらの性質が強いと捉えら
れる。

2-2　臨床心理学的アセスメントにおける正常と異常

　何らかの心理的な異常を扱う学問として臨床心理学と精神医学が挙げられる。し
かし，精神医学は医学モデルに則り精神医学的な診断をし，病理としての精神障害
を対象とするのに対し，臨床心理学は病理には限定されない，より広い意味での心
理的な問題を扱う。そのため，臨床心理学のアセスメントの正常と異常は，精神医
学よりも多次元で捉えていると言える。臨床心理学で正常と異常を考える場合，適
応的基準，価値的基準，統計的基準，病理的基準といった多義的な基準で考えるの
である（表14-1）。

　適応的基準とは，社会的に期待される機能が障害されているか否かという判断基
準である。この基準には，他者によって社会的に機能していないと判断される社会
的判断と，本人が自分は社会的に機能できていないと判断する主観的判断の2種類

表 14-1　臨床心理学的アセスメントにおける正常と異常の基準（下山, 2002 を筆者改変）

適応（機能）的基準 〈適応－不適応〉	所属する社会に適応しているのが正常で，社会生活が円滑にできなくなったのが異常であるという考え方。
	具体的基準：　社会的に期待される機能が障害されているか否かによる判断
	社会的判断：　他者によって社会的に機能していないと判断される場合。他者の立場から，他者の都合によって一方的判断を行う場合も多い。
	主観的判断：　本人が自分は社会的に機能できないと判断する場合。苦悩を伴うことが多い。
価値（理念）的基準 〈規範－逸脱〉	判断のための理念体系に基づく規範があり，その規範の許容範囲内で行動している状態を正常とし，その規範から逸脱している場合を異常とする。
	具体的基準：　判断する人が依拠する理念体系の規範の許容範囲内か否かの判断
	生活的判断：　道徳観や社会通念に基づく規範によって判断する場合
	理論的判断：　法律や理論モデルに基づく規範によって判断する場合
平均（標準）的基準 〈平均－偏り〉	集団のなかで平均に近い標準的状態にあるものを正常として，平均から偏奇の度合いが強い状態を異常とする。
	具体的基準：　検査法を用いて多量のデータを収集し，それを数量化し，統計的手法によって平均に近い標準範囲を決定し，それに基づいて判断する
病理（医学）的基準 〈健康－疾病〉	病理学に基づく医学的判断により，健康と判断された場合が正常であり，疾病と判断された場合を異常とする。
	具体的基準：　精神病理学に裏付けられた診断分類体系に基づく専門的な判断

がある。社会的判断では，他者の都合によって一方的な判断が行われる場合がある。一方で，主観的判断では，他者からみると問題がないようにみえても，本人の苦痛を伴うことが多い。たとえば，成績優秀な大学生であっても，本当に学びたい学部・学科で学べていない場合，本人は不本意で苦しんでいるということなどがある。

　価値的基準は，理念的な基準でもあり，判断する人が依拠する理念体型の規範の許容範囲内か否かを判断する基準となる。この基準には，道徳観や社会通念に基づく規範によって判断する生活的判断と，法律や理論モデルに基づく規範によって判断する理論的判断の2種類がある。身近な問題で言えば，他の人には秘密にしてねと言って友だちに話した重大な秘密が周囲に広まっていた場合には，法律的に問題はないが，道徳的には問題があるだろう。

　統計的基準とは，検査法を用いて多量のデータを収集し，それを数量化し，統計的手法によって平均に近い標準範囲を決定し，それを基準として判断するものである。たとえば，性格検査などによる平均的基準は一般的に客観的であると想定されがちであるが，これは，正常と異常という質的なかつ多次元的な問題を数量化して一元的に判断してしまう点に問題が残る。また平均という統計概念自体が，標本となる集団によって変化してしまう集団相対的なものであるという問題もある。たとえば，平均身長と平均体重を考えてみると，身長 120 cm で体重 23 kg の人は小学2年生という集団のなかでは平均に近い標準状態にあり正常ということになるが，高校生という集団のなかでは平均からは偏倚の度合いが大きく異常ということになってしまう。

　病理的基準とは，精神病理学に裏付けられた診断分類体系に基づく専門的な判断基準である。この精神医学的な病理的基準も，身体医学の診断と異なり病因が確定していない場合もあり，客観的な基準とは言いにくい。つまり，病理的基準にも相対的要素が含まれてしまうのである。たとえば，身体疾患の場合は血液検査やエックス線検査などさまざまな病理検査によって原因が特定される。しかし，精神疾患の場合はその原因に不明な点が多く，未だに解明されていない。

　このようにパーソナリティの正常と異常には明確な線引きがあるわけではなく，相対的なものとならざるをえない。つまり，単一次元上で，ここからは正常でここからは異常といった単純なものではなく，人を多次元的に捉えて判断する必要がある。また，ある次元では異常であったとしても，ある次元では正常であることも当然あり，その人の多面性を把握し，異常な側面だけではなく健康的な側面に目を向けることも大切となってくる。

3. パーソナリティの病理の諸側面

3-1　パーソナリティの問題と精神障害

　パーソナリティが問題となる場面には，どんなものがあるだろうか。まず考えられるのは，本人が自分の問題を意識した際に，その原因としてパーソナリティを考えたときだろう。一方で，ある人の行動に困った周囲が，原因をその人のパーソナリティに求めたときも，パーソナリティは問題となる。臨床心理場面においても，クライエント（相談者）の主訴とともにパーソナリティをアセスメントすることは，当然のことながら重要である。クライエントの問題の捉え方として，医療場面であれば症状ということになるわけだが，臨床心理場面では問題行動と捉える。

　では，パーソナリティ特性，特定の行動，症状はどのように区別されるのだろう

か。パーソナリティ特性とは，特定の行動のとりやすさであり，特定の行動とは
パーソナリティの現れ方であると言える。パーソナリティ特性は決して不変ではな
く，生涯を通じて変化するが，それは症状および特定の行動と比べると，比較的一
貫している。そして，症状は消長しやすい一方，特性は比較的安定しているため，
特性はほとんどの症状と区別される（APA, 2013）。

　パーソナリティは，精神症状の背後にあって症状の生起に影響を与えることも考
えられている。バグビーら（Bagby et al., 1997）はパーソナリティ特性が特定の症
状の生起に影響を与えているという立場を擁護しており，パーソナリティ特性と症
状との間に関連がある場合に考えられる関係性の例として，（a）特定の症状の素因
である場合，（b）症状によってパーソナリティが変化している場合，（c）症状に
よって一時的にパーソナリティが歪められている場合，（d）直接的な症状の表現で
ある場合，の4つを挙げている。しかし，必ずしも症状によって病前性格（病気に
かかる前のパーソナリティ）が歪められるわけではない（Duggan et al., 1991）こ
と，パーソナリティによっては生じやすい症状がある（Surtees & Wainwright,
1996）ことも知られている。

　主要5因子性格検査（Neuroticism, Extraversion and Other Five-Factor
Inventory（NEO-PI-RやNEO-FFI）や気質性格尺度（Temperment and Character
Inventory: TCI）を使った研究では，抑うつと高い神経症傾向，低い外向性，およ
び低い誠実性が抑うつ症状と関連する（Kotov et al., 2010）ことや，高い神経症傾
向，低い調和性と低い誠実性がアルコール，ニコチン，大麻およびギャンブル依存
と関連する（Dash et al., 2019）こと，境界性パーソナリティ障害で神経症傾向が
高く，調和性が低い（Widiger & Costa, 1994）といった，さまざまな精神障害と
パーソナリティ特性の関連が示されている。また，摂食障害患者には食行動異常だ
けではなく，特有の社会情動認知パターンがあり，それをパーソナリティとして理
解することができ（野間, 2019），パーソナリティによる分類と治療が試みられて
いる（滝井, 2012）。なお，不適応的なパーソナリティが気分障害や物質使用障害な
どの他の精神障害に併存する場合，そのパーソナリティは他の精神障害の治療経過
および予後に大きな影響を与える（APA, 2013）。

　同一の対象者を一定期間継続的に追跡したコホート研究であるニュージーランド
のダニーディン研究のデータからは，ある時点のパーソナリティ特性がその後の人
生のある時点における精神疾患の罹患を予測することが報告されている。たとえば，
3歳時点の気質による3分類（Undercontrolled, Inhibited, and Well adjusted）が
18歳時点における抑うつや不安などの精神病理的な症状をよく説明できることが
示されている（Caspi, 2000）。また，18歳時点のMulti-dimensional Personality
Questionnaire（MPQ; Tellegen, 1982）で測定したパーソナリティ特性次元の一つ
であるネガティブ感情性が3年後の精神疾患の罹患リスクを高めること，また抑制
は不安症のリスクを高める一方で，物質依存と反社会性パーソナリティ障害の罹患
リスクを減少させることも報告されている（Krueger, 1999）。

　このように，パーソナリティは症状そのものではないが，精神障害の生起から予
後に至るまで，その経過に大きな影響を与えていることがわかる。

3-2　パーソナリティ障害

(1) パーソナリティ障害の概念の変遷

　パーソナリティ障害とは，パーソナリティ傾向が著しく偏り，認知，感情，行動などが，非適応的になった場合を指す。古くは精神病質，変質，精神的不均衡，社会病質など，さまざまな名称で呼ばれ，これらの人たちを正常と異常の間に位置すると考える流れと，正常からの性格の逸脱と考える流れの2つがあった。歴史的にも研究者によってもパーソナリティ障害の概念は異なっており，議論の多い概念である。

　パーソナリティ障害の概念の源流の一つは，ピネル（Pinel, P.）の妄想なき狂気（1801）やエスキロール（Esquirol, J. E. D.）による単一精神病の概念（1838）である（林，2005）。これは，精神の異常から「本当の病気（精神病）」を除いた残余として出発しており，現在のパーソナリティ障害の多くを含むものと想定される。次のパーソナリティ障害の源は，プリチャード（Prichard, J. C.）の背徳症候群（1835）のような反社会性に着目して作られた諸概念である（林，2005）。これらの記述のなかに現在のパーソナリティ障害が含まれることになったのは，当時の「理性の対極にあるものこそが狂気である」という見解が精神障害の主要な定義であるときに，理性は保たれているものの行動や感情に異常を認める状態はその定義に当てはまらず，その当てはまらない状態を記述した結果である（金，2008）。つまり，精神病の定義には合致しないが，種々の問題を抱えた人々の記述が，パーソナリティ障害の源流になっている。また，クレペリン（Kraepelin, 1915）は，精神病質人格とは，病的な素因に起因する人格発達の著しい偏りであり，正常と精神病との中間領域にあたると考えた。一方シュナイダー（Schneider, 1954）は精神病質を正常からの変異，逸脱であり，精神病とは関係がない人格の異常と考えた。シュナイダーは精神病質人格を「その人格の異常のために自らが悩むか，またはその異常性のために社会が悩む」人格としている。

　1980年代までは，精神医学の理論の中心はフロイト（Freud, S.）を端緒とする精神分析あるいは力動精神医学が中心であった。そのため，パーソナリティの病理に関する精神分析的な捉え方は，現在の精神医学の病理の考え方にも影響を及ぼしている。1970年代にアメリカの精神分析医のカーンバーグ（Kernberg, O. F.）が提唱した境界性人格構造（borderline personality organization: BPO）という考え方がある（Kernberg, 1984）。BPOとは，フロイトの提唱した三層構造[1]にまだ到達していないパーソナリティを指す（馬場，2016）。これは，内的にも外的にも自我境界が形成不全で，したがって自己の内面と外界との区別，つまり空想と現実の区別が混乱するようなパーソナリティ構造である。これは，精神分析の発達論で言えば，発達段階の途中でとどまってしまっているということになる。また，BPOの人は自我が弱く，その表れとして葛藤に耐えられない，不安に耐えられないといった耐性（tolerance）の低さをもっている（馬場，2016）。このBPO構造をもっている人が，症状や不適応行動を示しやすいとされている。

　このように，パーソナリティの異常だけではなく，精神障害の概念もその時代や研究者によって異なっている。しかしながら，症例の膨大な知見を比較したり，新たな知見を生み出すために，また治療技法の研究やその効果の検討のためには定義が必要である。現在では，精神医学の分野において，DSMやICDの枠組みが提示

　1）自我，エス，超自我からなる内的構造であり，自我と超自我と欲動（エス）というものがそれぞれ分化して，それぞれの役割がちゃんと果たせるようになってくることを三層構造ができると言う。

されたことにより、若干の相違があるもののある一定の基準の下で議論が進んでいる。しかし、パーソナリティ障害については、現在もその診断や理解については研究の途上にあると言えるだろう。

(2) 現在のパーソナリティ障害の定義と分類

　DSM-5（APA, 2013 高橋・大野監訳 2014）では、パーソナリティ障害を「その人の属する文化から期待されるものから著しく偏り、広範でかつ柔軟性がなく、青年期または成人期早期に始まり、長期にわたり変わることなく、苦痛または障害を引き起こす、内的体験および行動の持続的様式である」としている。

　DSM-5 では、10 のパーソナリティ障害をその記述的類似性に基づいて A 群、B 群、C 群の 3 つの群に区分し、そのクラスターに分類できないものを他のパーソナリティ障害としている。それぞれの障害と特徴を表 14-2 に示す。

　それぞれのパーソナリティ障害の有病率は一般人口で 1-2% であり、パーソナリティ障害全体としては一般人口の 10-15% にみられるとされている（Coid, 2003）。しかし、疫学研究の所見は研究ごとに大きなばらつきがある。それは、国や地域の違いであったり、パーソナリティ障害と正常性の連続性があることからどこからを障害とするかの違いなど、さまざまな理由が考えられる。

(3) パーソナリティ障害のカテゴリー分類の限界

　DSM-5 第Ⅱ部では、パーソナリティ障害が質的に異なる臨床症候群を代表しているというカテゴリー的視点に基づき診断基準が作られている（APA, 2013）。カテゴリーに基づく理解とは、パーソナリティの類型を決定し、その類型に当てはめてパーソナリティの障害を定義していく考え方であり、類型論的な考え方である。

　しかしながら、この分類体系は、ある種の研究や教育には有用であるが、はっきりとした限界があり、一貫性のある妥当性も示されていない（APA, 2013）。カテゴリカルな診断の短所として、各パーソナリティ障害の併存が多いことや、多元的な診断方式のため同一のパーソナリティ障害と診断される人々の間の極端な異質性も認められること、診断の変更が頻繁に起こるといった実態などが、挙げられている（井上・加藤、2014a）。DSM の第 5 版の改訂にあたっては、上記の課題の解決を試み、疾患のカテゴリー的診断体系から、よりディメンショナル（次元的）な方法を用いることが検討されたが、結果的には第 4 版から実質的には変更がなかった。しかし、第Ⅲ部において代替 DSM-5 モデルが提案されている。

　この代替 DSM-5 モデルでは、これまでの DSM-Ⅳ（DSM-5 第Ⅱ部も同様）とは異なり、パーソナリティ障害の全般的な基準に、パーソナリティ機能の障害（基準 A）および病的なパーソナリティ特性（基準 B）という新たな概念を用いている。このモデルは、ディメンショナルモデルとカテゴリカルモデルを組み合わせたハイブリットモデルである（井上・加藤、2014a）。また、代替 DSM-5 モデルでは、パーソナリティ機能という概念が新たに含まれている。パーソナリティ機能は、パーソナリティの精神病理の中核をなす「自己（self）」および「対人関係（interpersonal）」の領域における機能である（APA, 2013）。自己および対人関係の機能の障害は、パーソナリティ精神病理学の中核をなしており、このモデルでは正常から極度障害に至るディメンショナルな概念であり、そのレベルは 5 段階で評価されている。自己の領域における機能は、「同一性（identity）」と「自己志向性（self-direction）」という観点から評価され、対人関係の領域における機能は「共感性

表 14-2　パーソナリティ障害の分類 (DSM-5 をもとに筆者作成)

分類	基本的特徴
A群	奇妙で風変りにみえることが多い
猜疑性パーソナリティ障害／妄想性パーソナリティ障害	他人の動機を悪意あるものと解釈するといった，広範な不信と疑い深さの様式である。この様式は成人期早期までに始まり，種々の状況で明らかになる。
シゾイドパーソナリティ障害／スキゾイドパーソナリティ障害	社会的関係からの離脱，対人関係場面での情動表現の範囲の限定の広範な様式である。この様式は，成人期早期までに始まり，種々の状況で明らかになる。
統合失調型パーソナリティ障害	親密な関係では急に気楽ではいられなくなること，そうした関係を形成する能力が足りないこと，および認知的または知覚的歪曲と風変りな行動があることが特徴の，社会的および対人関係的な欠陥の広範な様式である。この様式は，成人期早期までに始まり，種々の状況で明らかになる。
B群	演技的で，情緒的で，移り気に見えることが多い
反社会性パーソナリティ障害	小児期あるいは青年期早期より始まり，成人後も続く，他人の権利を無視し侵害する広範な様式である。この様式はまた，精神病質，社会病質，あるいは非社会性パーソナリティ障害とも呼ばれる。人を欺くこと，操作することが反社会性パーソナリティ障害の中心的な特徴である。この診断を与えるためには，対象となる人物が少なくとも18歳以上でなければならず，また15歳以前に素行症のいくつかの症状が出現していなければならない。素行症とは，他人の基本的権利や年齢に応じて要求される社会的規範や規則を守らないという，反復的で持続的な行動様式に関するものである。
境界性パーソナリティ障害	対人関係，自己像，感情などの不安定および著しい衝動性の広範な様式で，成人期早期までに始まり，種々の状況で明らかになる。
演技性パーソナリティ障害	広範囲でかつ過度な情動性および注意を引こうとする行動である。この様式は，成人期早期までに始まり，種々の状況で明らかになる。
自己愛性パーソナリティ障害	誇大性，賛美されたいという欲求，共感の欠如の広範な様式で，成人期早期までに始まり，種々の状況で明らかになる。
C群	不安または恐怖を感じているように見える
回避性パーソナリティ障害	社会的抑制，不全感，および否定的評価に対する過敏性の広範な様式で，成人期早期までに始まり，種々の状況で明らかになる。
依存性パーソナリティ障害	面倒をみてもらいたいという広範で過剰な欲求であり，そのために従属的でしがみつく行動をとり，分離に対する強い恐怖をもつ。この様式は成人期早期までに始まり，種々の状況で明らかになる。依存的で従属的な行動は面倒見を引き出すためにつくられており，他人の援助なしには十分に機能できないという自己認識から生じている。
強迫性パーソナリティ障害	秩序，完璧主義，精神および対人関係の統制にとらわれ，柔軟性，開放性，効率性が犠牲にされることである。この様式は，成人期早期までに始まり，種々の状況で明らかになる。
他の医学的疾患によるパーソナリティ変化	医学的疾患の直接的な病態生理学的作用によると判断される持続的なパーソナリティの障害である。そのパーソナリティの障害には，その人の以前の特徴的なパーソナリティの様式からの変化が示される。子どもにおいては，この疾患は，安定したパーソナリティの様式に変化がおこるというより正常発達からの明らかな偏倚として示されるかもしれない。
他の特定されるパーソナリティ障害	パーソナリティ障害群の診断分類のどの障害の基準も完全には満たさない。満たさないという特定の理由を伝える選択をする場合に使用される。
特定不能のパーソナリティ障害	パーソナリティ障害群の診断分類のどの障害の基準も完全には満たさない。満たさないという理由を特定しないことを選択する場合，および特定の診断を下すのに十分な情報がない状況において使用される。

(empathy)」と「親密さ (intimacy)」という観点から評価される (表 14-3)。

　また，代替 DSM-5 モデルでは，パーソナリティ特性で新たに含まれたものもある。ここでのパーソナリティ特性は，知覚や思考，行動における個人の傾向性である (APA, 2013)。パーソナリティ特性には，高次のより一般的な特性を指す「特性領域」と低次のより具体的な特性を指す「特性側面」がある。特性領域は関連する複数の特性側面からなる。特性領域は 5 つあり，「否定的感情 (対．情動的安定)」，「離脱 (対．外交)」，「対立 (対．同調性)」，「脱抑制 (対．誠実性)」，「精神病性 (対．

表 14-3　パーソナリティ機能の構成要素とそのレベル（DSM-5 をもとに筆者作成）

自己：		1.　**同一性**：ただ 1 つだけの存在として自己と他者との間の明らかな境界をもって自分自身を体験すること，自尊感情の安定性および自己評価の正確さ，さまざまな情動体験への適応力およびそれを制御する能力	2.　**自己志向性**：一貫性がありかつ有意義な短期および人生の目標の追求，建設的かつ行動の向社会的な内的規範を活用，建設的に内省する能力
機能障害のレベル（例）	0	ただ 1 つだけの自己を継続的に認識	現実的な評価に基づいて合理的な目標を設定
	1	強い精神的苦痛で，同一性の境界の明瞭さがいくらか減損	過度に目標指向的，あるいはいくらか目標を抑制
	2	同一性の境界の線引きが障害されている	目標が外部からの承認を得る手段となっているために一貫性に欠いている
	3	同一性がない状態（自律性／主体性の感覚が乏しい）	自己の目標を設定することと達成することの困難
	4	ただ 1 つだけの自己を体験することがほとんどない	行動と思考との区別がよくないために，目標を設定できない
対人関係：		1.　**共感性**：他者の体験および動機の理解と尊重，異なる見方の容認，自分自身の行動が他者に及ぼす影響の理解	2.　**親密さ**：他者との関係の深さおよび持続，親密さに対する欲求および適応力，対人行動に反映される配慮の相互性
機能障害のレベル（例）	0	他者の体験および動機を正確に理解できる	個人および地域の生活で，充実し，持続的な多くの関係を保っている
	1	他者の体験を尊重し，理解する能力がいくらか障害されている	個人および地域の生活で，持続的な関係を築けるが，親密度および満足度がいくらか制限されている
	2	他者の体験に過度に同調するが，自分に関係することのみである	個人および地域の生活で関係を築く能力があるが，概して関係は表面的である
	3	他者の思考，感情および行動を考慮し理解する能力が著しく制限されている	個人の生活は存在しているが，肯定的な関係のための能力が著しく障害されている
	4	他者の体験および動機を考慮し理解する能力がまったくない	他者との関係にまったくの無関心か，傷つくことを予期し親和欲求が制限されている

透明性）」である。これは，表 14-4 をみてもわかるように，ビッグファイブの特性領域（第 2 章参照）が不適応的な方向に偏ったものである（APA, 2013）。また，ビッグファイブはクロニンジャー（Cloninger, C. R.）の 7 つの因子からなるモデルとも重複する部分があり，代替 DSM-5 モデルはビッグファイブやそれらのモデルから大きな影響を受けたと考えられている（井上・加藤，2014b）。

3-4　病理としてのパーソナリティの変化

（1）解離症状

　解離症状とは，同一性の断片化，離人感，現実感消失といった症状や，通常は容易であるはずの情報の利用や精神機能の制御不能（たとえば健忘）のような形で体験される（APA, 2013）。つまり，"自分" が自分であることが曖昧になったり，自分が自分から離れているような感覚をもったり，自分のことを忘れてしまう，といったことが起こることである。解離症状自体は，軽いものも含めれば，私たちの日常のなかで頻繁に生じている（岡野，2007）。授業中にぼうっとしていたら，チャイムが鳴ったといった経験はみなさんにもあるのではないだろうか。また，解離はとっさの事態への「固まり反応」としても理解される（岡野，2007）。

　解離の程度が深刻で，一人の人（身体）に複数の人格が存在する，という不思議な状態がある。これは，解離性同一症にみられる現象である。解離性同一症の基本的特徴は，2 つまたはそれ以上の，他とはっきりと区別されるパーソナリティ状態

表 14-4　代替 DSM-5 モデルにおけるパーソナリティ特性（5 領域および 25 側面モデル）**とビッグファイブの対応**
（DSM-5 をもとに筆者作成）

パーソナリティ特性 5 領域	否定的感情（対　情動安定性）	離脱（対　外向）	対立（対　同調性）	脱抑制（対　誠実性）	精神病性（対　透明性）
側面	情動不安定 不安性 分離不安感	引きこもり 親密さ回避 快感消失	操作性 虚偽性 誇大性	無責任 衝動性 注意散漫	異常な信念や体験 風変りさ 認知および知覚の統制不能
	服従性 敵意	抑うつ性 制限された感情	注意喚起 冷淡	無謀 硬直した完璧主義 （その欠如）	
	固執 抑うつ性 疑い深さ 制限された感情 （感情の欠如）	疑い深さ	敵意		
ビッグファイブ	情動安定性／神経症傾向 emotional stability	外向性 extraversion	調和性 agreeableness	誠実性 conscientiousness	開放性／透明性 opennness/lucidity

または憑依体験の存在である（APA, 2013）。解離性同一症は，圧倒的な経験，外傷体験，および／または小児期に起きた虐待と関連している（APA, 2013）。

　パーソナリティ心理学では，1 人の人（身体）に一つの人格があるとしてその研究が進められてきたが，解離性障害の病理は，その人格そのものが曖昧になったり，その人格そのものを失ってしまったり，複数の人格が 1 人（身体）に存在するという意味で，パーソナリティの病理と言うことができるだろう。

(2) 破局的体験によるパーソナリティの変化

　破局的な体験（トラウマ体験）の後に起こる精神疾患としては，心的外傷後ストレス障害（PTSD）が知られている。PTSD はフラッシュバックや悪夢などの再体験症状，思考・感情・会話・活動・場所・人物など多岐にわたる回避症状，過度の警戒心や過剰な驚愕反応などの過覚醒が中核症状である（APA, 2013）。一方で，持続性の，逃げることが困難なストレス体験（たとえば拷問，集団虐殺，虐待など）の後に，PTSD 症状に加えて，人間関係上の困難（不信感，孤立，ひきこもり，パラノイア），感情制御上の困難（怒りや暴力の暴発，危険行為や自傷行為など）といったパーソナリティ上の変化が起こることも知られている（鈴木，2013）。これらは，ICD-10 で破局的体験後の持続的パーソナリティ変化として分類されていたものが，ICD-11 では複雑性 PTSD として，PTSD と並列する兄弟診断として位置づけられたものである（飛鳥井，2019）。これまでの研究では，子ども時代の身体的・性的虐待サバイバー，戦争捕虜，難民などで複雑性 PTSD が多く観察されてきた（Brewin et al., 2017）。逃げることが困難な破局的な体験を繰り返し経験することは，精神症状だけにとどまらず，パーソナリティの病理的な変化にもつながるのである。

(3) 身体の疾病によるパーソナリティの変化

　パーソナリティの問題と言うと，すべて精神障害と思われがちであるが，他にも原因となりうることがある。たとえば，中枢神経系新生物，脳血管疾患，ハンチントン病，てんかん，中枢神経系にも波及する自己免疫疾患（たとえば全身性エリテ

スマトーデスなど）などの神経疾患や他の医学的疾患などがパーソナリティ変化を引き起こすことがある（APA, 2013）。さらに，疼痛や能力低下を伴う慢性疾患もパーソナリティの変化を伴うこともある（APA, 2013）。

　頭部外傷などにより脳が損傷すると，運動障害や知的障害，記憶障害といった症状だけではなく，易怒性や攻撃性が高くなり問題行動が多くなる。たとえば，前頭葉を損傷すると，自分の言動を相手がどう思うかを理解できない「心の理論 theory of mind」の問題と，衝動コントロールの問題を抱える（Hornak et al., 2003）。そのため，思ったことをそのまま言ったり，行動に移したりしてしまうため，集団のなかで適応的な生活を送ることが難しくなる。前頭葉眼窩皮質の損傷の事例では，情動に駆動される出力の抑制が困難になり，モラルジレンマに際しても理性と情動の葛藤が生じず，功利的判断が増加する（Koenigs et al., 2007）。そのため，自分勝手と思われたり，過度な正義感でおせっかいと思われることもある。

　アルコールの大量摂取，アンフェタミン，コカインといった薬物や，脳の機能に作用することを意図する薬剤の副作用として，パーソナリティ変化がみられることもある（APA, 2013）。不安が強くなったり，孤独感を感じる，抑うつ，敵意を感じたり，現実感の歪みが起こったり，全能感（無限の力があると思う），あるいは迫害されている（被害妄想）という感覚などの誤った思い込みがあったり，さまざまな症状が現れるのである。

　認知症によってもパーソナリティ変化がみられることがある。たとえば，活動性亢進の要素が強く関わる症状として，易刺激性，焦燥・興奮，脱抑制および異常行動などがあり，いらいらして些細なことで不機嫌になる，怒りだす，などの変化がみられる。これらは，アルツハイマー病の初期，さらには認知症に至っていない軽度認知障害（Mild Cognitive Impairment: MCI）の時点からみられることもある（高橋, 2011）。また，感情障害が強く関わる症状としては，不安，抑うつおよび多幸感がみられることもある。これらは，認知症に伴う行動・心理症状を表す "Behavioral and Psychological Symptoms of Dementia（BPSD）" の一部とされている。

■ 4. パーソナリティの病理とその背景

　パーソナリティの偏りや，特定の症状または行動に対する許容度の問題は，人種的，文化的，社会的背景，家族によって異なることから，これらを考慮に入れてパーソナリティの病理を捉える必要がある。つまり，現代日本における当たり前の行動は，他の文化においては当たり前ではなく，パーソナリティの偏りとして捉えられることもある。逆もまたしかりである。

　パーソナリティの偏りや病理を考える際には，ジェンダーの違いも考慮に入れる必要がある。ジェンダーは，個人の体験に影響する可能性があるとともに，個人の症状や行動などの表出の違いにも影響する。なお，女性は男性よりも，抑うつ障害，双極性障害，不安症に気づきやすいことが知られている（APA, 2013）。

　パーソナリティの病理に関係する諸問題は，多彩な症状を同時にもっていることが多く，それらを継時的にみていくと，その時代の文化と社会的状況によって変化してきていることがわかる。ここでは，日本のパーソナリティの病理に関係する諸問題の変遷をみていく。

　みなさんは憑依という言葉をご存じだろうか。憑依とは，霊などがのりうつることとされている。人が憑依状態になることは明治時代からみられており，当時は神

がかりやアニミズムなどの神道や宗教的産物と捉えられていた。1950年代以降から憑依状態について精神科領域で注目されるようになり，同一性が揺らがなければ出現しないことが述べられている（久場，2017）。1970年代ごろはヒステリーや自我漏洩症候群などの，現在で言う妄想性パーソナリティ障害や演技性パーソナリティ障害に背景にみられる症状が多く示され，その後，1970年代後半から境界性パーソナリティ障害のように，破壊性・攻撃性が顕著にみられるものから，1990年代の自己愛性パーソナリティ障害や，現在のマゾキズムパーソナリティ障害のように内向的で自己処罰的な，内にこもってしまう傾向の強いものに変遷している（衣笠，2019）。心理学の研究対象としてのパーソナリティ病理も，概ね同様に変遷しているように思われる。

　これは時代とともにパーソナリティの病理が変化したのだろうか。それとも，医師や臨床家が注目する病理が変化したのだろうか。中井（1982）は，統合失調症の発生と産業革命の関連に言及している。1950年代半ばから日本は高度経済成長期に入り，産業構造の大きな変化があった。この時期に憑依・妄想という統合失調症によくみられる症状が多くみられるようになったことは興味深い。また，1970年代後半は校内暴力，家庭内暴力といった問題がクローズアップされた時代である。その時代には，破壊性・攻撃性が顕著な境界性パーソナリティ障害をもつ患者が多くみられるようになった。1980年代からは摂食障害が多くみられるようになり，その背景に境界性パーソナリティ障害や自己愛性パーソナリティの傾向がみられていた（衣笠，2019）。バブル崩壊以降，さまざまな災害も多く発生し，そして，経済的にも失われた20年と言われる時代を経て現在は，解離性障害，引きこもり，持続性抑うつ状態，自傷行為などをもつマゾキズムパーソナリティが比較的多くみられる（衣笠，2019）。このようにみていくと，それぞれの時代の特徴と，その時代にみられるパーソナリティの病理には関連があるようにみてとることができる。ここから，パーソナリティの病理が変化したのではなく，その時代において注目される病理が変化したと考えることもできる。その時々の社会状況を反映する病理が，人々の注目を集めるのであろう。

■ 5. ま と め

　私たちは十人十色である。だからこそ，自分を知り，人を知りたいと思い，パーソナリティに魅力を感じるのだろう。しかし，そのパーソナリティの偏りが大きかったり，病理性を帯びてくると，本人も周囲の人も苦しむことになる。私たち個人が穏やかに，幸福に生きるためにも，また，社会が平穏であるためにも，心理学，精神医学，脳科学の分野の研究が進み，パーソナリティの病理が明らかになることによって，効果的な精神医学的治療や心理学的介入につながることが期待される。

Column 11

パーソナリティ障害の心理療法

パーソナリティ障害の治療には，主に薬物療法と心理療法がある。薬物療法も症状の一部を緩和する効果が期待されるが，特に心理療法が重要な役割を果たすとされている。ここでは，境界性パーソナリティ障害の治療についてみてみよう。境界性パーソナリティの個人は，他の人よりも強い感情を経験する。そして，その感情に対処するために，自傷行為や自殺未遂などより極端で衝動的な方法をとる傾向がある。自殺関連行動を示した精神科入院患者 155 名のうち 55.5％は境界性パーソナリティ障害の診断を満たしたとの報告もある（林ら，2009）。

アメリカ心理学会の Society of Clinical Psychology では，効果が検証されている心理療法として，弁証法的行動療法（DBT），メンタライゼーション療法（MBT），スキーマ焦点化療法（SFT），転移焦点化精神療法（TFP）を示している。この 4 つの心理療法のうち，最も有効とされている心理療法が DBT である（Stoffers et al., 2012）。

リネハン（Linehan, 1993a; Linehan, 1993b）によって提案された DBT は，情動調節障害を BPD の中核的病理と考え，BPD 者の衝動性や不適切な情動表出に焦点を当てる。そして，マインドフルネススキル，対人関係を有効に保つスキル，情動調節スキル，苦悩に耐えるスキルという 4 つのスキルトレーニングを通じて，心理社会的スキルを教えることに焦点を当てている。マインドフルネススキルは 4 つのうちでも最も重要な技能で，瞑想法を用いて，心や身体の状態を価値判断しないで「あるがまま」に認識することを目指す。対人関係を有効に保つスキルとは，対人関係の中で自尊感情を保ちながら，自分の目標を達成させるスキルである。情動調節スキルは，個人の感情の制御を強化し，単に感情を抑制するのではなく，今ある感情をどのように受け止め変化させていくかというスキルである。苦悩に耐えるスキルには，自己を鎮静化し，その習慣に自分の考えをコントロールする危機サバイバルスキルと，耐えられない苦しみを耐えられる痛みに変える受容スキルが含まれる。

パーソナリティ障害は治療が難しいと言われてきた（Fonagy et al., 2017）。しかし，多くの治療者や研究者が，患者の苦悩を軽減するために，有効な治療技法の開発を続けている。多くの人が，笑顔で日々を過ごせるようになる未来を期待せずにはいられない。

第**15**章

測　　定

質問紙法・面接法・観察法・投影法

┃ 0.　パーソナリティを測るとは

　　進学や就職など，新しい環境に身を置くとき，そこで出会う人々のことをよく知りたいと思うだろう。そのようなとき，あなたならどうするだろうか。まずはそっと人々の振る舞いを眺め，その人がどういう人かを知ろうとするだろう。また，勇気をもって話しかけてみるかもしれない。話してみるとその人のことがよくわかる気になる。では，出会った人にあなたのことを理解してもらいたいと思ったら，どうするだろうか。あなたはあなたを上手に説明できるだろうか。あなたとはどういう人だろうか。

　「私とは？」，「私ってどういう人？」，このような疑問を常日頃から抱くことはそうないだろうが，状況によっては人が自分のパーソナリティを知りたいと思う場面はいくつか考えられる。近年，大学生の就職活動では自己分析の実施が不可欠とされ，学生たちは自分自身のパーソナリティを把握するためにパーソナリティ検査を実施する。これらのパーソナリティ検査は主に質問紙法という方法での測定になる。ちなみに，就活での自己分析がなぜ必要かと問われると，現状では日本の企業の多くが特定の仕事のスペシャリストを採用する形ではなく，採用する人物（学生）のポテンシャル，つまり，学生のパーソナリティを重視した採用を行っているためである。将来的には日本企業もスペシャリストを採用する方向性に転換するかもしれないが，現状では未だパーソナリティを重視した採用活動が一般的であろう。したがって，心理学の研究で活用する以外にもパーソナリティ検査には社会的な意義がある。なお，パーソナリティ検査には質問紙法以外に投影法や作業検査法という手法もある。特に投影法は心理的な問題を抱える人に対するカウンセリングの場で用いられることの多いパーソナリティの測定方法である。

　パーソナリティを測定する方法はパーソナリティ検査だけとは限らない。たとえば企業が自社の従業員に対して質問紙法によるパーソナリティ検査を用いることも多いのだが，何らかの問題を抱える従業員に対しては面接法というインタビュー形式でのパーソナリティ測定法を用いるケースもある。なお，企業で活用されることの多い質問紙法と面接法の共通点として，パーソナリティを測定される対象者が何らかの質問項目・質問内容に対し，自分で自分のことを省みて，その質問に自分がどのように当てはまるかを回答するという点が挙げられる。

　このように人のパーソナリティの把握には，基本的には本人の自省に基づく質問

への回答（質問紙への筆記にしろ，面接での発言にしろ）が中心的な方法になるが，たとえば幼児のように自省して自分の特徴や態度を言語で表明できない対象についてパーソナリティを測定したい場合には，観察法という手法がとられる。

本章では，パーソナリティ検査法としての質問紙法と投影法，そして，面接法，観察法の順序でパーソナリティの測定に関する方法を説明する。

1. 質問紙法

1-1　概　要

質問紙法とは，幅広い心理学の領域で用いられている測定手法であり，文字通り，複数の質問項目が印刷された質問紙を用いて，目的とする調査対象を測定する方法である。ただし，近年では Web 上で質問項目に回答する方法もあり，これも質問紙法に含めて本章では説明する。

(1) 主な質問紙法

パーソナリティ心理学で用いられている質問紙法の主なものは，特性論（序章参照）に基づくパーソナリティ検査である。具体的には「私はふだん緊張しやすい方です」や「にぎやかなのが好きです」といった，パーソナリティの特徴（つまり，特性）を表す質問項目に対し，自分自身がどの程度当てはまると思うかについて調査参加者に回答してもらう方法が一般的である。また，オルポート（Allport, G. W.）が見出したように特性を記述する言葉には形容詞が多いため，特性語としての形容詞を質問紙に並べて，自分が各形容詞に当てはまるかどうかを回答してもらう方法もある。いずれの場合も，自分に当てはまる程度を数値で段階的に評価する手法を用いることが多い。その段階には 2 件法（「はい（1 点）」or「いいえ（0 点）」），3 件法（「当てはまる（3 点）」or「どちらでもない（2 点）」or「当てはまらない（1 点）」），5 件法（「非常に当てはまる（5 点）」or「やや当てはまる（4 点）」or「どちらでもない（3 点）」or「あまり当てはまらない（2 点）」or「まったく当てはまらない（1 点）」）など，いくつものパターンがある。いずれの場合にも選択された回答に対応して得点化され，集計されて何らかのパーソナリティ特性の多寡を測る。なお，特定の特性を測定する質問項目群を「尺度」と呼び，尺度ごとに項目の合計得点を算出する。その際，尺度が測定しようとしているパーソナリティ特性を適切に測定できていることが重要で，第 3 節で後述するように高い妥当性および信頼性が必要となる。

特性論に基づくパーソナリティ検査には，人間の特性に関する理論的背景の違いにより，いくつもの種類がある。古くは 16 の因子を測定するためにキャテルによって作成された 16PF（16 Personality Factor Questionnaire; Cattell, 1957），パーソナリティを内向性 – 外向性の次元と神経症傾向 – 安定性の次元の 2 つから捉えるためにアイゼンクが作成した MPI（Maudsley Personality Inventory; Eysenck, 1959）などが挙げられる。また，ギルフォード（Guilford, J. P.）が開発したパーソナリティ検査をもとに，矢田部らが文化や言語の違いを考慮して日本人向けに作成した YG 性格検査（矢田部 – ギルフォード性格検査；矢田部，1954）は 12 の特性を測定する 12 の尺度から構成されている。近年になり，特性を最小限に絞ろうという考えのもと提唱されているビッグファイブのモデルに基づき，コスタ（Costa, P. T., Jr.）とマックレ（McCrae, R. R.）によって NEO-PI-R（Revised NEO

Personality Inventory) が開発されており，この NEO-PI-R の日本版（下仲ら，1999），そして短縮版である NEO-FFI（下仲ら，1999）などが作成されている。

　質問紙法は臨床的な診断に活用することを意図して開発されたものも多くあり，古くはハサウェイとマッキンレーによって開発された MMPI（Minnesota Multiphasic Personality Inventory; Hathaway & McKinley, 1943) があるが，MMPI は改訂を重ねて（現在では MMPI-3）一般的なパーソナリティ測定でも用いられることがある。また，交流分析を背景とした自我状態の測定のために開発されたエゴグラム（Egogram）は，日本では 1984 年に東大式エゴグラム（TEG）が公刊され，これも臨床場面だけではなく自己分析にも利用されている代表的な質問紙法と言える。

(2) 質問紙法の実施

　質問紙法を実施する場合には，調査参加者を特定の場所に集めた状況で調査を実施する集合調査の形式をとることが多い。集める空間の大きさによって人数は自在に変えられるため，極端な対比をすれば，たった 1 人を対象とした質問紙調査も，数千人を対象にした質問紙調査も実施は可能である。このような極端な例は稀であるが，基本的に質問紙法のうち集合調査の実施では，複数の人々を一定の空間に集めた状況で一斉に質問紙を配布し，各自のペースで回答することを求め，回答が終わった調査参加者から提出をするという実施スタイルをとる。

　これに対し，Web 調査は基本的にはパソコンやスマートフォンでインターネットに接続できる環境下にあれば，いつでも，どこにいても，調査に参加可能である。よって，特定の空間に大勢の人を集めることなく，調査参加者が個別にさまざまな場所にいたとしても参加協力を求めることができるし，時間にも縛られなくなる点が利点である。回答は個別であっても大勢の回答を集めることが可能であり，集合調査よりも多人数の回答を集めることもできる。ただし，Web 調査で回答したものと従来の質問紙調査で回答したものが等価であるかについては議論がある（三浦・小林，2015）。なお，Web 調査での回答の質を向上させるための工夫については増田ら（2019）の試み（冒頭で真面目に回答するという宣誓を求める，途中で回答選択肢ではない画面上の別の部分をチェックするように求める，など）が参考にできる。これらの工夫については今後のさらなる検討が必要であろう。

1-2　長所・短所

　前項，質問紙法の実施においても質問紙法の長所や短所にふれているが，ここで改めて質問紙法の長所と短所（表 15-1）を説明したい。

表 15-1　質問紙法の長所と短所

長所	短所
①1 回の実施で多人数からデータ収集でき，多数の変数の測定が可能	①回答の歪みが出やすい
②時間的・金銭的に低コスト	②質問文の意味がわからないと，測定が無意味になる
③調査参加者が自分のペースで回答できる	③調査参加者が意識できることしか測定できない
④得点化に熟練を要さず，統計処理ができる	④変数間の因果関係を捉えることが難しい場合が多い
⑤調査参加者のプライバシーの保護ができる	⑤調査参加者本人の回答であるか，特定できないことがある

(1) 質問紙法の長所

①前述したように集合調査や Web 調査では1回の調査でかなり大勢の人の協力を求めることが可能である。また，質問紙にはある程度の数の質問項目を掲載することが可能である。したがって，1回の調査で調査参加者・調査内容ともに多数のデータ収集を可能にすることが質問紙法の大きな利点と言える。

②調査の目的を考えて質問したいことを整理し質問紙を作成するまでには相応の時間が必要であるが，ひとたび質問紙を完成させてしまえば，調査の実施にそれほど時間をかけることはない。心理学でのその他の研究方法（実験法，面接法，観察法など）と比べると相対的に時間的なコストはかからない。また，特定の装置を必要としないこと，データの収集が短期でできることなどから，金銭的なコストも抑えられる。

③面接法では面接対象者は質問をしてくる相手（面接者）に対して配慮や圧迫感を感じることもあるが，質問紙法の場合には相手への懸念がなくなり，調査参加者自身が文章を読む速さ，文章の意味を理解して自分自身について省みる時間をある程度コントロールできる。

④あらかじめ，各質問への回答選択肢に数値を割り当てておくことができ，初学者であっても，時には心理学の勉強をしたことがない人であっても，簡単にパーソナリティ検査の実施が可能である。そして，特定の調査参加者の得点が参加者全体の平均値と比べてどのくらい点数が高かったり低かったりするかを比較することも容易であり，プロフィールという形である人のパーソナリティの特性の多寡を表現することもできる。

⑤特に研究目的で質問紙法を用いる場合には，匿名での回答を求めるのが一般的である。自分の氏名を明らかにしない状況での回答を求めることで，その人の素直な意見や態度を収集できることが期待できる。また，匿名性を高めることでプライバシーの保護にもつながる。

(2) 質問紙法の短所

①質問紙法は調査参加者の自省による回答のため，意識的にも，無意識的にも回答を歪めることが可能である。意識的な回答の歪みの例として，社会的望ましさの影響が挙げられる。これは，たとえば「人をだますことをまったくためらわない」といった社会的に望ましくない内容の質問に対し，自分自身が「非常に当てはまる」と自覚していても率直にその回答を示しにくく，より無難な回答選択肢を選んでしまうことである。無意識的な回答の歪みの例としては，質問紙の最初の方の質問項目に対してはよく質問文を読み，深く考えて回答をしていたとしても，回答を進めていくうちに飽きや疲れが出て，質問文をよく読まなかったり，いい加減な回答をしてしまったりすることなどが挙げられる。

②上述の無意識的な歪みとも関連するが，質問紙法では質問文を理解できないと回答選択肢を選ぶことが困難になる。質問紙という一定の枠組みの中で何らかの回答を求められている状況で，意味が理解できないから回答を飛ばすという行動はとりづらく，かといって集合調査の場で調査実施者に質問文の意味を尋ねることもしがたく，結果的に適当な回答選択肢を選んでしまうという事態になるかもしれない。そうなった場合に，その回答が調査参加者のパーソナリティを反映させたものとは言いがたい。また，言語の意味は時代の流れによって変化するものである。そのため，何十年も前に作成された質問項目のなかには，調査時点では意味のわかる人が

ほとんどいない言葉が使用されている場合もある。パーソナリティ検査でしばしば改訂版が作成されるのは，この言葉の意味の変化による影響も一因である。

　③質問紙法はあくまでも調査参加者の自省による回答であるため，参加者の意識できる事柄しか収集できない。そして，質問文で用いられている言葉の意味の捉え方にも個人差が生じる可能性がある。たとえば，「私は努力家である」という質問に対し，「やや当てはまる」と回答した人の方が「非常に当てはまる」と回答した人よりも客観的には努力量が多く映る場合もありうる。

　④質問紙法では多数の変数について一度にデータを収集できる点が長所であるとはいえ，そのデータが大量であるからといって変数の因果関係を捉えることは非常に困難である。近年，多変量解析を容易に行える統計パッケージが開発され，質問紙法で同時に測定した変数間での因果関係の推定を行うことはできるようになっている。しかし，これはあくまでも「推定」にすぎない。ある事象と別の事象との間に因果関係があると断定するためには，原因側の事象が時間的に先に発生しており，その後に結果側の事象が生じることを確認する必要がある。質問紙法では複数の変数を同一時点で測定しているため，この時間差の問題を追究することが困難なのである。ただし，調査の実施の仕方を工夫することで，因果関係の検証が可能になる場合もある。縦断調査のように時間をへだてた2回（以上）の調査を行えば，原因側の事象を先に測定することができる。

　⑤特に Web 調査において顕著であるが，その回答が本当に対象としている人物の回答であるかの保証がない。プライバシーの保護の観点から匿名性で調査を実施する場合は特に，回答者の特定の困難さという短所をカバーすることが難しくなる。

2. 投 影 法

2-1　概　　要

　投影法とは，その意味する内容が曖昧な刺激（絵や図形など）に対して検査対象者がどのような意味づけをするかを測定することで，対象者のパーソナリティを測定する方法である。この方法でパーソナリティの測定が可能だとする考えの背景には，曖昧な刺激に対する受け止め方が個々人のパーソナリティの表れであるという発想がある。

　典型的な投影法としてロールシャッハテスト（Rorschach, 1921）が挙げられる。精神科医のロールシャッハによって考案されたこのパーソナリティ検査は，左右対称のインクの染みからなる複数の図版をみて，それぞれ何にみえるかを尋ね，次に，各図版のどこにそれがみえたか，また，なぜそのようにみえたかを尋ねることで，その人のパーソナリティや葛藤を捉えようとする手法である。

　他の投影法には，人物と日常的な生活場面が描かれた絵画をみて，その絵画についての物語の作成を求める絵画統覚検査（TAT; Thematic Apperception Test; Morgan & Murray, 1935）や，「私はよく＿＿＿。」のように不完全な文章をみて，空欄に入る言葉を埋めて意味の通る文章にする文章完成法（SCT; Sentence Completion Test）などがある。また，P-F スタディ（Rosenzweig Picture-Frustration Study; Rosenzweig, 1978）という，2人の人物の会話場面を描いた線画で，一方の人物のセリフとして人の欲求不満を煽るような発言が記されている刺激をみて，検査対象者自身がその状況に適切だと思うセリフをもう一方の人物のセリフとして書き込むパーソナリティ検査もある。いずれの方法も，与えられた刺激を検査対象者がどの

ように受け止めるかを測定することでパーソナリティを測定することを試みている。

　さらに，コッホによって体系化されたバウム・テスト（Baum Test; Koch, 1952 林ら訳 1970）では，白紙に「実のなる 1 本の木を描いてください」と伝え，その木の描き方からその人のパーソナリティを推測する。バウム・テストでは描かれた木を描いた人の自己像と見なし，木の各部位の象徴的な解釈を行うほか，描画の際の筆圧や描線を含めた，全体的な印象を重視する。描画法にはバウム・テストの他にも，1 人の人物を描かせる人物画テスト（Draw-a-Person Test）や，家屋と樹木，人物の 3 要素を 1 枚の紙に描かせる H.T.P テスト（House Tree Person Test）もある。ただし，これらの描画法の解釈は一通りではなく，また，投影法全般に言えることだが，信頼性と妥当性が低いという問題点（次節参照）も抱えている。

2-2　長所・短所

　質問紙法と同様に，投影法にも長所や短所がある（表 15-2）。

(1)　投影法の長所

　①投影法で用いる刺激は意味が曖昧であるため，検査対象者の率直な，その人らしい反応を引き出しやすい。この刺激の特徴は同時に，質問紙法での短所として挙げた回答の歪みを生じにくくもさせている。

　②検査対象者の率直で個性的な反応が得られるということは，その人自身が意識しがたい潜在的なレベルでのパーソナリティに迫ることが可能であるとも言える。質問紙法で測定するパーソナリティが検査対象者本人の内省できるレベルにとどまっているのに対し，投影法ではパーソナリティの深層レベルを把握すると考えられている。ただし，この仮定は，投影法の信頼性や妥当性の乏しさが科学的な方法で示されることによって間接的に否定されており（たとえば，Lilienfeld et al., 2003; Wood et al., 2003），投影法の長所として挙げることが不適切との意見もある。

　③投影法で検査対象者が求められる行動は，その意味することを直感的に対象者が理解しづらく，質問紙法のようにあからさまに自分についての何かを問われているというある種の抵抗感を抱きにくい。

(2)　投影法の短所

　①投影法の長所である，検査対象者の率直でその人らしい反応を引き出すという側面は，同時に，検査で得られた結果の処理の困難さという短所につながる。質問紙法と異なり，投影法の検査結果を機械的に処理することは難しい。

　②機械的に検査結果を処理できないだけではなく，結果の解釈も熟練を要するのが投影法の大きな短所である。投影法の検査結果をどのように解釈するかは，検査者の主観の影響も大きい。そのため，初学者と熟練者では同一の検査結果であってもそこから表現される検査対象者の人物像がまったく異なってしまうこともありうる。さらに，熟練者同士であっても検査結果から表現される人物像が大きく異なる

表 15-2　投影法の長所と短所

長所	短所
①その人固有の回答を引き出しやすく，回答の歪みが生じにくい	①結果の機械的な処理ができない
②パーソナリティの深層に迫ることができる	②回答の解釈に熟練を要する
③検査対象者が抵抗を感じづらい	

場合もありうる。

3. パーソナリティの測定における信頼性と妥当性

　パーソナリティ検査には，質問紙法と投影法の他に作業検査法と呼ばれる方法もある。そして，これらの検査法では「ある対象を測定する際に，いつでも安定して一貫した測定結果が得られるか」という側面と，「ある対象を正確に測定できているか」という側面が重視される。前者を信頼性と呼び，後者を妥当性と呼ぶ。

　信頼性と妥当性は混同しがちだが，パーソナリティ検査においては妥当性，すなわち，その検査で測定しようとしているパーソナリティ特性を正確に，的外れにならずに測定できているかがクリティカルな問題になる。なぜなら，パーソナリティは直接観察が不可能な構成概念であるからである。そのため，ある検査で測定された何かが，真にその構成概念を正確に測定したものであるか自体を繰り返し検証する必要がある。ただし，村上（2006）は，パーソナリティ尺度をはじめとする心理尺度の作成において，最初に行うべきは妥当性の検討ではなく信頼性の検討であることを指摘している。その理由として，村上は図 15-1 のように信頼性と妥当性の関係を整理し，信頼性が低ければ妥当性が低いことが自明であることを挙げている。そして，投影法（および，作業検査法）には測定された内容の信頼性が低いものが多いことを指摘し，心理尺度の作成において，信頼性が低い尺度は妥当性も低いという根本的な原則をふまえる必要性を説いている。なお，信頼性には，安定性（同じ検査を同一対象に繰り返し測定した際に同様の結果が示される程度），等価性（同じ概念を測定する尺度が互いに関連している程度），内的整合性（測定された個々の内容が同一の概念を測定する方向に向いている程度）の 3 つの側面がある。そして，信頼性の高さを表す数値を信頼性係数と言うが，これは理論上の値であって直接求めることができないため，再検査法，平行検査法，折半法，Cronbach の α 係数などの手法を用いて推定する形で信頼性係数を求めることになる。

　また，妥当性に関しては古くは基準関連妥当性，内容的妥当性，構成概念妥当性のようにいくつかの種類に区分する考え方があったが，近年は構成概念妥当性が最上位の包括的概念であり，妥当性を区分する意義はないという考えが主流になっている（村山，2012）。

図 15-1　信頼性と妥当性の関係（村上，2006 より）

信頼性が高い	⇒	妥当性は不明
信頼性が低い	⇒	妥当性は低い
妥当性が高い	⇒	信頼性が高い
妥当性が低い	⇒	信頼性は不明

4. 面 接 法

4-1　調査面接の概要

　面接法とは，人の感情や価値観，動機など，心の内面を理解することを目的とした心理学の研究手法である（保坂，2000）。よって，面接法はパーソナリティの測定方法として有益な方法の一つである。面接法はその目的によって二つに大別される。一つが調査面接（research interview），もう一つが臨床面接（clinical interview）

図 15-2　面接の種類

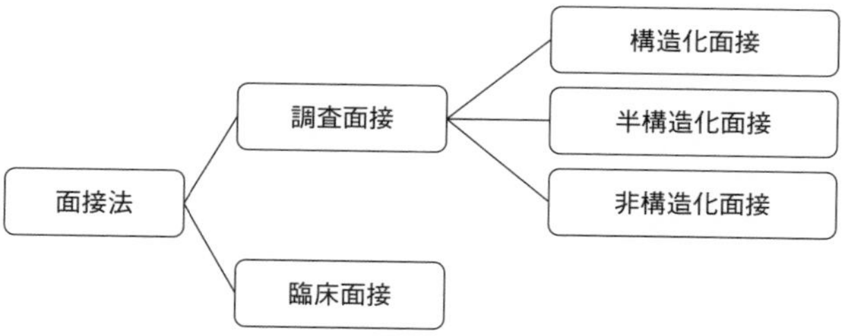

である（図15-2）。本章では調査面接に限定して説明を行う。

　調査面接は構造化の程度によって3種類に区分できる。それぞれ，構造化面接，非構造化面接，半構造化面接と呼ばれる。

　構造化面接とは，面接の実施手続きが標準化された面接法であり，質問項目，質問に対する回答方法，質問の順序等があらかじめ決められている。したがって，質問紙法と近い方法と言える。客観的なデータ収集と分析という観点からみると，質問紙法がより適切な手法と言えるが，少数の調査対象者から収集したデータを用いて特定のパーソナリティ理論に関する妥当性の高い比較や分類を目的とする場合には，構造化面接は有効な手段と言える（文野，2013）。

　非構造化面接とは，構造化面接の対極の方法で，面接の実施手続きに関する定めがない面接法である。日常生活における通常の会話に近い形の面接であり，面接者と面接対象者の交流次第で豊富なデータの収集が可能になるが，面接者が熟練していないと，その調査の目的に有益となる回答を面接対象者から引き出すことが困難になるという欠点もある。

　半構造化面接は，質問項目や質問の順序等についてある程度の枠組みをもって面接を実施するが，その枠組みはいわば備忘録のように用いられるもので，実際の面接の流れによって順序を入れ替えることや，用意していた質問以外の質問をその場で尋ねることも許容される面接法である。こうした特徴から，探索的，質的な調査で用いられることが多い。構造化面接と非構造化面接の両方の特長をバランスよく含んでいる方法であり，調査面接では最も採用されることが多い面接法である（文野，2013）。

4-2　長所・短所

（1）面接法の長所

　面接法では，面接者と面接対象者が直接コミュニケーションをとる。そのため，面接者の質問の意図を面接対象者がその場で確認することができ，結果として妥当性の高いデータを得られる可能性が高まる。

　また，面接者は面接対象者の非言語的なサイン（外見，姿勢，表情，声のトーン等）も観察しながら回答を得ることができる。言語での回答内容と非言語的なサインを総合することで，面接対象者が主観的に体験しているリアリティに迫ることができる点が，面接法の大きな長所と言える。

　さらに，近年，マクアダムス（McAdams, 2006）によって，質問紙法に代表される特性論的なパーソナリティの把握を超えて，個人の主観的・内面的世界を物語る（narrative）ことでパーソナリティを把握しようとする，パーソナリティの3層構造モデルが提唱されている。本章ではパーソナリティの3層構造モデルの詳細な説

明は省くが，人が自分自身をどのように語るかでその人のパーソナリティに迫るという発想と面接法は適合している。

(2) 面接法の短所

面接法の短所は，質問紙法との比較で整理するとわかりやすい。

第一に，一度に収集できるデータの量である。質問紙法が多人数から多数の変数を一度に収集できる長所をもつ一方で，面接法では調査者と面接対象者が1対1となって実施することが多く，一度に多くのデータを収集することは難しい。また，半構造化面接や非構造化面接の場合には質問に対する回答は面接対象者の自由な表現を許容するため，人によっては発言内容をあいまいに濁すなど，回答が不明瞭になってしまい，データとして意味をなさない回答になってしまうケースもある。

第二に，収集したデータの処理の問題である。構造化面接の場合には質問紙法と同様の数量化が可能であるが，半構造化面接や非構造化面接の場合には面接対象者の回答をどのように分類・整理するか（これをコード化と言う）事前に決められなかったり，事前に決めていたコード化の基準を得られたデータによって見直し，修正する必要に迫られたりする可能性がある。

■ 5. 観 察 法

5-1 概　　要

観察は科学の方法の基本である。そして，心理学の研究法としての観察法は「人間や動物の行動を自然な状況や実験的な状況のもとで観察，記録，分析し，行動の質的・量的特徴や行動の法則性を解明する方法」（中澤，1997）と定義される。

調査面接と同様に，観察法も大きく構造化された観察法（実験的観察）と構造化されていない観察法（自然観察）に分類でき，さらに，観察法では観察者の存在が対象者に明示されている（参加観察）かいない（非参加観察）かでも区別される（表15-3）。

また，観察者による記録の補助資料としてビデオ機器等で観察事態を録画しておく場合もある。さらに，観察法においては事前に観察対象となる行動の種類を定め，観察中に対象となる行動が出現したことをチェックするという方法をとる場合がある。チェックの仕方としては，一定の時間間隔ごとにその行動が出現した場合にチェックを入れる点観察法と，一定の時間内に行動が生起した場合にチェックを入れるワン・ゼロ法がある。前者は継続した状態の観察に適した手法で，後者は状態の変化と伴う動作の観察に適した手法と言える。

表 15-3　**観察法の分類** （中澤，1997 より作成）

観察事態	観察形態	観察例
自然的	参加	公園で子どもたちと遊びながら，その子どもたちの様子を観察する
自然的	非参加	喫茶店の窓を通して待ち合わせをしている人の行動を観察する
実験的	参加	実験を行いながら，実験者として実験参加者の様子を観察する
実験的	非参加	実験室で，母子の相互作用をワンウェイ・ミラー越しに観察する

5-2　長所・短所
(1) 観察法の長所
　本章の冒頭でも述べたが，観察法の最大の長所は言語に関する理解力や表出力が十分ではない人物（たとえば，乳幼児）も研究対象にできる点である。
　また，特に自然観察の場合に当てはまるが，他の方法と比べて観察対象者への拘束や制約が少なく，日常生活上の自然な行動をデータとして収集できる。このようなデータは生態学的妥当性の高いデータと表現することもある。

(2) 観察法の短所
　観察法では，観察対象者が研究目的とする行動を表出しなければ，データが収集できない。特に自然観察の場合には，対象とする行動がほとんど生起しない事態も想定されうる。
　また，参加観察の場合には特に，観察対象者は自分が観察の対象となっていることを意識するあまり，本来の行動とは異なる行動を起こしてしまう可能性を排除することができない。さらに，非参加観察のように観察されていることを観察対象者に意識させにくい観察法を用いた場合でも，非常に私的な行動の観察は困難である。プライベートにしたい行動は人の目に晒される可能性が少しでもある状況では行わないことは自明であろう。
　そして，面接法と同様，観察法では観察対象のコード化において，事前に決めていた基準での行動分類ではなく，別のコード化に修正をする必要が生じることもある。さらに，投影法と同様，観察法も収集したデータに対する解釈が主観的になりやすい。客観的で信頼性の高い観察を実施するには，観察者の周到な訓練が必要となる。また，ビデオ撮影をする場合には撮影許可を事前に得るなど，観察対象者に対する倫理的な配慮も必要となる。

6.　おわりに

　パーソナリティの測定方法にはいずれも長所とともに短所がある。そして，ある方法の短所を別の方法の長所が補う関係も多くみられる。そのため，特定の人物のパーソナリティを把握することを目的とする場合（たとえば，カウンセリングの場面など）では複数の種類のパーソナリティ測定方法を組み合わせて全方向的にその人物のパーソナリティを測定することが肝要と言われている。
　しかし，手法の長短所の違いを超えて，パーソナリティの測定方法の多様性は，すなわち，パーソナリティとは何かという考えの多様性の反映とも言えるだろう。歴史的には質問紙法の基盤となる特性論がパーソナリティの測定の理論的背景であったが，本章でも概説したように，近年は特性論とは異なる理論や考え方も提唱されている。パーソナリティという構成概念に対し，人間がどこまでその姿に迫ることができ，測定することで何を説明できるか，今後のパーソナリティ研究の動向からますます目が離せない。

引用文献

序章

Allport, G. W.（1937）. *Personality: A psychological interpretation*. New York: Henry Holt.（詫摩武俊・青木孝悦・近藤由紀子・堀　正（訳）（1982）. パーソナリティ：心理学的解釈　新曜社）

Cattell, R. B.（1965）. *The scientific analysis of personality*. London: Penguin.（斎藤耕二・安塚俊行・米田弘枝（訳）（1975）. パーソナリティの心理学　金子書房）

Eysenck, H. J.（1944）. Types of personality: A factorial study of seven hundred neurotics. *British Journal of Psychiatry, 90*, 851-861.

Eysenck, H. J., & Rachman, S.（1965）. *The causes and cures of neurosis: An introduction to modern behavior therapy based on learning theory and the principles of conditioning*. London: Routledge & Kegan Paul.（黒田実郎（訳編）岩脇三郎・菊池道子・黒田実郎・西沢　悟（訳）（1967）. 神経症―その原因と治療　岩崎学術出版社）

Freud, S.（1933）. *Neue Folge der Vorlesungen zur Einführung in die Psychoanalyse: Die endliche und die unendliche Analyse. G. S.* Vienna.（道籏泰三・福田　覚・渡邉俊之（訳）（2011）. フロイト全集第21巻　続・精神分析入門講義　終わりのある分析とない分析　1932-37年　岩波書店）

Funder, D. C.（1999）. *Personality judgment: A realistic approach to person perception*. San Diego, CA: Academic Press.

Gray, J. A.（1970）. The psychophysiological basis of introversion-extraversion. *Behavioral Research and Therapy, 8*, 249-266.

Jung, C. G.（1921）. *Psychologische Typen*. Zürich: Rascher & Cie Verlag.（林　道義（訳）（1987）. タイプ論　みすず書房）

Kelly, G. A.（1955）. *The psychology of personal constructs*, Vol. 1: *A theory of personality*. New York: W. W. Norton.（辻平治郎（訳）（2016）. パーソナル・コンストラクトの心理学　第1巻　理論とパーソナリティ　北大路書房）

Kretschmer, E.（1955）. *Korperbau und Charakter: Untersuchungen zum Konstitutionsproblem und zur Lehre von den Temperamenten*. 21. und 22. Aufl. Berlin: Springer Verlag.（相場　均（訳）（1960）. 体格と性格：体質の問題および気質の学説によせる研究　文光堂）

Lewin, K.（1935）. *A dynamic theory of personality: Selected papers*.（*Trs. by D. K. Adams & K. E. Zener*）. New York: McGraw-Hill.（相良守次・小川　隆（訳）（1957）. パーソナリティの力学説　岩波書店）

McAdams, D. P.（2015）. *The art and science of personality development*. New York: Guilford Publications.

Mischel, W.（1968）. *Personality and assessment*. New York: Wiley.（詫摩武俊（監訳）（1992）. パーソナリティの理論―状況主義的アプローチ　誠信書房）

Paulhus, D. L., & Williams, K. M.（2002）. The Dark Triad of personality: Narcissism, Machiavellianism and psychopathy. *Journal of Research in Personality, 36*, 556-563.

鈴木公啓（2018）. 他者の行動からのパーソナリティの推測　鈴木公啓・荒川　歩・太幡直也・友野隆成　パーソナリティ心理学入門―ストーリーとトピックで学ぶ心の個性（pp. 24-25）ナカニシヤ出版

若林明雄（2009）. パーソナリティとは何か―その概念と理論　培風館

渡邊芳之（2010）. 性格とはなんだったのか―心理学と日常概念　新曜社

第1章

Allport, G. W., & Odbert, H. S.（1936）Trait-names: A psycholexical study. *Psychological Monographs, 47*, No. 211.

Almagor, M., Tellegen, A., & Waller, N.（1995）. The big seven model: A cross-cultural replication and further exploration of the basic dimension of natural language of trait descriptions. *Journal of Personality and Social Psychology, 69*, 300-307.

青木孝悦（1971）. 性格表現用語の心理・辞典的研究― 455語の選択，分類および望ましさの評定―　心理学研究, *42*, 1-13.

Ashton, M. C., Lee, K., & Goldberg, L. R.（2004）. A hierarchial analysis of 1,710 English-descriptive adjectives. *Journal of Personality and Social Psychology, 87*, 707-721.

Caspi, A.（2000）. The child is father of the man: Personality continuities from childhood to adulthood. *Journal of Personality and Social Psychology, 78*, 158-172.

Cattell, R. B.（1965）. *The scientific analysis of personality*. Baltimore, MD: Penguin Books.

Christie, R., & Geis, F.（1970）. *Studies in Machiavellianism*. New York: Academic Press.

Cloninger, C. R.（1987）. A systematic method for clinical description and classification on personality variants: A proposal. *Archives of General Psychology, 44*, 573-588.

Cloninger, C. R., Svrakic, D. M., & Przybeck, T. R.（1993）. A psychobiological model of temperament and character. *Archives of General Psychiatry, 50*, 975-990.

Costa, P. T., Jr., & McCrae, R. R.（1976）. Age differences in personality structure: A cluster analytic approach. *Journal of Gerontology, 31*, 564-570.

Costa, P. T., Jr., & McCrae, R. R.（1985）. *The NEO Personality Inventory manual*. Odessa, FL: Psychological Assessment Resources.

Costa, P. T., Jr., & McCrae, R. R.（1992）. *Revised NEO Personality Inventory*（*NEO-PI-R*）*and NEO Five-Factor Inventory*（*NEO-FFI*）*: Professional manual*. Odessa, FL: Psychological Assessment Resources.

DeYoung, C. G., Peterson, J. B., & Higgins, D. M.（2002）. Higher-order factors of the Big Five predict conformity: Are there neuroses of health? *Personality and Individual Differences, 33*, 533-552.

Digman, J. M.（1990）. Personality structure: Emergence of the five-factor model. *Annual Review of Psychology, 41*, 417-440.

Digman, J. M.（1996）. The curious history of the five-factor model. In J. S. Wiggins（Ed.）, *The five-factor model of personality: Theoretical perspectives*（pp. 1-20）. New York: Guilford Press.

Digman, J. M.（1997）. Higher-order factors of the Big Five. *Journal of Personality and Social Psychology, 73*, 1246-1256.

Eysenck, H. J.（1967）. *The biological basis of personality*. Springfield, IL: Charles C. Thomas Publisher.（梅津耕作・祐宗省三他（訳）（1973）. 人格の構造　岩崎学術出版社）

Fiske, D. W.（1949）. Consistency of the factorial structures of personality ratings from different sources. *The Journal of Abnormal and Social Psychology, 44*(3), 329-344.

Furnham, A., Richards, S. C., & Paulhus, D. L. (2013). The dark triad of personality: A 10 year review. *Social and Personality Psychology Compass, 7,* 199-216.

Goldberg, L. R. (1981). Language and individual differences: The search for universals in personality lexicons. In L. Wheeler (Ed.), *Review of personality and social psychology,* Vol. 2 (pp. 141-165). Beverly Hills, CA: Sage.

Goldberg, L. R. (1990). An alternative "description of personality": The Big-Five factor structure. *Journal of Personality and Social Psychology, 59*(6), 1216-1229.

Goldberg, L. R. (1992). The development of marker scales for the Big-Five factor structure. *Psychological Assessment, 4,* 26-42.

Goldberg, L. R. (1999). A broad-bandwidth, public domain, personality inventory measuring the lower-level facets of several five-factor models. In I. Mervielde, I. Deary, F. De Fruyt, & F. Ostendorf (Eds.), *Personality psychology in Europe,* Vol. 7 (pp. 7-28). Tilburg, The Netherlands: Tilburg University Press.

Goldberg, L. R., Johnson, J. A., Eber, H. W., Hogan, R., Ashton, M. C., Cloninger, C. R., & Gough, H. C. (2006). The international personality item pool and the future of public-domain personality measures. *Journal of Research in Personality, 40,* 84-96.

後藤康志・並川　努 (2015). ソーシャルメディア利用とパーソナリティ及び大学生活への期待との関係―新入生に焦点化して　教育メディア研究, *21,* 51-60.

Gray, J. A. (1981). A critique of Eysenck's theory of personality. In H. J. Eysenck (Ed.), *A model for personality.* Berlin: Springer-Verlag.

Hare, R. D. (2003). *Manual for the revised psychopathy checklist* (2nd ed.). Toronto: Multi-Health Systems.

Hogan, R., & Foster, J. (2016). Rethinking personality. *International Journal of Personality Psychology, 2,* 37-43.

柏木繁男・辻平治郎・藤島　寛・山田尚子 (2005). 性格特性の語彙的研究 LEX400 のビッグファイブ的評価　心理学研究, *76,* 368-374.

Kelly, G. A. (1955). *The psychology of personal constructs,* Vol. 1: *A theory of personality.* New York: W. W. Norton. (辻平治郎 (訳) (2016). パーソナル・コンストラクトの心理学　第1巻　理論とパーソナリティ　北大路書房)

Lee, K., & Ashton, M. C. (2004). Psychometric properties of the HEXACO Personality Inventry. *Maltivariate Behavioral Research, 39,* 329-358.

McAdams, D. P. (1992). The five-factor model in personality: A critical appraisal. *Journal of Personality, 60,* 329-361.

McCrae, R. R. (1990). Traits and trait names: How well is Openness represented in natural languages? *European Journal of Personality, 4,* 119-229.

McCrae, R. R., & Costa, P. T., Jr. (1983). Joint factors in self-reports and ratings: Neuroticism, extraversion and openness to experience. *Personality and Individual Differences, 4,* 245-255.

McCrae, R. R., & Costa, P. T., Jr. (1985). Comparison of EPI and psychoticism scale with measures of five factor theory of personality. *Personality and Individual Differences, 6,* 587-597.

McCrae, R. R., & John, O. P. (1992). An introduction to the five-factor model and its applications. *Journal of Personality, 60,* 175-215.

並川　努・谷　伊織・脇田貴文・熊谷龍一・中根　愛・野口裕之 (2012). Big Five 尺度短縮版の開発と信頼性と妥当性の検討　心理学研究, *83,* 91-99.

Norman, W. T. (1963). Toward an adequate taxonomy of personality attributes: Replicated factor structure in peer nomination personality ratings. *Journal of Abnormal and Social Psychology, 66,* 574-583.

Norman, W. T. (1967). *2800 personality trait descriptors: Normative operating characteristics for a university population.* Ann Arbor, MI: Department of Psychology, University of Michigan. ERIC Document Number xt/ED014738

Ozer, D. J., & Benet-Martínez, V. (2006). Personality and the prediction of consequential outcomes. *Annual Review of Psychology, 57,* 401-421.

Paulhus, D. L., & Williams, K. M. (2002). The Dark Triad of personality: Narcissism, Machiavellianism and psychopathy. *Journal of Research in Personality, 36,* 556-563.

Philippe, J. R., & Paul, I. (2008). *A General Factor of Personality (GFP) from two meta-analyses of the Big Five: Digman (1997) and Mount, Barrick, Scullen, and Rounds (2005). Personality and Individual Differences, 45,* 679-683.

Pope, M. L., & Keen, T. R. (1981). *Personal construct psychology and education.* London: Academic Press.

Raskin, R., & Hall, T. (1979). A narcissistic personality inventory. *Psychological Reports, 45,* 590.

下仲順子・中里克治・権藤恭之・高山　緑 (1998). 日本版 NEO-PI-R の作成とその因子的妥当性の検討　性格心理学研究, *6,* 138-147.

Shiner, R. L., Masten, A. S., & Tellegen, A. (2002). A developmental perspective on personality in emerging adulthood: Childhood antecedents and concurrent adaptation. *Journal of Personality and Social Psychology, 83,* 1165-1177.

高橋雄介・山形伸二・星野崇宏 (2011). パーソナリティ特性研究の新展開と経済学・疫学など他領域への貢献の可能性　心理学研究, *82,* 63-76.

Tupes, E. C., & Christal, R. E. (1961/1992). Recurrent personality factors based on trait ratings. *Journal of Personality, 60*(2), 225-251.

和田さゆり (1996). 性格特性用語を用いた Big Five 尺度の作成　心理学研究, *67,* 61-67.

Winter, D. A. (1992). *Personal construct psychology in clinical practice: Theory, research and applications.* London: Routledge.

Zuckerman, M. (1994). *Behavioral expressions and biosocial bases of sensation seeking.* New York: Cambridge University Press.

コラム 2

Kobori, O., & Tanno, Y. (2012). Self-oriented perfectionism and its relationship to selective attention: An experimental examination using social cognitive paradigm. *Japanese Psychological Research, 54,* 418-423.

Shafran, R., Cooper, Z., & Fairburn, C. G. (2002). Clinical perfectionism: A cognitive-behavioural analysis. *Behaviour Research and Therapy, 40,* 773-791.

坪井祐基・石井秀宗 (2017). 完全主義と選択的注意の関連の検討―ドット・プローブ課題を用いて―　パーソナリティ研究, *26,* 49-60.

坪井祐基・石井秀宗 (2019). 完全主義と選択的注意における定位バイアス・解放困難バイアスとの関連　心理学研究, *90,* 137-146.

第 2 章

Bem, D. J., & Allen, A. (1974). On predicting some of the people some of the time: The search for cross-situational consistencies in behavior. *Psychological Review, 81,* 506-520.

Buss, A. R. (1979). The trait-situation controversy and the concept of interaction. *Personality and Social Psychology Bulletin, 5,* 191-195.

Costa, P. T., & McCrae, R. R. (1988). Personality in adulthood: A six-year longitudinal study of self-reports and spouse rating on the NEO Personality Inventory. *Journal of Personality and Social Psychology, 54*, 853-863.

Costa, P. T., McCrae, R. R., & Arenberg, D. (1980). Enduring dispositions in adult males. *Journal of Personality and Social Psychology, 38*, 793-800.

Denissen, J. A., & Penke, L. (2008). Individual reaction norms underlying the Five Factor Model of personality: First steps towards a theory-based conceptual framework. *Journal of Research in Personality, 42*, 1285-1302.

Dweck, C. S. (2006). *Mindset: The new psychology of success.* New York: Random House. (今西康子（訳）（2016）.「やればできる！」の研究　草思社)

Dweck, C. S., Chiu, C., & Hong, Y. (1995). Implicit theories and their role in judgments and reactions: A world two perspectives. *Psychological Inquiry, 6*, 267-285.

Funder, D. C. (2006). Toward a resolution of the personality triad: Persons, situations and behaviors. *Journal of Research in Personality, 40*, 21-34.

Funder, D. C. (2016). Taking situations seriously: The situation construal model and the Riverside Situational Q-sort. *Current Directions in Psychological Science, 25*, 203-208.

Furr, R. M., & Funder, D. C. (2021). Persons, situations, and person-situation interactions. In O. P. John & R. W. Robins (Eds.), *Handbook of personality: Theory and research* (4th ed., pp. 667-685). New York: Guilford Press.

Gollwitzer, P. M. (1999). Implementation intentions: Strong effects of simple plans. *American Psychologist, 54*(7), 493-503.

Halvorson, H. G. (2010). *Succeed: How we can reach our goals.* New York: Penguin. (児島　修（訳）（2013）. やってのける―意志力を使わずに自分を動かす　大和書房)

堀毛一也（2014）. パーソナリティと状況　唐沢かおり（編）　新社会心理学―心と社会をつなぐ知の統合―（pp. 71-91）　北大路書房

Krahé, B. (1992). *Personality and social psychology: Towards a synthesis.* London: Sage. (堀毛一也（編訳）（1996）. 社会的状況とパーソナリティ　北大路書房)

Lewin, K. (1935). *A dynamic theory of personality: Selected papers.* (*Trs. by D. K. Adams & K. E. Zener*). New York: McGraw-Hill. (相良守次・小川　隆（訳）（1957）. パーソナリティの力学説　岩波書店)

Magnusson, D., & Endler, N. S. (Eds.) (1977). *Personality at the crossroads.* Hillsdale, NJ: Lawrence Erlbaum.

McAdams, D. P., & Pals, J. L. (2006). A new Big Five: Fundamental principles for an integrative science of personality. *American Psychologist, 61*, 204-217.

Mischel, W. (1968). *Personality and assessment.* New York: Wiley. (詫摩武俊（監訳）（1992）. パーソナリティの理論―状況主義的アプローチ　誠信書房)

Mischel, W., & Peake, P. K. (1982). Beyond déjà vu in the search for cross-situational consistency. *Psychological Review, 102*, 246-286.

Mischel, W., Shoda, Y., & Ayduk, O. (2007). *Introduction to personality: Toward an integrative science of the person* (8th ed.). New York: John Wiley & Sons. (黒沢　香・原島雅之（監訳）（2010）. パーソナリティ心理学―全体としての人間の理解　培風館)

Olweus, D. (1979). The stability of aggressive reaction patterns in human males: A review. *Psychological Bulletin, 86*, 852-875.

Read, S. J., Monroe, B. M., Brownstein, A. L., Yang, Y., Chopra, G., & Miller, L. C. (2010). A neural network model of the structure and dynamics of human personality. *Psychological Review, 117*, 61-92.

Romero-Canyas, R., Anderson, V. T., Reddy, K. S., & Downey, G. (2009). Rejection sensitivity. In M. Leary & R. Hoyle (Eds.), *Handbook of individual differences in social behavior* (pp. 466-479). New York: Guilford Press.

Shoda, Y., Mischel, W., & Wright, J. C. (1994). Intraindividual stability in the organization and patterning of behavior: Incorporating psychological situations into the idiographic analysis of personality. *Journal of Personality and Social Psychology, 67*, 674-687.

Wagerman, S. A., & Funder, D. C. (2009). Situations. In P. J. Corr & G. Mathews (Eds.), *Cambridge handbook of personality* (pp. 27-42). Cambridge, England: Cambridge University Press.

若林明雄（2009）. パーソナリティとは何か―その概念と理論　培風館

渡邊芳之（2010）. 性格とは何だったのか―心理学と日常概念　新曜社

第3章

安藤寿康（2017）.「心は遺伝する」とどうして言えるのか：ふたご研究のロジックとその先へ　創元社

Bartels, M. (2015). Genetics of wellbeing and its components satisfaction with life, happiness, and quality of life: A review and meta-analysis of heritability studies. *Behavior Genetics, 45*, 137-156.

Benjamin, J., Li, L., Patterson, C., Greenberg, B. D., Murphy, D. L., & Hamer, D. H. (1996). Population and familial association between the D4 dopamine receptor gene and measures of Novelty Seeking. *Nature Genetics, 12*, 81-84.

Bleidorn, W., Kandler, C., Riemann, R., Angleitner, A., & Spinath, F. M. (2009). Patterns and sources of adult personality development: Growth curve analyses of the NEO PI-R scales in a longitudinal twin study. *Journal of Personality and Social Psychology, 97*, 142-155.

Briley, D. A., & Tucker-Drob, E. M. (2014). Genetic and environmental continuity in personality development: A meta-analysis. *Psychological Bulletin, 140*, 1303-1331.

Caspi, A., McClay, J., Moffitt, T., Mill, J., Martin, J., Craig, I. W., ... Poulton, R. (2002). Role of genotype in the cycle of violence in maltreated children. *Science, 297*, 851-854.

Chabris, C. F., Lee, J. J., Cesarini, D., Benjamin, D. J., & Laibson, D. I. (2015). The fourth law of behavior genetics. *Current Directions in Psychological Science, 24*, 304-312.

Cicchetti, D., Rogosch, F. A., & Thibodeau, E. L. (2012). The effects of child maltreatment on early signs of antisocial behavior: Genetic moderation by tryptophan hydroxylase, serotonin transporter, and monoamine oxidase A genes. *Development and Psychopathology, 24*, 907-928.

de Moor, M. H. M., Costa, P. T., Terracciano, A., Krueger, R. F., de Geus, E. J. C., Toshiko, T., ... Boomsma, D. I. (2012). Meta-analysis of genome-wide association studies for personality. *Molecular Psychiatry, 17*, 337-349.

Ellis, B. J., Boyce, W. T., Belsky, J., Bakermans-Kranenburg, M. J., & Van Ijzendoorn, M. H. (2011). Differential susceptibility to the environment: An evolutionary-neurodevelopmental theory. *Development and Psychopathology, 23*, 7-28.

Eysenck, H. J. (1970). *The structure of human personality* (3rd ed.). London, England: Methuen.

Fragkaki, I., Cima, M., Verhagen, M., Maciejewski, D. F., Boks, M. P., van Lier, P. A. C., ... Meeus, W. H. J. (2018). Oxytocin receptor gene (OXTR) and deviant peer affiliation: A gene-environment interaction in adolescent antisocial behavior. *Journal of Youth and Adolescence, 48,* 86-101.

Genetics of Personality Consortium, de Moor, M. H. M., van den Berg, S. M., Verweij, K. J. H., Krueger, R. F., Luciano, M., ... Boomsma, D. I. (2015). Meta-analysis of genome-wide association studies for neuroticism, and the polygenic association with major depressive disorder. *JAMA Psychiatry, 72,* 642-650.

Goldberg, L. R. (1993). The structure of phenotypic personality traits. *American Psychologist, 48,* 26-34.

Gurven, M., von Rueden, C., Stieglitz, J., Kaplan, H., & Rodriguez, D. E. (2014). The evolutionary fitness of personality traits in a small-scale subsistence society. *Evolution and Human Behavior, 35,* 17-25.

Hatemi, P. K., Medland, S. E., Klemmensen, R., Oskarsson, S., Littvay, L., Dawes, C. T., ... Martin, N. G. (2014). Genetic influences on political ideologies: Twin analyses of 19 measures of political attitudes from five democracies and genome-wide findings from three populations. *Behavior Genetics, 44,* 282-294.

Headey, B., & Wearing, A. (1989). Personality, life events, and subjective well-being: Toward a dynamic equilibrium model. *Journal of Personality and Social Psychology, 57,* 731-739.

Hopwood, C. J., Donnellan, M. B., Blonigen, D. M., Krueger, R. F., McGue, M., Iacono, W. G., & Burt, S. A. (2011). Genetic and environmental influences on personality trait stability and growth during the transition to adulthood: A three-wave longitudinal study. *Journal of Personality and Social Psychology, 100,* 545-556.

Imaizumi, Y. (2003). A comparative study of zygotic twinning and triplet rates in eight countries, 1972-1999. *Journal of Biosocial Science, 35,* 287-302.

Johnson, W. (2007). Genetic and environmental influences on behavior: Capturing all the interplay. *Psychological Review, 114,* 423-440.

Jokela, M. (2012). Birth-cohort effects in the association between personality and fertility. *Psychological Science, 23,* 835-841.

Jokela, M., Alvergne, A., Pollet, T. V., & Lummaa, V. (2011). Reproductive behavior and personality traits of the Five Factor Model. *European Journal of Personality, 25,* 487-500.

Kamakura, T., Ando, J., & Ono, Y. (2007). Genetic and environmental effects of stability and change in self-esteem during adolescence. *Personality and Individual Differences, 42,* 181-190.

Kandler, C., Kornadt, A. E., Hagemeyer, B., & Neyer, F. J. (2015). Patterns and sources of personality development in old age. *Journal of Personality and Social Psychology, 109,* 175-191.

Kawamoto, T., & Endo, T. (2019). Sources of variances in personality change during adolescence. *Personality and Individual Differences, 141,* 182-187.

Keller, M. C., Howrigan, D. P., & Simonson, M. A. (2010). Theory and methods in evolutionary behavioral genetics. In D. M. Buss & P. H. Hawley (Eds.), *The evolution of personality and individual differences* (pp. 280-302). New York: Oxford University Press.

Keller, M. C., & Miller, G. (2006). Resolving the paradox of common, harmful, heritable mental disorders: Which evolutionary genetic models work best? *Behavioral and Brain Sciences, 29,* 385-404.

Kendler, K. S., & Baker, J. H. (2007). Genetic influences on measures of the environment: A systematic review. *Psychological Medicine, 37,* 615-626.

Kendler, K. S., Gardner, C. O., & Prescott, C. A. (1998). A population-based twin study of self-esteem and gender. *Psychological Medicine, 28,* 1403-1409.

Kovas, Y., Garon-Carrier, G., Boivin, M., Petrill, S. A., Plomin, R., Malykh, S. B., ... Vitaro, F. (2015). Why children differ in motivation to learn: Insights from over 13,000 twins from 6 countries. *Personality and Individual Differences, 80,* 51-63.

Lesch, K. P., Bengel, D., Heils, A., Sabol, S. Z., Greenberg, B. D., Petri, S., ... Murphy, D. L. (1996). Association of anxiety-related traits with a polymorphism in the serotonin transporter gene regulatory region. *Science, 274,* 1527-1531.

Magnus, K., Diener, E., Fujita, F., & Pavot, W. (1993). Extraversion and neuroticism as predictors of objective life events: A longitudinal analysis. *Journal of Personality and Social Psychology, 65,* 1046-1053.

Mealey, L. (1995). The sociobiology of sociopathy: An integrated evolutionary model. *Behavioral and Brain Sciences, 18,* 523-599.

Međedović, J., Šoljaga, M., Stojković, A., & Gojević, I. (2018). Revealing complex relations between personality and fitness: HEXACO personality traits, life-time reproductive success and the age at first birth. *Personality and Individual Differences, 129,* 143-148.

Monroe, S. M., & Simons, A. D. (1991). Diathesis-stress theories in the context of life stress research: Implications for the depressive disorders. *Psychological Bulletin, 110,* 406-425.

Nettle, D. (2005). An evolutionary approach to the extraversion continuum. *Evolution and Human Behavior, 26,* 363-373.

Penke, L., Denissen, J. J. A., & Miller, G. F. (2007). The evolutionary genetics of personality. *European Journal of Personality, 21,* 549-587.

Penke, L., & Jokela, M. (2016). The evolutionary genetics of personality revisited. *Current Opinion in Psychology, 7,* 104-109.

Pertea, M., & Salzberg, S. L. (2010). Between a chicken and a grape: Estimating the number of human genes. *Genome Biology, 11,* 206.

Plomin, R., & Deary, I. J. (2015). Genetics and intelligence differences: Five special findings. *Molecular Psychiatry, 20,* 98-108.

Roberts, B. W., & DelVecchio, W. F. (2000). The rank-order consistency of personality traits from childhood to old age: A quantitative review of longitudinal studies. *Psychological Bulletin, 126,* 3-25.

Roberts, B. W., Walton, K. E., & Viechtbauer, W. (2006). Patterns of mean-level change in personality traits across the life course: A meta-analysis of longitudinal studies. *Psychological Bulletin, 132,* 1-25.

Scarr, S., & McCartney, K. (1983). How people make their own environments: A theory of genotype greater than environment effects. *Child Development, 54,* 424-435.

Stieger, S., Kandler, C., Tran, U. S., Pietschnig, J., & Voracek, M. (2017). Genetic and environmental sources of implicit and explicit self-esteem and affect: Results from a genetically sensitive multi-group design. *Behavior Genetics, 47,* 175-192.

Tellegen, A. (1985). Structures of mood and personality and their relevance to assessing anxiety, with an emphasis on self-report. In A. H. Tuma, & J. D. Master (Eds.), *Anxiety and the anxiety disorders* (pp. 681-706). Hillsdale, NJ: Erlbaum.

Tooby, J., & Cosmides, L. (1990). On the universality of human nature and the uniqueness of the individual: The role of genetics and adaptation. *Journal of Personality, 58,* 17-67.

Turkheimer, E. (2000). Three laws of behavior genetics and what they mean. *Current Directions in Psychological Science, 9,* 160-164.

Verweij, K. J. H., Yang, J., Lahti, J., Veijola, J., Hintsanen, M., Pulkki-Råback, L., ... Zietsch, B. P. (2012). Maintenance of genetic variation in human personality: Testing evolutionary models by estimating heritability due to common causal variants and investigating the effect of distant inbreeding. *Evolution, 66*, 3238-3251.

Vukasović, T., & Bratko, D. (2015). Heritability of personality: A meta-analysis of behavior genetic studies. *Psychological Bulletin, 141*, 769-785.

コラム3

Costa, P. T., Jr., & McCrae, R. R. (1992). *Revised NEO Personality Inventory（NEO-PI-R）and NEO Five-Factor Inventory（NEO-FFI）: Professional manual*. Odessa, FL: Psychological Assessment Resources.

Judge, T. A., Erez, A., & Bono, J. E. (2002). Are measures of self-esteem, neuroticism, locus of control, and generalized self-efficacy indicators of a common core construct? *Journal of Personality and Social Psychology, 83*, 693-710.

中間玲子（編）（2016）．自尊感情の心理学―理解を深める「取扱説明書」　金子書房

Pullmann, H., & Allik, J. (2000). The Rosenberg Self-Esteem Scale: Its dimensionality, stability and personality correlates in Estonian. *Personality and Individual Differences, 28*, 701-715.

Robins, R. W., Tracy, J. L., Trzesniewski, K., Potter, J., & Gosling, S. D. (2001). Personality correlates of self-esteem. *Journal of Research in Personality, 35*, 463-482.

Rosenberg, M. (1965). *Society and the adolescent self-image*. Princeton, NJ: Princeton University Press.

Schmitt, D. P., & Allik, J. (2005). Simultaneous administration of the Rosenberg Self-Esteem Scale in 53 nations: Exploring the universal and culture-specific features of global self-esteem. *Journal of Personality and Social Psychology, 89*, 623-642.

Shikishima, C., Hiraishi, K., Takahashi, Y., Yamagata, S., Yamaguchi, S., & Ando, J. (2018). Genetic and environmental etiology of stability and changes in self-esteem linked to personality: A Japanese twin study. *Personality and Individual Differences, 121*, 140-146.

第4章

Altay, F. B., & Gure, A. (2012). Relationship among the parenting styles and the social competence and prosocial behaviors of the children who are attending to state and private preschools. *Educational Sciences: Theory and Practice, 12*(4), 2712-2718.

Baumrind, D. (1971). Current patterns of parental authority. *Developmental Psychology Monographs, 4*（1, Pt. 2）.

Borghuis, J., Denissen, J. J., Oberski, D., Sijtsma, K., Meeus, W. H., Branje, S., … Bleidorn, W. (2017). Big Five personality stability, change, and codevelopment across adolescence and early adulthood. *Journal of Personality and Social Psychology, 113*, 641-657.

Bowlby, J. (1969). *Attachment and loss*, Vol. 1: *Attachment*. New York: Basic Books.（黒田実郎・大羽　蓁・岡田洋子・黒田聖一（共訳）（1976）．母子関係の理論Ⅰ　愛着行動　岩崎学術出版社）

Bronfenbrenner, U. (1986). Ecology of the family as a context for human development: Research perspectives. *Developmental Psychology, 22*, 723-742.

Buss, A., & Plomin, R. (1984). *Temperament: Early developing personality traits*. Hillsdale, NJ: Erlbaum.

Campos, J. J., Barrett, K. C., Lamb, M. E., Goldsmith, H., & Stenberg, C. (1983). Socioemotional development. In P. H. Mussen（Series FA.）and J. J. Campos & M. H. Haith（Vol. Eds.）, *Handbook of child psychology*, Vol. 2: *Infancy and developmental psychobiology*（pp. 783-916）. New York: Wiley.

Caspi, A., Roberts, B. W., & Shiner, R. L. (2005). Personality development: Stability and change. *Annual Review of Psychology, 56*, 453-484.

Caspi, A., & Shiner, R. L. (2006). Personality development. In N. Eisenberg, W. Damon, & R. M. Lerner（Eds.）, *Handbook of child psychology: Social, emotional, and personality development*（pp. 300-365）. Hoboken, NJ: John Wiley & Sons.

Cloninger, C. R. (1987). A systematic method for clinical description and classification of personality variants: A proposal. *Archives of General Psychiatry, 44*, 573-588.

Cloninger, C. R., Svrakic, D. M., & Przybeck, T. R. (1993). A psychobiological model of temperament and character. *Archives of General Psychiatry, 50*, 975-990.

Constantino, J. N., Cloninger, C. R., Clarke, A. R., Hashemi, B., & Przybeck, T. (2002). Application of the seven-factor model of personality to early childhood. *Psychiatry Research, 109*, 229-243.

Crocetti, E., Rubini, M., & Meeus, W. (2008). Capturing the dynamics of identity formation in various ethnic groups: Development and validation of a three-dimensional model. *Journal of Adolescence, 31*, 207-222.

Darling, N., & Steinberg, L. (1993). Parenting style as context: An integrative model. *Psychological Bulletin, 113*, 487-496.

De Fruyt, F., Bartels, M., Van Leeuwen, K. G., De Clercq, B., Decuyper, M., & Mervielde, I. (2006). Five types of personality continuity in childhood and adolescence. *Journal of Personality and Social Psychology, 91*, 538-552.

De Pauw, S. S., & Mervielde, I. (2010). Temperament, personality and developmental psychopathology: A review based on the conceptual dimensions underlying childhood traits. *Child Psychiatry & Human Development, 41*, 313-329.

Erikson, E. H. (1963). *Childhood and society*. New York: Norton.（仁科弥生（訳）（1977）．幼児期と社会Ⅰ　みすず書房）

Goldsmith, H. H., Buss, A. H., Plomin, R., Rothbart, M. K., Thomas, A., Chess, S., … McCall, R. B. (1987). Roundtable: What is temperament? Four approaches. *Child Development, 58*, 505-529.

Goldsmith, H. H., & Campos, J. J. (1982). Toward a theory of infant temperament. In *The development of attachment and affiliative systems*（pp. 161-193）. Boston, MA: Springer.

Gray, J. A. (1991). The neuropsychology of temperament. In J. Strelau & A. Angleitner（Eds.）, *Explorations in temperament. International perspectives on theory and measurement*（pp. 105-128）. New York: Plenum Press.

Harris, J. R. (1995). Where is the child's environment? A group socialization theory of development. *Psychological Review, 102*, 458-489.

Hatano, K., Sugimura, K., Crocetti, E., & Meeus, W. H. (2020). Diverse‐and‐dynamic pathways in educational and interpersonal identity formation during adolescence: Longitudinal links with psychosocial functioning. *Child Development, 91*, 1203-1218.

Ilmarinen, V. J., Vainikainen, M. P., Verkasalo, M., Lönnqvist, J. E., & Back, M. (2019). Peer sociometric status and personality development from middle childhood to preadolescence. *European Journal of Personality, 33*(5), 606-626.

Kagan, J. (1994). *Galen's prophecy: Temperament in human nature*. New York: Basic Books.

Kawamoto, T., & Endo, T. (2015). Personality change in adolescence: Results from a Japanese sample. *Journal of Research in Personality, 57*, 32-42.

Lamb, M. E., Chuang, S. S., Wessels, H., Broberg, A. G., & Hwang, C. P. (2002). Emergence and construct validation of the Big Five factors in early childhood: A longitudinal analysis of their ontogeny in Sweden. *Child Development, 73*, 1517-1524.

Luyckx, K., Schwartz, S. J., Berzonsky, M. D., Soenens, B., Vansteenkiste, M., Smits, I., & Goossens, L. (2008). Capturing ruminative exploration: Extending the four-dimensional model of identity formation in late adolescence. *Journal of Research in Personality, 42*, 58-82.

Maccoby, E. E., & Martin, J. A. (1983). Socialisation in the context of the family: Parent-child interaction. In P. H. Mussen (Ed.), *Handbook of child psychology* (4th ed., pp. 1-101). New York: John Wiley and Sons.

Marcia, J. E. (1966). Development and validation of ego-identity status. *Journal of Personality and Social Psychology, 3*, 551-558.

Martin, R. P., & Bridger, R. C. (1999). *The temperament assessment battery for children-revised*. Athens, GA: University of Georgia, School Psychology Clinic.

McDowell, D. J., & Parke, R. D. (2009). Parental correlates of children's peer relations: An empirical test of a tripartite model. *Developmental Psychology, 45*, 224-235.

Measelle, J. R., John, O. P., Ablow, J. C., Cowan, P. A., & Cowan, C. P. (2005). Can children provide coherent, stable, and valid self-reports on the big five dimensions? A longitudinal study from ages 5 to 7. *Journal of Personality and Social Psychology, 89*, 90-106.

Meeus, W., van de Schoot, R., Keijsers, L., & Branje, S. (2012). Identity statuses as developmental trajectories: A five-wave longitudinal study in early-to-middle and middle-to-late adolescents. *Journal of Youth and Adolescence, 41*, 1008-1021.

Mervielde, I., & De Fruyt, F. (1999). Construction of the Hierarchical Personality Inventory for Children (HiPIC). In I. Mervielde, I. Deary, F. De Fruyt, & F. Ostendorf (Eds.), *Personality psychology in Europe. Proceedings of the eight European conference on personality psychology* (pp. 107-127). Tilburg: Tilburg University Press.

Newcomb, A. F., & Bagwell, C. L. (1995). Children's friendship relations: A meta-analytic review. *Psychological Bulletin, 117*(2), 306-347.

Newcomb, A. F., Bukowski, W. M., & Pattee, L. (1993). Children's peer relations: A meta-analytic review of popular, rejected, neglected, controversial, and average sociometric status. *Psychological Bulletin, 113*, 99-128.

Putnam, S. P., Ellis, L. K., & Rothbart, M. K. (2001). The structure of temperament from infancy through adolescence. In A. Eliasz & A. Angleitner (Eds.), *Advances in research on temperament* (pp. 165-182). Germany: Pabst Scientist Publisher.

Roberts, B. W., & DelVecchio, W. F. (2000). The rank-order consistency of personality traits from childhood to old age: A quantitative review of longitudinal studies. *Psychological Bulletin, 126*, 3-25.

Rothbart, M. K., Ahadi, S. A., & Evans, D. E. (2000). Temperament and personality: Origins and outcomes. *Journal of Personality and Social Psychology, 78*, 122-135.

Rothbart, M. K., & Derryberry, D. (1981). Development of individual differences in temperament. In M. E. Lamb & A. L. Brown (Eds.), *Advances in developmental psychology* (Vol. 1, pp. 37-86). Hillsdale, NJ: Erlbaum.

Rothbart, M. K., & Mauro, J. A. (1990). Questionnaire approaches to the study of infant temperament. In J. Colombo & J. W. Fagen (Eds.), *Individual differences in infancy: Reliability, stability, and prediction* (pp. 411-429). Hillsdale, NJ: Lawrence Erlbaum Associates.

Rubin, K. H., Burgess, K. B., Dwyer, K. M., & Hastings, P. D. (2003). Predicting preschoolers' externalizing behaviors from toddler temperament, conflict, and maternal negativity. *Developmental Psychology, 39*, 164-176.

白井利明・杉村和美 (2022). ワードマップ アイデンティティ：時間と関係を生きる 新曜社

Soenens, B., Vansteenkiste, M., Smits, I., Lowet, K., & Goossens, L. (2007). The role of intrusive parenting in the relationship between peer management strategies and peer affiliation. *Journal of Applied Developmental Psychology, 28*, 239-249.

Soto, C. J., John, O. P., Gosling, S. D., & Potter, J. (2011). Age differences in personality traits from 10 to 65: Big Five domains and facets in a large cross-sectional sample. *Journal of Personality and Social Psychology, 100*, 330.

菅原ますみ・島 悟・戸田まり・佐藤達哉・北村俊則 (1994). 乳幼児期にみられる行動特徴：日本語版 RITQ および TTS の検討 教育心理学研究, *42*, 315-323.

Thomas, A., & Chess, S. (1980). *The dynamics of psychological development*. New York: Brunner/Mazel.

Thomas, A., Chess, S., Birch, H. G., Hertzig, M. E., & Korn, S. (1963). *Behavioral individuality in early childhood*. New York: New York University Press.

Van den Akker, A. L., Deković, M., Asscher, J., & Prinzie, P. (2014). Mean-level personality development across childhood and adolescence: A temporary defiance of the maturity principle and bidirectional associations with parenting. *Journal of Personality and Social Psychology, 107*, 736-750.

Waterman, A. S. (1999). Identity, the identity statuses, and identity status development: A contemporary statement. *Developmental Review, 19*, 591-621.

Williams, L. R., Degnan, K. A., Perez-Edgar, K. E., Henderson, H. A., Rubin, K. H., Pine, D. S., & Fox, N. A. (2009). Impact of behavioral inhibition and parenting style on internalizing and externalizing problems from early childhood through adolescence. *Journal of Abnormal Child Psychology, 37*, 1063-1075.

Zentner, M., & Bates, J. E. (2008). Child temperament: An integrative review of concepts, research programs, and measures. *European Journal of Developmental Science, 2* (1-2), 7-37.

コラム 4

Choi, N., & Cho, H.-J. (2020). Temperament and home environment characteristics as predictors of young children's learning motivation. *Early Childhood Education Journal, 48*, 607-620.

Deci, E. L., & Ryan, R. M. (Eds.) (2002). *Handbook of self-determination research*. Rochester, NY: University of Rochester Press.

Medford, M., & McGeown, S. P. (2012). The influence of personality characteristics on children's intrinsic reading motivation. *Learning and Individual Differences, 22*, 786-791.

西村多久磨 (2019). 自己決定理論 上淵 寿・大芦 治 (編著) 新・動機づけ研究の最前線 (pp. 60-63) 北大路書房

Richardson, M., Abraham, C., & Bond, R. (2012). Psychological correlates of university students' academic performance: A systematic review and meta-analysis. *Psychological Bulletin, 138*, 353-387.

第 5 章

Allemand, M., & Flückiger, C. (2017). Changing personality traits: Some considerations from psychotherapy process-outcome research for intervention efforts on intentional personality change. *Journal of Psychotherapy Integration, 27*, 476-494.

Baltes, P. B., & Nesselroade, J. R. (1979). History and rationale of longitudinal research. In J. R. Nesselroade & P. B. Baltes (Eds.), *Longitudinal research in the study of behavior and development* (pp. 1-39). New York: Academic Press.

Baltes, P. B., Reese, H. W., & Lipsitt, L. P. (1980). Life-span developmental psychology. *Annual Review of Psychology, 31*, 65-110.

Bleidorn, W., Hill, P. L., Back, M. D., Denissen, J. J. A., Hennecke, M., Hopwood, C. J., ... Roberts, B. (2019). The policy relevance of personality traits. *American Psychologist, 74*, 1056-1067.

Bleidorn, W., Hopwood, C. J., & Lucas, R. E. (2018). Life events and personality trait change. *Journal of Personality, 86*, 83-96.

Bleidorn, W., Klimstra, T. A., Denissen, J. J. A., Rentfrow, P. J., Potter, J., & Gosling, S. D. (2013). Personality maturation around the world: A cross-cultural examination of social-investment theory. *Psychological Science, 24*, 2530-2540.

Byrd, A. L., & Manuck, S. B. (2014). MAOA, childhood maltreatment, and antisocial behavior: Meta-analysis of a gene-environment interaction. *Biological Psychiatry, 75*, 9-17.

Damian, R. I., Spengler, M., Sutu, A., & Roberts, B. W. (2019). Sixteen going on sixty-six: A longitudinal study of personality stability and change across 50 years. *Journal of Personality and Social Psychology, 117*, 674-695.

de Moor, M. H. M., Costa, P. T., Terracciano, A., Krueger, R. F., de Geus, E. J. C., Toshiko, T., ... Boomsma, D. I. (2012). Meta-analysis of genome-wide association studies for personality. *Molecular Psychiatry, 17*, 337-349.

Fitzenberger, B., Mena, G., Nimczik, J. S., & Sunde, U. (2019). *Personality traits across the life cycle: Disentangling age, period, and cohort effects*. Unpublished Manuscript, Faculty of Business and Economics, Humboldt University Berlin.

Graham, E. K., Weston, S. J., Gerstorf, D., Yoneda, T. B., Booth, T., Beam, C. R., ... Mroczek, D. K. (2020). Trajectories of Big Five personality traits: A coordinated analysis of 16 longitudinal samples. *European Journal of Personality, 34*, 301-321.

Harris, M. A., Brett, C. E., Johnson, W., & Deary, I. J. (2016). Personality stability from age 14 to age 77 years. *Psychology and Aging, 31*, 862-874.

Hudson, N. W., & Roberts, B. W. (2016). Social investment in work reliably predicts change in conscientiousness and agreeableness: A direct replication and extension of Hudson, Roberts, and Lodi-Smith (2012). *Journal of Research in Personality, 60*, 12-23.

Hudson, N. W., Roberts, B. W., & Lodi-Smith, J. (2012). Personality trait development and social investment in work. *Journal of Research in Personality, 46*, 334-344.

Kandler, C., Kornadt, A. E., Hagemeyer, B., & Neyer, F. J. (2015). Patterns and sources of personality development in old age. *Journal of Personality and Social Psychology, 109*, 175-191.

川本哲也・小塩真司・阿部晋吾・坪田祐基・平島太郎・伊藤大幸・谷　伊織 (2015). ビッグ・ファイブ・パーソナリティ特性の年齢差と性差：大規模横断調査による検討　発達心理学研究, *26*, 107-122.

Lüdtke, O., Roberts, B. W., Trautwein, U., & Nagy, G. (2011). A random walk down university avenue: Life paths, life events, and personality trait change at the transition to university life. *Journal of Personality and Social Psychology, 101*, 620-637.

Morey, L. C., & Hopwood, C. J. (2013). Stability and change in personality disorders. *Annual Review of Clinical Psychology, 9*, 499-528.

Mroczek, D. K., Spiro, A. III, & Turiano, N. A. (2009). Do health behaviors explain the effect of neuroticism on mortality? Longitudinal findings from the VA Normative Aging Study. *Journal of Research in Personality, 43*, 653-659.

Mueller, S., Wagner, J., Smith, J., Voelkle, M. C., & Gerstorf, D. (2018). The interplay of personality and functional health in old and very old age: Dynamic within-person interrelations across up to 13 years. *Journal of Personality and Social Psychology, 115*, 1127-1147.

小塩真司・市村美帆・汀　逸鶴・三枝高大 (2019). 日本における情緒不安定性の増加――YG性格検査の時間横断的メタ分析――　心理学研究, *90*, 572-580.

Roberts, B. W., & DelVecchio, W. F. (2000). The rank-order consistency of personality traits from childhood to old age: A quantitative review of longitudinal studies. *Psychological Bulletin, 126*, 3-25.

Roberts, B. W., Luo, J., Briley, D. A., Chow, P. I., Su, R., & Hill, P. L. (2017). A systematic review of personality trait change through intervention. *Psychological Bulletin, 143*, 117-141.

Roberts, B. W., Walton, K. E., & Viechtbauer, W. (2006). Patterns of mean-level change in personality traits across the life course: A meta-analysis of longitudinal studies. *Psychological Bulletin, 132*, 1-25.

Schaie, K. W. (1996). Intellectual development in adulthood. In J. E. Birren & K. W. Schaie (Eds.), *Handbook of the psychology of aging* (4th ed., pp. 266-286). San Diego, CA: Academic Press.

Stieger, M., Nißen, M., Rüegger, D., Kowatsch, T., Flückiger, C., & Allemand, M. (2018). PEACH, a smartphone- and conversational agent-based coaching intervention for intentional personality change: Study protocol of a randomized, wait-list controlled trial. *BMC Psychology, 6*, 1-15.

Stieger, M., Wepfer, S., Rüegger, D., Kowatsch, T., Roberts, B. W., & Allemand, M. (2020). Becoming more conscientious or more open to experience? Effects of a two-week smartphone-based intervention for personality hange? *European Journal of Personality, 34*, 345-366.

Terracciano, A. (2010). Secular trends and personality: Perspectives from longitudinal and cross-cultural studies-commentary on Trzesniewski & Donnellan (2010). *Perspectives on Psychological Science, 5*, 93-96.

羽海野チカ (2006). ハチミツとクローバー9　集英社

Wagner, J., Orth, U., Bleidorn, W., Hopwood, C. J., & Kandler, C. (2020). Towards an integrative model of sources of personality stability and change. *Current Directions in Psychological Science, 29*, 438-444.

Wrzus, C., & Roberts, B. W. (2017). Processes of personality development in adulthood: The TESSERA framework. *Personality and Social Psychology Review, 21*, 253-277.

コラム5

Chopik, W. J., & Kitayama, S. (2018). Personality change across the life span: Insights from a cross-cultural, longitudinal study. *Journal of Personality, 86*, 508-521.

Graham, E. K., Weston, S. J., Gerstorf, D., Yoneda, T. B., Booth, T., Beam, C. R., ... Mroczek, D. K. (2020). Trajectories of Big Five personality traits: A coordinated analysis of 16 longitudinal samples. *European Journal of Personality, 34*, 301-321.

Hofer, S. M., & Piccinin, A. M. (2009). Integrative data analysis through coordination of measurement and analysis protocol across independent longitudinal studies. *Psychological Methods, 14*, 150-164.

Piccinin, A. M., & Knight, J. E. (2017). History of longitudinal studies of psychological aging. In N. A. Pachana (Ed.), *Encyclopedia of geropsychology* (pp. 1103-1109). Singapore: Springer.

Tanner, J. M. (1989). *Foetus into man*. Cambridge, MA: Harvard University Press.

第6章

浅野良輔（2012）．パーソナリティと親密な関係　鈴木公啓（編）　パーソナリティ心理学概論―性格理解への扉―（pp. 97-108）　ナカニシヤ出版

Asendorpf, J. B., Penke, L., & Back, M. D. (2011). From dating to mating andrelating: Predictors of initial and long-term outcomes of speed-dating in a community sample. *European Journal of Personality, 25*, 16-30.

Burton-Chellew, M. N., & Dunbar, R. I. M. (2015). Romance and reproduction are socially costly. *Evolution Behavioral Science, 9*, 229-241.

Cemalcilar, Z., Baruh, L., Kezer, M., Kamiloglu, R. G., & Nigdeli, B. (2018). Role of personality traits in first impressions: An investigation of actual and perceived personality similarity effects on interpersonal attraction across communication modalities. *Journal of Research in Personality, 76*, 139-149.

千島雄太・村上達也（2015）．現代青年における"キャラ"を介した友人関係の実態と友人関係満足感の関連　青年心理学研究, *26*, 129-146.

千島雄太・村上達也（2016）．友人関係における"キャラ"の受け止め方と心理的適応　教育心理学研究, *64*, 1-12.

Cuperman, R., & Ickes, W. (2009). Big Five predictors of behavior and perceptions in initial dyadic interactions: Personality similarity helps extraverts and introverts, but hurts "disagreeables". *Journal of Personality and Social Psychology, 97*, 667-684.

Feiler, D. C., & Kleinbaum, A. M. (2015). Popularity, similarity, and the network extraversion bias. *Psychological Science, 26*, 593-603.

Finkel, E. J., & Eastwick, P. W. (2015). Interpersonal attraction: In search of a theoretical rosetta stone. In M. Mikulincer, P. R. Shaver, J. A. Simpson, & J. F. Dovidio (Eds.), *APA handbook of personality and social psychology*, Vol. 3: *Interpersonal relations* (pp. 179-210). Washington, DC: American Psychological Association.

Fisher, A. N., Stinson, D. A., Wood, J. V., Holmes, J. G., & Cameron, J. J. (2021). Singlehood and attunement of self-esteem to friendships. *Social Psychological and Personality Science, 12*, 1326-1334.

Gable, S. L., & Berkman, E. T. (2008). Making connections and avoiding loneliness: Approach and avoidance social motives. In A. J. Elliot (Eds.), *Handbook of approach and avoidance motivation* (pp. 203-216). New York: Psychology Press.

Gable, S. L., & Gonsnell, C. L. (2013). Approach and avoidance behavior in interpersonal relationships. *Emotion Review, 5*, 269-274.

Gable, S. L., & Poore, J. (2008). Which thoughts count? Algorithms for evaluating satisfaction in relationship. *Psychological Science, 19*, 1030-1036.

Girme, Y. U., Overall, N. C., & Faingataa, S. (2015). Happily single: The link between relationship status and well-being depends on avoidance and approach social goals. *Social Psychological and Personality Science, 7*, 122-130.

Harris, K., & Vazire, S. (2016). On friendship development and the Big Five personality traits. *Social and Personality Psychology Compass, 10*, 647-667.

Impett, E. A., Gable, S. L., & Peplau, L. A. (2005). Giving up and giving in: The costs and benefits of daily sacrifice in intimate relationships. *Journal of Personality and Social Psychology, 89*, 327-344.

Impett, E. A., Gordon, A. M., Kogan, A., Oveis, C., Gable, S. L., & Keltner, D. (2010). Moving toward more perfect unions: Daily and long-term consequences of approach and avoidance goals in romantic relationships. *Journal of Personality and Social Psychology, 99*, 948-963.

Ishiguro, I. (2016). Extroversion and neuroticism affect the right side of the distribution of network size. *Social Networks, 44*, 219-225.

Kammrath, L. K., Mccarthy, M. H., Cortes, R., & Friesen, C. (2015). Picking one's battles: How assertiveness and unassertiveness abilities are associated with extraversion and agreeableness. *Social Psychological and Personality Science, 6*, 622-629.

Kreuzer, M., & Gollwitzer, M. (2021). Neuroticism and satisfaction in romantic relationships: A systematic investigation of intra- and interpersonal processes with a longitudinal approach. *European Journal of Personality*, Advanced online publication. https://doi.org/10.1177/08902070211001258

Le, B., Dove, N. L., Agnew, C. R., Korn, M. S., & Mutso, A. A. (2010). Predicting nonmarital romantic relationship dissolution: A meta-analytic synthesis. *Personal Relationships, 17*, 377-390.

Lin, W.-F., Gosnell, C. L., & Gable, S. L. (2019). Goals, emotions, and the effort to be responsive during couple interactions. *Motivation and Emotion, 43*, 313-324.

Liu, J., Ludeke, S., Haubrich, J., Gondan-Rochon, M., & Zettler, I. (2018a). Similar to and/or better than oneself? Singles' ideal partner personality descriptions. *European Journal of Personality, 32*, 443-458.

Liu, J., Ludeke, S., & Zettler, I. (2018b). Assumed similarity in personality within intimate relationships. *Personal Relationships, 25*, 316-329.

Luo, S., & Zhang, G. (2009). What leads to romantic attraction: Similarity, reciprocity, security, or beauty? Evidence from a speed-dating study. *Journal of Personality, 77*, 933-964.

増田匡裕（2001）．対人関係の「修復」研究は有用か　対人社会心理学研究, *1*, 25-36.

Mattingly, B. A., Clark, E. M., & Cahill, M. J. (2012a). Approach and avoidance motivation as predictors of pro-relationship behaviors. *Personality and Individual Differences, 52*, 21-25.

Mattingly, B. A., Mcintyre, K. P., & Lewandowski, G. W. (2012b). Approach motivation and the expansion of self in close relationships. *Personal Relationships, 19*, 113-127.

McCrae, R. R., Martin, T. A., Hrebícková, M., Urbánek, T., Boomsma, D. I., Willemsen, G., & Costa Jr., P. T. (2008). Personality trait similarity between spouses in four cultures. *Journal of Personality, 76*, 1137-1164.

Montoya, R. M., & Horton, R. S. (2013). A meta-analytic investigation of the processes underlying the similarity-attraction effect. *Journal of Social and Personal Relationships, 30*, 64-94.

Mund, M., & Neyer, F. J. (2014). Treating personality-relationship transactions with respect: Narrow facets, advanced models, and extended time frames. *Journal of Personality and Social Psychology, 107*, 352-368.

Nikitin, J., & Freund, A. M. (2010). When wanting and fearing go together: The effect of co-occurring social approach and avoidance motivation on behavior, affect, and cognition. *European Journal of Social Psychology, 40*, 783-804.

Nikitin, J., Gong, X., Schoch, S., & Freund, A. M. (2019). Social motives, attributions and expectations as predictors of the decision to participate in a speed-dating event. *Motivation and Emotion, 43*, 610-624.

大森美佐（2014）．若者たちにとって「恋愛」とは何か　家族研究年報, *39*, 109-127.

Parker, P. D., Lüdtke, O., Trautwein, U., & Roberts, B. W. (2012). Personality and relationship quality during the transition from high school to early adulthood. *Journal of Personality, 80*, 1061-1089.

Roberts, S. G. B., & Dunbar, R. I. M. (2011). The costs of family and friends: An 18-month longitudinal study of relationship maintenance and decay. *Evolution and Human Behavior, 32*, 186-197.

Roberts, S. G. B., Wilson, R., Fedurek, P., & Dunbar, R. I. M. (2008). Individual differences and personal social network size and structure. *Personality and Individual Differences, 44*, 954-964.

Schoch, S., Nikitin, J., & Freund, A. M. (2015). Why do(n't) you like me? The role of social approach and avoidance motives in attributions following social acceptance and rejection. *Motivation and Emotion, 39*, 680-692.

Selden, M., & Goodie, A. S. (2018). Review of the effects of Five Factor Model personality traits on network structures and perceptions of structure. *Social Networks, 52*, 81-99.

Selfhout, M., Denissen, J., Branje, S., & Meeus, W. (2009). In the eye of the beholder: Perceived, actual, and peer-rated similarity in personality, communication, and friendship intensity during the acquaintanceship process. *Journal of Personality and Social Psychology, 96*, 1152-1165.

Shimizu, H., & Nakashima, K. (2017). Interpersonal benefits of defensive pessimism: Defensive pessimism and negative focus interact to predict positive evaluation. *Psychologia, 60*, 97-109.

Shimizu, H., Nakashima, K., & Morinaga, Y. (2019). The role of individual factors in friendship formation: Considering shyness, self-esteem, social skills, and defensive pessimism. *Japanese Psychological Research, 61*, 47-56.

相馬敏彦・磯部智加衣（2017）．社会的動機は個人を超えて影響をもつか？ダイアド関係における社会的接近動機の収束プロセス　実験社会心理学研究, *56*, 165-174.

Stavrova, O., & Ehlebracht, D. (2015). A longitudinal analysis of romantic relationship formation: The effect of prosocial behavior. *Social Psychological and Personality Science, 6*, 521-527.

Strachman, A., & Gable, S. L. (2006). What you want (and do not want) affects what you see (and do not see): Avoidance social goals and social events. *Personality and Social Psychology Bulletin, 32*, 1446-1458.

Tehrani, H. D., & Yamini, S. (2020). Personality traits and conflict resolution styles: A meta-analysis. *Personality and Individual Differences, 157*, 109794.

Tidwell, N. D., Eastwick, P. W., & Finkel, E. J. (2013). Perceived, not actual, similarity predicts initial attraction in a live romantic context: Evidence from the speed-dating paradigm. *Personal Relationships, 20*, 199-215.

Tov, W., Nai, Z. L., & Lee, H. W. (2016). Extraversion and agreeableness: Divergent routes to daily satisfaction with social relationships. *Journal of Personality, 84*, 121-134.

吉田琢哉・中津川智美（2013）．対人葛藤対処方略の選択に対する関係目標の影響―接近 - 回避の軸に基づく検討―　実験社会心理学研究, *53*, 30-37.

Youyou, W., Stillwell, D., Schwartz, H. A., & Kosinski, M. (2017). Birds of a feather do flock together: Behavior-based personality-assessment method reveals personality similarity among couples and friends. *Psychological Science, 28*, 276-284.

コラム6

国立社会保障・人口問題研究所（2022）．第 16 回出生動向基本調査結果の概要 Retrived from https://www.ipss.go.jp/ps-doukou/j/doukou16/JNFS16 gaiyo.pdf（2022 年 10 月 12 日）

高坂康雅（2013）．青年期における "恋人を欲しいと思わない" 理由と自我発達との関連　発達心理学研究, *24*, 284-294.

高坂康雅（2018）．青年期・成人期前期における恋人を欲しいと思わない者のコミュニケーションに対する自信と同性友人関係　青年心理学研究, *29*, 107-121.

小谷野　敦（1999）．もてない男―恋愛論を超えて　筑摩書房

内閣府子ども・子育て本部（2021）．令和 2 年度少子化社会に関する国際意識調査報告書【全体版】Retrieved from https://www8.cao.go.jp/shoushi/shoushika/research/r02/kokusai/pdf_index.html（2021 年 8 月 4 日）

中村悠里恵（2018）．青年期の恋愛状況と恋愛・結婚観による結婚願望・結婚可能性の比較　和光大学現代人間学部卒業論文（未公刊）

第7章

Ainsworth, M. D. S., Blehar, M. C., Waters, E., & Wall, S. (1978). *Patterns of attachment: A psychological study of the Strange Situation*. Hillsdale, NJ: Lawrence Erlbaum.

Bowlby, J. (1969/2000). *Attachment and loss*, Vol. 1: *Attachment*. New York: Basic Books.

Bowlby, J. (1973/2000). *Attachment and loss*, Vol. 2: *Separation: Anxiety and anger*. New York: Basic Books.

Buiatti, M., Di Giorgio, E., Piazza, M., Polloni, C., Menna, G., Taddei, F., … Vallortigara, G. (2019). Cortical route for facelike pattern processing in human newborns. *PNAS Proceedings of the National Academy of Sciences of the United States of America, 116*, 4625-4630.

Bulanda, J. R., Brown, J. S., & Yamashita, T. (2016). Marital quality, marital dissolution, and mortality risk during the later life course. *Social Science & Medicine, 165*, 119-127.

Capaldi, D. M., Knoble, N. B., Shortt, J. W., & Kim, H. K. (2012). A systematic review of risk factors for intimate partner violence. *Partner Abuse, 3*, 231-280.

Costa, B. M., Kaestle, C. E., Walker, A., Curtis, A., Day, A., Toumbourou, J. W., & Miller, P. (2015). Longitudinal predictors of domestic violence perpetration and victimization: A systematic review. *Aggression and Violent Behavior, 24*, 261-272.

Dean, L. R., Carroll, J. S., & Yang, C. (2007). Materialism, perceived financial problems, and marital satisfaction. *Family and Consumer Sciences Research Journal, 35*, 260-281.

Downey, G., Freitas, A. L., Michaelis, B., & Khouri, H. (1998). The self-fulfilling prophecy in close relationships: Rejection sensitivity and rejection by romantic partners. *Journal of Personality and Social Psychology, 75*, 545-560.

Drigotas, S. M., Whitney, G. A., & Rusbult, C. E. (1995). On the peculiarities of loyalty: A diary study of responses to dissatisfaction in everyday life. *Personality and Social Psychology Bulletin, 21*, 596-609.

Fantz, R. L. (1963). Pattern vision in newborn infants. *Science, 140,* 296-297.

Fries, A. B. W., Ziegler, T. E., Kurian, J. R., Jacoris, S., & Pollak, S. D. (2005). Early experience in humans is associated with changes in neuropeptides critical for regulating social behavior. *Proceedings of the National Academy of Sciences, 102,* 17237-17240.

Gattis, K. S., Berns, S., Simpson, L. E., & Christensen, A. (2004). Birds of a feather or strange birds? Ties among personality dimensions, similarity, and marital quality. *Journal of Family Psychology, 18,* 564-574.

Gunnar, M. R., Morison, S. J., Chisholm, K., & Schuder, M. (2001). Salivary cortisol levels in children adopted from Romanian orphanages. *Development and Psychopathology, 13,* 611-628.

Hirschberger, G., Srivastava, S., Marsh, P., Cowan, C. P., & Cowan, P. A. (2009). Attachment, marital satisfaction, and divorce during the first fifteen years of parenthood. *Personal Relationships, 16,* 401-420.

Johnson, W., McGue, M., Krueger, R. F., & Bouchard, T. J., Jr. (2004). Marriage and personality: A genetic analysis. *Journal of Personality and Social Psychology, 86,* 285-294.

金政祐司 (2009). ひとと人とをつなぐ絆 金政祐司・大竹恵子 (編著) 健康とくらしに役立つ心理学 (pp.70-82) 北樹出版

金政祐司・浅野良輔・古村健太郎 (2017). 愛着不安と自己愛傾向は適応性を阻害するのか？：周囲の他者やパートナーからの被受容感ならびに被拒絶感を媒介要因として 社会心理学研究, *33,* 1-15.

Karney, B. R., & Bradbury, T. N. (1995). The longitudinal course of marital quality and stability: A review of theory, methods, and research. *Psychological Bulletin, 118,* 3-34.

警察庁 (2020). 令和元年におけるストーカー事案及び配偶者からの暴力事案等への対応状況について Retrieved from https://www.npa.go.jp/safetylife/seianki/stalker/R1_STDVkouhoushiryou.pdf (2020年6月8日)

Kiecolt-Glaser, J. K. (2018). Marriage, divorce, and the immune system. *American Psychologist, 73,* 1098-1108.

国立社会保障・人口問題研究所 (2017). 現代日本の結婚と出産—第15回出生動向基本調査 (独身者調査ならびに夫婦調査) 報告書 Retrieved from http://www.ipss.go.jp/ps-doukou/j/doukou15/NFS15_reportALL.pdf (2020年5月29日)

国立社会保障・人口問題研究所 (2020). 人口統計資料集— 2020年版 Retrieved from http://www.ipss.go.jp/syoushika/tohkei/Popular/Popular2020.asp?chap=0 (2020年6月2日)

厚生労働省 (2019a). 厚生労働統計のあらまし 児童 Retrieved from https://www.mhlw.go.jp/toukei/youran/aramashi/jidou.pdf (2020年7月6日)

厚生労働省 (2019b). 令和元年 (2019) 人口動態統計月報年計 (概数) の概況 Retrieved from https://www.mhlw.go.jp/toukei/saikin/hw/jinkou/suikei19/dl/2019suikei.pdf (2020年7月6日)

厚生労働省 (2020). 児童虐待防止対策 児童虐待について Retrieved from https://www.mhlw.go.jp/stf/seisakunitsuite/bunya/kodomo/kodomo_kosodate/dv/index.html (2020年7月6日)

Kurdek, L. A. (1999). The nature and predictors of the trajectory of change in marital quality for husbands and wives over the first 10 years of marriage. *Developmental Psychology, 35,* 1283-1296.

Larson, K., & Halfon, N. (2013). Parental divorce and adult longevity. *International Journal of Public Health, 58,* 89-97.

Lavner, J. A., Lamkin, J., Miller, J. D., Campbell, W. K., & Karney, B. R. (2016). Narcissism and newlywed marriage: Partner characteristics and marital trajectories. *Personality Disorders: Theory, Research, and Treatment, 7,* 169-179.

Lavner, J. A., Weiss, B., Miller, J. D., & Karney, B. R. (2018). Personality change among newlyweds: Patterns, predictors, and associations with marital satisfaction over time. *Developmental Psychology, 54,* 1172-1185.

Le, B., Dove, N. L., Agnew, C. R., Korn, M. S., & Mutso, A. A. (2010). Predicting nonmarital romantic relationship dissolution: A meta-analytic synthesis. *Personal Relationships, 17,* 377-390.

内閣府男女共同参画局 (2018). 男女間における暴力に関する調査 Retrieved from http://www.gender.go.jp/policy/no_violence/e-vaw/chousa/h29_boryoku_cyousa.html (2020年6月8日)

Overbeek, G., Vollebergh, W., de Graaf, R., Scholte, R., de Kemp, R., & Engels, R. (2006). Longitudinal associations of marital quality and marital dissolution with the incidence of DSM-III-R disorders. *Journal of Family Psychology, 20,* 284-291.

Ruddle, A., Pina, A., & Vasquez, E. (2017). Domestic violence offending behaviors: A review of the literature examining childhood exposure, implicit theories, trait aggression and anger rumination as predictive factors. *Aggression and Violent Behavior, 34,* 154-165.

Rusbult, C. E. (1987). Responses to dissatisfaction in close relationships: The exit-voice-loyalty-neglect model. In D. Perlman & S. Duck (Eds.), *Intimate relationships: Development, dynamics, and deterioration* (pp.209-237). Beverly Hills, CA: Sage.

Rusbult, C. E., Johnson, D. J., & Morrow, G. D. (1986). Impact of couple patterns of problem solving on distress and nondistress in dating relationships. *Journal of Personality and Social Psychology, 50,* 744-753.

裁判所 (2020). 司法統計 平成30年度 婚姻関係事件数 申立ての動機別申立人別 全家庭裁判所 Retrieved from https://www.courts.go.jp/app/files/toukei/705/010705.pdf (2020年7月6日)

Simpson, J. A. (1987). The dissolution of romantic relationships: Factors involved in relationship stability and emotional distress. *Journal of Personality and Social Psychology, 53,* 683-692.

友田明美 (2011). 児童虐待が脳に及ぼす影響—脳科学と子どもの発達, 行動— 脳と発達, *43,* 345-351.

Tucker, J. S., Friedman, H. S., Schwartz, J. E., Criqui, M. H., Tomlinson-Keasey, C., Wingard, D. L., & Martin, L. R. (1997). Parental divorce: Effects on individual behavior and longevity. *Journal of Personality and Social Psychology, 73,* 381-391.

第8章

Anthony, S., & Gibbins, S. (1995). Believability and importance as determinants of rumor among deaf college students. *American Annals of the Deaf, 140*(3), 271-278.

Antonioni, D. (1999). Relationship between the Big Five personality factors and conflict management styles. *International Journal of Conflict Management, 9*(4), 336-355.

Argyris, C. (1957). *Personality and organization: The conflict between system and the individual.* New York: Harper & Row. (伊吹山太郎・中村 実 (訳) (1961). 組織とパーソナリティ 日本能率協会)

馬場昌雄 (1983). 組織行動 第2版 白桃書房

Barnard, C. I. (1938). *The functions of the executive.* Cambridge: Harvard University Press. (山本安次郎・田杉 競・飯野春樹 (訳) (1968). 新訳 経営者の役割 ダイヤモンド社)

Barsade, S. G. (2002). The ripple effect: Emotional contagion and its influence on group behavior. *Administrative Science Quarterly,*

47(4), 644-675.

Bass, B. M.（1985）. *Leadership and performance beyond expectation*. New York: Free Press.

Bass, B. M., & Avolio, B. J.（1990）. Developing trans-formational leadership: 1992 and beyond. *Journal of European Industrial Training, 14*, 21-27.

Bauer, T. N., & Erdogan, B.（2015）. *The Oxford handbook of leader-member exchange*. Oxford: Oxford University Press.

Blake, R., & Mouton, J.（1964）. *The managerial grid: The key to leadership excellence*. Houston, TX: Gulf Publishing Company.

Bradley, B. H., Postlethwaite, B. E., Klotz, A. C., Hamdani, M. R., & Brown, K. G.（2012）. Reaping the benefits of task conflict in teams: The critical role of team psychological safety climate. *Journal of Applied Psychology, 97*(1), 151-158.

Brown, M. E., Trevino, L. K., & Harrison, D. A.（2005）. Ethical leadership: A social learning perspective for construct development and testing. *Organizational Behavior and Human Decision Processes, 97*, 117-134.

Cooper, C. L., & Marshall, J.（1976）. Occupational sources of stress: A review of the literature relating to coronary heart disease and mental ill health. *Journal of Occupational Psychology, 49*, 11-28.

Edmondson, A.（1999）. Psychological safety and learning behavior in work teams. *Administrative Science Quarterly, 44*(2), 350-383.

Fiedler, F.（1967）. *A theory of leadership effectiveness*. New York: McGraw-Hill.

Friedman, S., & Rosenman, R. H.（1959）. Association of specific overt behavior pattern with blood and cardiovascular findings. *JAMA, 169*, 1286-1296.

藤原　勇（2017）. 上司・部下関係における相互の被信頼を測定する尺度の作成　産業・組織心理学研究, *31*(1), 37-54.

福島裕一（2009）. 「ありがとう力」で会社は変わる──当たり前だけどなかなかできない"感謝し合う組織"の作り方　大和出版

Google re:Work　「効果的なチームとは何か」を知る　Retrieved from https://rework.withgoogle.com/jp/guides/understanding-team-effectiveness/#introduction（2023年6月6日）

Graen, G. B., & Uhl-Bien, M.（1995）. Relationship-based approach to leadership: Development of leader-member exchange（LMX）theory of leadership over 25 years: Applying a multi-level multi-domain perspective. *The Leadership Quarterly, 6*(2), 219-247.

Greenleaf, R. K.（1977）. *Servant leadership: A journey into the nature of legitimate power and greatness*. New York: Paulist Press.

Harter, S.（2002）. Authenticity. In C. R. Snyder & S. J. Lopez (Eds.), *Handbook of positive psychology* (pp. 382-394). New York: Oxford University Press.

Hersey, P., & Blanchard, K. H.（1977）. *Management of organizational behavior: Utilizaing human resources* (3rd ed.). Englewood Cliffs, Prentice-Hall.（山本成二・水野　基・成田　攻（訳）（1978）. 行動科学の展開：人的資源の活用　日本生産性本部）

Hurrell, J. J., Jr. & McLaney, M. A.（1988）. Exposure to job stress: A new psychometric instrument. *Scandinavian Journal of Work, Environment and Health, 14*, 27-28.

Hoch, J. E., Bommer, W. H., Dulebohn, J. H., & Wu, D.（2018）. Do ethical, authentic, and servant leadership explain variance above and beyond transformational leadership? A meta-analysis. *Journal of Management, 44*(2), 501-529.

池田　浩（2015）. 組織における「感謝」感情の機能に関する研究　*Transactions of the Academic Association for Organizational Science, 4*(1), 120-125.

今城志保（2017）. 心理的安全性の効用と今後の研究課題　*RMS Message, 48*, 7-10.

Jehn, K. A.（1995）. A multi-method examination of the benefits and detriments of intragroup conflict. *Administrative Science Quarterly, 40*(2), 256-282.

Judge, T. A., Bono, J. E., Ilies, R., & Gerhardt, M. W.（2002）. Personality and leadership: A qualitative and quantitative review. *Journal of Applied Psychology, 87*(4), 765-780.

金井篤子（2004）. 職場のストレスとサポート　外島　裕・田中堅一郎（編著）増補改訂版　産業・組織心理学エッセンシャルズ　ナカニシヤ出版

加藤　司（2003）. 大学生の対人葛藤方略スタイルとパーソナリティ，精神的健康との関連性について　社会心理学研究, *18*(2), 78-88.

公益財団法人 日本生産性本部（2014）. 第7回『メンタルヘルスの取り組み』に関する企業アンケート調査結果

厚生労働省（2022）. 令和3年 労働安全衛生調査

厚生労働省（2022）. 令和3年度個別労働紛争解決制度の施行状況

Lord, R. G., De Vader, C. L., & Alliger, G. M.（1986）. A meta-analysis of the relation between personality traits and leadership perceptions: An application of validity generalization procedures. *Journal of Applied Psychology, 71*(3), 402-410.

Mayo, G. E.（1933）. *The human problems of an industrial civilization*. New York: Macmillan.

McCullough, M. E., Emmons, R. A., & Tsang, J. A.（2002）. The grateful disposition: A conceptual and empirical topography. *Journal of Personality and Social Psychology, 82*(1), 112-127.

三上聡美・池田　浩・山口裕幸（2017）. 職務環境とパーソナリティ特性が感謝特性に与える影響　九州大学心理学研究, *18*, 9-14.

三隅二不二（1984）. リーダーシップ行動の科学（改訂版）　有斐閣

Newman, A., Donohue, R., & Eva, N.（2017）. Psychological safety: A systematic review of the literature. *Human Resource Management Review, 27*(3), 521-535.

大橋昭一・竹林浩志（2008）. ホーソン実験の研究─人間尊重の経営の源流を探る　同文舘出版

Pelled, L. H., Eisenhardt, K. M., & Xin, K. R.（1999）. Exploring the black box: An analysis of work group diversity, conflict, and performance. *Administrative Science Quarterly, 44*(1), 1-28.

Rahim, A., & Bonoma, T. V.（1979）. Managing organizational conflict: A model for diagnosis and intervention. *Psychological Reports, 44*(3), 1323-1344.

Roethlisberger, F. J., & Dickson, W. J.（1939）. *Management and worker*. Cambridge: Harvard University Press.

Seligman, M. E.（2012）. *Flourish: A visionary new understanding of happiness and well-being*. New York: Simon and Schuster.

宍戸拓人（2012）. 我が国におけるコンフリクト研究の課題─近年のコンフリクト研究に対する文献研究より─　*Center for Japanese Business Studies / Working Paper Series*, 1-14.

Stogdill, R. M.（1948）. Personal factors associated with leadership: A survey of the literature. *The Journal of Psychology: Interdisciplinary and Applied, 25*, 35-71.

Stogdill, R. M.（1974）. *Handbook of leadership: A survey of theory and research*. New York: The Free Press.

Sy, T., Cote, S., & Saavedra, R.（2005）. The contagious leader: Impact of the leaders mood on the mood of group members, group affective tone, and group processes. *Journal of Applied Psychology, 90*, 295-305.

Triandis, H. C., Hall, E. R., & Ewen, R. B. (1965). Member heterogeneity and dyadic creativity. *Human Relations*, *18*(1), 33-55.

White, R. K., & Lippiit, R. (1960). *Autocracy and democracy*. New York: Harper & Brothers.

安宅真由美 (2018). 「組織におけるアサーティブな提言」が個人の意識に及ぼす影響について—Crew Resource Management のコミュニケーションを分析対象として— 立教ビジネスデザイン研究, *15*, 53-69.

第9章

相川　充・藤井　勉 (2011). 潜在連合テスト (IAT) を用いた潜在的シャイネス測定の試み　心理学研究, *82*, 41-48.

Asendorpf, J. B., Banse, R., & Mücke, D. (2002). Double dissociation between implicit and explicit personality self-concept: The case of shy behavior. *Journal of Personality and Social Psychology*, *84*, 380-393.

Back, M. D., Schumkle, S. C., & Egloff, B. (2009). Predicting actual behavior from the explicit and implicit self-concept of personality. *Journal of Personality and Social Psychology*, *97*, 533-548.

Baumeister, R. F., Smart, L., & Boden, J. M. (1996). Relation of threatened egotism to violence and aggression: The dark side of high self-esteem. *Psychological Review*, *103*, 5-33.

Bosson, J. K., Swann, W. B., & Pennebaker, J. W. (2000). Stalking the perfect measure of implicit self-esteem: The blind men and elephant revisited? *Journal of Personality and Social Psychology*, *79*, 631-643.

Costa, P. T., & McCrae, R. R. (1988). Personality in adulthood: A six-year longitudinal study of self-reports and spouse ratings on the NEO personality inventory. *Journal of Personality and Social Psychology*, *54*, 853-863.

Creemers, D. H., Scholte, R. H., Engels, R. C., Prinstein, M. J., & Wiers, R. W. (2013). Damaged self-esteem is associated with internalizing problems. *Frontiers in Psychology*, *4*, 152.

Dasgupta, N., & Greenwald, A. (2001). On the malleability of automatic attitudes: Combating automatic prejudice with images of admired and disliked individuals. *Journal of Personality and Social Psychology*, *81*, 800-814.

Edwards, A. L. (1957). *The social desirability variable in personality assessment and research*. New York: Dryden Press.

Egloff, B., & Schmukle, S. C. (2002). Predictive validity of an Implicit Association Test for assessing anxiety. *Journal of Personality and Social Psychology*, *83*, 1441-1455.

藤井　勉 (2013). 対人不安 IAT の作成および妥当性・信頼性の検討　パーソナリティ研究, *22*, 23-36.

藤井　勉 (2014). 顕在的・潜在的自尊感情の不一致と抑うつ・不安および内集団ひいきの関連　心理学研究, *85*, 93-99.

藤井　勉・相川　充 (2013). シャイネスの二重分離モデルの検証——IAT を用いて——　心理学研究, *84*, 529-535.

Fujii, T., Sawaumi, T., & Aikawa, A. (2013). Test-retest reliability and criterion-related validity of the Implicit Association Test for measuring shyness. *IEICE TRANSACTIONS on Fundamentals of Electronics, Communications and Computer Sciences*, E96-A, 1768-1774.

藤井　勉・澤海崇文・相川　充 (2014). 顕在的・潜在的自尊心の不一致と自己愛——自己愛の3下位尺度との関連から——　感情心理学研究, *21*, 162-168.

藤井　勉・澤海崇文・相川　充 (2015). シャイネス IAT の再検査信頼性——潜在的シャイネスの変容可能性も含めて——　心理学研究, *86*, 361-367.

Greenwald, A. G., & Farnham, S. D. (2000). Using the Implicit Association Test to measure self-esteem and self-concept. *Journal of Personality and Social Psychology*, *79*, 1022-1038.

Greenwald, A. G., McGhee, D. E., & Schwarz, J. L. K. (1998). Measuring individual differences in implicit cognition: The implicit association test. *Journal of Personality and Social Psychology*, *74*, 1464-1480.

原島雅之・小口孝司 (2007). 顕在的自尊心と潜在的自尊心が内集団ひいきに及ぼす効果　実験社会心理学研究, *47*, 69-77.

橋本　剛 (2015). 対人ストレッサーと社会的自己制御の関連　日本心理学会第79回大会発表論文集, 80.

速水敏彦 (2006). 他人を見下す若者たち　講談社

堀尾志保・高橋　潔 (2004). 作為回答場面での5大因子性格検査に関する社会的望ましさ尺度の役割　産業・組織心理学研究, *17*, 65-77.

稲垣　勉・澤田匡人 (2018). 顕在的・潜在的自尊感情の不一致と他者軽視の関連——不一致の「大きさ」と「方向」も含めて——　鹿児島大学教育学部教育実践研究紀要, *27*, 221-229.

稲垣　勉・澤海崇文・澄川采加 (2019). シャイネス IAT の1年間隔の再検査信頼性——潜在的シャイネスの変容可能性を含めた検討—— 九州心理学会第80回大会発表論文集, 55.

稲垣　勉・澤海崇文・澄川采加・相川　充 (2020). Grit を測定する Single Target-Implicit Association Test の作成の試み　教育テスト研究センター年報, *5*, 53-55.

伊藤忠弘 (2002). 自尊感情と自己評価　船津　衛・安藤清志 (編)　自我・自己の社会心理学 (pp. 96-111)　北樹出版

Jordan, C. H., Spencer, S. J., Zanna, M. P., Hoshino-Browne, E., & Correll, J. (2003). Secure and defensive high self-esteem. *Journal of Personality and Social Psychology*, *85*, 969-978.

川崎直樹・小玉正博 (2010). 潜在的自尊心と自己愛傾向との関連——Implicit Association Test 及び Name Letter Task を用いたマスク・モデルの検討——　パーソナリティ研究, *19*, 59-61.

小島弥生・太田恵子・菅原健介 (2003). 賞賛獲得欲求・拒否回避欲求尺度作成の試み　性格心理学研究, *11*, 86-98.

並川　努・谷　伊織・脇田貴文・熊谷龍一・中根　愛・野口裕之 (2012). Big Five 尺度短縮版の開発と信頼性と妥当性の検討　心理学研究, *83*, 91-99.

Nisbett, R., & Wilson, T. (1977). Telling more than we can know: Verbal reports on mental processes. *Psychological Review*, *84*, 231-259.

小塩真司・西野拓朗・速水敏彦 (2009). 潜在的・顕在的自尊感情と仮想的有能感の関連　パーソナリティ研究, *17*, 250-260.

Paulhus, D. L. (1991). Measurement and control of response bias. In J. P. Robinson, P. R. Shaver, & L. S. Wrightsman (Eds.), *Measures of personality and social psychological attitudes* (pp. 17-59). New York: Academic Press.

Perugini, M., Richetin, J., & Zogmaister, C. (2010). Prediction of behavior. In B. Gawronski & B. Payne (Eds.), *Handbook of implicit social cognition: Measurement, theory, and applications* (pp. 255-277). New York: Guilford Press.

Richetin, J., Richardson, D. S., & Mason, G. D. (2010). Predictive validity of IAT aggressiveness in the context of provocation. *Social Psychology*, *41*, 27-34.

Rosenberg, M. (1965). *Society and the adolescent self-image*. Princeton, NJ: Princeton University Press.

Rudolph, A., Schröder-Abé, M., Riketta, M., & Schütz, A. (2010). Easier when done than said!: Implicit self-esteem predicts observed or spontaneous behavior, but not self-reported or controlled behavior. *Zeitschrift für Psychologie/Journal of Psychology, 218*, 12-19.

齊藤千鶴（2004）．摂食障害傾向における個人的・社会文化的影響の検討　パーソナリティ研究, *13*, 79-90.

澤田匡人（2008）．シャーデンフロイデの喚起に及ぼす妬み感情と特性要因の影響――罪悪感, 自尊感情, 自己愛に注目して――　感情心理学研究, *16*, 36-48.

澤海崇文・藤井　勉・中野友香子・相川　充（2014）．社会的望ましさ反応傾向が自己呈示行動に及ぼす影響　日本グループ・ダイナミックス学会第61回大会発表論文集, 124-125.

下條信輔（2008）．サブリミナル・インパクト――情動と潜在認知の現代――　筑摩書房

下仲順子・中里克治・権藤恭之・高山　緑（1999）．NEO-PI-R, NEO-FFI共通マニュアル　東京心理

潮村公弘（2008）．潜在的自己意識の測定とその有効性　下斗米淳（編）自己心理学6　社会心理学へのアプローチ（pp. 48-62）　金子書房

潮村公弘（2016）．自分の中の隠された心――非意識的態度の社会心理学――　サイエンス社

潮村公弘・小林知博（2004）．潜在的認知　大島　尚・北村英哉（編著）ニューセンチュリー社会心理学3「認知の社会心理学」（pp. 54-71）　北樹出版

鈴木裕子・山口　創・根建金男（1997）．シャイネス尺度（Waseda Shyness Scale）の作成とその信頼性・妥当性の検討　カウンセリング研究, *30*, 245-254.

太幡直也（2012）．パーソナリティと社会的認知　鈴木公啓（編）パーソナリティ心理学概論――性格理解への扉――（pp. 121-139）ナカニシヤ出版

太幡直也（2018）．対人認知　鈴木公啓・荒川　歩・太幡直也・友野隆成（著）パーソナリティ心理学入門――ストーリーとトピックで学ぶ心の個性――（p. 4）ナカニシヤ出版

谷　伊織（2008）．バランス型社会的望ましさ反応尺度日本語版（BIDR-J）の作成と信頼性・妥当性の検討　パーソナリティ研究, *17*, 18-28.

登張真稲・名尾典子・首藤敏元・大山智子・木村あやの（2015）．多面的協調性尺度の作成と大学生の協調性　人間科学研究, *37*, 151-164.

山田　歩・外山みどり（2010）．もっともらしい理由による選択の促進　心理学研究, *82*, 492-500.

山脇望美・山本雄大・熊谷智博・大渕憲一（2013）．攻撃性の顕在的・潜在的測度による攻撃行動の予測　社会心理学研究, *29*, 25-31.

コラム8

相川　充（1991）．特性シャイネス尺度の作成および信頼性と妥当性の検討に関する研究　心理学研究, *62*, 149-155.

相川　充（1998）．シャイネス低減に及ぼす社会的スキル訓練の効果に関する実験的検討　東京学芸大学紀要（第一部門・教育科学）, *49*, 39-49.

相川　充（2000）．シャイネスの低減に及ぼす社会的スキル訓練の効果に関するケース研究　東京学芸大学紀要（第一部門・教育科学）, *51*, 49-59.

相川　充・藤井　勉（2011）．潜在連合テスト（IAT）を用いた潜在的シャイネス測定の試み　心理学研究, *82*, 41-48.

Asendorpf, J. B., Banse, R., & Mücke, D. (2002). Double dissociation between implicit and explicit personality self-concept: The case of shy behavior. *Journal of Personality and Social Psychology, 84*, 380-393.

藤井　勉・相川　充（2013）．シャイネスの二重分離モデルの検証――IATを用いて――　心理学研究, *84*, 529-535.

稲垣　勉・澤海崇文・澄川采加（2020）．潜在的シャイネスの低減可能性の検討――対概念の活性化と自己との連合強化を通して――　鹿児島大学教育学部研究紀要（人文・社会科学編）, *71*, 57-66.

第10章

安藤清志（2001）．罪悪感と社会的行動（1）――罪悪感による行動のコントロール――　東洋大学社会学研究所年報, *34*, 23-39.

有光興記（2001a）．罪悪感, 羞恥心と性格特性の関係　性格心理学研究, *9*, 71-86.

有光興記（2001b）．罪悪感, 恥と精神的健康との関係　健康心理学研究, *14*, 24-31.

有光興記（2002）．罪悪感, 羞恥心と問題行動の関係　日本心理学会第66回大会発表論文集, 881.

有光興記（2007）．罪悪感と羞恥心　鈴木直人（編）感情心理学（pp. 172-193）朝倉書店

有光興記（2009a）．特性誇りと精神的健康, 向社会的行動, 問題行動の関係　日本心理学会第73回大会発表論文集, 986.

有光興記（2009b）．誇りとプライド　有光興記・菊池章夫（編）自己意識的感情の心理学（pp. 181-193）北大路書房

有光興記・井上美沙（2008）．特性誇り尺度の作成――真正な誇りと思い上がり, 自尊心, 自己愛の関係――　日本心理学会第72回大会発表論文集, 1046.

Carver, C. S., Sinclair, S., & Jonson, S. L. (2010). Authentic and hubristic pride: Differential relations to aspects of goal regulation, affect, and self-control. *Journal of Research in Personality, 44*, 698-703.

Castelfranchi, C., & Poggi, I. (1990). Blushing as a discourse: Was Darwin wrong? In W. R. Crozier (Ed.), *Shyness and embarrassment: Perspective from social psychology* (pp. 230-251). New York: Cambridge University Press.

Cohen, T. R., Wolf, S. T., Panter, A. T., & Insko, C. A. (2011). Introducing the GASP scale: A new measure of guilt and shame proneness. *Journal of Personality and Social Psychology, 100*, 947-966.

Costello, T. H., Unterberger, A., Watts, A. L., & Lilienfeld, S. O. (2018). Psychopathy and pride: Testing Lykken's hypothesis regarding the implications of fearlessness for prosocial and antisocial behavior. *Frontiers in Psychology, 9*, Article 185.

de Waal, F. B. M. (1982). *Chimpanzee politics: Power and sex among apes.* London: Jonathan Cape. （西田利貞（訳）（1984）．政治をするサル――チンパンジーの権力と性――　どうぶつ社）

Dijk, C., de Jong, P. J., & Peters, M. L. (2009). The remedial value of blushing in the context of transgressions and mishaps. *Emotion, 9*, 287-291.

Dijk, C., Koenig, B., Ketelaar, T., & de Jong, P. J. (2011). Saved by the blush: Being trusted despite defecting. *Emotion, 11*, 313-319.

Elison, J. (2005). Shame and guilt: A hundred years of apples and oranges. *New Ideas in Psychology, 23*, 5-32.

遠藤利彦（2007）．感情の機能を探る　藤田和生（編）感情科学（pp. 3-34）京都大学学術出版会

遠藤利彦（2009）．自己と感情――その進化論・文化論――　有光興記・菊池章夫（編）自己意識的感情の心理学（pp. 2-36）北大路書房

Feinberg, M., Willer, R., & Keltner, D. (2012). Flustered and faithful: Embarrassment as a signal of prosociality. *Journal of Personality and Social Psychology, 102*, 81-97.

福田哲也・樋口匡貴（2014）．羞恥表出者に対する観察者のパーソナリティ評価——失敗状況および成功状況を用いた検討—— 感情心理学研究, *22*（Supplement）, 9.

樋口匡貴（2008）．なぜ人はそのとき気まずくなるのか？ 永房典之（編） なぜ人は他者が気になるのか？——人間関係の心理——（pp. 46-57） 金子書房

樋口匡貴（2009）．恥——その多様な感情の発生から対処まで 有光興記・菊池章夫（編） 自己意識的感情の心理学（pp. 126-141） 北大路書房

樋口匡貴・福田哲也・蔵永 瞳（2013）．羞恥の表出は信頼の獲得につながるか？——Feinberg et al.（2012）の追試的検討—— 日本社会心理学会第 54 回大会発表論文集, 452.

平井 花（2017）．主観的感情特性尺度の作成——基本感情に基づく感情特性尺度の信頼性・妥当性の検討—— 人文, *15*, 83-97.

Horlberg, E. J., Kraus, M. W., & Keltner, D.（2013）. Pride displays communicate self-interest and support for meritocracy. *Journal of Personality and Social Psychology, 105*, 24-37.

Keltner, D.（1995）. Signs of appeasement: Evidence for the distinct displays of embarrassment, amusement, and shame. *Journal of Personality and Social Psychology, 68*, 441-454.

Keltner, D., & Buswell, B. N.（1997）. Embarrassment: Its distinct form and appeasement functions. *Psychological Bulletin, 122*, 250-270.

Keltner, D., & Haidt, J.（1999）. Social functions of emotions at four levels of analysis. *Cognition and Emotion, 13*, 505-521.

Keltner, D., & Haidt, J.（2001）. Social functions of emotions. In T. J. Mayne & G. A. Bonanno（Eds.）, *Emotions: Current issues and future directions*（pp. 192-213）. New York: Guilford Press.

Keltner, D., Moffitt, T. E., & Stouthamer-Loeber, M.（1995）. Facial expressions of emotion and psychopathology in adolescent boys. *Journal of Abnormal Psychology, 104*, 644-652.

Keltner, D., Young, R. C., & Buswell, B. N.（1997）. Appeasement in human emotion, social practice, and personality. *Aggressive Behavior, 23*, 359-374.

蔵永 瞳（2019）．他者との関係性で生じる感情 内山伊知郎（監） 感情心理学ハンドブック（pp. 248-252） 北大路書房

蔵永 瞳・樋口匡貴・福田哲也（2012）．感謝を表出する行動の特徴に関する分析 日本社会心理学会第 53 回大会発表論文集, 164.

Kraut, R. E., & Johnston, R. E.（1979）. Social and emotional messages of smiling: An ethological approach. *Journal of Personality and Social Psychology, 37*, 1539-1553.

Lazarus, R.（1994）. The stable and the unstable in emotion. In P. Ekman & R. J. Davidson（Eds.）, *The nature of emotion: Fundamental questions*（pp. 79-84）. New York: Oxford University Press.

前田友吾・結城雅樹（2019）．ネガティブ・ポジティブ状況における羞恥の文化差とその要因——関係流動性の役割の検討—— 日本心理学会第 83 回発表論文集, 143

Maltby, J., & Day, L.（2000）. The reliability and validity of a susceptibility to embarrassment scale among adults. *Personality and Individual Differences, 29*, 749-756.

Martens, J. P., & Tracy, J. L.（2013）. The emotional origins of a social learning bias: Does the pride expression cue copying? *Social Psychological and Personality Science, 4*, 492-499.

Martens, J. P., Tracy, J. L., & Shariff, A. F.（2012）. Status signals: Adaptive benefits of displaying and observing the nonverbal expressions of pride and shame. *Cognition and Emotion, 26*, 390-406.

Miller, R. S.（1995）. On the nature of embarrassability: Shyness, social evaluation, and social skill. *Journal of Personality, 63*, 315-339.

Miller, R. S.（2007）. Is embarrassment a blessing or a curse? In J. L. Tracy, R. W. Robins, & J. P. Tangney（Eds.）, *The self-conscious emotions: Theory and research*（pp. 245-262）. New York: Guilford Press.

成田健一（1993）．羞恥感情とパーソナリティ特性の関係——Embarrassibility scale を用いて—— 日本教育心理学会第 35 回総会発表論文集, 28.

成田健一・寺崎正治・新浜邦夫（1990）．羞恥感情を引き起こす状況の構造——多変量解析を用いて—— 人文論究, *40*, 73-92.

Rusch, C. D.（2004）. Cross-cultural variability of the semantic domain of emotion terms: An examination of English shame and embarrass with Japanese hazukasii. *Cross-Cultural Research, 38*, 236-248.

Semin, G. R., & Manstead, A. S. R.（1982）. The social implications of embarrassment displays and restitution behaviour. *European Journal of Social Psychology, 12*, 367-377.

Shariff, A. F., & Tracy, J. L.（2009）. Knowing who's boss: Implicit perceptions of status from the nonverbal expression of pride. *Emotion, 9*, 631-639.

Shariff, A. F., Tracy, J. L., & Markusoff, J. L.（2012）.（Implicitly）judging a book by its cover: The power of pride and shame expressions in shaping judgments of social status. *Personality and Social Psychology Bulletin, 38*, 1178-1193.

菅原健介（1998）．人はなぜ恥ずかしがるのか——羞恥と自己イメージの社会心理学—— サイエンス社

Tangney, J. P.（1995）. Shame and guilt in interpersonal relationships. In J. P. Tangney & K. W. Fischer（Eds.）, *Self-conscious emotions: The psychology of shame, guilt, embarrassment, and pride*（pp. 114-139）. New York: Guilford Press.

Tangney, J. P., & Dearing, R. L.（2002）. *Shame and guilt*. New York: Guilford Press.

Tangney, J. P., Miller, R. S., Flicker, L., & Barlow, D. H.（1996）. Are shame, guilt, and embarrassment distinct emotions? *Journal of Personality and Social Psychology, 70*, 1256-1269.

Tangney, J. P., Wagner, P., & Gramzow, R.（1992）. Proneness to shame, proneness to guilt, and psychopathology. *Journal of Abnormal Psychology, 101*, 469-478.

Tignor, S. M., & Colvin, C. R.（2017）. The interpersonal adaptiveness of dispositional guilt and shame: A meta-analytic investigation. *Journal of Personality, 85*, 341-363.

Tracy, J. L., Cheng, J. T., Robins, R. W., & Trzesniewski, K. H.（2009）. Authentic and hubristic pride: The affective core of self-esteem and narcissism. *Self and Identity, 8*, 196-213.

Tracy, J. L., & Robins, R. W.（2004a）. Putting the self into self-conscious emotions: A theoretical model. *Psychological Inquiry, 15*, 103-125.

Tracy, J. L., & Robins, R. W.（2004b）. Show your pride: Evidence for a discrete emotion expression. *Psychological Science, 15*, 194-197.

Tracy, J. L., & Robins, R. W.（2007a）. The psychological structure of pride: A tale of two facets. *Journal of Personality and Social*

Psychology, 92, 506-525.

Tracy, J. L., & Robins, R. W. (2007b). The prototypical pride expression: Development of a nonverbal behavior coding system. *Emotion, 7*, 789-801.

Tracy, J. L., & Robins, R. W. (2007c). The self in self-conscious emotions: A cognitive appraisal approach. In J. L. Tracy, R. W. Robins, & J. P. Tangney (Eds.), *The self-conscious emotions: Theory and research* (pp. 3-20). New York: Guilford Press.

Tracy, J. L., & Robins, R. W. (2007d). The nature of pride. In J. L. Tracy, R. W. Robins, & J. P. Tangney (Eds.), *The self-conscious emotions: Theory and research* (pp. 263-282). New York: Guilford Press.

Tracy, J. L., Shariff, A. F., & Cheng, J. T. (2010). A naturalist's view of pride. *Emotion Review, 2*, 163-177.

Tracy, J. L., Shariff, A. F., Zhao, W., & Henrich, J. (2013). Cross-cultural evidence that the nonverbal expression of pride is an automatic status signal. *Journal of Experimental Psychology: General, 142*, 163-180.

Watson, D., & Clark, L. A. (1994). Emotions, moods, traits, and temperaments: Conceptual distinctions and empirical findings. In P. Ekman & R. J. Davidson (Eds.), *The nature of emotion: Fundamental questions* (pp. 89-93). New York: Oxford University Press.

Yu, Y. Y., & Ohtsubo, Y. (2015). The implicit association between pride and social status in Japan. *Letters on Evolutionary Behavioral Science, 6*, 25-28.

コラム9

Cova, F., & Deonna, J. A. (2014). Being moved. *Philosophical Studies, 169*, 447-466.

加藤樹里・村田光二（2013）．有限の顕現化と社会的価値の志向性が悲しみを伴った感動に及ぼす影響　心理学研究，*84*，138-145.

酒井恵子・山口陽弘・久野雅樹（1998）．価値志向性尺度における一次元的階層性の検討―項目反応理論の適用　教育心理学研究，*46*，153-162.

Strick, M., & van Soolingen, J. (2018). Against the odds: Human values arising in unfavourable circumstances elicit the feeling of being moved. *Cognition and Emotion, 32*, 1231-1246.

第11章

明石加代・藤井千太・加藤　寛（2008）．災害・大事故被災集団への早期介入：「サイコロジカル・ファーストエイド実施の手引き」日本語版作成の試み　心的トラウマ研究，*4*，17-26.

Argyle, M. (1996). *Bodily communication*. London: Routledge.

Averill, J. (1983). Studies on anger and aggression: Implications for theories of emotion. *American Psychologist, 38*, 1145-1160.

Bower, G. H. (1981). Mood and memory. *American Psychologist, 36* (2), 129-148.

Clark-Polner, E., Wafer, T. D., Satpute, A. B., & Barrett, L. F. (2018). Neural fingerprinting: Meta-analysis, variation and the search for brain-based essences in the science of emotion. In L. F. Barrett, M. Lewis, & J. M. Haviland-Jones (Eds.), *Handbook of emotions* (4th ed.). New York: Guilford Press.

Clore, G. L., Ortony, A., & Foss, M. A. (1987). The psychological foundations of the affective lexicon. *Journal of Personality and Social Psychology, 53* (4), 751-766.

Collins, A. M., & Loftus, E. F. (1975). A spreading-activation theory of semantic processing. *Psychological Review, 82*, 407-428.

Csikszentmihalyi, M. (1990). *Flow: The psychology of optimal experience*. New York: Harper and Row.

Damasio, A. (1994). *Descartes' error: Emotion, rationality and the human brain*. New York: Putnam.（田中三彦（訳）（2010）．デカルトの誤り：情動，理性，人間の脳　筑摩書房）

De Becker, G. (1997). *The gift of fear*. Boston, MA: Little, Brown.

Ekman, P. (1973). *Darwin and facial expression*. New York: Academic Press.

Ekman, P., & Friesen, W. V. (1975). *Unmasking the face: A guide to recognizing emotions from facial clues*. Englewood Cliffs, NJ: Prentice-Hall.（工藤　力（訳編）（1987）．表情分析入門――表情に隠された意味をさぐる　誠信書房）

榎本さち・米澤好史（2008）．自己意識的感情特性尺度作成の試み：他者への自己意識的感情欲求特性，対人場面特性，帰属特性との関係　和歌山大学教育学部紀要，*58*，29-38.

Forgas, J. P. (1995). Mood and judgment: The affect infusion model (AIM). *Psychological Bulletin, 117* (1), 39-66.

Fredrickson, B. L. (2001). The role of positive emotions in positive psychology: The broaden and build theory of positive emotions. *American Psychologist, 56*, 218-226.

Gross, J. J. (2002). Emotion regulation: Affective, cognitive, and social consequences. *Psychophysiology, 39*, 281-291.

Hochschild, A. R. (1983). *The managed heart: Commercialization of human feeling*. Berkeley, CA: University of California Press.（石川　准・室伏亜紀（訳）（2000）．管理される心――感情が商品になるとき　世界思想社）

稲垣杏太・小野田慶一・山口修平（2017）．小脳は無意識の情動処理に寄与するか？　生理心理学と精神生理学，*35*，207-216.

Izard, C. E., Libero, D. Z., Putnam, P., & Haynes, O. M. (1993). Stability of emotion experiences and their relations to traits of personality. *Journal of Personality and Social Psychology, 64*, 847-860.

樫村正美・岩満優美（2007）．感情抑制傾向尺度の作成の試み――尺度の開発と信頼性・妥当性の検討　健康心理学研究，*20*(2)，30-41.

加藤由樹・加藤尚吾・杉村和枝・赤堀侃司（2008）．テキストコミュニケーションにおける受信者の感情面に及ぼす感情特性の影響――電子メールを用いた実験による検討――　日本教育工学会論文誌，*31*，403-414.

木村　晴（2006）．感情の制御　北村英哉・木村　晴（編）感情研究の新展開（pp. 193-210）　ナカニシヤ出版

久保ゆかり（2007）．幼児期における感情表出についての認識の発達――5歳から6歳への変化　東洋大学社会学部紀要，*44*，89-105.

Lazarus, R. S. (1966). *Psychological stress and the coping process*. New York: McGraw-Hill.

Lazarus, R. S. (1994). How are emotions distinguished from moods, temperament, and other related affective constructs? In P. Ekman & R. J. Davidson (Eds.), *The nature of emotion* (pp. 79-85). New York: Oxford University Press.

Leach, J. (1994). *Survival psychology*. Basingstoke, UK: Palgrave Macmillan.

李　礼真・松本芳之（2011）．日本人と韓国人における表示規則　心理学研究，*82*，415-423.

Magai, C., & McFadden, S. (1995). *The role of emotion in social and personality development: History, theory, and research*. New York: Plenum.

Mayer, J. D. (2002). *MSCEIT: Mayer-Salovey-Caruso emotional intelligence test*. Toronto, Canada: Multi-Health Systems.

Mayer, J. D., & Salovey, P. (1997). What is emotional intelligence? In P. Salovey & D. J. Sluyter (Eds.), *Emotional development and emotional intelligence: Educational Implications for educators* (pp. 3-31). New York: Basic Books.

Mikolajczak, M., Brasseur, S., & Fantini-Hauwel, C. (2014). Measuring intrapersonal and interpersonal EQ: The short profile of emotional competence (S-PEC). *Personality and Individual Differences, 65*, 42-46.

三浦浩美・勝間理沙・山崎勝之 (2011). 児童期における感情表出性尺度日本語版の開発 小児保健研究, *70*, 646-651.

水子 学・寺嵜正治・金光義弘 (2002). 感情特性が対人相互作用量に及ぼす影響——結果予期と効力予期の媒介的役割 性格心理学研究, *10*, 98-107.

西村洋一 (2008). 知覚された他者からの受容と感情特性との関連 日本心理学会第72回大会発表論文集, 1072.

野口理英子・藤生英行 (2007). 抑うつと怒り表出抑制が感情と心臓血管反応に与える影響——反応スタイル理論からの実験的検証 健康心理学研究, *20*(1), 64-72.

野崎優樹 (2014). 情動知能の機能に関する実験研究の課題と展望 京都大学大学院教育学研究科紀要, *60*, 481-493.

野崎優樹・子安増生 (2015). 情動コンピテンスプロフィール日本語短縮版の作成 心理学研究, *86*, 160-169.

Oartley, K., & Jenkins, J. M. (1996). *Understanding emotions* (2nd ed.). Hoboken, NJ: Wiley-Blackwell.

Pennebaker, J. W. (1985). Traumatic experience and psychosomatic disease: Exploring the roles of behavioral inhibition, obsession, and confounding. *Canadian Psychology, 26*, 82-95.

Plutchik, R. (1997). The circumplex as a general model of the structure of emotions and personality. In R. Plutchik & H. R. Conte (Eds.), *Circumplex models of personality and emotions* (pp. 17-45). Washington, DC: American Psychological Association. (橋本泰央・小塩真司 (訳) (2019). 円環モデルからみたパーソナリティと感情の心理学 福村出版)

Robinson, M. D., Vargas, P. T. Tamir, M., & Solberg, E. C. (2004). Using and being used by categories: The case of negative evaluations and daily wellbeing. *Psychological Science, 15*, 521-526.

坂上裕子 (1999). 感情に関する認知の個人差——感情特性と曖昧刺激における感情の解釈との関連 教育心理学研究, *47*, 411-420.

Salovey, P., & Mayer, P. (1990). Emotional intelligence. *Imagination, Cognition, and Personality, 9*, 185-211.

Schewarz, N. (1990). Feelings as information: Informational and motivational functions of affective states. In E. T. Higgings & R. M. Sorrentino (Eds.), *Handbook of motivation and cognition: Foundations of social behavior* (Vol. 2, pp. 527-561). New York: Guilford Press.

Seligman, M. E. P. (1975). *Helplessness: On depression, development, and death.* San Francisco, CA: W. H. Freeman.

Sifneos, P. E. (1967). Clinical observations on some patients suffering from a variety of psychosomatic diseases. *Acta Medicina Psychosomatica, 21*, 133-136.

Smith, E. R., & Newmann, R. (2005). Emotion process considered from the perspective of dual-process models. In L. F. Barrett, P. M. Niedenthal, & P. Winkielman (Eds.), *Emotion and consciousness* (pp. 287-311). New York: Guilford Press.

Speisman, J. C., Lazarus, R. S., Mordkoff, A., & Davison, L. (1964). Experimental reduction of stress based on ego-defense theory. *The Journal of Abnormal and Social Psychology, 68*, 367-380.

Tangney, J. P., & Fischer, K. W. (Eds.). (1995). *Self-conscious emotions: The psychology of shame, guilt, embarrassment, and pride.* New York: Guilford Press.

寺澤悠理 (2018). 「いま」を作り出す身体反応の受容・制御と感情 神経心理学, *34*, 289-298.

戸田正直 (1992). 感情——人を動かしている適応プログラム 東京大学出版会

渡辺俊太郎・小玉正博 (2001). 怒り感情の喚起・持続傾向の測定 健康心理学研究, *14*(2), 32-39.

Weiner, B. (1986). *An attributional theory of motivation and emotion.* New York: Springer-Verlag.

山内星子 (2008). 認知的評価・感情喚起の個人差——状況的測定ツールの作成 発達研究, *22*, 203-212.

山内星子 (2010). 母親の感情特性が青年の感情特性に与える影響：感情のデュアルプロセスモデルの枠組みから 発達心理学研究, *21*, 287-295.

吉津 潤・関口理久子・雨宮俊彦 (2013). 感情調節尺度 (Emotion Regulation Questionnaire) 日本語版の作成 感情心理学研究, *20*, 56-62.

第12章

Abramson, L., McClelland, D. C., Brown, D., & Kelner, S. Jr. (1991). Alexithymic characteristics and metabolic control in diabetic and healthy adults. *Journal of Nervous & Mental Disease, 179*, 490-494.

Andersen, S. M., & Schwartz, A. H. (1992). Intolerance of ambiguity and depression: A cognitive vulnerability factor linked to hopelessness. *Social Cognition, 10*, 271-298.

Antonovsky, A. (1987). *Unraveling the mystery of health: How people manage stress and stay well.* San Francisco, CA: Jossey-Bass Publishers. (山崎喜比古・吉井清子 (監訳) (2001). 健康の謎を解く——ストレス対処と健康保持のメカニズム—— 有信堂高文社)

Budner, S. (1962). Intolerance of ambiguity as a personality variable. *Journal of Personality, 30*, 29-50.

Denollet, J., Martens, E. J., Nyklícek, I., Conraads, V. M., & de Gelder, B. (2008). Clinical events in coronary patients who report low distress: Adverse effect of repressive coping. *Health Psychology, 27*, 302-308.

Denollet, J., Sys, S. U., Stroobant, N., Rombouts, H., Gillebert, T. C., & Brutsaert, D. L. (1996). Personality as independent predictor of long-term mortality in patients with coronary heart disease. *Lancet, 347*, 417-421.

Enoki, H., Koda, M., Nishimura, S., & Kondo, T. (2019). Effects of attitudes towards ambiguity on subclinical depression and anxiety in healthy individuals. *Health Psychology Open, 6*(1), doi: https://doi.org/10.1177/2055102919840619.

Fernandez, A., Sriram, T. G., Rajkumar, S., & Chandrasekar, A. N. (1989). Alexithymic characteristics in rheumatoid arthritis: A controlled study. *Psychotherapy and Psychosomatics, 51*, 45-50.

Flett, G. L., Besser, A., & Hewitt, P. L. (2014). Perfectionism and interpersonal orientations in depression: An analysis of validation seeking and rejection sensitivity in a community sample of young adults. *Psychiatry: Interpersonal and Biological Processes, 77*, 67-85.

Frenkel-Brunswik, E. (1949). Intolerance of ambiguity as an emotional and perceptual personality variable. *Journal of Personality, 18*, 108-143.

Friedman, M., & Rosenman, R. H. (1959). Association of specific overt behavior pattern with blood and cardiovascular findings; blood cholesterol level, blood clotting time, incidence of arcus senilis, and clinical coronary artery disease. *Journal of American Medical Association, 169*, 1286-1296.

Grossarth-Maticek, R., Eysenck, H. J., & Vetter, H. (1988). Personality type, smoking habit and their interaction as predictors of cancer and coronary heart disease. *Personality and Individual Differences, 9*, 479-495.

橋本京子 (2015). ポジティブ志向と幸福感の心理学 ナカニシヤ出版

Hewitt, P. L., & Flett, G. L. (1991). Perfectionism in the self and social contexts: Conceptualization, assessment, and association with psychopathology. *Journal of Personality and Social Psychology, 60*, 456-470.

Hewitt, P. L., Flett, G. L., Sherry, S. B., Habke, M., Parkin, M., Lam, R. W., … Stein, M. B. (2003). The interpersonal expression of perfection: Perfectionistic self-presentation and psychological distress. *Journal of Personality and Social Psychology, 84*, 1303-1325.

保坂　隆（1990）．A型行動パターンと抑うつの関連性について──健康診断受診者における検討── 臨床精神医学, *19*, 353-360.

保坂　隆・田川隆介・杉田　稔・五島雄一郎（1989）．わが国における虚血性心疾患患者の行動特性──欧米におけるA型行動パターンとの比較 心身医学, *29*, 527-536.

磯和壮太朗・野口直樹・三宮真智子（2019）．大学生の Sense of Coherence が抑うつと主観的幸福感に及ぼす影響に対する自発的な自己観の好ましさによる媒介効果の検討 *Journal of Health Psychology Research, 31*, 155-164.

小林裕美・乗越千枝（2005）．訪問看護師のストレスに関する研究：訪問看護に伴う負担と精神健康状態（GHQ）および首尾一貫感覚（SOC）との関連について 日本赤十字九州国際看護大学 *intramural research report, 4*, 128-140.

小林　道（2017）．青年期男性のSOC（sense of coherence）が自衛隊入職後の抑うつ症状に及ぼす影響 日本公衆衛生雑誌, *64*, 150-155.

Linville, P. W. (1985). Self-complexity and affective extremity: Don't put all of your eggs in one cognitive basket. *Social Cognition, 3*, 94-120.

Linville, P. W. (1987). Self-complexity as a cognitive buffer against stress-related illness and depression. *Journal of Personality and Social Psychology, 52*, 663-676.

前田　聰（1989）．タイプA行動パターン 心身医学, *29*, 517-524.

Masten, A. S., Best, K., & Garmezy, N. (1990). Resilience and development: Contributions from the study of children who overcame adversity. *Development and Psychopathology, 2*, 425-444.

増田真也（1994）．曖昧さに対する耐性と抑うつ・不安傾向との関連 日本性格心理学会第3回大会発表論文集, 15.

宮岡　等・片山義郎・北村俊則・寺田久子・大江正恵・宮岡佳子・松島雅子（1995）．Alexithymia は神経症，心身症とどのような関係にあるか 心身医学, *35*, 693-699.

Morgan, H. J., & Janoff-Bulman, R. (1994). Positive and negative self-complexity: Patterns of adjustment following traumatic versus non-traumatic life experiences. *Journal of Social and Clinical Psychology, 13*, 63-85.

Myrtek, M. (2001). Meta-analyses of prospective studies on coronary heart disease, type A personality, and hostility. *International Journal of Cardiology, 79*, 245-251.

西村佐彩子（2007）．曖昧さへの態度の多次元構造の検討──曖昧性耐性との比較を通して パーソナリティ研究, *15*, 183-194.

西坂小百合（2006）．幼稚園教師のストレスと精神的健康に及ぼす職場環境，精神的回復力の影響 立教女学院短期大学紀要, *38*, 91-99.

西坂小百合（2010）．若手幼稚園教師の精神的健康に及ぼすストレスと職場環境の影響 立教女学院短期大学紀要, *42*, 101-110.

沼　初枝（2014）．心理のための精神医学概論 ナカニシヤ出版

小塩真司・中谷素之・金子一史・長峰伸治（2002）．ネガティブな出来事からの立ち直りを導く心理的特性──精神的回復力尺度の作成── カウンセリング研究, *35*, 57-65.

大谷保和（2010）．自己に向けられた完全主義の心理学 風間書房

大谷佳子・桜井茂男（1995）．大学生における完全主義と抑うつ傾向および絶望感との関係 心理学研究, *66*, 41-47.

Rosenman, R. H., Brand, R. J., Jenkins, C. D., Friedman, M., Straus, R., & Wurm, M. (1975). Coronary heart disease in the Western Collaborate Group Study: Final follow-up experience of 8 1/2 years. *Journal of American Medical Association, 233*, 872-877.

桜井茂男・大谷佳子（1997）．"自己に求める完全主義"と抑うつ傾向および絶望感との関係 心理学研究, *68*, 179-186.

Sarenmalm, E. K., Browall, M., Persson, L.-O., Fall-Dickson, J., & Gaston-Johansson, F. (2013). Relationship of sense of coherence to stressful events, coping strategies, health status, and quality of life in women with breast cancer. *Psychooncology, 22*, 20-27.

佐藤　徳（1999）．自己表象の複雑性が抑鬱及びライフイベントに対する情緒反応に及ぼす緩衝効果について 教育心理学研究, *47*, 131-140.

Scheier, M. F., & Carver, C. S. (1985). Optimism, coping, and health: Assessment and implications of generalized outcome expectancies. *Health Psychology, 4*, 219-247.

Scheier, M. F., Carver, C. S., & Bridges, M. W. (1994). Distinguishing optimism from neuroticism (and trait anxiety, self-mastery, and self-esteem): A reevaluaiton of the Life Orientation Test. *Journal of Personality and Social Psychology, 67*, 1063-1078.

Scheier, M. F., Matthews, K. A., Owens, J. F., Magovern, G. J. Sr., Lefebvre, R. C., Abbott, R. A., & Carver, C. S. (1989). Dispositional optimism and recovery from coronary artery bypass surgery: The beneficial effects on physical and psychological well-being. *Journal of Personality and Social Psychology, 57*, 1024-1040.

Seligman, M. E. P. (1991). *Learned optimism*. New York: A. A. Knopf.

Sifneos, P. E. (1973). The prevalence of 'alexithymic' characteristics in psychosomatic patients. *Psychotherapy and Psychosomatics, 22*, 255-262.

Smith, T. W. (1992). Hostility and health: Current status of a psychosomatic hypothesis. *Health Psychology, 11*, 139-150.

Taylor, S. E., & Brown, J. D. (1988). Illusion and well-being: A social psychological perspective on mental health. *Psychological Bulletin, 103*, 193-210.

Temoshok, L. (1987). Personality, coping style, emotion and cancer: Towards an integrative model. *Cancer Survival, 6*, 545-567.

Tomasetti, C., & Vogelstein, B. (2015). Cancer etiology. Variation in cancer risk among tissues can be explained by the number of stem cell divisions. *Science, 347*, 78-81.

友野隆成（2007）．対人場面におけるあいまいさへの非寛容と精神的回復力との関連性について 同志社心理, *54*, 26-30.

友野隆成（2015）．曖昧さに対する態度と抑うつの関連性の素因ストレスモデルによる検討 ストレス科学研究, *30*, 162-166.

友野隆成（2017a）．あいまいさへの非寛容と精神的健康の心理学 ナカニシヤ出版

友野隆成（2017b）．過去に関する曖昧さ耐性と抑うつの関連についての予備的検討 宮城学院女子大学研究論文集, *124*, 1-10.

友野隆成（2020）．加齢に伴う曖昧さ耐性と精神的健康の発達的検討 宮城学院女子大学研究論文集, *130*, 33-45.

友野隆成・橋本　宰（2002）．あいまいさへの非寛容がストレス事象の認知的評価及びコーピングに与える影響 性格心理学研究, *11*, 24-34.

友野隆成・橋本　宰（2005）．抑うつの素質──ストレス・モデルにおける性差の検討：対人場面におけるあいまいさへの非寛容を認知

的脆弱性として　健康心理学研究，*18*，16-24.

友野隆成・橋本　宰（2006）．対人場面におけるあいまいさへの非寛容と精神的健康の関連性について　心理学研究，*77*，253-260.

友野隆成・鹿内美冴（2012）．曖昧さに対するパーソナリティ特性と抑うつの関連性　宮城学院女子大学研究論文集，*115*，55-65.

若崎淳子・谷口敏代・掛橋千賀子・森　將晏（2007）．成人期初発乳がん患者の術後の QOL に関わる要因の探索　日本クリティカルケア看護学会誌，*3*，43-55.

Williams, R. B. Jr., Haney, T. L., Lee, K. L., Kong, Y. H., Blumenthal, J. A., & Whalen, R. E.（1980）. Type A behavior, hostility, and coronary atherosclerosis. *Psychosomatic Medicine, 42*, 539-549.

Woolfolk, R. L., Novalany, J., Gara, M. A., Allen, L., & Polino, M.（1995）. Self-complexity, self-evaluation, and depression: An examination of form and content within self-schema. *Journal of Personality and Social Psychology, 68*, 1108-1120.

Wu, S., Powers, S., Zhu, W., & Hannun, Y. A.（2016）. Substantial contribution of extrinsic risk factors to cancer development. *Nature, 529*, 43-47.

山口知代・元村直靖（2009）．統合失調症をもつ長期入院患者の首尾一貫感覚・精神健康・主観的健康統制感の調査　大阪教育大学紀要　3　自然科学・応用科学，*57*，33-47.

コラム 10

Ahorsu, D. K., Lin, C. Y., Imani, V., Saffari, M., Griffiths, M. D., & Pakpour, A. H.（2020）. The Fear of COVID-19 Scale: Development and initial validation. *International Journal of Mental Health and Addiction.* https://doi.org/10.1007/s11469-020-00270-8

友野隆成（2021）．曖昧さ耐性と新型コロナウイルス恐怖の関連についての検討　日本心理学会第 85 回大会発表抄録集，15.

Wakashima, K., Asai, K., Kobayashi, D., Koiwa, K., Kamoshida, S., & Sakuraba, M.（2020）. The Japanese version of the Fear of COVID-19 Scale: Reliability, validity, and relation to coping behavior. *PLoS ONE, 15*（11）, e0241958. https://doi.org/10.1371/journal.pone.0241958

World Health Organization（2021）. WHO Coronavirus Disease（COVID-19）Dashboard. World Health Organization. Retrieved from https://covid19.who.int/（February 22, 2021）

第 13 章

American Psychiatry Association（2013）. *Diagnostic and statistical manual of mental disorders: DSM-5.* Arlington, VA: The American Psychiatry Association.

荒川　歩・原島雅之（2009）．刑事事件の判例における「性格」の使用の実際　パーソナリティ研究，*17*，194-207.

Bartol, C. R., & Bartol, A. M.（2005）. *Criminal behavior: A psychosocial approach*（7th ed.）Upper Saddle River, NJ: Prentice Hall.（羽生和紀（監訳）（2006）．犯罪心理学—行動科学のアプローチ　北大路書房）

Bonta, J., & Andrews, D. A.（2017）. *The psychology of criminal conduct*（6th ed.）. New York: Routledge.（原田隆之（訳）（2018）．犯罪行動の心理学　北大路書房）

Cohen, L. E., & Felson, M.（1979）. Social change and crime rate trends: A routine activity approach. *American sociological Review, 44*, 588-608.

Crick, N. R., & Dodge, K. A.（1994）. A review and reformulation of social information-processing mechanisms in children's social adjustment. *Psychological Bulletin, 115*, 74-101.

Furnham, A. F.（1988）. *Lay theories: Everyday understanding of problems in the social sciences.* New York: Pergamon Press.（細江達郎（監訳）（1992）．しろうと理論：日常性の社会心理学　北大路書房）

Gini, G., Camodeca, M., Caravita, S. C. S., Onishi, A., & Yoshizawa, H.（2011）. Cognitive distortions and antisocial behaviour: An European perspective. 甲南大学紀要文学編，*161*，209-222.

Glueck, S., & Glueck, E.（1950）. *Unraveling juvenile delinquency.* New York: Commonwealth fund.

Gottfredson, M. R., & Hirschi, T.（1990）. *A general theory of crime.* Redwood City, CA: Stanford University Press.

原田隆之（2015a）．心理職のためのエビデンス・ベイスト・プラクティス入門：エビデンスを「まなぶ」「つくる」「つかう」　金剛出版

原田隆之（2015b）．入門犯罪心理学　筑摩書房

Hare, R. D.（2003）. *The Hare Psychopathy checklist*（Revised）. Toronto, Canada: Multi-Health Systems.

Hare, R. D., & Neumann, C. S.（2009）. Psychopathy: Assessment and forensic implications. *Canadian Journal of Psychiartry, 54*, 791-802.

広田照幸（2001）．教育言説の歴史社会学　名古屋大学出版会

Hirschi, T.（1969）. *Cause of delinquency.* Berkeley, CA: University of California Press.（森田洋司・清水新二（監訳）（1995）．非行の原因：家庭・学校・社会へのつながりを求めて　文化書房博文社）

法務総合研究所（2020）．令和 2 年度版　犯罪白書　昭和情報プロセス

Jeffery, C. R.（1971）. *Crime prevention through environmental design.* Beverly Hills, CA: Sage Publications.

加藤弘通（2020）．犯罪と司法：その原因と対応　加藤弘通・川田　学（編）心理学概論：歴史・基礎・応用（pp. 137-148）　ミネルヴァ書房

河合幹雄（2004）．安全神話崩壊のパラドックス：治安の法社会学　岩波書店

警察庁（2020）．令和 2 年度版　警察白書　日経印刷

Kelling, G. L., & Coles, C. M.（1996）. *Fixing broken windows: Restoring order and reducing crime in our communities.* New York: Free Press.

桐生正幸（2016）．犯罪心理学：捜査と防犯　現代図書

小宮信夫（2005）．犯罪は「この場所」で起こる　光文社

増井啓太・浦光博（2018）．「ダークな」人たちの適応戦略　心理学評論，*61*，330-343.

松本俊彦（2007）．犯罪・非行の個別的要因①：パーソナリティ要因　藤岡淳子（編）犯罪・非行の心理学（pp. 45-68）有斐閣

マッツァリーノ，P.（2004）．反社会学講座　イーストプレス

Merton, R. K.（1949）. *Social theory and social structure.* New York: Free Press.（森　東吾・森　良夫・金沢　実・中島竜太郎（訳）（1961）．社会理論と社会構造　みすず書房）

Miller, J. D., Lynan, D., & Leukefeld, C.（2003）. Examining antisocial behavior through the lens of the five factor model of personality. *Aggressive Behavior, 13*, 119-140.

Moffitt, T. E.（1993）. Adolescence-limited and life-course-persistent antisocial behavior: A developmental taxonomy. *Psychological Review, 100*（4）, 674.

内閣府（2015）．少年非行に関する世論調査　Retrieved from　https://survey.gov-online.go.jp/h27/h27-shounenhikou/2-1.html（2020年3月1日）

大渕憲一（2006）．犯罪心理学：犯罪の原因をどこに求めるのか　培風館

大久保智生（2011）．批判心理学的視点による実証研究のあり方の検討：批判心理学的視点から量的調査を行う意義　心理科学, *32*, 48-53.

大久保智生・澤邉　潤・赤塚佑果（2014）．「子どものコミュニケーション能力低下」言説の検証：小学生と大学生を対象とした調査から　香川大学教育実践総合研究, *29*, 93-105.

Paulhus, D. L., & Williams, K. M. (2002). The Dark Triad of personality: Narcissism, Machiavellianism and psychopathy. *Journal of Research in Personality, 36*, 556-563.

裁判所職員総合研修所（2017）．刑法概説（八訂版）　司法協会

島田貴仁（2013）．環境心理学と犯罪研究：犯罪原因論と犯罪機会論の統合に向けて　環境心理学研究, *1*, 46-57.

Sutherland, E. H., & Cressy, D. R.（1960）. *Principles of criminology*. Chicago, IL: J. B. Lippincott.（平野龍一・所　一彦（訳）（1964）. 犯罪の原因　有信堂）

Sykes, G. M., & Matza, D. (1957). Techniques of neutralization: A theory of delinquency. *American Sociological Review, 22*, 664-670.

Vazsonyi, A. T., Pickering, L. E., Junger, M., & Hessing, D. (2001). An empirical test of a general theory of crime: A four-nation comparative study of sekf-control and the prediction of deviance. *Journal of Research in Crime and Delinquency, 38*, 91-131.

吉澤寛之（2005）．社会的情報処理モデルによる反社会的行動研究の統合的考察：心理学的・生物学的・社会学的側面を中心として　名古屋大学大学院教育発達科学研究科紀要　心理発達科学, *52*, 95-122.

Zelli, A., & Dodge, K. A. (1999). Personality development from the bottom up. In D. Cervone & Y. Shoda (Eds.), *The coherence of personality: Social-cognitive bases of consistency, variability, and organization* (pp. 94-126). New York: Guilford Press.

第14章

American Psychiatric Association (2013). *Diagnostic and statistical manual for mental disorders* (5th ed.). Washington, D.C.: American Psychiatric Association.（高橋三郎・大野　裕（監訳）（2014）. DSM-5精神疾患の診断・統計マニュアル　医学書院）

飛鳥井望（2019）．ICD-11におけるPTSD/CPTSD 診断基準について：研究と臨床における新たな発展の始まりか，長い混乱の幕開けか？　トラウマティック・ストレス：日本トラウマティック・ストレス学会誌 = *Japanese Journal of Traumatic Stress: Official Journal of the Japanese Society for Traumatic Stress Studies, 17*(1), 73-79.

馬場禮子（2016）　改訂精神分析的人格理論の基礎　岩崎学術出版社

Bagby, R. M., Bindseil, K. D., Schuller, D. R., Rector, N. A., Young, L. T., Cooke, R. G., Seeman, M. V., McCay, E. A., & Joffe, R. T. (1997) Relationship between the five-factor model of personality and unipolar, bipolar and schizophrenic patients. *Psychiatry Research, 70*, 83-94.

Brewin, C. R., Cloitre, M., Hyland, P., Shevlin, M., Maercker, A., Bryant, R. A., Humayun, A, Jones, L. M., Kagee, A., Rousseau, C., Somasundaram, D., Suzuki, Y., Wessely, S., van Ommeren, M., & Reed, G. M. (2017). A review of current evidence regarding the ICD-11 proposals for diagnosing PTSD and complex PTSD. *Clinical Psychology Review, 58*, 1-15.

Caspi, A. (2000). The child is father of the man: Personality continuities from childhood to adulthood. *Journal of Personality and Social Psychology, 78*, 158-172.

Coid, J. (2003). Epidemiology, public health and the problem of personality disorder. *The British Journal of Psychiatry. Supplement, 44*, S3-10.

Costa, P. T., & McCrae, R. R. (1992). Four ways five factors are basic. *Personality and Individual Differences, 13*(6), 653-665.

Dash, G. F., Martin, G. N., Statham, D. J., Agrawal, A., & Lynskey M. T. (2019). Big Five personality traits and alcohol, nicotine, cannabis, and gambling disorder comorbidity. *Psychology of Addictive Behaviors, 33*, 420-429.

Duggan, C. F., Sham, P., Lee, A. S., & Murray, R. M. (1991) Does recurrent depression lead to a change in neuroticism? *Psychological Medicine, 21*, 985-990.

林　直樹（著）樋口輝彦（監）（2005）．パーソナリティ障害——いかに捉え，いかに対応するか——　新興医学出版社

久場政博（2017）．シャーマニズムと現代文化の病理——精神科診療の現場から——　弘文堂

Hornak, J., Bramham, J., Rolls, E. T., Morris, R., O'Doherty, J., Bullock, P. R., & Polkey, C. E. (2003). Changes in emotion after circumscribed surgical lesions of the orbitofrontal and cingulated cortices. *Brain, 126*, 1691-1712.

井上弘寿・加藤　敏（2014a）．DSM-5におけるパーソナリティ障害　神庭重信（総編）池田　学（編）DSM-5を読み解く（pp. 118-137）中山書店

井上弘寿・加藤　敏（2014b）．DSM-1からDSM-5に至るパーソナリティ障害——カテゴリカルモデルの変遷とディメンショナルモデルの台頭　神庭重信（総編）池田学（編）DSM-5を読み解く（pp. 151-162）中山書店

Kernberg, O. F. (1984). *Severe personality disorders*. New Haven, CT: Yale University Press.（西園昌久（訳）（1996）. 重症パーソナリティ障害：精神療法的方略　岩崎学術出版社）

金　吉晴（2008）．人格障害に対する文化論的検討　新宮一成・加藤　敏（編）新装版新世紀の精神科治療　現代医療文化のなかの人格障害（pp. 126-140）中山書店

衣笠隆幸（2019）．パーソナリティ障害は減少しているのか？　精神医学, *61*, 138-142.

Koenigs, M., Young, L., Adolphs, R., Tranel, D., Cushman, F., Hauser, M., & Damasio, A. (2007). Damage to the prefrontal cortex increases utilitarian moral judgements. *Nature, 446*, 908-911.

Kotov, R., Gamez, W., Schmidt, F. L., & Watson, D. (2010). Linking "Big" personality traits to anxiety, depressive, and substance use disorders: a meta-analysis. *Psychological Bulletin, 136*, 768-821.

Kraepelin E. (1915). *Psychiatry, VIII*. Aufl. Leipzig: Verlg von Johann Ambrosius Barth.（西丸四方・遠藤みどり（訳）（1994）. 精神医学　みすず書房）

Krueger, R. F. (1999). Personality traits in late adolescence predict mental disorders in early adulthood: A prospective-epidemiological study. *Journal of Personality, 67*, 39-65.

中井久夫（1982）．分裂病と人類　東京大学出版会

野間俊一（2019）．摂食障害患者の人格について　精神神経学雑誌, *121*(6), 486-491.

岡野憲一郎（2007）．解離性障害——多重人格の理解と治療——　岩崎学術出版社

岡島　義・福原佑佳子・山田幸恵・坂野雄二・La Greca, A. M. (2009). Social Anxiety Scale for Children-Revised (SASC-R) と Social

Anxiety Scale for Adolescents（SAS-A）日本語版の作成　児童青年精神医学とその近接領域, *50*(4), 457-468.

Schmidt, N. B., Kotov, R., Joiner, T. R.（2004）. Evolution of classification in the diagnostic and statistical manual of mental disorders: Current problems and proposed alternatives. In N. B. Schmidt, R. Kotov, T. R. Joiner（Eds.）, *Taxometrics: Toward a new diagnostic scheme for psychopathology*（pp. 17-29）. Washington, DC: American Psychological Association.

Schneider, K.（1950）. *Die psychopathischen Persöenlichkeiten*, 9 Aufl. Wien: F Deuticke.（懸田克躬・鰭崎　徹（訳）（1954）. 精神病質人格　みすず書房.

下山晴彦（2002）. 臨床心理学における異常心理学の役割　下山晴彦・丹野義彦（編）　講座臨床心理学3　異常心理学（I）（pp. 21-40）東京大学出版会

Smith, E., Nolen-Hoeksema, S., Fredrickson, B., & Loftus, G.（2003）. *Atkinson & Hilgard's introduction to psychology*（14th ed.）. London: Wadsworth.

Surtees, P. G., & Wainwright, N. W. J.（1996）. Fragile states of mind: Neuroticism, vulnerability and the long-term outcome of depression. *British Journal of Psychiatry, 169*, 338-347.

鈴木友理子（2013）. ICD分類の改訂に向けて：ストレス関連障害の動向　精神神經學雑誌 = *Psychiatria et neurologia Japonica, 115*(1), 69-75.

高橋　智（2011）. 認知症のBPSD　日本老年医学会雑誌, *48*(3), 195-204.

滝井正人（2012）. 行動制限を用いた入院治療　日本摂食障害学会（監修）摂食障害治療ガイドライン（pp. 149-157）医学書院

Tellegen, A.（1982）. *Brief manual for the Multidimensional Personality Questionnaire*. Unpublished manuscript, University of Minnesota, Minneapolis.

Widiger, T. A., & Costa, P. T.（1994）. Personality and personality disorders. *Journal of Abnormal Psychology, 103*, 78-91.

コラム11

Fonagy, P., Luyten, P., & Bateman, A.（2017）. Treating borderline personality disorder with psychotherapy: Where do we go from here? *JAMA Psychiatry, 74*(4), 316-317.

林　直樹・五十嵐雅・今井淳司・大澤有香・内海香里・石川陽一・大島淑夫・德永太郎・石本佳代・前田直子・針間博彦・楯林義孝・熊谷直樹・野津　眞・石井秀宗・岡崎祐士（2009）. 自殺関連行動を呈する精神科入院患者の診断と臨床特徴：都立松沢病院入院例の検討　精神神経学雑誌, *111*(5), 502-526.

Linehan, M. M.（1993a）. *Cognitive-behavioral treatment of borderline personality disorder*. New York: Guilford Press.（大野　裕（監訳）岩坂　彰・井沢功一朗・松岡　律・石井留美・阿佐美雅弘（訳）（2007）. 境界性パーソナリティ障害の弁証法的行動療法：DBTによるBPDの治療　誠信書房）

Linehan, M. M.（1993b）. *Skills training manual for treating borderline personality disorder*. New York: Guilford.（小野和哉（監訳）（2007）. 弁証法的行動療法実践マニュアル：境界性パーソナリティ障害への新しいアプローチ　金剛出版）

Society of clinical Psychology division12 of American Psychological Association https://div12.org/diagnosis/borderline-personality-disorder/（accessed 202003-08）.

Stoffers, J. M., Völlm, B. A., Rücker, G., Timmer, A., & Huband, N.（2012）. Psychological therapies for borderline personality disorder. Cochrane Database of Systematic Reviews. John Wiley & Sons. CD005652, doi: 10.1002/14651858.CD005652. pub2. https://www.cochrane.org/CD005652/BEHAV_psychological-therapies-borderline-personality-disorder（accessed 202003-08）.

第15章

Cattell, R. B.（1957）. *Personality and motivation: Structure and measurement*. New York: World Book.

Eysenck, H. J.（1959）. *Manual of the Maudsley personality inventory*. London: University of London Press.

文野　洋（2013）. 面接法・物語法　二宮克美・浮谷秀一・堀毛一也・安藤寿康・藤田主一・小塩真司・渡邊芳之（編）　パーソナリティ心理学ハンドブック（pp. 708-714）　福村出版

Hathaway, S. R., & McKinley, J. C.（1943）. *MMPI: Manual for administration and scoring*. Minneapolis, MN: University of Minnesota Press.

保坂　亨（2000）. 人間行動の理解と面接法　保坂　亨・中澤　潤・大野木裕明（編著）心理学マニュアル面接法（pp. 1-8）　北大路書房

Koch, C.（1952）. The Tree Test: *The tree-drawing test as an aid in psychodiagnosis*. New York: Grune & Stratton.（林　勝造・国吉政一・一谷　彌（訳）（1970）. バウム・テスト―樹木画による人格診断法―　日本文化科学社）

Lilienfeld, S. O., Lynn, S. J., & Lohr, J. M.（Eds.）（2003）. *Science and pseudoscience in clinical psychology*. New York: The Guilford Press.（厳島行雄・横田正夫・齋藤雅英（監訳）（2007）. 臨床心理学における科学と疑似科学　北大路書房）

増田真也・坂上貴之・森井真広（2019）. 調査回答の質の向上のための方法の比較　心理学研究, *90*, 463-472.

McAdams, D. P.（2006）. The role of narrative in personality psychology today. *Narrative Inquiry, 16*, 11-18.

三浦麻子・小林哲郎（2015）. オンライン調査モニタのSatisfice行動に関する実験的研究　社会心理学研究, *31*, 1-12.

Morgan, C. D., & Murray, H. A.（1935）. A method for investigating fantasies: The thematic apperception test. *Archives of Neurology & Psychiatry, 34*, 289-306.

村上宣寛（2006）. 心理尺度のつくり方　北大路書房

村山　航（2012）. 妥当性―概念の歴史的変遷と心理測定学的観点からの考察―　教育心理学年報, *51*, 118-130.

中澤　潤（1997）. 人間行動の理解と観察法　中澤　潤・大野木裕明・南　博文（編著）心理学マニュアル観察法　北大路書房 pp. 1-12.

Rorschach, H.（1921）. *Psychodiagnostik: Methodik und ergebnisse eines wahrnehmungs-daignostischen experiments*. Berne: Bircher.（Lemkau, P., & Kronenberg, B.（Trans.）（1942）. *Psychodiagnostics: A diagnostic test based on perception*. Berne: Verlag Hans Huber.）

Rosenzweig, S.（1978）. *The Rosenzweig Picture Frustration（P-F）Study*. St. Louis, MO: Rana House.

下仲順子・中里克治・権藤恭之・高山　緑（1999）. 日本版NEO-PI-R, NEO-FFI使用マニュアル　東京心理

Wood, J. M., Nezworski, M. T., Lilienfeld, S. O., & Garb, H. N.（2003）. *What's wrong with the Rorschach? Science confronts the controversial inkblot test*. New York: Jossey-Bass.（宮崎謙一（訳）（2006）. ロールシャッハはまちがっている―科学からの異議―北大路書房）

矢田部達郎（1954）. 性格自己診断検査の作成　京都大学文学部紀要, *3*, 71-167.

おわりに

　この書籍は，『パーソナリティ心理学概論』の続編のようなものである。その書籍が公刊されてからすでに 10 年以上が経った。当時，それなりに思い入れも強く，精一杯に作成した。著者の先生方にも非常に素晴らしい原稿を執筆いただいた。しかし，年月を経て，新たな形の概論本を作成したいという気持ちが生じてきた。前著においていろいろ気になっている箇所があるのでそれを修正したいという思いもあったが，別な観点，別な領域から構成した書籍を作成したいという思いが生じていた。

　そのようなこともあり，章立てのほとんどを変更し，また，執筆者も過半数を入れ替えて作成を試みた。おかげで，改訂版や増補版という言葉に収まらない，ほぼ新規の書籍ができあがった。そのため，最終的には，別なタイトルで，そして要説として出版することとした。

　執筆者のみなさんには，各領域・テーマから，パーソナリティについて自由に執筆いただいた。それぞれの領域の専門家であるみなさんのおかげで，本書はすばらしい書籍になったと思う。みなさまに感謝申し上げる。なお，原稿をいただいてから出版まで（かなり）時間が経ってしまったことをこの場をお借りしお詫びする次第である。

　なお，今回もナカニシヤ出版の山本あかね様と宍倉由髙様にお世話になった。感謝申し上げる。本書が，それなりに長く，そして多くの人々の手にとってもらえることを期待する。

　これまで出会ってきた多くの方々にも感謝の言葉を述べさせていただきたい。ありがとうございます。

　最後の最後に，子と妻と実家の家族のみなさまに感謝の言葉を述べてキーボードから手を離したいと思う。ありがとう。

　さてさて，最後までお読みいただき，ありがとうございました。
　それでは，またご縁がありましたら・・・。

2023 年 5 月吉日
前と後ろの長さを比較しながら

事項索引

A

B＝f（P, E）　35
B＝f（P, S）　35
BPSD　183
DSM（精神疾患の診断・統計マニュアル）　174
　——-5　171
DV（ドメスティック・バイオレンス）　91
FFM　16
HEXACOモデル　20
ICD（国際疾病分類）　174
if-then（もし〜なら〜に）パターン　31
Implicit Association Test　116
IPIP　16
LMX理論　109
OCEAN　16
PERMA　108
P＝f（B, S）　35
PTSD　182
RNRモデル（risk-need-responsivity model）　169
S＝f（B, P）　35
Web調査　189
Western Collaborative Group Study（WCGS）　150

あ

アージ理論　137
アイデンティティ　60
　——・ステイタス　60
　——目標　127
曖昧さ耐性（ambiguilty tolerance）　156
曖昧さへの態度（attitudes towards ambiguilty）　159
曖昧さへの非寛容（intolerance of ambiguilty）　156
アクティブネットワーク　75
アセスメント　175
アタッチメント　92
　——関係　92
　——タイプ　94
アレキシサイミア（alexithymia）　144, 152
安全基地　92
安全な避難所　92
暗黙の知能観　32
一貫性（安定性）　27
一貫性のパラドックス　29

一貫性論争　28
遺伝　6, 37
　——環境交互作用　45
　——環境相関　44
　——環境論争　37
　——率　39
因子　5
　——分析　15
印象操作　115
インフォーマル・コミュニケーション　103
ウェルビーイング　108
失われた遺伝率　44
疫学的パーソナリティ研究　19
エシカル・リーダーシップ　107
エビデンスに基づく実践　169
横断研究　67, 68
オーセンティック・リーダーシップ　108
思い上がり（hubris）　126
　——特性　130

か

外向性　77
外在化型の問題行動　59
海馬　142
外発的動機づけ　139
回避動機づけ　80
拡張 - 形成理論　137
家族　87
価値的基準　175
がん　151
環境　6, 37
関係葛藤への対処行動　97
関係不安　91
観察法　188
感謝（gratitude）　110, 134
感情　3
　——経験　82
　——混入モデル　138
　——情報説　138
　——調整方略　145
　——特性　127
　——バイアス　143
　——表出　131
冠状動脈性心臓疾患（coronary heart disease: CHD）　150
完全主義（perfectionism）　26, 158
感動　135
気質（temperament）　3, 52
　——性格尺度　177

気分一致記憶効果　140
気分一致判断効果　141
基本情動　137
　——説　137
基本的感情　125
基本的信頼　58
気まずさ（embarrassment）　126, 131
　——特性　129
キャラ　83
境界性人格構造　178
共感グループ　75
矯正教育　166
協調性　78
共有環境　39
緊張理論　167
結婚の質　90
結婚満足度　90
ゲノムワイド関連解析　43
原因帰属　127
　——理論　141
顕在的　113
　——自己概念　118
　——自尊感情　119
　——測度　118
交感神経系　142
高次1因子モデル　20
高次2因子モデル　20
構成概念　1
　——妥当性　193
構造化面接　194
　半——　194
　非——　194
構造の安定性　66
行動遺伝学　38
行動からの推測　1
行動論アプローチ　106
候補遺伝子　43
コード化　195
個人差　52
コホート　56

さ

サーバント・リーダーシップ　108
罪悪感（guilt）　126
　——特性　128
サイコパシー　171
裁判員制度　172
作業検査法　187
サポートグループ　75
参加観察　195

三層構造　178
時間　63, 64, 65
次元説　138
自己意識的感情　125
　　──の過程モデル　127
自己拡張　81
自己犠牲　82
自己欺瞞　115
自己実現理論　100
自己評価プロセス　125
自己複雑性（self-complexity）　158
視床下部　142
施設内処遇　165
自然観察　195
自然選択　46
自尊感情　49, 119
実験的観察　195
質問紙法　187
児童虐待　95
社会的情報処理アプローチ　170
社会的望ましさ　114
社会内処遇　165
尺度　188
集合調査　189
集団　99
縦断研究　64, 68, 69, 74
縦断調査　54, 90
集団内での順位　66, 69
16PF　15
首尾一貫感覚（sense of coherence）
　155
首尾一貫性　29, 30
主要5因子性格検査　177
主要5因子理論　6
生涯未婚率　89
状況解釈モデル　34
状況喚起　33
状況選択　33
状況即応論アプローチ　106
状況との相互作用　6
情動知能　145
職業性ストレスモデル　100
しろうと理論　164
人格　2
神経症傾向　78
　　──‐安定性　5
神経伝達物質　53
心身症　152
真正な誇り（authentic pride）　126
　　──特性　130
身体的虐待　96
信頼　109
　　──性　188
　　──係数　193
心理辞書の研究　7, 14
心理的安全性　109
心理的虐待　96
ストレンジ・シチュエーション法

94
スピードデーティング　78, 81
性格　1
成熟の原則（the mature principle）
　55, 71
精神的回復力　155
精神分析　173
生態学的システム論　57
生態学的妥当性　195
性的虐待　96
接近的な相互作用　81
接近動機づけ　80
絶対的一貫性　29
セルフコントロール　170
セロトニン　143
潜在的　113
　　──自己概念　118
　　──自尊感情　119
　　──測定法　116
　　──測度　118
　　──認知　114
潜在連合テスト（IAT）　116
選択的注意バイアス　26
セントラルエイト　169
双因子モデル　20
前頭眼窩野　142
相加的な遺伝　39
相互作用論　7, 28
　新──　7, 28
　　──的アプローチ　30
双生児研究　38
相対的一貫性　29
側坐核　142
組織内コミュニケーション　102
その人らしさ　1
ソマティック・マーカー仮説　141

た
ダーク・トライアド　22
対人葛藤　104
ダイバーシティ・マネジメント　111
ダイバーシティ＆インクルージョン
　111
タイプA行動パターン（type A
　behavior pattern）　101, 150
タイプB行動パターン　150
タイプCパーソナリティ（type C
　personality）　151
タイプDパーソナリティ（type D
　personality）　152
他者軽視傾向　120
タスク・コンフリクト　104
妥当性　188
知覚された類似性　79
中核的価値　135
調査面接　193
通状況的一貫性　29
ディメンショナル（次元的）　174

敵意　151
適応的基準　175
適合度（Goodness of Fit）　52
デブリーフィング　144
デュアルプロセス理論　141
投影法　187
統計的基準　175
統制理論　167
トートロジー　170
ドーパミン　143
特性　3
　　──論　4, 173
　　──アプローチ　106
トランザクショナルモデル
　（transactional model）　57

な
内向性‐外向性　5
内在化型の問題行動　59
内的作業モデル　94
内発的動機づけ　139
仲間集団　59
7因子モデル　21
2因子モデル　21
日常活動理論（Routine Activity
　Theory）　169
人間‐状況論争　28
認知的倹約家　3
ネガティブ感情　81, 82
ネグレクト　96
ネットワークモデル　140
ノーマン表　15

は
パーソナリティ　1
　　──障害　171, 178
　　──の7因子モデル　21
　　──の三つ組み　36
　　──のパラドックス　29
パーソナル・コンストラクト理論
　7, 22
恥（shame）　126, 131
　　──特性　128
バランス型社会的望ましさ反応尺度日
　本語版　115
晩婚化　88
犯罪　163
　　──機会論　168
　　──原因論　167
反社会性パーソナリティ障害　171
非共有環境　39
非行　163
非婚化　88
非参加観察　195
非相加的遺伝　39
ビッグファイブ　6, 13, 16, 33, 49, 54,
　170, 181
ビッグフォー　169

人と環境の相互作用　7
批判心理学　172
非標準的要因　66
表示規則　144
標準的年齢の要因　65, 71
標準的歴史の要因　65, 71
病理の基準　175
頻度依存選択　47
不一致　120
フォーマル・コミュニケーション　103
副交感神経系　142
分化的接触理論　168
文脈化された個人変数　32
平均値の変化　66, 67, 71
平衡選択　47
変化　63, 64, 65, 72
変革型リーダーシップ　107
変革論アプローチ　106
変化の個人差　66

扁桃体　142
防犯環境設計（CPTED: Crime Prevention Through Environmental Design）　168
誇り表出　131
ポジティブイリュージョン（positive illusion）　157
ポジティブ感情　81, 82
ポリジーン　47

ま
マターナル・デプリベーション（母性剥奪）　95
未婚化　88
メタ分析　54
面接法　187
モラトリアム（moratrium）　60

や
役割構成レパートリー・テスト　24

養育態度　58
４因子モデル　22

らわ
ライフコース　57
楽観性（optimism）　154
リーダーシップ　105
力動精神医学　178
離婚　96
リバーサイド状況Q分類　35
リレイションシップ・コンフリクト　104
臨床面接　193
類型（タイプ）　3
──論　3, 173
レジリエンス（resilience）　155
恋愛結婚　88
割れ窓理論（Broken Windows Theory）　168

人名索引

A
Abramson, L.　153
Ahorsu, D. K.　161
相川　充　114, 116, 118, 123
Ainsworth, M. D. S.　94
明石加代　144
Allemand, M.　72
Allen, A.　29
Allik, J.　49
Allport, G. W.　6-8, 14, 16, 188
Almagor, M.　21
Altay, F. B.　59
Andersen, S. M.　156
安藤清志　126
Andrews, D. A.　169, 170
Anotonovsky, A.　155
Anthony, S.　104
Antonioni, D.　104, 105
青木孝悦　18
荒川　歩　172
Argilys, C.　100
Argyle, M.　144
有光興記　127-130
浅野良輔　76
Asendorpf, J. B.　78, 114, 116, 118, 123
Ashton, M. C.　20, 21
飛鳥井望　182
Averill, J.　139
Avolio, B. J.　107

B
馬場禮子　178
馬場昌雄　100
Back, M. D.　116
Bagby, R. M.　177
Bagwell, C. L.　59
Baker, J. H.　44
Baltes, P. B.　64, 65
Barnard, C. I.　100, 103
Barsade, S. G.　110
Bartels, M.　42
Bartol, A. M.　167
Bartol, C. R.　167
Bass, B. M.　106, 107
Bates, J. E.　53
Bauer, T. N.　109
Baumeister, R. F.　119
Baumrind, D.　58
Bem, D. J.　29
Benet-Martínez, V.　18
Benjamin, J.　43
Blake, R.　106
Blanchard, K. H.　106
Bleidorn, W.　43, 68, 70, 72
Bonoma, T. V.　104, 105
Bonta, J.　169, 170
Borghuis, J.　55, 59
Bosson, J. K.　117
Bower, G. H.　140
Bowlby, J.　57, 93
Bradbury, T. N.　90

C
Campos, J. J.　53
Capaldi, D. M.　91
Carver, C. S.　130, 154
Caspi, A.　19, 45, 46, 52, 54, 55, 177
Castelfranchi, C.　132
Cattell, R. B.　5, 7, 14-16, 188
Cemalcilar, Z.　79
Chabris, C. F.　43
Chess, S.　52, 54, 57
千島雄太　83
Cho, H-J.　62
Choi, N.　62
Chopik, W. J.　74
Christie, R.　22

Bradley, B. H.　109
Bratko, D.　40
Brewin, C. R.　182
Bridger, R. C.　54
Briley, D. A.　40-42
Bronfenbrenner, U.　57
Brown, J. D.　157
Brown, M. E.　108
Budner, S.　156
Buiatti, M.　93
Bulanda, J. R.　97
Burton-Chellew, M. N.　76
Buss, A.　33, 53
Buswell, B. N.　131
Byrd, A. L.　70

Cicchetti, D.　45
Clark, L. A.　127
Clark-Polner, E.　142
Cloninger, C. R.　22, 53, 181
Clore, G. L.　146
Cohen, L. E.　169
Cohen, T. R.　128, 129
Coid, J.　179
Coles, C. M.　168
Collins, A. M.　140
Colvin, C. R.　129
Constantino, J. N.　53
Cooper, C. L.　100
Cosmides, L.　47
Costa, B. M.　91
Costa, P. T., Jr.　16, 17, 29, 49, 114, 177, 188
Costello, T. H.　130
Cova, F.　135
Creemers, D. H.　120
Cressy, D. R.　168
Crick, N. R.　171
Cristal, R. E.　15
Crocetti, E.　61
Csikszentmihalyi, M.　139
Cuperman, R.　77, 78

D

Damasio, A.　141
Damian, R. I.　69
Darling, N.　58
Dasgupta, N.　116
Day, L.　128, 129
De Becker, G.　139
De Fruyt, F.　54, 55, 57
de Moor, M. H. M.　43, 44, 70
De Pauw, S. S.　54
de Waal, F. B. M.　133
De Young, C. G.　20
Dean, L. R.　90
Dearing, R. L.　129
Deary, I. J.　40
Deci, E. L.　62
DelVecchio, W. F.　42, 54, 55, 67, 69
Denissen, J. A.　33
Denollet, J.　152
Deonna, J. A.　135
Derryberry, D.　53
Dickson, W. J.　103
Digman, J. M.　15, 17, 20
Dijk, C.　131, 132
Dodge, K. A.　170, 171
Downey, G.　88
Drigotas, S. M.　98
Duggan, C. F.　177
Dunbar, R. I. M.　76
Dweck, C. S.　32

E

Eastwick, P. W.　78
Edmondson, A.　109, 110
Edwards, A. L.　114
Egloff, B.　114, 116, 118
Ehlebracht, D.　79
Ekman, P.　137, 144
Elison, J.　126
Ellis, B. J.　46
Endler, N. S.　30
遠藤利彦（Endo, T.)　43, 56, 126, 131
Enoki, H.　159
榎本さち　144
Erdogan, B.　109
Erikson, E. H.　57, 60
Esquirol, J. E. D.　178
Eysenck, H. J.　5–7, 15–17, 21, 40, 188

F

Farnham, S. D.　116, 120
Feiler, D. C.　77
Feinberg, M.　130, 132
Felson, M.　169
Fernandez, A.　153
Fiedler, F.　106
Finkel, E. J.　78
Fischer, K. W.　144
Fisher, A. N.　76
Fiske, D. W.　15
Fitzenberger, B.　71
Flett, G. L.　158, 159
Flückiger, C.　72
Fonagy, P.　185
Forgas, J. P.　138
Foster, J.　15
Fragkaki, I.　46
Frantz, R. L.　93
Fredrickson, B. L.　137
Frenkel-Brunswik, E.　156
Freud, S.　8, 178
Freund, A. M.　81, 83
Friedman, M.　150
Friedman, S.　101
Fries, A. B. W.　95
Friesen, W. V.　144
藤井　勉　114, 116, 118–120, 123
藤生英行　144, 145
藤原　勇　109
福田哲也　132
福原裕一　111
文野　洋　194
Funder, D. C.　9, 28, 31–35
Furnham, A.　22, 164
Furr, R. M.　28, 31–33

G

Gable, S. L.　80–82
Gattis, K. S.　90
Geis, F.　22
Gibbins, S.　104
Gini, G.　171
Girme, Y. U.　80
Glueck, E.　170
Glueck, S.　170
Goldberg, L. R.　15, 16, 40
Goldsmith, H. H.　52, 53
Gollwitzer, M.　79
Gollwitzer, P. M.　32
Golton, F.　14
Goodie, A. S.　77, 78
Gosnell, C. L.　80
Gottfredson, M. R.　170
Graen, G. B.　109
Graham, E. K.　67, 74
Gray, J. A.　6, 21, 53
Greenleaf, R. K.　108
Greenwald, A. G.　116, 120
Gross, J. J.　144
Grossarth-Marticek, R.　151
Guilford, J. P.　188
Gunnar, M. R.　95
Gure, A.　59
Gurven, M.　47

H

Haidt, J.　131
Halfon, N.　97
Hall, T.　22
Halvorson, H. G.　33
原田隆之　169, 171
原島雅之　119, 172
Hare, R. D.　171
Harris, J. R.　59
Harris, K.　77–79
Harris, M. A.　69
Harter, S.　108
橋本京子　155
橋本　剛　115
橋本　宰　156, 157
Hatano, K.　61
Hatemi, P. K.　41
Hathaway, S. R.　189
速水敏彦　120
林　勝造　192
林　直樹　178, 185
Headey, B.　44
Hersey, P.　106
Hewitt, P. L.　158, 159
樋口匡貴　126, 132
平井　花　127
広田照幸　172
Hirschberger, G.　90
Hirschi, T.　167, 170

Hoch, J. E.　　108
Hochschild, A. R.　　144
Hofer, S. M.　　74
Hogan, R.　　15
Hopwood, C. J.　　43, 67
Horberg, E. J.　　133
堀毛一也　　28
堀尾志保　　114, 115
Hornak, J.　　183
保坂 隆　　151
保坂 亨　　193
Hudson, N. W.　　70, 71
Hurrell, J. J., Jr.　　101, 102, 107

I
Icks, W.　　77, 78
池田 浩　　111
Ilmarinen, V. J.　　59
Imaizumi, Y.　　38
今城志保　　110
Impett, E. A.　　82
稲垣 勉　　118, 120, 123
稲垣杏太　　141
井上美沙　　128
井上弘寿　　179, 181
石井秀宗　　26
Ishiguro, I.　　77, 78
磯部智加衣　　81
磯和壮太朗　　155
伊藤忠弘　　119
岩満優美　　145
Izard, C. E.　　143

J
Janoff-Bulman, R.　　158
Jeffery, C. R.　　168
Jehn, K. A.　　104
Jenkins, J. M.　　137
John, O. P.　　16
Johnson, W.　　44, 88
Johnston, R. E.　　132
Jokela, M.　　47, 48
Jordan, C. H.　　119
Judge, T. A.　　49
Jung, C. G.　　4

K
Kagan, J.　　52
Kamakura, T.　　41
Kammarath, L. K.　　79
金井篤子　　101
Kandler, C.　　43, 70
金政祐司　　91-93
Karney, B. R.　　90
樫村正美　　145
柏木繁男　　18
加藤樹里　　135
加藤由樹　　143

加藤弘通　　166
加藤 敏　　179, 181
加藤 司　　104, 105
河合幹雄　　164
川本哲也（Kawamoto, T.）　　43, 56, 67, 68
川崎直樹　　120
Keen, T. R.　　24
Keller, M. C.　　47, 48
Kelling, G. L.　　168
Kelly, G. A.　　7, 22-24
Keltner, D.　　126, 130, 131
Kendler, K. S.　　41, 44
Kernberg, O. F.　　178
Kiecolt-Glaser, J. K.　　97
金 吉晴　　178
木村 晴　　144
衣笠隆幸　　184
桐生正幸　　172
Kitayama, S.　　74
Kleinbaum, A. M.　　78
Knight, J. E.　　74
小林知博　　114
小林裕美　　155
小林哲郎　　189
Kobori, O.　　26
Koch, K.　　191
小玉正博　　120, 143
Koenigs, M.　　183
小島弥生　　118
小宮信夫　　168, 169
高坂康雅　　85
Kotov, R.　　177
Kovas, Y.　　41
小谷野 敦　　85
子安増生　　145
Kraepelin, E.　　178
Krahè, B.　　29
Kraut, R. E.　　132
Kretschmer, E.　　4
Kreuzer, M.　　79
Krueger, R. F.　　177
久場政博　　184
久保ゆかり　　139
蔵永 瞳　　134
Kurdek, L. A.　　90
黒田実郎　　6

L
Lamb, M. E.　　54
Larson, K.　　97
Lazarus, R.　　127
Lavner, J. A.　　90, 91
Lazarus, R. S.　　141, 143
Le, B.　　76, 79, 88
Leach, J.　　147
李 礼真　　144
Lee, K.　　20

Lesch, K. P.　　43
Lewin, K.　　7, 28, 35
Lilienfeld, S. O.　　192
Lin, W.-F.　　82
Linehan, M. M.　　185
Linville, P. W.　　158
Lippitt, R.　　106
Liu, J.　　79
Loftus, E. F.　　140
Lord, R. G.　　106
Lüdtke, O.　　70, 71
Luo, S.　　78, 79
Luyckx, K.　　60, 61

M
Maccoby, E. E.　　58
前田友吾　　130
前田 聡　　151
Magai, C.　　143
Magnus, K.　　44
Magnusson, D.　　30
Maltby, J.　　128, 129
Manstead, A. S. R.　　132
Manuck, S. B.　　70
Marcia, J. E.　　60
Marshall, J.　　100
Martens, J. P.　　131, 133
Martin, J. A.　　58
Martin, R. P.　　53
Masten, A. S.　　155
増田匡裕　　76
増田真也　　156, 189
増井啓太　　171
松本芳之　　144
松本俊彦　　171
Mattingly, B. A.　　81, 82
Matza, D.　　168
Mauro, J. A.　　52
Mayer, P.　　145
Mayo, G. E.　　103
Mazzarino, P.　　164
McAdams, D. P.　　7, 16, 36, 194
McCartney, K.　　45
McCrae, R. R.　　16, 17, 29, 49, 79, 188
McCullough, M. E.　　111
McDowell, D. J.　　60
McFadden, S.　　143
McGeown, S. P.　　62
McKinley, J. C.　　189
McLaney, M. A.　　101, 102, 107
Mealey, L.　　48
Measelle, J. R.　　54, 55
Međedović, J.　　47
Medford, M.　　62
Meeus, W.　　61
Merton, R. K.　　167
Mervielde, I.　　54
三上聡美　　111

Mikolajczak, M.　145
Miller, G.　47
Miller, J. D.　170
Miller, R. S.　126
Mischel, W.　9, 28, 30, 31
三隅二不二　106
三浦麻子　144, 189
宮岡　等　153
水子　学　143
Moffit, T. E.　164
Monroe, S. M.　46
Montoya, R. M.　79
Morey, L. C.　67
Morgan, H. J.　158
元村直靖　155
Mouton, J.　106
Mroczek, D. K.　72
Mueller, S.　70
Mund, M.　79
村上達也　83
村上宣寛　193
村田光二　135
村山　航　193
Myrtek, M.　151

N
中井久夫　184
中間玲子　49
中村悠里恵　85
Nakashima, K.　83
中津川智美　82
中澤　潤　195
並川　努　18, 114
成田健一　129, 130
Nesserlroade, J. R.　64
Netlle, D.　47
Neumann, R.　141
Newcomb, A. F.　59
Newman, A.　109, 110
Newmann, C. S.　171
Neyer, F. J.　79
Nikitin, J.　81, 83
Nisbett, R.　114, 115
西村多久磨　62
西村洋一　143
西村佐彩子　159
西坂小百合　155
野口理英子　144, 145
野間俊一　177
乗越千枝　155
Norman, W. T.　15, 16
野崎優樹　145
沼　初枝　153

O
Oartley, K.　137
大渕憲一　167, 170, 171
Odbert, H. S.　14

小口孝司　119
大橋昭一　103
Ohtsubo, Y.　132, 133
岡島　義　174
岡野憲一郎　181
大久保智生　165, 172
大森美佐　76
大野　裕　179
小塩真司　71, 120, 155
大谷佳子　159
Overbeek, G.　97
Ozer, D. J.　18

P
Pals, J. L.　36
Parke, R. D.　60
Parker, P. D.　79
Paul, I.　20
Paulhus, D. L.　6, 22, 115, 171
Peake, P. K.　30
Pelled, L. H.　104
Penebaker, J. W.　144
Penke, L.　33, 47, 48
Pertea, M.　37
Perugini, M.　121, 122
フィリップ・ドメーヌ・デ・モンペリ
　　アル伯爵　74
Philippe, J. R.　20
Piccinin, A. M.　74
Pinel, P.　178
Plomin, R.　40, 53
Plutchik, R.　146
Poggi, I.　132
Poore, J.　82
Pope, M. L.　24
Prichard, J. C.　178
Pullmann, H.　49
Putnam, S. P.　53, 54

R
Rachman, S.　6
Rahim, A.　104, 105
Raskin, R.　22
Read, S. J.　33
Richardson, M.　62
Richetin, J.　116
Roberts, B. W.　42, 54, 55, 67, 69–72
Roberts, S. G. B.　75, 76
Robins, R. W.　49, 125–128, 130, 131
Robinson, M. D.　144
Roethlisberger, F. J.　103
Romero-Canyas, R.　33
Rorschach, H.　191
Rosenberg, M.　49, 119
Rosenman, R. H.　101, 150
Rothbart, M. K.　52–54
Rubin, K. H.　59

Ruddle, A.　91
Rudolph, A.　118
Rusbult, C. E.　97
Rusch, C. D.　134
Ryan, R. M.　62

S
齊藤千鶴　119
坂上裕子　143
酒井恵子　135
桜井茂男　159
Salovey, P.　145
Salzberg, S. L.　37
Sarenmalm, E. K.　155
佐藤　徳　158
澤田匡人　119, 120
澤海崇文　114
Scarr, S.　45
Scheier, M. F.　154
Schmidt, N. B.　174
Schmitt, D. P.　49
Schmukle, S. C.　114, 116, 118
Schneider, K.　178
Schoch, S.　81
Schwartz, A. H.　156
Schwartz, N.　138
Selden, M.　77, 78
Selfhout, M.　79
Seligman, M. E. P.　108, 139, 154
Semin, G. R.　132
Shafran, R. L.　26
Schaie, K. W.　69
Shariff, A. F.　133
鹿内美冴　156
Shikishima, C.　49
島田貴仁　169
Shimizu, H.　76, 83
下條信輔　113
下仲順子　18, 189
下山晴彦　175
Shiner, R. L.　19, 52
潮村公弘　114, 116, 121
白井利明　61
宍戸拓人　104
Shoda, Y.　31, 32
Sifneos, P. E.　144, 152
Simons, A. D.　46
Simpson, J. A.　88
Smith, E. R.　141, 175
Smith, T. W.　151
Soenens, B.　60
相馬敏彦　81
Soto, C. J.　55, 56
Speisman, J. C.　141
Spranger, E.　16
Stavrova, O.　79
Steinberg, L.　58
Stieger, M.　72

Stieger, S.   41
Stoffers, J. M.   185
Stogdill, R. M.   105, 106
Strachman, A.   81
Strick, M.   135
菅原ますみ   52
菅原健介   126, 132
杉村和美   61
Surtees, P. G.   177
Sutherland, E. H.   168
鈴木公啓   2
鈴木裕子   118
鈴木友理子   182
Sy, T.   110
Sykes, G. M.   168

T

太幡直也   113
高橋雄介   19
高橋 潔   114, 115
高橋三郎   179
竹林浩志   103
滝井正人   177
Tangney, J. P.   126, 129, 144
谷 伊織   114, 115
Tanner, J. M.   74
Tanno, Y.   26
Taylor, S. E.   157
Tehrani, H. D.   77, 79
Tellegen, A.   40, 177
Temoshok, L.   151
寺澤悠理   141
Terman, L. M.   74
Terracciano, A.   71
Thomas, A.   52, 54, 57
Tidwell, N. D.   79
Tignor, S. M.   129
登張真稲   115

戸田正直   137
Tomasetti, C.   152
友田明美   95
友野隆成   155-157, 159, 161
Tooby, J.   47
Tov, W.   79
外山みどり   116
Tracy, J. L.   125-128, 130, 131, 133
Triandis, H. C.   104
坪田祐基   26
Tucker, J. S.   97
Tucker-Drob, E. M.   40-42
Tupes, E. C.   15
Turkheimer, E.   40, 42

U

Uhl-Bien, M.   109
浦 光博   171

V

Van den Akker, A. L.   55, 56
van Soolingen, J.   135
Vazire, S.   77-79
Vazsonyi, A. T.   170
Verweij, K. J. H.   48
Vukasović, T.   40

W

和田さゆり   18
Wagner, J.   71
Wainwright, N. W. J.   177
若林明雄   8, 28
若崎淳子   155
Wakashima, K.   161
Wargerman, S. A.   35
渡邊芳之   8, 28
渡辺俊太郎   143
Waterman, A. S.   60

Watson, D.   127
Wearing, A.   44
Weiner, B.   141
White, R. K.   106
Widiger, T. A.   177
Williams, K. M.   6, 22, 171
Williams, L. R.   59
Williams, R. B. Jr.   151
Wilson, T.   114, 115
Winter, D. A.   24
Wood, J. M.   192
Woolfolk, R. L.   158
Wrzus, C.   72
Wu, S.   152
Wundt, W. M.   6

Y

山田 歩   116
山口知代   155
山内星子   143
山脇望美   116
Yamini, S.   77, 79
安宅真由美   103
矢田部達郎   188
米澤好史   144
吉田琢哉   82
吉澤寛之   171
吉津 潤   145
Youyou, W.   79
Yu, Y. Y.   132, 133
結城雅樹   130

Z

Zelli, A.   170
Zentner, M.   53
Zhang, G.   78, 79
Zuckerman, M.   22

【著者一覧】 (執筆順，*は編者)

鈴木公啓 (すずき・ともひろ)*
東京未来大学こども心理学部准教授
担当：序章，コラム1

谷 伊織 (たに・いおり)
愛知学院大学心理学部准教授
担当：第1章

原島雅之 (はらしま・まさゆき)
愛国学園大学人間文化学部准教授
担当：第2章

川本哲也 (かわもと・てつや)
慶應義塾大学文学部助教
担当：第3章

酒井 厚 (さかい・あつし)
東京都立大学人文社会学部教授
担当：第4章

中川 威 (なかがわ・たけし)
国立研究開発法人国立長寿医療研究センター
主任研究員
担当：第5章，コラム5

古村健太郎 (こむら・けんたろう)
弘前大学人文社会科学部准教授
担当：第6章

金政祐司 (かねまさ・ゆうじ)
追手門学院大学心理学部教授
担当：第7章，コラム7

矢澤美香子 (やざわ・みかこ)
武蔵野大学人間科学部教授
担当：第8章

稲垣 勉 (いながき・つとむ)
京都外国語大学共通教育機構准教授
担当：第9章

福田哲也 (ふくだ・てつや)
流通科学大学人間社会学部講師
担当：第10章

荒川 歩 (あらかわ・あゆむ)
武蔵野美術大学造形構想学部教授
担当：第11章

友野隆成 (ともの・たかなり)
宮城学院女子大学学芸学部教授
担当：第12章，コラム10

大久保智生 (おおくぼ・ともお)
香川大学教育学部准教授
担当：第13章

山田幸恵 (やまだ・さちえ)
東海大学文化社会学部教授
担当：第14章，コラム11

小島弥生 (こじま・やよい)
北陸大学国際コミュニケーション学部教授
担当：第15章

坪田祐基 (つぼた・ゆうき)
愛知淑徳大学健康医療科学部准教授
担当：コラム2

敷島千鶴 (しきしま・ちづる)
帝京大学文学部教授
担当：コラム3

梅﨑高行 (うめざき・たかゆき)
甲南女子大学人間科学部教授
担当：コラム4

髙坂康雅 (こうさか・やすまさ)
和光大学現代人間学部教授
担当：コラム6

澄川采加 (すみがわ・あやか)
福岡県公立小学校教諭
担当：コラム8

加藤樹里 (かとう・じゅり)
金沢工業大学情報フロンティア学部講師
担当：コラム9

要説パーソナリティ心理学
——性格理解への扉

2023 年 7 月 30 日　初版第 1 刷発行　　定価はカヴァーに
　　　　　　　　　　　　　　　　　　　表示してあります

　　　　　　　　　　編　者　鈴木公啓
　　　　　　　　　　発行者　中西　良
　　　　　　　　　　発行所　株式会社ナカニシヤ出版
　　　　☎ 606-8161　京都市左京区一乗寺木ノ本町 15 番地
　　　　　　　　　　　　　　　Telephone 075-723-0111
　　　　　　　　　　　　　　　Facsimile 075-723-0095
　　　　　　　　　　Website http://www.nakanishiya.co.jp/
　　　　　　　　　　Email　iihon-ippai@nakanishiya.co.jp
　　　　　　　　　　　　　　　郵便振替　01030-0-13128

装幀＝白沢　正／印刷・製本＝創栄図書印刷
Printed in Japan.
Copyright © 2023 by T. Suzuki
ISBN978-4-7795-1715-0